RUELLES

SALONS ET CABARETS

OUVRAGES DU MÊME AUTEUR :

Histoire anecdotique du duel dans tous les temps et dans tous les pays. 1 vol. in-8°.

Les Originaux de la dernière heure. 1 vol. in-8°.

L'Esprit au théatre. 1 vol. in-8°.

L'esprit des voleurs. 1 vol. in-8°.

Les Causes gaies. 1 vol. in-8°.

Ninon de Lenclos et sa cour. 1 vol. in-8°.

Les Aventures de Babolin. 1 vol. in-8°.

SOUS PRESSE :

Les Antichambres de Paris.

OUVRAGES PUBLIÉS ET ANNOTÉS :

Correspondance authentique de Ninon de Lenclos, 1 vol. in-8°.

La ournée des Madrigaux, suivie de la Gazette de Tendre (avec la carte de Tendre) et du Carnaval des Prétieuses. 1 vol. in-8°.

La vraie histoire comique de Francion, par Charles Sorel, 1 vol. in-8°.

Le Roman Bourgeois, par Furetière. 1 vol. in-8°.

Les Aventures de Dassoucy. 1 vol. in-8°.

Lettres de Boursault a Babet. 1 vol. in-8°.

Le Reporter d'un Évêque. — Lettres de Boursault a Monseigneur de Langres. 1 vol. in-8°.

RUELLES
Salons et Cabarets

HISTOIRE ANECDOTIQUE

DE

LA LITTÉRATURE FRANÇAISE

PAR

ÉMILE COLOMBEY

Tome II

PARIS

E. DENTU, ÉDITEUR

LIBRAIRIE DE LA SOCIÉTÉ DES GENS DE LETTRES

3 ET 5, PLACE DE VALOIS, PALAIS-ROYAL

1892

RUELLES
SALONS ET CABARETS

———oo———

I

LE TEMPLE

Le dix-huitième siècle a compté, comme le dix-septième, un grand nombre de cercles littéraires, offrant la même diversité d'origine, les mêmes contrastes de ton. Nous rencontrerons, au commencement de cette seconde série, des personnages de l'une et de l'autre époque.

Ouverte en 1681, lors de l'installation de Philippe de Vendôme pour ne se fermer qu'à sa mort, en 1720, la réunion du Temple se tenait tantôt chez le grand prieur, tantôt chez son intendant, l'abbé de Chaulieu.

Construit en 1667 par Jacques de Souvré, le palais du grand prieur occupait, avec le parterre et le jardin, presque toute la portion de l'enclos du Temple où s'étend le square actuel.

L'hôtel Boisboudrand, situé dans la même enceinte, était la demeure de l'abbé et sa belle-sœur en faisait les honneurs.

Dans les grandes occasions, quand ses crus lui paraissaient indignes des convives du jour ou plutôt de la nuit, car ces réunions *inter pocula* étaient de véritables médianoches, Chaulieu tirait à vue sur la duchesse de Bouillon, qui ne craignait pas de venir affronter ces « repues franches », où elle avait pour voisins ses neveux, le duc et le chevalier de Vendôme, deux cyniques, et pour vis-à-vis son frère, Philippe Mancini, duc de Nevers, un délicat, mais un délicat tolérant, dont la présence ne conjurait rien et qui ne s'offusquait de rien. « Il voyait, dit Saint-Simon, bonne compagnie dont il était recherché, il en voyait aussi de mauvaise avec laquelle il se plaisait (1). » L'abbé écrivait à la duchesse des billets de cette sorte :

« ... Si vous pouvez étendre la contribution sur quelques vins de liqueur, faites-le ; car je n'ai que du vin de Bourgogne et de Champagne, et un peu de cette eau-de-vie dont s'allumait le feu des Vestales. Je meurs toujours de peur qu'elle n'ait de la peine à brûler au Temple. Toutes vertus y habitent, à la chasteté près qui n'y a jamais mis le pied ; vertu froide et qui ne subsiste qu'autant qu'elle n'est point attaquée... » L'abbé ajoutait qu'il espérait que Mlle de Lenclos serait cette fois de la fête. Elle avait, paraît-il, décliné souvent de pareilles invitations, par dégoût pour le maître du lieu, qui se consolait dans les orgies du Temple de la disgrâce encourue pour être resté témoin inactif de la bataille de Cassano. « Il avait tous les vices de son frère (le duc de Vendôme). Sur la débauche il avait de plus que lui d'être au poil et à la plume, et d'avoir l'avantage de ne s'être jamais couché le soir depuis trente ans que porté dans son lit ivre mort, coutume à laquelle il fut fidèle le reste de sa vie. Il n'avait aucune partie de général ; sa poltronnerie reconnue était soutenue d'une audace qui révoltait; plus glorieux encore que son frère, il allait à l'insolence, et pour cela même ne voyait que des subalternes obs-

1. *Mémoires* (édition Hachette), t. V, p. 390.

curs ; menteur, escroc, fripon, voleur....., malhonnête homme jusque dans la moelle des os...., suprêmement avantageux et singulièrement bas et flatteur aux gens dont il avait besoin, et prêt à tout faire et à tout souffrir pour un écu, avec cela le plus désordonné et le plus grand dissipateur du monde. Il avait beaucoup d'esprit et une figure parfaite en sa jeunesse, avec un visage autrefois singulièrement beau. En tout, la plus vile, la plus misérable et en même temps la plus dangereuse créature qu'il fût possible (1). » Le portrait est brutal ; mais il est parlant.

Vendôme était entouré de gais compagnons, au premier rang desquels se trouvaient Chaulieu et La Fare.

Le marquis de La Fare, après avoir quitté Mme de la Sablière pour La Champmêlé sous le couvert de la bassette, et La Champmêlé pour Mme de Sévigné, avait fui les sarcasmes de l'épistolière dans les bras d'une insignifiante Chloris. Il s'était dit, pour se donner le change : « Au moins, celle-ci n'a pas d'esprit. » La Fare avait, du reste, de l'esprit pour deux. C'était tout à la fois un agréable causeur et un agréable poète, sans ombre de malice. Voici le seul trait qu'il ait décoché. Il s'agissait de M. de Louvois qui s'était vengé d'un amour traversé, en brisant la carrière militaire du coupable. « Je ne forme qu'un vœu, s'écria un jour La Fare, c'est que M. de Louvois soit obligé de digérer à ma place. » Le pauvre marquis était affligé d'un appétit des plus exigeants et avait souvent de lourds fardeaux à porter. M. de la Cochonnière, — comme ses amis l'ont surnommé, — avait contracté à cet exercice un énorme embonpoint. « Il dormait partout... Ce qui surprenait, c'est qu'il se réveillait net et continuait le propos comme s'il n'eût pas dormi (2). » Il était presque toujours flanqué de son frère l'abbé, qui lui servait d'échanson. Cet abbé était un prêtre de sac et de corde, « un misérable déshonoré par ses débauches et par son escroquerie, que personne ne voulait ni voir ni regarder (3). » Le duc d'Orléans l'avait chassé du

---

1. *Memoires de Saint-Simon*, t. V, p. 140.
2. *Ibid.*, t. X, p. 203.
3. *Ibid.*, t. XX, p. 25.

Palais-Royal « pour avoir volé cinquante pistoles qu'il envoyait par lui à Mme de Polignac (1) ». Le drôle subit une avanie semblable aux Tuileries, d'où il fut expulsé « à coups de pied, depuis le milieu de la grande allée jusque hors la porte du Pont-Royal, par les mousquetaires ou d'autres gens qui s'attroupèrent (2) ». La Fare l'avait recueilli chez lui et le garda tant qu'il voulut y rester. A la fin, las de son modeste rôle de Ganymède, l'abbé simula le converti et attrapa l'évêché de Laon, « où il est mort abhorré et banqueroutier, après avoir, de gré ou de force, escroqué tout son diocèse (3). »

Chaulieu était l'Anacréon du Temple. Comme le poète de Téos, il passait son temps à s'énivrer d'amour et de « purée septembrale ». C'était « un débauché de fort bonne compagnie, qui faisait joliment de petits vers, beaucoup de grand monde et qui ne se piquait pas de religion (4). » Saint-Simon nous montre cet abbé de bonne compagnie pillant, de concert avec le grand prieur, le duc de Vendôme lui-même, son bienfaiteur, celui qui en bénéfices lui avait constitué mille écus de rente. Le méfait connu, les deux larrons avaient été mis à la porte du délicieux château d'Anet. Mais l'expulsion ne fut pas le seul châtiment que reçut Chaulieu. Le duc lui infligea encore... six mille livres de rente, que l'abbé, d'ailleurs, accepta en toute résignation. Mme de Staal est regardée comme la dernière conquête de notre Anacréon. La spirituelle baronne le raille finement de sa retenue forcée : « Il me fit connaître, dit-elle, qu'il n'y a rien de plus heureux que d'être aimé de quelqu'un qui ne compte plus sur lui et ne prétend rien de vous. » A la même époque, Mme de Staal eut à éteindre aussi les derniers feux du vieil abbé Vertot, dont elle étale, comme un trophée, une précieuse épître où nous recueillons la phrase suivante : « L'espérance de vous voir me fera passer par-dessus certaine pudeur de philosophie. »

1. *Mém. de Saint-Simon*, t. XX, p. 26.
2. *Ibid.*, t. XX, p. 26.
3. *Ibid.*, t. XX, p. 26.
4. *Ibid.*, XVIII, t. p. 5.

A la suite de la Fare et de Chaulieu venaient les abbés Brueys, Courtin et de Servien ; Palaprat, secrétaire des commandements du grand prieur ; le comte de Fiesque, et les trois commensaux ordinaires de la duchesse du Maine : Malézieux, l'homme aux ressources infinies, et les abbés de Polignac et Genest.

Nous n'avons pas besoin de rappeler quel lien unissait Brueys et Palaprat. Les deux fidèles collaborateurs ne se quittaient pas d'une semelle, mais ils étaient sans cesse à se chamailler. On raconte qu'entendant faire l'éloge du *Grondeur*, Brueys s'écria : « *Le Grondeur!* c'est une bonne pièce. Le premier acte est excellent : il est tout de moi ; le second, cou-ci, cou-ci : Palaprat y a travaillé ; pour le troisième, il ne vaut pas le diable : je l'avais abandonné à ce barbouilleur. » Palaprat, qui était présent, repartit de son accent toulousain : « Cé coquin ! il mé dépouillé tout lé jour dé cette façon, et mon chien dé tendré pour lui m'empêché dé mé fâcher. » Ils étaient l'un et l'autre d'une extrême myopie. De mauvais plaisants prétendaient que lorsqu'ils préparaient leur thé le matin, ils arrêtaient les passants sur l'escalier pour demander si l'eau bouillait. Brueys cumulait deux métiers : il travaillait pour le théâtre et pour l'église. Transfuge du protestantisme, il guerroyait de temps en temps contre Luther et Calvin, et gagna, sur ce terrain, deux pensions que lui servaient le roi et le clergé. Palaprat, dénué de tout esprit d'intrigue, se contentait des revenus de la scène. Il tenait plus à son franc parler qu'à sa charge de secrétaire, et le poussait si loin que M. de Catinat crut devoir un jour le modérer : « Les vérités que vous dites au grand prieur me font trembler pour vous. — Rassurez-vous, monsieur, répliqua Palaprat, ce sont mes gages. » Il s'écriait souvent : « Dans cette maison, on ne peut mourir que d'indigestion ou d'inanition. »

L'abbé Courtin était un luron de la trempe de Chaulieu. Il nous reste de lui une invitation à l'adresse de ce dernier et dont nous allons détacher quelques lignes :

. . . .
Ami, j'aurai de quoi te satisfaire,

> . . . .
> Vins à choisir, brunes faites pour plaire,
> Au doux parler, au maintien gracieux,
> Propres surtout à l'amoureux mystère,
> Même un peu trop, abbé, pour un goutteux ;
> Plus n'en dirai, le reste est ton affaire.

Dans sa réponse, Chaulieu se sert, comme Courtin, d'un style vieilli. Après avoir déploré la perte de son ancienne valeur, il se félicite du calme momentané dont il jouit et finit ainsi :

> Mais sans vouloir tant raisonner,
> Quand trouverai cœur gentil et cœur tendre
> Qui voudra bien la goutte me donner,
> Je suis, abbé, tout prêt à la reprendre.

Voltaire était affolé de l'abbé Courtin. Il se délecte à le peindre. Il le représente « gras, rond, court... avec la croupe rebondie ; » puis il ajoute :

> Sur son front respecté du temps,
> Une fraîcheur toujours nouvelle
> Au bon doyen de nos galants,
> Donne une jeunesse éternelle.

Servien jouit de la même faveur. Voltaire lui adressa une charmante épître en vers qui commence ainsi :

Aimable abbé...

C'était à l'occasion de sa détention à la Bastille motivée par une incartade qu'il s'était permise à l'Opéra. Il avait bruyamment tourné en ridicule le passage d'un prologue où le roi était loué à outrance, et un jeune homme, placé près de lui, avait encore accentué le scandale en s'écriant : « Que nous veut ce bougre de prêtre ? » — « Monsieur, avait répondu simplement Servien, je n'ai pas l'honneur d'être prêtre. » Il passait pour posséder un grand fonds de sensibilité. C'était au duc de La Ferté qu'il devait cette réputation. Un jour le duc lui avait dit avec des larmes dans la voix : « Ah ! si vous aviez vu mon fils qui est mort à l'âge de quinze ans ! Quels yeux ! Quelle fraîcheur de teint ! Quelle taille admirable ! l'Antinoüs du Belvédère n'était auprès de lui qu'un magot de la Chine... Et puis quelle douceur de mœurs ! Faut-il que ce qu'il y a jamais eu de plus beau m'ait été enlevé ! » L'abbé s'était attendri jusqu'aux sanglots, et le duc avait eu grand'peine à le calmer, même en lui avouant qu'il n'avait jamais eu de fils.

Servien était presque toujours accompagné de la Fontaine, qui n'avait pas cessé de galantiser et dont il continuait de servir les amours.

Le fils de celui que Mme de Sévigné, après Mme de Lyonne, appelait « le Bon », le comte de Fiesque, resté garçon, n'eut d'autre commerce qu'avec la Muse et encore n'en résulta-t-il qu'une chanson, fort jolie d'ailleurs, sur l'aventure d'un intendant de la maison de Monsieur, — Béchameil, qui, ayant reçu du comte de Grammont certain coup de pied, en avait triomphé, selon la prédiction du même comte, comme d'une marque précieuse de familiarité... Et le comte de Fiesque eut aussi, de son côté, à subir le choc d'un accès de colère de M. le Duc, qui, pour clore une querelle sur un point d'histoire, lui jeta une assiette à la tête. Seulement il n'en tira pas vanité et se contenta d'accepter un raccommodement.

Malézieux, Polignac et Genest ne se montraient au Temple que lorsqu'ils pouvaient s'échapper des « Galères du bel esprit », le château de Sceaux, où les retenait captifs la faveur du duc et de la duchesse du Maine.

L'abbé de Polignac avait eu l'imprudence de lire son *Anti-Lucrèce* au duc, qui se piquait de belles-lettres et qui ne voulut plus lâcher ni le poème, ni le poète. « C'était un grand homme très bien fait avec un beau visage, beaucoup d'esprit, surtout de grâces et de manières, toute sorte de savoir, avec le débit le plus agréable, la voix touchante, une éloquence douce, insinuante, mâle, des termes justes, des tours charmants... Il voulait plaire au valet, à la servante, comme au maître et à la maîtresse..., tout occupé de son ambition, sans amitié, sans reconnaissance, sans aucun sentiment que pour soi ; faux, dissipateur, sans choix sur les moyens d'arriver, sans retenue ni pour Dieu ni pour les hommes, mais avec des voiles et de la délicatesse qui lui faisaient des dupes; galant surtout, plus par facilité, par coquetterie, par ambition, que par débauche (1)... »

Genest habitait un coin du vallon de Sceaux. Il avait un luxe de nez qui émerveillait à première vue, et qui, le saisissement passé, provoquait une hilarité larmoyante. Le duc de Bourgogne et le duc du Maine ont versé bien des pleurs de fou rire sur le prodigieux appendice nasal de leur précepteur. Genest entrait dans toutes les combinaisons de divertissements du célèbre Malézieux. On mettait sans cesse en réquisition l'abbé Rhinocéros, comme l'appelait ce dernier :

> Parmi les dieux des bois, surtout n'oubliez pas
> Celui vêtu de noir qui porte des rabats.
> . . . .
> . . . .
> Avec cet habit et ce nez,
> Ce nez long de plus de deux aunes,
> Il faut donc que ce soit le *magister* des faunes.

L'abbé avait eu un commencement d'existence assez mouvementé. Fils de sage-femme, il avait débuté par le commerce. Il s'était embarqué pour les Indes avec une pacotille, et après avoir été dépouillé en mer par les Anglais, avait été conduit à Londres et jeté en prison. Il recouvra sa liberté pour devenir copiste, puis précepteur, maquignon, secrétaire du duc de Nevers, sans jamais cesser d'être poète et bel esprit. Il avait assisté à quelques campagnes, et, chemin faisant, s'était attiré l'algarade suivante : « Je voudrais bien vous voir plus de sagesse et un autre habit, » lui avait dit le père Ferrier, confesseur du roi. Le lendemain, Genest avait pris le petit collet, mais en gardant la même dose de sagesse.

Le grand ordonnateur des fêtes de la cour de Sceaux avait partagé avec l'abbé le rôle de précepteur. « Quand M. le duc du Maine se maria, écrit Fontenelle, M. de Malézieux entra dans une nouvelle carrière. Une jeune princesse, avide de savoir et propre à savoir tout, trouva d'abord dans sa maison celui qu'il

1. *Mém. de Saint-Simon*, t. V, p. 94.

lui fallait pour apprendre tout, et elle ne manqua pas de se l'attacher, particulièrement par ce moyen infaillible que les princes ont toujours en leur disposition, par l'estime qu'elle lui fit sentir souvent. Pour lui faire connaître les bons auteurs de l'antiquité, que tant de gens aiment mieux admirer que lire, il lui a traduit sur-le-champ, en présence de toute la cour, Virgile, Térence, Sophocle, Euripide ; et depuis ce temps-là, les traductions n'ont plus été nécessaires que pour une partie de ces auteurs. Nous parlerions aussi des sciences plus élevées, où elle voulut être conduite par le même guide : mais nous craindrions de révéler des secrets d'une si grande princesse ; il est vrai qu'on devinerait bien les noms de ces sciences, mais on ne devinera pas jusqu'où elle y a pénétré... M. de Malézieux, continue le discret Fontenelle, eut encore auprès d'elle une fonction très différente et qui ne lui réussissait pas moins. La princesse aimait à donner chez elle des fêtes, des divertissements, des spectacles ; mais elle voulait qu'il y entrât de l'idée, de l'invention, et que la joie eût de l'esprit. M. de Malézieux occupait ses talents moins sérieux à imaginer ou à ordonner une fête, et lui-même y était acteur. Les vers sont nécessaires dans les plaisirs ingénieux : il en fournissait qui avaient toujours du feu, du bon goût et de la justesse, quoiqu'il n'y donnât que fort peu de temps. Les impromptus lui étaient assez familiers, et il a beaucoup contribué à établir cette langue à Sceaux, où le génie et la gaieté produisent assez souvent ces petits enthousiasmes soudains (1). » Malézieux faisait de compte à demi avec l'abbé Genest les vers galants que la duchesse du Maine adressait à son frère le duc de Bourbon, qui avait, lui, pour seconds, Chaulieu et la Fare. Des nuages finirent par troubler cette correspondance suspecte ; mais les chansons avaient eu le loisir de tomber comme grêle. Voici, du reste, ce qu'on lit dans une des épîtres de la duchesse :

> Ce qui chez les mortels est une effronterie
> N'est chez nous autres demi-dieux
> Qu'une honnête galanterie.

1. Fontenelle. Œuvres (1818), t. I, p. 384, 385.

Ces licences poétiques revêtaient au Temple une forme plus gaillarde, du genre de cette épître adressée d'Italie à la duchesse de Bouillon par son frère le duc de Nevers, qui s'oubliait jusqu'à la traiter en bacchante du Mont Mimas :

> Le bel abbé, l'aimable et le prince blondin,
> Ce grand bailli d'Anet, chasseur infatigable,
> Courtisan par plaisir, philosophe par goût,
> Si tous les quatre encor nous nous trouvons à table,
>   Vous avec votre air enfantin,
>   Délicieuse Mimallone,
> C'est alors qu'il faudra qu'à tout on s'abandonne,
>   Que votre âme, en pointe de vin,
> Tout entière entre nous, s'ouvre et se déboutonne
> Pour nous montrer ce qu'elle a de divin.

Mme de Bouillon avait aussi de rudes assauts à soutenir, mais en simple prose, contre ses deux neveux les princes de Vendôme qui finissaient par aller cuver leur amour sous la table. Et Chaulieu, seul debout, de fredonner le dernier couplet d'une de ses plus jolies chansons :

> Verse du vin, jette des roses,
> Ne songeons qu'à nous réjouir,
> Et laissons là le soin des choses
> Que nous cache un long avenir.

II

LE CABARET DE L'ÉPÉE ROYALE

Quelque vingt ans plus tard, nous retrouvons l'abbé de Chaulieu aussi allègre que jamais, en compagnie de Dancourt et de Dufrény, à l'ancien cabaret de l'*Epée royale*, au coin des rues Barre-du-Bec et Saint-Merry. C'est là que les jeunes licenciés viennent fêter leur réception au parlement ; et Dieu sait à quels ébats ils s'y livrent ! Ces jours-là, Dancourt abandonne l'ordinaire conjugal pour souper au carillon de tous ces cerveaux fêlés.

Les licenciés ont disparu, laissant le champ libre à Dancourt et à ses deux commensaux.

L'auteur du *Chevalier à la mode* a quitté depuis deux ans le théâtre, où son jeu et ses pièces lui ont valu tant d'applaudissements. Il passe l'hiver à Paris, près de sa femme, qui continue vaillamment à remplir les rôles d'amoureuses avec une grâce que l'âge ne peut entamer; l'été, il part pour le Berri et se retire dans son château de Courcelles-le-Roi, gagné à la pointe de cinquante-deux comédies. C'est un aimable vieillard, à la mine proprette et au langage fleuri. Il avait eu de brillants succès à la scène comme orateur de la troupe. Dans les circonstances difficiles, lorsqu'il s'agissait d'apaiser le parterre en émeute, c'était toujours à lui que ses camarades déléguaient le soin de prendre la parole, et toujours il s'en était tiré à merveille. « Il faut avouer que cet homme parle bien, » disait majestueusement Louis XIV.

Au rebours du sage Dancourt, Dufrény avait passé sa vie à jeter son argent par les fenêtres. Il descendait d'Henri IV au même titre que les Vendôme. Son grand-père était fils d'une paysanne d'Anet, appelée *la Belle Jardinière*, et autour de qui le vert-galant n'avait pas vainement rôdé. Dufrény chassait de race. Il menait tambour battant les affaires d'amour et payait en roi. Pour conserver son indépendance et dérouter les fâcheux, il avait pris trois ou quatre logements dans différents quartiers de Paris. Louis XIV lui avait accordé le privilège d'une manufacture de glaces, avec les bénéfices de laquelle il aurait pu édifier une belle et bonne fortune, mais qu'il vendit bientôt pour en dissiper le prix. Il fit le même usage de sa charge de valet de chambre du roi et du privilège du *Mercure*, obtenu à la mort de de Visé. Ce que voyant, Louis XIV déclara qu'il n'était pas assez puissant pour l'enrichir. Cependant il lui octroya encore, sur sa demande, « un petit terrain d'environ un quart d'arpent à l'extrémité d'une des allées de Vincennes, qui aboutit vers la barrière de Reuilly, faubourg Saint-Antoine, pour y bâtir une petite maison, comme aussi les pierres d'une partie des murs du parc de Vincennes, du côté du chemin de Charenton, qui étaient tombés... Mais comme on fut instruit qu'il aidait à faire tomber quelques pans de ces murs, qu'il croyait menacer ruine et pouvoir blesser quelques passants, on lui fit défense d'y toucher davantage et d'en enlever les moellons, dont il avait fait un assez bon débit à des particuliers, outre ceux qui étaient nécessaires pour sa maison. Il avait trouvé le moyen de faire, sur un terrain d'environ un quart d'arpent, comme on vient de dire, une cour, une basse-cour, une jolie maison de cinq toises de long sur quatre au plus de large où l'on trouve salles, salon, galeries, deux petits appartements, un jardin où il y a un parterre, des boulingrins, un bosquet, un potager où l'on descend par un fer à cheval de gazons, deux allées en terrasses, et enfin toutes les pièces du jardinage qui peuvent entrer dans les plus grandes et les plus beaux parcs. Il avait effectivement une intelligence merveilleuse pour l'architecture et surtout pour les jardinages, comme il en a donné des preuves par quelques maisons et jardins qu'il a ornés dans Paris et dans les environs. Il rendait les moindres bâtiments et les plus petits terrains tout à fait agréables par la disposition qu'il en faisait (1). »

La petite propriété de l'industrieux mais peu économe Dufrény ne tarda pas de passer en d'autres mains et sa détresse devint telle que, pour éteindre une dette criarde, il épousa sa créancière, une blanchisseuse.

A la mort de Louis XIV, l'ingrat poète, faisant allusion à l'effroyable misère qui pesait sur le royaume, présenta au régent ce bref et curieux placet :

« Monseigneur,

« Dufrény supplie Votre Altesse Royale de le laisser dans la pauvreté, afin qu'il reste un monument de l'état de la France avant votre régence. »

Le duc d'Orléans répondit avec une extrême bonté : « Je refuse absolument. » Il éprouvait pour Dufrény une sympathie des plus vives et qu'avait déterminée la jolie pièce suivante :

>   Phylis, plus avare que tendre,
>   Ne gagnant rien à refuser,
>   Un jour exigea de Lisandre
>   Trente moutons pour un baiser.
>
>   Le lendemain, nouvelle affaire ;
>   Pour le berger le troc fut bon,
>   Car il obtint de la bergère
>   Trente baisers pour un mouton.
>
>   Le lendemain, Phylis plus tendre,
>   Craignant de déplaire au berger,
>   Fut trop heureuse de lui rendre
>   Trente moutons pour un baiser.

1. Titon du Tillet, *Le Parnasse françois*, p. 596.

> Le lendemain, Phylis, plus sage,
> Aurait donné moutons et chien
> Pour un baiser que le volage
> A Lisette donnait pour rien.

Les largesses du régent n'ont pas produit un meilleur résultat que celles du « grand roi ». Dufrény est aussi pauvre que devant. Chaulieu et Dancourt le morigènent d'amitié à ce propos. Dufrény les écoute avec les marques du plus profond repentir ; puis, lorsqu'ils ont cessé de parler, il leur dit, en mirant avec amour un rouge-bord qu'il est prêt à porter à ses lèvres : « Pourriez-vous me donner des nouvelles de Lainez, que je n'ai point vu depuis longtemps ? » Dancourt secoue la tête en souriant. « Voilà qui l'achève ! s'écrie Chaulieu ; il met autant d'ordre dans ses souvenirs que dans ses affaires... Vous oubliez donc, mon cher Dufrény, que ce pauvre Lainez est mort il y a tantôt dix ans ! — Lainez est mort ? J'en étais à l'apprendre. — En vérité ! alors il faut que je vous conte sa fin édifiante... Durant la maladie qui l'emporta, il consentit à recevoir les sacrements. Ses comptes réglés, il s'assoupit, brisé par les souffrances qui l'avaient assailli. Le prêtre, voulant mettre à profit le sommeil du pénitent, s'empara en toute hâte d'une cassette pleine de vers licencieux, et déguerpit à pas légers, mais non sans réveiller le moribond, qui se démena comme un beau diable. Il cria au voleur, fit appeler un commissaire, dressa plainte, et, après avoir forcé son confesseur à restituer lui-même la précieuse cassette, le gourmanda de la belle façon. Cela fait, il demanda une chaise et ordonna qu'on le transportât dans la plaine Saint-Denis pour rendre l'âme au grand soleil. On obéit, mais il ne put aller plus loin que la butte Saint-Roch. »

Au moment où Chaulieu termine son récit, entre tout effaré l'abbé Pellegrin. « Infortuné Vergier ! » s'écrie-t-il, les regards trempés de larmes. « Que lui est-il donc arrivé ? » demande Dancourt en se levant. — « Hélas ! il vient d'être assassiné dans la rue du Bout-du-Monde, où il était allé souper avec un de ses amis. » Et les questions de se croiser, mais Pellegrin n'en sait pas davantage. — On déplore avec l'abbé la perte de ce charmant conteur; puis, ce tribut payé, on se dispose à sortir. Chaulieu prend le bras de Dancourt, non pour s'y appuyer, car ses jambes semblent avoir la même souplesse qu'autrefois, mais pour être dirigé dans sa marche : l'Anacréon du Temple a les yeux éteints du viel Homère, à qui il ira demain chanter quelque chanson à boire.

Pellegrin, du bout de sa soutane crasseuse, essuie ses joues inondées de pleurs et sa bouche humide des libations dans lesquelles il vient de noyer ses regrets. Dufrény le pousse du coude, et, tout en cheminant, nargue la blancheur plus que suspecte de son linge. « Tout le monde, riposte l'abbé, ne peut pas épouser sa blanchisseuse. »

III

LE MARDI DE LA MARQUISE DE LAMBERT

A quelque cent ans de distance, Mme de Lambert ouvre un salon qui rappelle la réunion choisie de la rue Saint-Thomas-du Louvre. Ce qui prouve que la marquise a pris mesure sur ce patron, c'est l'empressement qu'elle met à s'en défendre. « Un hôtel de Rambouillet, écrit-elle, si honoré dans le siècle passé, serait le ridicule du nôtre. On sortait de ces maisons comme des repas de Platon, dont l'âme était nourrie et fortifiée. Ces plaisirs spirituels et délicats ne coûtaient rien aux mœurs ni à la fortune, car les dépenses d'esprit n'ont jamais ruiné personne. Les jours coulaient dans l'innocence et la paix. Mais à présent que ne faut-il point pour l'emploi du temps, pour l'amusement d'une journée! Quelle multitude de goûts se succèdent les uns aux autres! La table, le jeu, les spectacles. Quand le luxe et l'argent sont en crédit, le véritable honneur perd le sien. — On ne cherche plus que ces maisons où règne le luxe honteux..... » Si l'on prenait Mme de Lambert au mot, il semblerait qu'elle est obligée de faire battre la caisse pour attirer les gens chez elle, lorsque au contraire, on n'y pénètre qu'à la condition d'être du petit nombre de ses élus.

La marquise a attendu que ses soixante ans fussent sonnés pour débuter dans le rôle de maîtresse de maison littéraire qu'elle a si bien rempli. Toute cette première période de sa vie est enveloppée de nuages. Ce que l'on sait seulement, c'est qu'elle est née en 1647 et qu'elle est fille du marquis de Marguenat de Courcelles, maître de la Chambre des Comptes. Et encore la paternité de de celui-ci n'est-elle que putative. Sa femme avait le défaut d'être très jolie et de plus la réputation d'être de vertu très accommodante. Tallemant des Réaux lui donne un chapelet de suivants assez long à égrener : c'est d'abord un conseiller au Grand-Conseil, Gizaucourt, puis Brancas le distrait, le chevalier de Gramont, le poète Charleval, et Barillon, qui fut notre ambassadeur en Angleterre. N'oublions pas le compagnon de Chapelle, Bachaumont, qui, le bonhomme de marquis mort, certifia le mérite de la veuve en l'épousant.

Bachaumont se montra très affectionné à sa belle-fille, qui avait peut-être droit à une qualification plus tendre. Homme d'esprit, il prit à tâche d'en faire une femme d'esprit ; mais le bon sens inné de son élève était une sorte de crible au travers duquel s'échappait tout ce qu'il y avait de trop léger dans ses leçons. Cette jeune fille devait aussi puiser l'amour du bien dans les dérèglements de sa mère.

« Elle se dérobait souvent aux plaisirs de son âge, dit Fontenelle, pour aller lire en son particulier ; et elle s'accoutuma dès lors, de son propre mouvement, à faire de petits extraits de ce qui la frappait le plus. C'étaient déjà ou des réflexions fines sur le cœur humain, ou des tours d'expression ingénieux ; mais, le pius souvent, des réflexions. »

Anne-Thérèse de Marguenat de Courcelles épousa, en 1666, Henri de Lambert, marquis de Saint-Bris en Auxerrois, baron de Chitry et Augis, alors capitaine au Régiment-Royal, et depuis mestre de camp d'un régiment de cavalerie, brigadier, maréchal de camp, et enfin lieutenant-général des armées du roi. Il mourut en 1686, gouverneur de la province du Luxembourg, récemment conquise. La marquise l'a célébré, comme un type d'homme de bien, dans ses *Avis d'une mère à son fils* : « Toute la province craignait la domination française, dit-elle ; il dissipa cette crainte, de manière que l'on ne sentit presque pas le changement de maître. Il avait la main légère et ne gouvernait que par amour, et jamais par autorité : il ne faisait point sentir la distance qu'il y avait de lui aux autres. Sa bonté abrégeait le chemin qui le séparait de ses inférieurs : ou il les élevait jusqu'à lui, ou il descendait jusqu'à eux. Il n'employait son crédit que pour faire du bien. Il ne pouvait souffrir qu'il y eût des malheureux où il commandait. »

Mme de Lambert restait avec deux enfants, un fils et une fille, et avec une fortune personnelle considérable, mais engagée dans des procès qui menaçaient de ne pas finir. Elle examina d'un œil calme toutes les difficultés de sa situation et se promit de leur tenir tête. Cette excellente mère de famille était doublée d'un homme d'affaires consommé. Elle sut mener de front, sans négliger aucun détail, l'éducation de ses enfants et la gestion laborieuse de ses biens. Tout en s'occupant à reconquérir, pièce à pièce, sa fortune compromise, elle composait deux petits traités de morale pratique : *Avis d'une mère à son fils* et *Avis d'une mère à sa fille*. Le premier a été vivement critiqué, dans le *Journal de l'Empire* du 11 août 1813, par l'auteur de l'*Art d'être heureux*, choqué, non sans raison, des maximes d'ambition qui y sont franchement prêchées. Nous regrettons que M. Droz n'ait pas été plus loin, qu'il n'ait pas, en pareil lieu, formulé un blâme énergique contre la glorification exagérée du métier des armes. La rencontre eût été piquante. Fénelon avait, à l'avance, répondu à la principale attaque de l'honnête M. Droz. Il avait dit, à propos des conseils de Mme de Lambert à son fils : « L'honneur, la probité la plus pure, la connaissance du cœur des hommes, règnent dans ce discours..... Je ne serais pas tout à fait d'accord avec elle sur toute l'ambition qu'elle demande de lui ; mais nous nous raccommoderions bientôt sur toutes les vertus par lesquelles elle veut que cette ambition soit soutenue et modérée. »

La marquise de Lambert, à peser le tout, est mieux inspirée quand elle s'adresse à sa fille. Nous avons remarqué les passages suivants : « Songez à être contente de vous-même : c'est un revenu de plaisirs certains..... — Ne croyez pas que votre seule vertu soit la pudeur : il y a bien des femmes qui n'en connaissent point d'autre, et qui se persuadent qu'elle les acquitte de tous les devoirs de la société. Elles se croient en droit de manquer à tout le reste et d'être impunément orgueilleuses et médisantes.... Il faut avoir une pudeur tendre. Le désordre intérieur passe du cœur à la bouche, et c'est ce qui fait les discours déréglés..... — Une honnête femme a les vertus des hommes : l'amitié, la probité, la fidélité à ses devoirs. Une femme aimable doit avoir non seulement les grâces extérieures, mais les grâces du cœur et des sentiments. Rien n'est si difficile que de plaire sans une attention qui semble tenir à la coquetterie. C'est plus par leurs défauts que par leurs bonnes qualités que les femmes plaisent aux gens du monde : ils veulent profiter des faiblesses des personnes aimables ; ils ne feraient rien de leurs vertus. Ils n'aiment point à estimer : ils aiment mieux être amusés par des personnes peu estimables que d'être forcés d'admirer des personnes vertueuses... »

Après avoir, selon ses propres expressions, gagné tous ses procès « sans crédit et sans bassesse, » Mme de Lambert maria sa fille, qui avait atteint sa vingt-quatrième année, à Louis de Beaupoil, comte de Sainte-Aulaire, colonel-lieutenant du régiment d'Enghien, infanterie. C'était en 1703. Ce ne fut qu'en 1725, à l'âge de quarante-huit ans, que son fils, qui était gouverneur de la ville d'Auxerre, épousa la veuve du marquis de Locmaria. Selon Mathieu Marais, la marquise s'opposa, autant qu'elle le put, à cette union, qui ne se conclut qu'après les trois sommations respectueuses : la veuve apportait en dot 25.000 livres de rente, mais sa réputation n'était pas sans tache (1). — Que devint le fils de la marquise ? on l'ignore. Quant à sa sœur, le comte de Sainte-Aulaire ayant été tué en 1707, au combat de Ramersheim, elle se donna tout entière à sa fille unique qu'elle maria, à l'âge de vingt-deux ans, à un frère d'armes du duc d'Harcourt, le

---

1. *Journal*, 12 janvier 1725.

marquis de Beuvron, gouverneur du vieux palais de Rouen et mestre de camp de cavalerie.

Mme de Lambert a dit de la comtesse de Sainte-Aulaire, en s'adressant à elle-même : « Vous n'êtes pas née sans agréments, mais vous n'êtes pas une beauté. » Mme Dreuillet, que nous ferons connaître plus loin, a parlé en vers de « ses beaux yeux et de son air de noblesse ». On comprend ce que cela signifie : l'air de noblesse est une compensation pour les charmes absents. Lamotte, de son côté, nous édifie, par quelques traits de plume, sur le moral de la jeune femme : « Mme de Sainte-Aulaire, dit-il, ne sait ce que c'est que dispute ni contradiction. Quelle ressource pour un Mardi ! Elle ne met de chaleur qu'à deux choses : à soutenir que les femmes sont plus raisonnables que nous, et, ce qui ne s'accorde pas trop avec cela, que M. de Fontenelle a toujours raison. »

La comtesse ne manquait aucune réunion du Mardi, où venait non moins assidûment le marquis de Sainte-Aulaire, qui passait pour être doublement son beau-père : on n'avait garde de calomnier Mme de Lambert, mais les étroites relations qui existaient entre eux faisaient croire à un mariage secret. Les autres habitués du cercle étaient Fontenelle, en première ligne, Louis de Sacy, Lamotte, Mairan, les abbés Mongault, de Choisy et de Bragelonne, Hénault et le Père Buffier.

Fontenelle remplissait les fonctions de président. Mme de Lambert n'aurait pu mieux choisir ; elle avait trouvé en lui un autre elle-même. C'était la bienséance faite homme. Sa politesse était quelque peu maniérée, mais immuable. Il savait écouter jusqu'au bout sans interrompre, et ne se montrait nullement pressé de parler. « Je suis son amie depuis longtemps, écrit Mme de Lambert ; je n'ai jamais connu personne d'un commerce si aisé. Comme l'imagination ne le gouverne point, il n'a pas la chaleur des amitiés naissantes ; aussi n'en a-t-il pas le danger. Il connaît parfaitement les caractères ; il vous donne le degré d'estime que vous méritez ; il ne vous élève pas plus qu'il ne faut, il vous met à votre place ; mais aussi il ne vous en fait pas descendre. » Elle avait dit précédemment : « Vous connaissez sa figure ; il l'a aimable. Personne n'a donné une si haute idée de son caractère : esprit profond et lumineux qui voit où les autres s'arrêtent ; esprit original, qui s'est fait une route toute nouvelle, ayant secoué le joug de l'autorité. » La marquise apprécie à sa juste valeur l'homme qui, sous une frivolité apparente, a été un novateur hardi. Oui, Fontenelle doit être compté parmi les précurseurs. Qu'importe si ce pionnier était enrubanné à la façon des bergers de l'Astrée, et s'adonnait parfois à des mignardises de ce genre : « De mémoire de rose, on n'a vu mourir un jardinier. » C'est lui qui a ouvert la voie aux Encyclopédistes. Il était du XVIIIe siècle dès 1686. Sous le phébus des *Entretiens sur la pluralité des mondes* souffle l'esprit nouveau. Fontenelle ne force pas les convictions ; il s'amuse à conter fleurettes à quelque grande dame ; et, tout en ayant l'air de baguenauder, vous *enjôle à la vérité*. — « Il est plein de probité et de droiture, ajoute Mme de Lambert ; il est sûr et secret ; on jouit avec lui du plaisir de la confiance... Il a les agréments du cœur sans en avoir les besoins : nul sentiment ne lui est nécessaire. » Il disait avec un laisser aller qui n'avait rien de choquant chez lui : « *Mon père était une bête*, mais ma mère avait de l'esprit : elle était quiétiste. C'était une petite femme douce qui me disait souvent : « Mon fils, vous serez damné. » Mais cela ne lui faisait point de peine. »

Louis de Sacy était un avocat disert et probe. « De bonne heure, il a su acquérir cette fleur de réputation qui répand une bonne odeur sur le reste de la vie... » C'est encore Mme de Lambert qui parle ; elle a pris plaisir à peindre ses amis les plus chers et ses portraits se signalent par une extrême finesse de touche : « Personne n'a plus que lui le talent de la parole ; son éloquence est vive et forte ; ses lèvres sont au service de la vérité. Mais il fait plus sentir que penser..... Il sait que l'homme est plus sensible que raisonnable..... Enfin, il plaît, il soutient, il console ; par lui, la vérité se développe et la bonne cause est protégée. Jamais il n'a prêté ses talents à l'injustice..... Il rend un bon compte au public de son loisir. » Ceci veut dire qu'il a traduit agréablement Pline le Jeune et composé, d'après Osorio, un *Traité de la Gloire*, lequel, selon d'Alembert, n'empêche pas de regretter celui de Cicéron, qui s'est perdu en route. Rien de plus vrai ; mais il faut aussi reconnaître le talent d'écrivain, facile et orné, de Louis de Sacy.

Le marquis de Sainte-Aulaire était né, comme on pouvait naître alors, lieutenant-général ; mais il n'était pas d'une humeur à se plaire au métier des armes. Son portrait est celui que Mme de Lambert, — cela se conçoit facilement, — a caressé avec le plus de tendresse. On sent que, par-dessus tous les autres, c'est l'homme de son choix. « Quoique je n'aime pas à peindre pour les yeux, écrit-elle, il faut vous dire un mot de sa figure. Il est bien fait ; il a la taille fine et aisée, le visage agréable, de la délicatesse, de la bienséance dans l'esprit, du goût et du sentiment. Il y a une galanterie, répandue dans ses manières et dans ce qu'il écrit, qui fait sentir que les grâces et les amours ont pris soin du commencement de sa vie : ce fut sous de tels maîtres qu'il apprit à sentir, à toucher et à plaire. L'usage qu'il a fait de son cœur n'a servi qu'à le perfectionner ; et l'amour, qui gâte assez souvent les hommes, a respecté ses mœurs et lui a appris à séparer les plaisirs des vices. Il n'a pas seulement la politesse des manières, il a aussi celle de l'esprit. Il s'amuse quelquefois à faire de jolis vers. Quoique sa poésie soit douce et galante, elle est sage : il est le maître de son imagination, il est dans l'âge où les sentiments deviennent plus délicats, parce qu'on échappe à l'empire des sens ; dans cet âge où l'on vit encore pour ce qui plaît, et où l'on se retire pour ce qui est incommode, il jouit des plaisirs purs. Enfin, on ne l'estime jamais tant que lorsqu'on le connaît davantage... » Le marquis de Sainte-Aulaire n'avait commencé qu'à soixante ans à jeter sa gourme poétique. D'ordinaire, quand on s'avise d'être jeune sur le tard, on appelle certain sourire, et, le dédain venu, le mépris est proche ; mais ce galant homme sut rester impunément enjoué jusqu'à quatre-vingt-dix-neuf ans. Sa gaieté se répandait en versicules si délicatement tournés, et exhalait un tel parfum de bonne compagnie, qu'il fallait être le rigide Boileau pour y trouver à redire. On sait avec quel vivacité celui-ci s'opposait à son entrée à l'Académie : « Je ne lui dispute pas ses titres de noblesse, disait-il, mais je lui dispute ses titres du Parnasse. » Et comme un partisan du marquis vantait sa verve toute juvénile : « Eh bien! monsieur, ajouta le bourru, puisque vous estimez ses vers, faites-moi l'honneur de mépriser les miens. » — « C'est dommage, disait-il aussi, que Lamotte ait été s'encanailler de ce petit Fontenelle. »

Sainte-Beuve a dit, à propos des plaisanteries décochées contre ce dernier par le satirique, de concert avec l'auteur des *Caractères* : « Boileau et La Bruyère peuvent rire, tant qu'ils veulent, du précieux Fontenelle : il est plus philosophe qu'eux. »

La boutade de Boileau que nous venons de citer est relevée en ces termes par Mme de Lambert : « La constante amitié de M. de Fontenelle pour M. de Lamotte fait l'éloge de tous les deux : le premier, continue-t-elle, m'a dit que le plus beau trait de sa vie était de n'avoir pas été jaloux de M. de Lamotte. Jugez du mérite d'un auteur qu'un aussi grand homme que M. de Fontenelle a trouvé digne de sa jalousie. »

Houdard de Lamotte a été exalté et rabaissé outre mesure. Ses vers, qui n'en sont pas, lui ont porté un préjudice excessif. Il se faisait une idée singulière de la poésie. A ceux qui lui reprochaient des chocs de mots mal sonnants il répondait bravement : « Un poète n'est pas une flûte. » Lamotte avait débuté, en 1693, par une bouffonnerie intitulée *les Originaux*, laquelle était tombée à plat. Désespéré de cet échec, il était allé s'enfouir au couvent de la Trappe, ce qui fit dire qu'il se donnait des airs de pénitent parce qu'il était humilié. L'abbé de Rancé, qui ne prenait pas ce coup de tête pour une vocation sérieuse, lui avait, au bout de deux mois d'épreuve, rendu de force sa liberté. Lamotte était revenu à Paris et avait jeté son dernier feu de dévotion dans une paraphrase en prose des psaumes de la Pénitence, qui a été louée par le père Tournemine, mais qui n'a pas été imprimée. Il travailla ensuite pour l'Opéra, et, après avoir fait illusion à ces contemporains au point d'obtenir une place d'honneur immédiatement au-dessous de Quinault, qu'il est loin d'approcher, il aborda le Théâtre-Français, en compagnie de Poindin. Mais cette collaboration ne pouvait être de longue durée : elle ne produisit que deux comédies, *les Trois Gascons* et *le Port de mer*. La rupture fut amenée par la brusquerie de l'ancien mousquetaire, passé à l'état d'athée grognon. Livré à lui seul, Lamotte continua de s'adonner au théâtre, et s'y distingua surtout par sa tragédie d'*Inès de Castro*, dont le succès exagéré rappela celui du *Cid*, — succès capiteux qui troubla le cerveau du pauvre auteur et lui suggéra l'ambition folle de se lancer dans le domaine du lyrisme. Au demeurant, Lamotte était un esprit finement trempé, d'un sang non moins rassis, mais de visées plus courtes que son ami Fontenelle. A voir les infirmités dont il était accablé, on s'étonnait de son inaltérable sérénité d'humeur. Dès l'âge de quarante ans, la goutte l'avait privé de ses yeux et presque de ses jambes. On raconte qu'un jeune homme, sur le pied duquel il avait marché, l'ayant brutalement souffleté, il lui dit d'un ton placide : « Monsieur, vous allez être bien fâché, car je suis aveugle. »

Le Père Buffier n'aurait pas été, croyons-nous, capable d'une pareille mansuétude. Le bouillant jésuite, loin de fuir les querelles, les cherchait. Il était né en Pologne, et avait été élevé à Rouen. En 1697, il publia une brochure des plus vives contre les sujets de conférences ecclésiastiques proposés à ses curés par l'archevêque de son diocèse. Le prélat condamna cet écrit comme renfermant des principes d'une morale équivoque, et demanda une rétractation qui lui fut refusée. Buffier se rendit à Rome, et l'air de la ville éternelle ne le changea pas. Il revint aussi indiscipliné que devant, et s'enrôla parmi les rédacteurs du *Journal de Trévoux*. — Mme de Lambert prisait fort le Père Buffier : « Vous joignez, lui écrit-elle, deux qualités que M. Pascal a cru ne pouvoir s'unir, qui est l'esprit géométrique et l'esprit fin : vous avez l'un et autre. Vous me faites penser hautement, et vous élevez mon âme aux plus grands desseins. » Le sujet de cette lettre est la scission qui s'est établie, à propos des Anciens, entre Mme Dacier et Lamotte. « Je n'entreprendrai pas, continue la marquise, d'éclairer l'esprit : c'est votre affaire ; mais je voudrais bien réunir les cœurs. Je suis conciliante ; aidez-moi : unissons-nous pour un si grand dessein. » L'amitié de Mme de Lambert pour Lamotte se combinait avec une estime très prononcée pour Mme Dacier, estime qu'elle proclame hautement : « Notre sexe, dit-elle, lui doit beaucoup : elle a protesté contre l'erreur commune qui nous condamne à l'ignorance. Les hommes, autant par dédain que par supériorité, nous ont interdit tout savoir : Mme Dacier est une autorité qui prouve que les femmes en sont capables. Elle a associé l'érudition et les bienséances ; car, à présent, on a déplacé la pudeur : la honte n'est plus pour les vices ; et les femmes ne rougissent plus que de leur savoir. » Dans une autre lettre, nous trouvons cette phrase caractéristique : « Vous êtes agaçant, mon révérend père. » Évidemment le jésuite ne fait pas plus patte de velours avec la marquise qu'avec son archevêque. Il faut même qu'il ait enfoncé quelque peu la griffe pour qu'elle se départisse à ce point de son atticisme accoutumé.

L'abbé de Choisy, en tournant à l'ermite sur ses vieux jours, a conservé ses légèretés d'allure. Il papillonne avec une grâce toute sémillante aux côtés de Mme de Lambert, et le gentil abbé de Bragelonne bat des ailes à l'unisson. L'abbé Mongault a une tenue grave sans rudesse. C'est un petit collet d'une espèce rare ; sa dignité jure avec son habit ; il détonne parmi ses confrères. On le prendrait volontiers pour un intrus. Il a l'honneur, si honneur il y a, d'être un fils naturel de Colbert-Pouange, et le duc d'Orléans l'a chargé de l'éducation de l'aîné de ses enfants. Voilà quelle est sa situation dans le monde.

Hénault vient d'entrer dans sa vingt-cinquième année, et d'être nommé président de la première Chambre des Enquêtes au Parlement de Paris ; il a, sans nul doute, l'esprit délié, mais il n'aurait guère fait parler de lui, si son père, un fermier général, ne lui avait laissé de quoi donner les soupers succulents célébrés par Voltaire.

Le Mardi se divise en deux réunions bien tranchées. Celle qui a lieu le jour est toute littéraire ; on y lit les ouvrages destinés à l'impression. Celle qui se tient dans la soirée, et à laquelle sont admis peu de membres de la première, se compose de gens de cour que l'épidémie du jeu n'a pas gagnés ; « on y parlait raisonnablement, dit Fontenelle, et même avec esprit à l'occasion. » On ne se contentait pas d'y causer, s'il faut prendre au pied de la lettre ce que dit à son tour le président Hénault : « J'étais des deux ateliers, je dogmatisais le matin et je *chantais* le soir. »

Mme de Lambert a exercé sur les hommes de son temps, et, en particulier, sur les Quarante, une influence que Mme Récamier n'a pas égalée. Le marquis d'Argenson l'atteste de cette façon qui est catégorique. « On n'était guère reçu à l'Académie que l'on ne fût présenté chez elle et par elle. Il est certain qu'elle a bien fait la *moitié* de nos académiciens actuels. » L'Abbaye-au-Bois est loin d'avoir fourni un pareil contingent.

Le marquis d'Argenson parut au Mardi, vers 1718, à peu près au même moment que Mairan, un physicien de l'espèce enjouée. D'*Argenson la bête*, c'était ainsi qu'on appelait le futur ministre des affaires étrangères, l'homme d'Etat qui continua la politique anti-autrichienne de Richelieu et conçut l'idée d'une confédération italienne, l'ardent contradicteur du comte de Boulainvilliers, l'auteur du livre très démocratique, intitulé *Considérations sur le gouvernement de la France*, l'ami de l'excellent abbé de Saint-Pierre, — de qui Voltaire a dit « qu'il était plus propre à être secrétaire d'État dans la République de Platon qu'au conseil du roi, » et qui avait dit en arrivant au pouvoir : « Il y a aujourd'hui un métier où il y a prodigieusement à gagner, car personne ne s'en avise ; c'est d'être parfaitement honnête homme. » Le marquis d'Argenson avait mérité son surnom par le négligé excessif de son langage. Mais si, dans le train ordinaire de la vie, il avait le parler inculte, il dictait, sans le moindre embarras, à trois ou quatre secrétaires à la fois, des dépêches qui étaient des modèles de précision et de clarté. Il avait l'amour des livres ; c'est sa bibliothèque qui, en passant par les mains du marquis de Paulmy, est devenue la précieuse bibliothèque de l'Arsenal.

Parmi les dames qui fréquentèrent le cercle de la marquise de Lambert, on remarqua Mlle de Launay, Mmes Dreuillet et Vatry ; la seconde, comme la première, faisait partie de la cour de Sceaux.

Mme Vatry était la femme d'un notaire de Paris. Elle avait la figure attrayante et l'intelligence alerte, mais elle avait le travers de jouer à la dixième muse et de se répandre dans les recueils en épithalames, épîtres, chansons et bouquets de toutes fleurs. Elle correspondait avec tous les aligneurs de rimes et ne craignait pas de s'engager dans des luttes scabreuses. On la vit participer aux ébats littéraires d'une société de bons vivants qui s'était érigée en parlement jovial. Le procureur général venait d'être nommé : c'était le gros épicurien qui collaborait avec Lesage pour le théâtre de la Foire, et qui, impotent à force de ventre, ne sortait que dans une brouette traînée par un pauvre hère qu'il appelait son « cheval baptisé ». Fuzelier entra en fonctions par un couplet qui commençait ainsi :

> A table, mes chers amis,
> Faisons que le plaisir dure.....

Mme Vatry riposta sur-le-champ :

> Le procureur général
> Va trop vite en procédure ;
> Dans le tendre tribunal,
>   Turelure,
> Appointer vaut bien conclure.
>   Robin turelure.

Elle a composé, en l'honneur de Mme de Lambert, une épître qui est placée en tête des œuvres de cette dernière et où elle l'encense comme une autre Minerve.

Mme Dreuillet était appelée la présidente, parce qu'elle avait épousé un président à mortier au parlement de Toulouse. Elle était jolie, très avenante et riche. Elle avait fait de sa maison le rendez-vous des personnes les plus distinguées de la ville, et, par les grâces de son esprit, donné le ton à cette société d'élite. Elle s'était même signalée, en remportant à l'académie des Jeux floraux le prix de l'églogue, en 1706 et en 1710. Son mari mort, elle était venue à Paris et avait tellement captivé la duchesse du Maine que celle-ci avait voulu la garder auprès d'elle et l'avait *contrainte* d'accepter un appartement dans son hôtel et dans son palais. Mme Dreuillet n'avait plus alors que les charmes de son esprit, car elle datait de 1656. — On ne lui connaît qu'une passion, et c'est Louis XIV qui en était l'objet ; passion très platonique, comme le démontre un distique de son cru, très riche de rimes, mais trop gaillard pour être cité ici.

Mlle de Launay, qui a eu la pudeur de ne se peindre qu'en buste dans ses Mémoires, petit chef d'œuvre de style et d'observation, avait occupé à la cour de Sceaux une place indigne de son intelligence. Elle s'était trouvée dans une sorte de domesticité, en butte aux caprices d'une maîtresse fantasque et hérissée d'égoïsme. Mais ne l'en plaignons pas trop, car c'est peut-être le dégoût de cette condition servile qui a fait éclore et stimulé son talent. Elle a tracé de la duchesse du Maine un portrait qui restera un modèle du genre : « Curieuse et crédule, dit Mlle de Launay, elle a voulu s'instruire de toutes les différentes connaissances ; mais elle s'est contentée de leur superficie. Les décisions de ceux qui l'ont élevée sont devenues des principes et des règles pour elle, sur lesquelles son esprit n'a jamais formé le moindre doute ; elle s'est soumise une fois pour toutes. Sa provision d'idées est faite ; elle rejetterait les vérités les mieux démontrées et résisterait aux meilleurs raisonnements s'ils contrariaient les premières impressions qu'elles a reçues. Tout examen est impossible à sa légèreté, et le doute est un état que ne peut supporter sa faiblesse. Son catéchisme et la philosophie de Descartes sont deux systèmes qu'elle entend également bien..... Elle croit en elle de la même manière qu'elle croit en Dieu et en Descartes, sans examen et sans discussion... Son commerce est un esclavage, sa tyrannie est à découvert : elle ne daigne pas la colorer des apparences de l'amitié. Elle dit ingénument qu'elle a le malheur de ne pouvoir se passer des personnes dont elle ne se soucie point. Effectivement, elle le prouve. On la voit apprendre avec indifférence la mort de ceux qui lui faisaient verser des larmes lorsqu'ils se trouvaient un quart d'heure trop tard à une partie de jeu ou de promenade. » N'oublions pas une phrase glissée dans une lettre à Mme Du Deffand, qui mériterait de servir d'épigraphe aux *Mémoires* : « Les grands, à force de s'étendre, deviennent si minces qu'on voit le jour au travers : c'est une belle étude de les contempler ; je ne sais rien qui ramène plus à la philosophie. »

La situation de Mlle de Launay s'améliora après le séjour à la Bastille que lui valut la conspiration de Cellamare. Elle épousa un vieil officier suisse à qui le duc du Maine donna une compagnie dans ses gardes avec le titre de maréchal de camp, et, sous le couvert de la baronne de Staal, la femme de chambre monta au grade de dame du palais de la princesse.

Mme de Staal se lassait souvent des fadeurs de la cour de Sceaux, où tout était prétexte à petits vers et à divertissements mythologiques. « Je crois, a dit le prince de Ligne, que je me serais ennuyé chez Mme la duchesse du Maine ; elle avait aussi un tour d'épaule dans l'esprit. » Est-il besoin de rappeler que Bénédicte de Bourbon était quelque peu contrefaite ? Mme de Staal s'échappait alors pour venir prendre langue à Paris. Mais la Cour de Sceaux l'y poursuivait sous forme d'épîtres. La duchesse, toujours plume en main, la gratifiait de la prose mêlée de rimes qu'elle envoyait aux quatre points cardinaux.

Un jour, Mme de Staal montra chez Mme de Lambert un fragment de cette correspondance et manda ensuite à Mme du Maine le triomphe dont il avait été l'objet. Et celle-ci de crier à la trahison : elle frémit de penser que sa mauvaise prose a été lue devant un tel aréopage et à ses reproches joint deux « malheureux rondeaux, » avec ce post-scriptum : « Si on les lit à l'assemblée du mardi, me voilà déshonorée en vers comme en prose. »

Mme de Lambert répondit à cette nouvelle communication par la lettre suivante :

« Voici, madame, le respectable Mardi qui vient rendre hommage à V. A. S. Le grand Fontenelle, paré de tous ses talents, également bien avec les muses sérieuses et badines, dont la réputation se répand partout, secrétaire et presque doyen des Académies, est à vos genoux.

« L'inflexible La Motte qui a voulu renverser le culte d'Homère, et qui n'a jamais brûlé un grain d'encens sur son autel, jette des poignées de fleurs sur le vôtre.

« Le Mentor d'un grand prince, qui endoctrine mieux que Minerve, qui a prêté des grâces à Cicéron et qui en est moins le traducteur que le rival, se prosterne devant V. A. S.

« L'aimable abbé de Bragelonne, chéri des Grâces et des Muses, tant vanté par vous, est reçu dans le concert de ceux qui célèbrent vos louanges.

« L'exact, le mesuré ou plutôt la précision même, enfin, le grand géomètre M. de Mairan, vient renouveler les hommages qu'il a déjà eu l'honneur de vous rendre..... »

On ne sait pourquoi la marquise oublie de mentionner M. de Sacy, M. de Sainte-Aulaire, et le président Hénault.

Lamotte avait écrit en même temps à la duchesse :

« Quoi, vous, madame, qui, à ce qu'on nous raconte, passez sans émotion sur le pont de Poissi, vous que n'effrayent ni les canonnades, ni les tempêtes de l'Océan, ni même les harangues, vous n'avez pu apprendre sans trembler que Mlle de Launay nous ait lu vos lettres ? Il le faut avouer, madame, vous aviez quelque raison de craindre ; il ne vous eût servi de rien d'être princesse, si vos lettres n'avaient été charmantes ; vous avez été jugée comme une simple Scudéry, et l'exact M. de Mairan nous aurait démontré sans miséricorde que vous n'aviez pas plus d'esprit qu'une autre, si la proposition eût été soutenable. Mais il a fallu se rendre de bonne grâce et convenir que, toute Altesse que vous êtes, vous mériteriez bien d'être du Mardi. Vous n'en serez pourtant pas, madame, et je vous en plains ; voilà ce que c'est que d'être princesse. Mais consolez-vous, vos lettres, vos rondeaux, vos amusements en seront..... »

A quoi risposta Mme du Maine :

« O Mardi respectable! Mardi imposant! Mardi plus redoutable pour moi que tous les autres jours de la semaine! Mardi qui avez servi tant de fois au triomphe des Fontenelle, des Lamotte, des Mairan, des Mongault! Mardi auquel est introduit l'aimable abbé de Bragelonne; et, pour dire encore plus, Mardi où préside Mme de Lambert! je reçois, avec une extrême reconnaissance, la lettre que vous avez eu la bonté de m'écrire. Vous changez ma crainte en amour, et je vous trouve plus aimable que les Mardis-Gras les plus charmants. Mais il manque encore quelque chose à ma gloire, c'est d'être reçue à votre auguste sénat. Vous voulez m'en exclure en qualité de Princesse, mais ne pourrais-je pas y être admise en qualité de Bergère? Ce serait alors que je pourrais dire que le Mardi est le plus beau jour de ma vie. J'ai grand besoin de ce secours pour apprendre à écrire et à parler; mais il ne m'est nullement nécessaire pour connaître et chérir le mérite de ceux qui composent vos merveilleuses assemblées. »

Et Lamotte de répondre à la duchesse :

«... En vérité, Madame, vos exclamations font trop d'honneur au Mardi. Nous ne sommes pas si merveilleux que le dit V. A. S., et je ne saurais vous voir dans l'erreur, sans me croire obligé de vous détromper. Connaissez donc ce Mardi, Madame, mais ne me décelez pas : si je le trahis, songez, s'il vous plaît, que je ne le trahis que pour vous. Ami jusqu'aux autels. Pour commencer par Mme de Lambert qui nous préside, n'avez-vous pas remarqué, Madame, qu'elle ne pense pas comme la plupart du monde; qu'elle traite de frivole ce qui est établi comme important, et qu'elle regarde quelquefois comme important ce que beaucoup de gens traitent de frivole? Ajoutez qu'avec ce prétendu courage d'opinions singulières, elle a quelquefois la faiblesse de penser comme les autres. Je vous déclare encore qu'elle néglige fort sa réputation. Vous savez, madame, qu'elle passe pour penser hautement et s'exprimer toujours de même. Eh bien! Madame, je vous jure qu'elle ose dire quelquefois des choses fort simples, et toujours fort simplement les plus relevées. Je ne vous dis rien de sa duperie la plus inexcusable dans le commerce du monde ; elle y met du sentiment, de l'amitié, de la bonne foi. Est-ce là connaître les hommes? Et quand on y est attrapé, n'a-t-on pas ce qu'on mérite?

« A l'égard de M. de Fontenelle, vous ne serez point étonnée de l'entendre traiter d'extraordinaire. C'est un homme qui a mis le goût en principes et qui, en conséquence, demeurera froid où les Athéniens étouffaient de rire et où les Romains se récréaient d'admiration. Vous savez d'ailleurs, Madame, qu'il a prétendu effacer ces grands maîtres dans tous les genres; car pourquoi ne lui supposerions-nous pas les intentions les plus mauvaises? C'est la bonne façon de deviner les hommes. Badinage, galanterie, sentiment, philosophie, géométrie même, il a voulu briller en tout, et prouver par son exemple qu'il n'y a point de talents inalliables. Mais à propos de géométrie, il faut tout vous dire : il vient de faire un livre si subtil et si rêvé que s'il perd son manuscrit de vue un mois seulement, il ne s'entend plus lui-même. Pauvre tête qui ne tient rien !

« Il faut trancher le mot sur M. de Mairan ; c'est une exactitude, une précision tyrannique et qui ne vous fait pas grâce de la moindre inconséquence : il ne se fera pas scrupule de démontrer aux gens qu'ils ont tort, pourvu qu'il le fasse bien poliment, comme s'il ignorait qu'en matière d'amour-propre le fond emporte la forme.

« L'abbé Mougault est tout plein de mauvais principes : il nous a soutenu cent fois que les femmes n'étaient faites que pour aimer et pour plaire; il leur abandonne, tant qu'il leur plaît, l'empire de la bagatelle, mais à condition qu'elles ne touchent pas au sérieux...

« Mme de Saint-Aulaire ne sait ce que c'est que dispute ni contradiction. Quelle ressource pour un Mardi ! Elle ne met de chaleur qu'à deux choses: à soutenir que les femmes sont plus raisonnables que nous, et, ce qui ne s'accorde pas trop avec cela, que M. de Fontenelle a toujours raison ».

Lamotte ne parle pas de Mlle de Launay : la duchesse la connaît.

Il déclare enfin qu'on admettra la duchesse en qualité de bergère, « quoique ce soit une vraie duperie que ce détour ».

Et Mme de Lambert, que la duchesse a attirée à Sceaux, d'écrire à Lamottte sur un ton d'humeur qui continue le badinage : « Vous croyez que Son Altesse ne viendra pas à nos Mardis? Elle y viendra, monsieur, pour notre gloire et à votre confusion. »

Elle y vint en effet et à plusieurs reprises, et il s'ensuivit un effroyable déluge de vers de tout calibre, et tous du même goût. On se demande, en parcourant cet indigeste fatras, comment des gens d'un esprit incontestable pouvaient se délecter à un pareil jeu. Heureusement pour le Mardi que ce ne furent là que des intermèdes, sans quoi il eût été justement frappé d'une déconsidération irrémissible. Le salon de Mme de Lambert n'aurait plus été qu'une succursale de la petite cour de Sceaux.

On n'était déjà que trop porté à médire de la marquise et à brocarder ce qu'on appelait son bureau d'esprit. Elle était, du reste, très sensible aux épigrammes et craignait d'y prêter, en paraissant se livrer avec excès à des attachements littéraires; mais « elle avait le soin de se rassurer, dit Fontenelle, en faisant réflexion que, dans cette même maison si accusée d'esprit, elle y faisait une dépense très noble et y recevait plus de gens du monde et de condition que de gens illustres dans les lettres. » Pauvre marquise! elle n'avait pas le courage de son intelligence. Malgré sa supériorité, elle avait la faiblesse de courber le front sous les préjugés de sa race. Et que serait-elle devenue, sans ces pauvres gens de lettres dont elle rougissait de temps en temps? elle aurait disparu tout entière le jour de sa mort. C'est par eux, c'est comme leur hôtesse qu'elle a pu se survivre à elle-même. Ses écrits, dont elle rougissait aussi et qu'elle avait voulu tenir sous le boisseau, ont aidé sans doute à la sauver de l'oubli. Mais ils étaient enfouis sous le prodigieux entassement de livres vigoureux qu'a produits le xviiie siècle; et qui les a exhumés et remis en lumière, sinon quelques méchants hommes de plume? Sous l'Empire, M. Droz, en les critiquant, comme c'était son droit ; de nos jours, M. Sainte-Beuve, en les louant comme ils le méritent.

Mme de Lambert a d'ailleurs fait amende honorable sur la fin de sa vie, qui se termina le 12 juillet 1733 ; la preuve nous en est fournie par le gendre de Bussy-Rabutin. « Elle poussa jusqu'au bout la maladie de l'esprit, dit M. de La Rivière, car elle choisit pour confesseur l'abbé Couet qui avait beaucoup d'esprit et qui était connu pour tel. » D'Argenson traite cet abbé d'*hypocrite* et de *fourbe honteux*. Mais passons. Nous voulons simplement démontrer que Mme de Lambert était revenue déjà depuis quelque temps à des sentiments plus conformes à l'élévation de son âme. Par une anomalie de caractère, elle avait repris le dessus en croissant en âge et en infirmités. M. de La Rivière, toujours en quête de conversions, lui écrivait le 30 janvier de la même année 1733 : « Je ne m'ennuie, madame, de l'opiniâtreté de vos maux que par rapport à ce qu'ils vous font souffrir. Si vous voulez donner congé aux prétendus amis (Fontenelle et consorts) que votre état fatigue, il ne tiendra qu'à vous de les remplacer tous par l'assiduité de mes soins. J'ai eu le loisir de donner quelque culture au peu d'esprit que j'avais. Ce n'est plus le temps, madame, des vanités attachées aux respects humains, prenez-moi au mot, j'irai vous garder... je n'intéresserai point vos bienséances ; et peut-être que vous trouveriez quelque consolation dans la manière dont je vous entretiendrais. Ce n'est plus la saison de ces dissertations qui ne portent à rien qu'à des choses qui passent » Voilà qui est parler d'or, excellent M. de La Rivière : à quatre-vingt-six ans, il est de bonne précaution, en effet, de se préparer au grand voyage.

Mme de Lambert morte, quel fut le sort de la compagnie lettrée dont sa maison était le foyer ?

Choisy avait pris les devant dès 1724, et Louis de Sacy dès 1727 ; Montesquieu a dit de ce dernier, qu'il remplaça à l'Académie : « Tous ceux qui avaient besoin de lui devenaient ses amis : il ne trouvait presque pour récompense à la fin de chaque jour que quelques bonnes actions de plus ; toujours moins riche et toujours plus désintéressé, il n'a presque rien laissé à ses enfants que l'honneur d'avoir eu un si illustre père. »

Sainte-Aulaire survécut de neuf ans à la marquise ; il s'éteignit entre deux madrigaux. Le père Buffier continua d'alimenter de sa prose le *Journal de Trévoux*, tout en brassant des livres de toute sorte, une grammaire française, des traités de rhétorique et de philosophie, des exercices de piété plus ou moins orthodoxes et des vies de saints personnages, illustres à des titres divers, — depuis le comte Louis de Sales, un homme de guerre tombé en ascétisme à l'exemple de son frère le canonisé, — jusqu'à René Va, un capitaine de cavalerie qui passa les trente-cinq dernières années de sa vie, en ermite, dans la forêt de Compiègne.

L'*aimable* abbé de Bragelonne, qui pratiquait la géométrie le plus galamment du monde, gagna une place à l'Académie des sciences avec son *Mémoire sur la quadrature des courbes*, et, ayant entrepris une histoire des empereurs romains, mourut à la peine, — d'un coup de sang.

L'éducation de Louis d'Orléans achevée et ses traductions l'Hérodien et des *Lettres de Cicéron à Atticus* livrées au public, l'abbé Mongault se reposa pendant vingt ans dans des souffrances atroces. Il succomba à une gravelle, compliquée de vapeurs insupportables. Quand on lui demandait de quelle nature étaient ces vapeurs, le malheureux patient répondait: « Terrible maladie qui fait voir les choses telles qu'elles sont. »

« Le meilleur citoyen qui eût jamais tâté du ministère », d'Argenson, se consola de sa chute dans la société des lettrés et des philosophes et par des travaux qui lui ouvrirent les portes de l'Académie des inscriptions et belles-lettres. Il avait refusé un fauteuil à l'Académie française, qui avait été mis à sa disposition. Il s'en explique d'une façon moitié modeste, moitié cavalière: « J'ai appréhendé, dit-il, l'éclat, l'envie et la satire des beaux esprits aspirant à ces places, soit parmi les auteurs, soit chez les gens du monde; la corvée d'une harangue en public, tant de fadaises, de lieux communs à débiter! Et probablement ayant laissé mourir Mme de Lambert sans accepter son offre, une occasion si belle ne se présentera plus. J'en ai perdu jusqu'à la tentation, et pour longtemps, Dieu merci! »

Nous retrouverons Mairan chez Mme de Tencin, Lamotte au café Gradot, le Procope de la rive droite, Hénault chez Mme du Deffant, et Fontenelle dans plusieurs de ces cercles qui se formèrent successivement sur le modèle du salon de la marquise de Lambert.

IV

LE CAFÉ GRADOT

Lamotte habitait la rue Guénégaud, une des plus froides de Paris. Il avait coutume, dans les beaux jours, de monter dans sa chaise et de gagner le quai du Louvre, pour y ranimer au soleil sa vieillesse précoce et frileuse. Lorsqu'il avait fait sa provision de chaleur, il entrait au café Gradot, qui est devenu le café Manoury, où se rassemblaient, — comme autrefois, Molière, Boileau et Chapelle, au cabaret de la *Pomme-de-Pin*, — l'abbé de Pons, l'ex-capitaine La Faye, l'économiste Melon, les mathématiciens Nicole, Maupertuis et Saurin.

Pénétrons dans cette réunion, à la suite de Duclos, qui nous en ouvre la porte dans ses excellents mémoires, lesquels ont pour unique défaut d'être trop courts. Il eut lui-même pour introducteur La Faye, dont il nous donne le croquis que voici : « C'était un homme très aimable, et qui aurait pu servir de modèle à ce qu'on appelle les gens du monde. Il jouissait d'une fortune considérable, tenait une bonne maison et y rassemblait souvent compagnie choisie de différents états. Son frère aîné, capitaine aux gardes, homme d'esprit et fort instruit, ajoute Duclos, avait formé la plus belle bibliothèque qu'un particulier pût avoir, et dont le catalogue est, je crois, le premier qui ait été imprimé, et qui ait servi à l'ordre de ceux qui ont paru depuis.... » Le capitaine La Faye, ayant eu la jambe emportée d'un boulet de canon, fut obligé de quitter le service, et, pour s'en consoler, se renferma dans sa bibliothèque, sur laquelle il mit pour inscription :

>   Me læsit Mavors, læsum mulsêre Camœnæ.

Faisons remarquer, en passant, que ceux qui portent l'épée inclinent tout naturellement, dans leurs loisirs, à traduire Horace ou à l'imiter. Le bonhomme Epicure, croyons-nous, est pour beaucoup dans cette tendance.

Voltaire a dit de La Faye, l'ex-capitaine :

>   Il a réuni le mérite
>   Et d'Horace et de Pollion,
>   Tantôt protégeant Apollon,
>   Et tantôt chantant à sa suite.

Cela signifie, en prose, que La Faye avait la passion des lettres, et que, non content de pratiquer l'ode avec talent, il jouait le rôle de Mécène à l'occasion. Il fut, à l'Académie, le successeur de Valincour, à qui Boileau adressa sa onzième satire. Il était secrétaire du cabinet du roi, et le duc de Bourbon le chargea d'une mission assez singulière. Ce prince, ayant eu la fantaisie de se marier, dépêcha La Faye en Allemagne, pour y choisir la princesse dont la figure lui agréerait le plus. Il déclarait s'en rapporter au bon goût de son envoyé. La Faye donna la pomme à Caroline de Hesse-Rhinsfeld, qui devint la femme de l'ancien amant de la marquise de Prie, et qui fut loin d'avoir à se féliciter de la préférence dont elle avait été l'objet. « Lamotte, à qui j'avais été annoncé par La Faye, dit encore Duclos, me fit assez d'accueil pour m'en attirer de la part de l'assemblée. » Il trace de Lamotte le portrait le plus flatteur.

Présentons au lecteur les autres membres de cette réunion :

Collé raconte que, dans sa jeunesse, il voyait souvent Maupertuis accompagné de Lamotte au café Gradot, — à son début, quand il tranchait du bel esprit. A l'entendre, c'était un intrigant de la pire espèce, un géomètre qui ne savait que les éléments de la géométrie, se louant sans cesse et se faisant louer « par un tas de grimauds subalternes, par un nombre prodigieux de sots, par des femmes de qualité auxquelles il persuada d'apprendre la géométrie, mode qui a duré deux ou trois ans et à la tête de laquelle se mit Mme d'Aiguillon ». L'auteur de *la Partie de chasse d'Henri IV* manque de mesure, selon une habitude invétérée. Maupertuis n'était pas, il est vrai, un savant de premier ordre, mais il était encore moins un savant méprisable. La postérité, qui juge à froid, est obligée de le reconnaître, tout en regrettant les écarts de son outrecuidante vanité, et tout en riant des plaisanteries dont Voltaire le larde dans le *Docteur Akakia*. — Maupertuis portait une perruque écourtée et un habit de forme fantasque pour attirer les regards ; travers qu'on ne se sent pas le courage de lui reprocher, quand on songe à Jean-Jacques déguisé en Persan. Il avait débuté dans les sciences sous la direction de François Nicole. Ce dernier s'était signalé comme géomètre dès l'âge de dix-neuf ans. Il envoya, en 1706, à l'Académie, un curieux *Essai de la théorie de la roulette*. En 1717, un Lyonnais du nom de Mathulon, se vantant d'avoir découvert la quadrature du cercle, et ayant déposé chez un notaire une somme de trois mille livres, que devait gagner celui qui le contredirait victorieusement, Nicole répondit à ce défi par une réfutation catégorique, et, malgré la modicité de sa fortune, donna les trois mille livres à l'Hôtel-Dieu de Lyon. — Il n'était géomètre que dans son cabinet. Il aimait les lettres et le monde. On lui faisait le meilleur accueil chez la comtesse de Caylus, le duc de Villeroy, les Pontchartrain, le comte de Ségur, le duc de Mortemart et le comte de Nocé. Il aurait pu tirer bon parti de l'amitié que lui témoignait le favori du régent, mais il était exempt de toute ambition.

Saurin ne suivait pas la même ligne de conduite que son collègue de l'Académie des sciences. Le désintéressement de Nicole devait le faire sourire de pitié, lui qui, ministre protestant en Suisse, était venu, en France, troquer sa religion contre une pension de quinze cents livres. Si l'on en croit de méchantes langues, il aurait, du même coup, esquivé une condamnation pour vol. On serait plus disposé à l'absoudre s'il s'était converti à l'honnêteté; mais on doute qu'il se soit amendé, accusé qu'il fut d'avoir mis la main aux couplets de Rousseau.

L'économiste Melon avait été inspecteur général des fermes à Bordeaux, puis successivement commis du cardinal Dubois et de Law, et enfin secrétaire du duc d'Orléans. Voltaire l'a qualifié d'esprit systématique. Il a dit plus tard, à propos de son ouvrage contre les *Réflexions politiques sur les finances et le commerce* de Du Tot, « le livre aussi petit que plein de M. Melon, le premier homme qui ait raisonné en France par la voie de l'imprimerie, après la déraison universelle du système de Law ».

Nous avons gardé, pour la fin, le second de Lamotte dans sa guerre contre les Anciens, — l'abbé de Pons, qui s'intitulait lui-même *le bossu de M. de Lamotte*. Cet abbé avait eu quelque peine à s'habituer à la saillie de son échine. On prétend même que, pour l'aplanir, il s'était fait promener un rouleau de bois entre les deux épaules. Mais de cette opération primitive il n'avait obtenu d'autre résultat que des contusions. — Lamotte l'a célébré dans l'impromptu suivant :

> Amis, on dit que la Nature
> De cette aimable créature
> Ayant fait le corps si petit,
> Pour dédommager la matière,
> Fit un paquet tout plein d'esprit
> Qu'elle lui mit sur le derrière.

L'abbé avait toujours été en fond d'esprit. Il fut, à l'âge de vingt-trois ans, élu chanoine de Chaumont; un concurrent, l'abbé Denys, tenta de faire casser son élection, en le dénonçant comme impropre au service divin : « Le sieur de Pons, disait-il, a un corps bossu et contrefait : il est moins homme que nain ; la singularité de son extérieur frappe de surprise et peut scandaliser les faibles. » A quoi répondit simplement l'abbé de Pons : « Je ne sais si l'amour-propre m'a fasciné les yeux, mais il me paraît que mon peintre n'a pas flatté son modèle et que je puis à présent me montrer avec confiance. Je déclare donc ici à M. de Blaru (l'avocat du sieur Denys), que, loin d'être offensé de son ridicule portrait, je lui sais au contraire fort bon gré de son travail. Un honnête homme ne doit jamais s'offenser des reproches qui n'ont pour objet que des défauts ou des infirmités corporelles..... Je ne rougis point en avouant les défauts corporels que m'a donnés un accident involontaire et imprévu : ces défauts ne souillent point l'âme, et l'Église les méconnaît dans ses ministres, pourvu qu'ils ne soient pas d'une espèce à les rendre inhabiles aux fonctions du ministère, ou que leur aspect ne soit pas affreux au point qu'ils puissent être occasion de scandale aux fidèles. Il n'a pas semblé à l'Église que j'eusse aucun défaut ou aucune infirmité de cette dernière espèce, puisqu'elle m'a honoré du sous-diaconat, qui est un ordre majeur. » Melon a dit de l'abbé, dans la notice qu'il a mise en tête de ses œuvres : « Il avait un beau visage et une physionomie extrêmement prévenante, qui portait l'image de la candeur de son caractère. » C'était, en fin de compte, un agréable bossu.

L'abbé de Pons triompha aisément de son compétiteur, mais, durant le procès, ayant poussé jusqu'à Paris, et, au frottement des gens de lettres, ayant pris feu pour un de leurs drapeaux, il donna sa démission de chanoine et de provincial, pour aller se jeter au milieu de la mêlée. Il s'enrôla dans les rangs des Modernes, commandés par Lamotte, qui renouvelait la lutte commencée par Bois-Robert et continuée par Desmarets de Saint-Sorlin, Fontenelle et Perrault.

Jetons un rapide coup d'œil sur les différentes phases de cette longue campagne contre les Anciens.

Guéret, dans sa *Guerre des Auteurs*, nous a transmis, sinon les termes, du moins le fonds d'un discours, prononcé par Bois-Robert dans l'académie de l'abbé d'Aubignac et qui nous donne la mesure de ses opinions sur la matière :

« Paraissez, Navarrais, Maures et Castillans ; paraissez, Saumaises, Scaligers, Vidas, légion de commentateurs, et apprenez aujourd'hui de moi que celui que vous appelez le prince des poètes, n'est qu'un misérable rapsodiste à qui vos seules bévues ont donné du nom. Ne vous entêtez point si fort pour cet aveugle. Ses poèmes ne sont composés que de chansons qu'il chantait devant la Samaritaine et devant le Pont-Neuf de son temps. C'était un coureur de cabarets qui suivait la fumée des bons écots. J'ai plus de deux garanties parmi MM. les Anciens, qui me font dire qu'il n'avait pas d'emploi plus honorable que celui de notre fameux Savoyard (1). »

Bois-Robert n'avait pas tenu un autre langage devant l'Académie de Richelieu qui était sienne aussi, puisqu'elle doit sa naissance autant à ce farceur de cour qu'au grand ministre. C'est ui qui prononça le quatrième discours académique, — à la date du 26 février 1635. Et il ne craignit pas, dit l'abbé Irail, d'y comparer « Homère aux chanteurs des carrefours dont les vers réjouissaient la canaille. »

Desmarets de Saint-Sorlin ne se contenta pas, comme Bois-Robert, son ami, de décocher de méchantes boutades. Il fit aux Anciens une guerre en règle. C'était alors un pécheur fraîchement converti, et plein de fougue dans son repentir ; il brandit contre les Grecs et les Romains des armes que nous avons vu ramasser par l'abbé Gaume. Ce n'était pas une guerre littéraire, mais une guerre sainte. Homère était surtout le point de mire des attaques de l'ardent Desmarets, et c'était de bonne tactique, car, Homère abattu, le paganisme était décapité. Outre son immoralité, l'auteur de *Clovis* reprochait à l'auteur de l'*Iliade* la trivialité de ses comparaisons et l'abus de ses épithètes oiseuses : *Achille aux pieds légers, Junon aux yeux de génisse*...

La bataille fut des plus acharnées. Le chanoine Santeuil, qui rompit des lances en faveur des latins, se montra terrifié de l'audace des assaillants. Il est plaisant de l'entendre appeler à la rescousse celui qui demain sera leur chef : « Viens, s'écrie-t-il, viens à notre secours, Perrault ; ne méprise pas mes plaintes. Notre Apollon succombe sous le poids de ses maux. Abandonnée,

1. Chanteur public qui exerçait son emploi sur le quai des Grands-Augustins.

plongée dans une profonde nuit, la poésie latine a perdu tout crédit, tout honneur. Ses lauriers desséchés tombent de son front ; sa lyre dédaignée garde le silence ! Voilà donc la fortune qui attendait les poëtes d'Ausonie ; voilà le digne prix de leur génie sublime. »

Et Desmarets de s'écrier à son tour :

> Viens défendre, Perrault, la France qui t'appelle.
> Viens combattre avec moi cette troupe rebelle,
> Ce ramas d'ennemis qui, faibles et mutins,
> Préfèrent à nos chants les ouvrages latins...

Perrault jusqu'alors ne s'était pas déclaré. Santeuil n'avait invoqué son appui qu'à cause de sa situation d'académicien important. Quant à Desmarets, s'il l'avait jugé digne d'entrer en lice à sa suite, c'était à son poème chrétien de *Saint-Paulin* que Perrault devait cette distinction.

Les frères Perrault, Claude l'architecte, Nicolas le docteur et Charles le receveur général, qui tous trois faisaient profession de lettres, prirent les armes, et commencèrent par se ruer sur Boileau qui combattait au premier rang des Anciens. Charles se montra le plus ardent et le plus vigoureux. Il prouva que Desmarets de Saint-Sorlin avait fait un bon choix. C'est de lui seul qu'il est question quand on cite le nom de Perrault tout court. N'est-il pas dans l'ordre, qu'il absorbe toute la renommée, ayant eu tout le fardeau de la lutte comme général ? Ses frères n'étaient que ses soldats et ils se perdent dans la foule avec l'abbé Lavaud et le « gros » Charpentier. — Perrault n'a de point de contact avec le pieux Desmarets que dans ce passage : « A l'égard des livres sacrés, dit-il, j'ai une retenue, un respect et une vénération qui n'ont pas de bornes, et de là vient sans doute que j'en ai moins pour les anciens auteurs profanes. La grande soumission où je tiens mon esprit pour des ouvrages inspirés de Dieu, le souci que j'ai de le faire renoncer sans cesse à ses propres lumières et de le ranger sous le joug de la foi, fait que je lui donne ensuite toute liberté de penser et de juger ce qui lui plaît de ces grands auteurs... » Le livre des *Parallèles* est une protestation cartésienne : c'est le drapeau du libre examen arboré en littérature comme il venait de l'être en philosophie. Excellente cause, mais que Perrault a compromise par des écarts de dialectique dans lesquels Fontenelle est tombé avec lui. Tous deux, poussant jusqu'à ses conséquences extrêmes la théorie du progrès de l'esprit humain, soutenaient que plus l'humanité avançait en âge, plus parfaites étaient ses œuvres. A ce compte, la *Pucelle* de Chapelain serait de beaucoup supérieure à l'*Iliade*.

Perrault s'amusait aussi à brocarder quelques-uns des héros d'Homère, produits naïfs de l'enfance de l'art. Il se riait de Pénélope défaisant la nuit son travail de la journée et de la princesse Nausicaa lavant son linge à la rivière. Il ne niait pas le génie d'Horace, mais il demandait si on devait l'admirer jusque dans les vers que voici :

> *Jove non probante, u-*
> *xorius amnis.....*

Et il mettait en regard cette strophe de son cru :

> L'autre jour dans les bois, le berger Tircis, qui
> Endure de Philis les rigueurs inhumaines,
> Lui faisait une longue ky-
> rielle de ses peines.

Et de s'étonner des clameurs bruyantes soulevées chez les plus illustres de ses contemporains par une thèse qui, à tout prendre, n'était que leur glorification. — Il s'indigne d'être taxé d'envie : « Voilà, dit-il, une espèce d'envie bien singulière. Jusques ici on avait cru que l'envie s'acharnait sur les vivants et épargnait les morts ; aujourd'hui l'on dit qu'elle fait tout le contraire. Cela n'est guère moins étonnant que d'avoir le cœur au côté droit... Je voudrais qu'on choisît un homme désintéressé et de bon sens, et qu'on lui dît que, parmi les gens de lettres qui sont à Paris, il y en a de deux espèces : les uns qui trouvent que les anciens auteurs, tout habiles qu'ils étaient, ont fait des fautes où les modernes ne sont pas tombés ; qui, dans cette persuasion, louent les ouvrages de leurs confrères et les proposent comme des modèles aussi beaux et presque toujours plus corrects que la plupart de ceux qui nous restent de l'antiquité ; les autres qui prétendent que les anciens sont inimitables et infiniment au-dessus des modernes, et qui, dans cette pensée, méprisent les ouvrages de leurs confrères, les déchirent en toute rencontre et par leurs discours, et par leurs écrits. Je voudrais, dis-je, qu'on demandât à cet homme désintéressé et de bon sens quels sont les véritables envieux de ces deux espèces de gens de lettres ; je n'aurais pas de peine à me ranger à son avis. Ceux qui nous ont appelés envieux n'ont pas pensé à ce qu'ils disaient. On a commencé par nous déclarer nettement que nous étions des gens *sans goût et sans autorité*. On nous reproche aujourd'hui que nous sommes des envieux. Peut-être nous dira-t-on demain que nous sommes des entêtés et des opiniâtres. » Perrault clôt cette très habile apostrophe en fouettant Boileau de ses propres verges :

> L'agréable dispute où nous nous amusons
> Passera sans finir jusqu'aux races futures.
> Nous dirons toujours des raisons,
> Ils diront toujours des injures.

Houdard de Lamotte entra en guerre par une traduction abrégée de l'*Iliade*. Il avait élagué tout ce qui lui avait semblé *inconvenant*, et il envoya le poème réduit de moitié à Mme Dacier qui prit cet hommage pour un cartel. « Le bouclier d'Achille, dit-il dans sa préface, m'a paru défectueux par plus d'un endroit : j'ai donc imaginé un bouclier qui n'eût point ces défauts. J'ai trouvé la mort d'Hector aussi défectueuse que le bouclier d'Achille et j'ai changé toutes les circonstances de cette mort pour rétablir la gloire des deux héros de l'*Iliade*. Voilà ce que j'avais à dire de l'*Iliade* et de mon imitation... J'abandonne mon ouvrage au jugement du public... Mais que diront certains savants ? On a écrit que je suis un téméraire... On dira, que je suis un ignorant. » Hélas ! ce fut la plus bénigne des épithètes qu'il reçut en pleine poitrine.

Le siècle du raisonnement était arrivé. Lamotte, qui avait commencé par se poser en poète, se diminuait lui-même, pour entrer dans le lit de Procuste de sa théorie. Il définissait la poésie, l'art de rimer des arguments. Au surplus, il faisait bon marché de la rime et répondait à La Faye qui le traitait de déserteur de l'Hélicon : « La prose peut dire plus exactement ce que disent les vers et les vers ne peuvent pas dire tout ce que dit la prose. » Et, joignant l'exemple au précepte, il adressait au cardinal de Fleury une ode en prose qui, selon lui, atteint sans peine les hauteurs sublimes où la poésie ne s'élève que la sueur au front : « Fleury, respectable ministre, aussi louable par tes intentions que par tes lumières, aussi cher à ton roi qu'à son peuple, et précieux même à tous nos voisins ; toi à qui les poètes sont inutiles parce que l'histoire se charge de ton éloge... » A l'exorde jugez du reste. Voilà l'évêque de Fréjus chanté comme il le mérite. Et voilà jusqu'où peut aller un homme d'esprit à cheval sur un paradoxe débridé.

Revenons à Homère. — Desmarets de Saint-Sorlin l'avait attaqué au nom du catholicisme ; Mme Dacier le défendit au nom des dieux lares de la littérature orthodoxe et se montra non moins fanatique que l'homme qui fit rôtir en place de Grève un illuminé de ses amis, le pauvre Simon Morin. Elle abdiqua son sexe et rudoya Lamotte avec des mains viriles. « Alcibiade, — dit-elle dans son volume *Des causes de la corruption du goût*, — étant entré dans l'école d'un rhéteur, il lui demanda qu'il lui lût quelque partie d'Homère, et le rhéteur lui ayant répondu qu'il n'avait rien de ce poète, Alcibiade lui donna un grand soufflet. Que ferait-il aujourd'hui à un rhéteur qui lui lirait l'*Iliade* de M. de Lamotte ? » — « Heureusement, dit en souriant celui-ci, dans ses *Réflexions sur la critique*, que, lorsque je récitai un de mes livres à Mme Dacier, elle ne se souvint pas de ce dernier trait. » Un professeur de l'humeur la plus douce, Jean Boivin, qui signait *Junius Biberius Mero* et qui s'était mis de l'escorte de Mme Dacier, perdit son latin à vouloir calmer cette tempête vivante.

Si Lamotte n'avait ni le flair ni la science de Mme Dacier, il avait du moins le mérite d'une aménité imperturbable, laquelle lui gagna des partisans. Si sa sagesse était en défaut, la sagesse des nations était pour lui : « Elle se fâche, donc elle a tort », disaient bon nombre de ceux qui faisaient galerie autour des deux combattants. Les anciens, dit-il de sa voix douce, « ont été nos guides et nos maîtres : il faut les estimer et les étudier, mais non pas comme des maîtres tyranniques, sur la parole de qui nous devions jurer toujours et qu'il ne soit jamais permis d'examiner ». Au milieu de la querelle, il consulte Fénélon qui lui répond finement : « J'aimerais mieux vous voir un nouvel Homère que la postérité traduirait que de vous voir le traducteur d'Homère même. Vous voyez que je pense hautement de vous. » On ne peut mettre dans la critique plus de politesse.

La république des lettres tout entière prenait part à la lutte, depuis Thémiseuil de Saint-Hyacinthe qui frappait non sur les anciens, mais sur leurs champions, — jusqu'au jeune Marivaux qui se moquait des deux camps. Ce dernier préludait aux *Jeux de l'amour et du hasard* par la *Fausse Suivante*, de laquelle nous extrayons un passage qui concerne directement notre sujet. — Trivelin et Frontin sont en scène. Trivelin est en train d'esquisser la physionomie d'un maître qu'il vient de quitter et qui était affolé de grec et de latin. « Cela me convenait assez, ajoute-t-il, car j'ai de l'étude. Je restai donc chez lui. Là je n'entendis parler que de sciences, et je remarquai que mon maître était épris de passion pour certains quidams qu'il appelait des anciens, et qu'il avait une souveraine sympathie pour d'autres qu'il appelait des modernes. » Cet original voulait qu'on eût quatre mille ans sur la tête pour valoir quelque chose. Frontin, pour gagner son amitié, s'était mis à admirer tout ce qui lui paraissait ancien. Il se prit de belle passion pour les vieux meubles, les vieilles modes les médailles. Il se coiffait de vieux chapeaux et n'avait commerce qu'avec des vieillards. Son maître se montra charmé de ses inclinations et lui confia la clef de sa cave. Quelle aubaine pour Frontin ! Il s'empressa de caresser certain vin vieux que le bonhomme appelait son vin grec. Entre temps, il s'adonnait au vin nouveau et n'en demandait pas d'autre à la maîtresse du logis, qui prisait plus les modernes que les anciens. Sa conduite aurait dû lui concilier ces deux esprits. Mais le contraire arriva. Ils s'aperçurent du ménagement judicieux qu'il avait pour chacun d'eux et lui en firent un crime. Le mari crut les anciens insultés par la quantité de vin nouveau qu'il avait bu : il lui en fit mauvaise mine. La femme le chicana sur le vin vieux. Frontin eut beau s'excuser, les gens de parti n'entendent point raison ; il fallut les quitter pour avoir voulu se partager entre les anciens et les modernes. Voilà la morale de la fable. Marivaux se tirait d'affaire par une équivoque.

Le poète sans fard, un drôle qui parlait en vers la langue des halles, un de ces effrontés qui, pour le besoin de leur cause, éclaboussent de leur encre les gens qu'ils ont glorifiés la veille, un de ces soudards de la littérature, enfin, qui, pour l'entretien de leurs vices, éveillent et servent les rancunes du pouvoir, dénonça comme une sédition la croisade des Modernes : « M. de Lamotte, écrivit Gacon de sa plume hypocrite, devrait considérer qu'en méprisant les anciens il contredit en quelque sorte les sentiments d'un prince qui, pour faire régner les arts dans son royaume, a cru devoir faire refleurir les monuments du bon goût des siècles les plus reculés. — C'est pour soutenir cette gloire dont Sa Majesté est en possession que j'ose combattre les sentiments d'un auteur qui tend à l'en dépouiller... » Les amis de Lamotte le pressaient de répondre au folliculaire : « Je ne répliquerai pas à M. Gacon, dit-il : il n'y a rien à gagner avec ceux qui n'ont rien à perdre. » L'*Homère vengé* de Gacon était un fouillis de prose et de vers, et surtout une sentine d'injures. Voici un échantillon de ses épigrammes :

> Messieurs, que l'ignorant vulgaire
> Met plus haut qu'Esope et qu'Homère,
> Vous n'approchez de ces héros
> Que par les yeux et par le dos.

De pareils traits ne pouvaient émouvoir le placide Lamotte. Mais l'abbé de Pons n'était pas d'un caractère pacifique, et, dans un article publié par le *Mercure galant*, il gourmanda rudement l'abbé Couture qui, en qualité de censeur, avait donné son approbation au libelle de Gacon. Seulement il se montra très modéré, lorsqu'il eut à relever les attaques qui lui étaient personnelles. On sait d'ailleurs qu'il n'était pas homme à rougir de sa gibbosité. Pour s'en convaincre encore davantage, il suffirait du mot charmant dont il salua un passant qui l'avait arrêté dans la rue, comme une « personne de connaissance » : — « Monsieur, dit-il, je ne suis pas le bossu que vous croyez. » Dans son article contre l'*Homère vengé*, l'abbé disait à son endroit : « Il y a des gens à qui le reproche des défauts naturels est très douloureux. J'ai connu un bossu, d'ailleurs de beaucoup d'esprit, qui n'avait jamais pu se familiariser avec son ombre ; je lui devins à charge, et il m'évita enfin, ne pouvant soutenir la petite guerre que je lui faisais pour lui ôter ce faible : pour moi, j'ose dire que je soutiens galamment ma disgrâce. J'en atteste mes amis, qui, pour faire honneur à mon courage, ne me font plus apercevoir dans notre commerce cette retenue excessive, cette circonspection humiliante qui n'est due qu'aux faibles. Je déclare donc ici que tout homme qui voudra m'offenser n'y réussira pas en attaquant ma figure : il y a longtemps que je l'ai abandonnée à son malheureux sort ; il y a longtemps que ses querelles ne sont plus les miennes. Mais, comme je ne connais point M. l'abbé Couture, que je n'ai pu par conséquent lui faire cette déclaration, il n'a pas dû croire qu'il fût de mon goût que cette liberté devînt le droit de Gacon même. »

L'abbé s'exaspère aussitôt qu'il aborde le chapitre des invectives lancées contre le chef des Modernes : «... Le souverain éloge de M. de Lamotte, écrit-il, c'est d'avoir su allier aux talents les plus éminents la plus modeste opinion de lui-même ; c'est de n'avoir jamais cherché dans les ouvrages de ses rivaux que le beau pour le protéger et de s'être imposé un silence religieux sur les fautes dont il aurait pu triompher. En vain ces mêmes rivaux s'obstinent à l'assiéger avec des épigrammes injurieuses, des satires infâmes, des critiques insolentes, on ne peut réussir à lui faire démentir ce caractère de douceur, de modestie et de charité, vertus qui lui sont plus précieuses que la réputation de ses ouvrages. Ses amis ressentent une douleur profonde de le voir à la veille d'être entièrement aveugle ; sa vue, qui s'éteint par degrés insensibles, le rappelle sans cesse à sa prochaine infortune et le sollicite au découragement ; tandis que nous travaillons à le consoler et à le distraire de ce triste objet, il s'imprime dans Paris des livres cruels où l'on insulte lâchement à son malheur. »

On a qualifié l'abbé de Pons de caudataire. Il mérite quelque peu cette épithète, car il a dépensé presque tout son esprit au service de Lamotte. A sa suite, il a méconnu la poésie. « Les vers, dit-il aussi, ne plaisent point par eux-mêmes ; il nous a fallu un long commerce avec eux pour n'être pas choqués de leur démarche affectée. » Et comme il s'écrie avec bonheur : « Grâce à Dieu et à M. de Lamotte, nous savons à quoi nous en tenir sur l'*Iliade* : ce n'est qu'un beau monstre ! » Voilà ce qu'il répétait sur tous les tons, — de sa plume tapageuse, dans le *Mercure*, et de sa voix bruyante, au café Gradot. Ici, il ne rencontrait aucun contradicteur, si ce n'est La Faye qui a proclamé sa dévotion aux neuf muses, dans une ode adressée à Lamotte et dont une strophe a été beaucoup trop vantée :

> De la contrainte rigoureuse
> Où l'esprit semble resserré,
> Il reçoit cette force heureuse
> Qui l'élève au plus haut degré.
> Telle dans des canaux pressée,
> Avec plus de force élancée,
> L'onde s'élève dans les airs :
> Et la règle qui semble austère
> N'est qu'un art plus certain de plaire,
> Inséparable des beaux vers.

Quant à l'économiste Melon et aux géomètres Saurin, Maupertuis et Nicole, quelle mine faisaient-ils en semblable compagnie ? — Ils causaient avec Lamotte qui, entre temps, parlait science en homme d'esprit qu'il était. Quelquefois Melon se détachait du groupe peut aller opiner de la tête en faveur de l'abbé de Pons, et Maupertuis, pour lâcher quelque phrase dans le goût de celle-ci : « Moi, je n'ai jamais lu Molière (1). » Il fallait que ce mathématicien acquît de l'originalité, n'importe à quel prix.

Duclos ne fit, pour ainsi dire, que passer au café Gradot. Il s'en explique en ces termes : « Comme j'étais venu me loger dans le quartier du Luxembourg, où j'avais fait des connaissances qui m'étaient chères, je préférai d'aller au café Procope, voisin de la Comédie, que j'aimais beaucoup. »

La querelle de Mme Dacier et de Lamotte s'éteignit dans une coupe de vin généreux, à la table de Valincour, ami des deux parties. On but à la santé d'Homère et tout fut dit. Nous nous trompons : pour sceller solennellement ce traité de paix, qui avait été conclu le dimanche des Rameaux de l'année 1716, le jour du pardon, Lamotte eut la galanterie d'adresser à son adversaire de la vieille un bouquet de vers qui n'avaient que l'intention d'être lyriques, mais qui étaient si parfumés d'éloges que Mme Dacier n'eût pas respiré avec plus de délices l'arome d'un nouveau chef-d'œuvre d'Homère fraichement déterré. De plus, il fit suivre ses *Réflexions critiques* d'une page que, dans sa très intéressante *Histoire de la Querelle des anciens et des modernes*, Rigault juge, avec raison, « digne de se graver dans la mémoire de tous les gens de lettres, mêlés aux luttes quotidiennes des idées et des partis ». — « Voilà, s'écrie Lamotte, la dispute finie entre Mme Dacier, M. Boivin et moi, et le fruit de notre dispute est une amitié sincère et réciproque, dont ils me permettront de me faire honneur devant le public. Heureuses les querelles littéraires qui se terminent là ! Le cours de la contestation instruit les lecteurs : ils y voient sous quels différents aspects on peut regarder les choses, et ils n'ont qu'à choisir entre les raisons alléguées les plus décisives et les plus convaincantes. Mais quand ils sont suffisamment instruits par les

---

1. *Journal* de Collé, t. 2, p. 189.

raisons, il reste encore aux auteurs à donner une leçon plus importante : ils doivent montrer, en se réunissant de bonne foi, que la diversité des opinions ne doit jamais aliéner les cœurs ; que l'estime et l'amitié peuvent se soutenir au milieu de la contradiction, et qu'il faut que les disputes des gens de lettres ressemblent à ces conversations animées, où, après des avis différents et soutenus de part et d'autre avec toute la vivacité qui en fait le charme, on se sépare en s'embrassant, et souvent plus amis que si l'on avait été froidement d'accord. »

Mlle de Launay, qui avait, selon ses expressions, représenté la neutralité au dîner de la réconciliation, raconte avec sa gaieté habituelle une scène plaisante qui est toute une moralité. C'était vers l'an 1720. Le mari de Mme Dacier, sorte de mari de la reine, comme nous dirions aujourd'hui, venait d'être frappé au cœur et montrait une désolation de veuf inconsolable. « Quelle femme, disait-il au milieu de ses sanglots, pourrait remplacer celle que j'ai perdue ? » — « Mlle de Launay, » répondit le maréchal de la Ferté, devant qui se reproduisait pour la centième fois cette lamentable exclamation. Et Dacier de s'essuyer les yeux en toute hâte et de courir chez Valincour pour le charger de la demande en mariage, en y joignant l'offre de tout son bien. Mais il comptait sans la marquise de Lambert, une *moderne* obstinée, qui dit à Mlle de Launay : « Que feriez-vous d'un homme tout hérissé de grec et quel cas ferait-il de vous qui n'en savez pas un mot ? » Mlle de Launay hésitait, mais elle finit par se rendre aux exhortations de la duchesse du Maine, qui s'unissait à Mme de Lambert. Elle dut se repentir amèrement de son refus, car elle n'eût pas tardé à jouir de la liberté qu'elle ambitionnait, souveraine maîtresse d'une fortune facilement gagnée : Dacier mourut en 1722, dans la peau de veuf inconsolable qu'il avait reprise comme on reprend un habit de rechange.

Le successeur de Gradot, Manoury, se piqua d'honneur : pour se montrer digne de sa clientèle lettrée, il écrivit un *Essai sur le jeu de Dames à la polonaise*.

V

LE CAFÉ DE LA VEUVE LAURENT

Quelquefois, pour changer d'air, Lamotte se rendait dans un autre cercle littéraire de son quartier, le café de la veuve Laurent situé rue Dauphine, au coin de la rue Christine, et où il rencontrait encore le géomètre Saurin et l'ex-capitaine La Faye, — en compagnie du frère aîné de ce dernier ; de Boindin (1), qui, avec le titre d'athée, cumulait celui de procureur général des trésoriers de France ; des poètes Rousseau, Roy et Danchet ; de l'abbé Alary ; d'un certain de Rochebrune, agréable chansonnier ; de Pécour, le maître de ballet, et de quelques menus lettrés qu'un caprice amenait dans ces parages.

Le grand scandale de l'époque, les couplets de Rousseau, compose toute l'histoire de la réunion de la rue Dauphine. Pour éclairer, autant que faire se peut, cette ténébreuse affaire, il faut raconter la vie même de celui dont le nom y est resté attaché.

Jean-Baptiste Rousseau naquit le 6 avril 1671, dans une échoppe de cordonnier. Une petite succession tira de cette situation misé-

---

1. On prétend que c'est à l'occasion de Boindin que la censure théâtrale fut inventée : cette mesure aurait été prise à la suite de sa comédie, *le Bal d'Auteuil* (1702), trouvée trop libre par le roi.

rable son pauvre père, qui se saigna à blanc pour donner à son fils une éducation libérale, comme on dit aujourd'hui. Il le destinait à l'Eglise, mais il eut le bon sens de ne pas le pousser dans cette voie. Rousseau était loin d'avoir l'humeur de l'emploi : il se montrait impatient de tout frein. Placé chez un procureur, au lieu de mordre à la chicane, il dévorait Catulle ; et, si la porte restait entre-bâillée, il s'évadait pour courir aux spectacles. Le procureur, qui s'appelait Gentil et qui ne craignait pas de faire mentir son nom, administra une vigoureuse correction au clerc indiscipliné et le mit dehors. A quelque temps de là, Rousseau faisait jouer sa comédie du *Café*, pièce médiocre qui n'annonçait ni esprit ni invention, et qui lui attira cette épigramme :

> Le café toujours nous réveille ;
> Cher Rousseau, par quel triste effort,
> Fais-tu qu'ici chacun sommeille ?
> Le *Café* chez toi seul endort.

Il était arrivé à l'âge de vingt-trois ans, et, se trouvant sans autre ressource qu'une belle main, il entra, en qualité de copiste, dans la secrétairerie du duc de Tallard, notre ambassadeur en Angleterre ; mais il n'y fit qu'un court séjour. Avec un tel tempérament, que devenir dans un pareil pays ? Il décocha des traits contre tout le monde, même contre son patron, qui le pria de repasser la Manche.

De retour en France, Rousseau entra au service de l'évêque de Viviers, qu'il ne tarda pas à scandaliser et qui le congédia comme un valet mal appris. Il eut le même sort chez le baron de Breteuil, l'introducteur des ambassadeurs, et chez Rouillé, l'intendant des finances : il avait fait contre le premier une satire intitulée *la Baronnade*, et avait cyniquement parodié une chanson adressée par le financier à une demoiselle de Louvancourt.

Dégoûté du métier, Rousseau essaya d'abord de nouveau le théâtre, et obtint un succès avec sa comédie du *Flatteur*, où il montrait une assez grande entente de la scène et une souplesse de style que n'avait guère fait présager la comédie du *Café*. Le bruit de ce triomphe vint aux oreilles de son père, dont la boutique était située rue des Noyers, et qui se glissa au parterre comme un simple spectateur, c'est-à-dire avec son argent. Bientôt il fut impossible au brave homme de contenir sa joie : les applaudissement l'enivraient ; il se démenait en criant : « C'est mon fils !.... c'est moi qui suis le père de l'auteur ! » Puis voilà que, tout à coup, il aperçoit Rousseau à quelques pas de lui ; il se précipite. Rousseau a disparu..... Il le poursuit, et, l'atteignant, l'enveloppe de ses bras et l'inonde de ses larmes : « Ah ! dit-il, cette fois vous ne méconnaîtrez plus votre père ! — Vous, mon père ! » répond Rousseau d'un ton dédaigneux et il s'éloigne sans prendre garde aux murmures qui éclatent autour de lui. Boindin, présent à cette scène avec l'acteur La Thorillière, saisit le mauvais fils par le bras, et, d'une voix indignée : « C'est honteux ! dit-il ; vous n'entendez pas même les intérêts de votre vanité..... Il y aurait eu de la gloire à reconnaître votre père ; et si vous avez à rougir, c'est de l'avoir méconnu. » La leçon ne fut pas perdue : Rousseau prouva bientôt à Boindin qu'il était capable d'une certaine espèce de reconnaissance.

Pour échapper désormais aux outrages de la tendresse paternelle, Rousseau prit un masque : il se couvrit du pseudonyme de Verniettes, nom qu'il dérobait à un individu qui avait été son collègue chez le procureur Gentil. Ce fut sous ce déguisement qu'il s'établit dans l'hôtel du prince d'Armagnac, grand-écuyer de France. Mais le hasard, cet implacable metteur en scène, lui préparait un coup de théâtre. Un jour que le faux Verniettes était assis auprès du prince, entre le cordonnier de la rue des Noyers, qui venait chausser son noble client. Ils ne s'attendaient ni l'un ni l'autre à se trouver face à face ; le fils pâlit et rougit tour à tour ; tour à tour le père s'indigne et s'attendrit : il finit par éclater en plaintes amères. Le prince intervient et gourmande Rousseau, qui reste impassible.
— Le lendemain, Boindin, revenant à la charge, faisait circuler une épigramme qui se terminait ainsi :

> Le dieu, dans sa juste colère,
> Ordonna qu'au bas du coupeau

> On fit écorcher le faux frère,
> Et que l'on envoyât sa peau
> Pour servir de cuir à son père.

Rousseau témoigna autant de sensibilité lorsqu'il apprit la mort de ce vieillard qu'il avait tué de chagrin : il n'eut pas même l'hypocrisie de porter le deuil.

Il quitta ensuite l'hôtel d'Armagnac et se faufila chez le gendre de Lulli, Francine, maître d'hôtel du roi et directeur de l'Opéra, qui lui demanda un libretto. Il présenta une façon de tragédie, *Jason ou la toison d'or*, laquelle fut mise en musique par Collasse et tomba lourdement. Francine, en galant homme, lui donna cent pistoles et l'engagea à tenter une autre épreuve. Rousseau ne fut pas plus heureux avec son opéra de *Vénus et Adonis*; et le directeur, pour pallier ce nouvel échec, lui ayant fait encore cadeau de mille francs, il attesta sa gratitude dans *la Francinade*, gredinerie aggravée de rimes riches, — où, entre autres gracieusetés, il dit de l'homme qui l'avait cordialement accueilli, et qui l'avait pécuniairement consolé de deux chutes, dont ses propres intérêts avaient dû souffrir :

> Le directeur de ce bureau de joie (l'Opéra)
> Est un ribaud des plus francs qui se voie,
> Pipeur, escroc, sycophante, menteur,
> Fléau des bons, des *méchants* protecteur.....

Rousseau n'eut que ce qu'il méritait : on lui appliqua le dernier hémistiche.

Il s'escrimait alors aussi, — car il avait une perpétuelle démangeaison de rimer des impertinences, — contre ses *amis* du café de la veuve Laurent. « C'était, dit Voltaire, une école d'esprit, dans laquelle il y avait un peu de licence. » Rousseau s'était mêlé de la guerre des anciens et des modernes, et avait tiré sur ces derniers, qu'il appelait des Achille et des Hector de cafés. Il en voulait à Lamotte du succès obtenu par le ballet de *l'Europe galante*. Il en voulait à Boindin, à Saurin et à La Faye le jeune, des applaudissements qu'ils avaient prodigués à Lamotte et qui étaient autant de coups de sifflets à l'adresse de *Jason* et de *Vénus et Adonis*. Il commença par déchirer les fables de son heureux rival et par dénoncer à la Sorbonne

> ..... Cet athée au teint blême, à l'œil triste,
> Qui de Servet s'est fait évangéliste.

Danchet, ayant eu le tort de réussir à l'Opéra avec son *Hésione*, fut mordu à belles dents, ainsi que Campra, l'auteur de la musique, et Pécour, l'ordonnateur du ballet. — Il répondit par une prophétie :

> Que ton fiel se distille
> Sur tout l'univers :
> Nouveau Théophile (1),
> Sers-toi de son style,
> Mais crains ses revers.

Pécour employa un autre langage : rencontrant Rousseau dans le *cul-de-sac de l'Opéra*, il le menaça de sa canne et l'eût bâtonné sans pitié si le coupable ne lui eût demandé pardon. Échappé au péril, Rousseau ne se tint pas pour battu. Il se mit, avec une ardeur fébrile, à brasser quantité d'épigrammes d'une violence inouïe ou d'une rare gaillardise. Il était de tous les soupers du Temple et payait son écot en rimes ordurières. Quelquefois, pour faire sa cour au duc de Bourgogne, qui était d'une dévotion notoire, il se livrait à la traduction des psaumes. Et, quand ce prince lui reprochait de marier « le sacré au profane », il ripostait cyniquement que ses épigrammes étaient les *Gloria patri* de ses psaumes. Il disait encore, à propos de ses contes graveleux sur les moines : « Il n'y a point de salut hors de l'Eglise. »

Lamotte, si patient qu'il fût, se lassa des insultes de Rousseau. Il répliqua par son *Ode sur le mérite personnel*, cri d'indignation arraché à un honnête homme vilipendé :

> Que j'aime à voir le sage Horace
> Satisfait, content de sa race,

1. Théophile ne méritait pas cette assimilation.

> Quoique du sang des affranchis !
> Mais je ne vois qu'avec colère
> Ce fils tremblant au nom d'un père
> Qui n'a de tache que son fils.

La riposte de Lamotte se compliqua d'une complainte, improvisée par Autreau, assez pauvre peintre, qui avait eu sa part d'outrage :

> Or, écoutez, petits et grands,
> L'Histoire d'un ingrat enfant.....

La biographie de Rousseau s'y trouve dans son entier. Ce fut pour lui la plus sanglante des humiliations. On avait résolu de faire chanter ces folles rimes à sa porte par les aveugles du Pont-Neuf. Lamotte eut la générosité de s'opposer à l'aubade et la bonhomie de consentir à une réconciliation impossible, qui fut tentée chez le vieux Boileau.

Ce n'était qu'une trêve. — Voici que Rousseau brigue une place à l'Académie, qu'il a conspuée : elle l'écarte pour donner la préférence à Lamotte. Et d'écumer de rage, et de vomir sur ce dernier et sur sa suite des couplets infâmes qui n'ont sali que leur auteur, mais qui l'ont sali à jamais. Cette fois, il fut bel et bien bâtonné, et de la bonne façon, — par un des plus maltraités, le capitaine La Faye, qui, selon les termes de d'Alembert, « exerça contre lui toute la rigueur d'une vengeance militaire ». Houspillé jusque dans le Palais-Royal, Rousseau actionna en justice le capitaine, qui, de son côté, introduisit une demande reconventionnelle. Le major des gardes, Contades, s'entremit et arrangea l'affaire. Le battu retira sa plainte : il devait recevoir cinquante louis comme indemnité de la critique contondante dont il avait été l'objet. Mais les événements qui survinrent le privèrent de ce topique.

Écrasé sous le poids du scandale produit par ces derniers couplets, Rousseau essaya de se relever et de se blanchir, en accusant de ses propres infamies un homme qui l'avait fait ignominieusement chasser du café de la rue Dauphine, et qui, par son apostasie intéressée avait soulevé contre lui-même l'opinion publique.

Il suborna un garçon savetier qui s'engagea à déposer que Saurin l'avait chargé de porter les couplets à domicile; puis il alla tout en larmes se jeter aux pieds de Mme Voisin, femme du ministre de la guerre, qu'il parvint à gagner à sa cause et qui décida le lieutenant-criminel Le Comte à décréter Saurin de prise de corps. Celui-ci fut arrêté le même jour (24 septembre 1710), enfermé au Châtelet et interrogé sans désemparer. L'interrogatoire était à peine fini que l'on passa au récolement et à la confrontation. Tout fut mené avec une précipitation foudroyante. L'esprit de partialité qui avait présidé à cette procédure attira au lieutenant-criminel une verte semonce du chancelier Pontchartrain. Effrayé de la pression exercée par Mme Voisin, Saurin lui adressa, le 8 octobre, une supplique éloquente de dignité : « Quoique j'aie le malheur de n'être connu à la cour que par les idées affreuses qu'y a données de moi un cruel ennemi, j'ose me jeter à vos pieds et implorer votre justice contre la protection même que vous avez accordée à mon accusateur. Il en fait ici contre moi un abus violent; elle prévient les juges...... Eh, quel regret n'auriez-vous pas, madame, si vous reconnaissiez dans la suite que cette puissante protection eût servi à opprimer un innocent? Il ne s'agit pas de justifier et de sauver le sieur Rousseau; il s'agit de me rendre coupable et de me perdre. Je laisse, madame, à votre sagesse et à votre piété à juger si vous me connaissez assez pour ne pas douter que je ne sois un scélérat, que vous pouvez sans scrupule accabler sous le poids des plus vives sollicitations. »

L'argument principal que Saurin faisait valoir à sa décharge, c'étaient les invectives accumulées à son endroit dans la pièce incriminée. Rousseau avait à l'avance paré le coup : « Mais, avait-il dit, un homme fait-il des vers effroyables contre lui-même? A la vérité, cela n'est pas ordinaire ; mais c'est une malheureuse nécessité pour celui qui veut diffamer, sans se commettre, une société dont il est membre, et en rejeter le soupçon et la peine sur un ennemi qu'il veut rendre odieux à toute la terre. Aurait-on jamais cru Rousseau l'auteur de cette horrible satire si Saurin y eût été épargné? Non, sans doute. Mais comme l'amour-propre trahit toujours les hommes, l'auteur n'a pu s'empêcher d'y exalter d'abord son zèle contre les frondeurs, et ses airs grondeurs contre la morale corrompue. Il se donne, de sa grâce, les qualités de bon sujet et de bon chrétien ; après quoi il faut qu'il se dise quelques injures vagues pour se faire plaindre..... » — « J'avoue, dit à son tour Saurin, que ce n'est point là l'essai d'un scélérat, et qu'il faut être bien habitué à la perfidie pour la pouvoir pousser jusqu'à ces excès : mais qui en croira-t-on plus capable qu'un homme qui a désavoué son père dès son enfance, qui l'a fait mourir de chagrin par ses ingratitudes, qui lui a refusé les dernier devoirs, qui a calomnié ses maîtres, ses amis, ses bienfaiteurs, qui fait trophée de satires, d'impudence et d'impiété, et qui pousse enfin l'audace jusqu'à me faire demander par mon juge comment je nie d'avoir fait les couplets en question, moi qui conserve des épigrammes infâmes (1)? Et ces épigrammes qu'il me reproche de conserver, ce sont les siennes ! »

Saurin sortit triomphalement de prison, le 12 décembre 1710, accompagné d'une trentaine de personnes qui l'avaient attendu à sa sortie, et qui, après force embrassades, le ramenèrent chez lui, en ne cessant de l'accabler de marques de sympathie. — Le lendemain, il informait contre son accusateur et allait, avec Lamotte, dîner chez le premier président de Mesmes. Rousseau se déroba aux poursuites en se cachant d'abord chez Mme de Ferriol, puis au noviciat des jésuites, qu'il chercha vainement à mettre dans ses intérêts. Pendant l'instruction, il s'enfuit à Soleure, près de l'ambassadeur de France, le comte du Luc, pour qui il avait une lettre de recommandation de Mme de Ferriol. Le procès dura quatorze mois environ. La Tournelle criminelle rendit un verdict par lequel Rousseau était condamné au bannissement perpétuel. Trois juges avaient opiné pour la corde.

1. « On a trouvé sous mon scellé une copie des épigrammes du sieur Rousseau. Lorsque les derniers couplets des chansons furent répandus, je fus bien aise d'avoir tous les ouvrages satiriques et licencieux du sieur Rousseau, pour les comparer aux couplets, et convaincre de plus en plus que l'auteur des uns était aussi l'auteur des autres. »

De Soleure Rousseau se rendit à Vienne, où le comte du Luc allait représenter la France. Le prince Eugène le combla de bienfaits : nommé gouverneur des Pays-Bas, il l'envoya à Bruxelles, avec le titre de conseiller-historiographe et deux mille écus d'appointements. Mais Rousseau trouva l'occasion de mordre le prince et ne le manqua pas. Il fut alors contraint de passer en Hollande, où il ne tarda pas d'être entouré d'ennemis. L'archiduchesse ayant pris en mains le gouvernement du Pays-Bas flamand, il s'empressa de retourner à Bruxelles. Le duc d'Aremberg l'accueillit avec bonté et le logea dans son hôtel, jusqu'à ce qu'une nouvelle équipée de Rousseau l'obligeât de le mettre dehors. Il avait compromis son hôte dans une querelle qu'il avait eue avec Voltaire à la table du duc. Cette querelle devint une guerre sans merci. Voltaire, attaqué avec furie, riposta avec passion. Il écrivait à Thiériot, le 14 février 1737 : « ..... C'était un scélérat qui avait le vernis de l'esprit : le vernis s'en est allé et le coquin est demeuré..... Il est réduit à un juif, nommé Medina, condamné en Hollande au dernier supplice. Il passe chez lui la journée au sortir de la messe. Il communie, il calomnie, il ennuie. » Et quatre jours plus tard, à Cideville : « C'est un homme que je méprise infiniment comme homme, et que je n'ai jamais beaucoup estimé comme poète. Il n'a rien ni de grand ni de tendre, il n'a qu'un talent de détail ; c'est un ouvrier, et je veux un génie. » Ne nous occupons que de cette dernière phrase, où se manifeste une sûreté de judiciaire qui se fait jour partout. Ce jugement, prononcé dans le feu de la lutte, ne le confirmons-nous pas ? Qu'est devenu Rousseau *le lyrique* ? N'a-t-il pas disparu pour faire place à un ciseleur de rimes, sans doute fort habile, mais qui ne mettait que des mots creux dans ses vers, à moins qu'il n'y mît des insolences ou des obscénités ?

Rousseau fit une réapparition en France, à la fin de 1738. Les rares amis qu'il y avait laissés lui avaient écrit que les haines, amassées autour de son nom par les fameux couplets, s'étaient assoupies. Mais elles se rallumèrent à son arrivée, et, au bout de deux mois, il lui fallut reprendre le chemin de l'exil. Il mourut à Bruxelles, le 17 mars 1741, à la suite de deux attaques d'apoplexie, en protestant solennellement de son innocence. Cette affirmation *in extremis* toucha profondément Voltaire. Il répondait, le 29 septembre de la même année, à Séguy, frère de l'académicien et exécuteur testamentaire de Rousseau, qui lui demandait de souscrire à l'édition posthume de ses œuvres : « ..... Je me mets très volontiers au rang des souscripteurs, quoique j'aie été malheureusement au rang de ses ennemis les plus déclarés. Je vous avoue que cette inimitié pesait beaucoup à mon cœur. J'ai toujours pensé, j'ai dit, j'ai écrit que les gens de lettres devaient être tous frères..... Ses talents, ses malheurs et sa *mort* ont banni de mon cœur tout ressentiment, et n'ont laissé mes yeux ouverts qu'à ce qu'il avait de mérite. » Voltaire revient encore sur ce point délicat dans une lettre adressée, en 1757, au fils de Joseph Saurin, le poète dramatique : « J'entre dans vos peines, Monsieur, et je les partage d'autant plus que je les ai malheureusement renouvelées, en cherchant la vérité. Le doute par lequel je finis l'article de *Lamotte* n'est point une accusation contre feu Monsieur votre père; au contraire, je dis expressément qu'il ne fut jamais soupçonné de la plus légère satire pendant plus de trente années écoulées depuis ce funeste procès. J'aurais dû dire qu'il n'en fut jamais soupçonné *dans le public*; car je vous avouerai, avec cette franchise qui règne dans mon *Histoire* (*le Siècle de Louis XIV*), et je vous confierai à vous seul qu'il me récita des couplets contre *Lamotte*..... Vous devez sentir que mon doute est sincère, puisque je l'expose à vous-même. Vous devez sentir encore de quel poids est le testament de mort du malheureux Rousseau. Il faut vous ouvrir mon cœur; je ne voudrais pas, moi, à ma mort, avoir à me reprocher d'avoir accusé un innocent... Parlez-moi avec la même liberté que je vous parle. Si vous avez quelque chose de particulier à me faire connaître sur l'affaire des *couplets*, instruisez-moi, éclairez-moi, et mettez mon cœur à son aise. » Le passage du *Siècle de Louis XIV*, qui avait contristé l'auteur de *Spartacus* débutait ainsi : « Il se pourrait que Saurin eût été l'auteur des derniers couplets attribués à Rousseau..... » Nous avons dit *débutait* parce que le texte primitif (1756) subit une légère atténuation (1) Voici comment, les dernière paroles de Rousseau aidant, Voltaire s'était engagé de plus en plus dans cette voie. Un des plus anciens adversaires du satiriste, Boindin, avait laissé en mourant (1751) un mémoire qui tendait à faire casser par l'opinion publique l'arrêt du parlement, et à substituer, comme coupable, Lamotte à Rousseau. Accusation bien lente à se produire, car elle retard de plus de quarante ans. Et sur quoi se fonde-t-elle? D'abord c'est une conjuration formée entre Saurin, un bijoutier nommé Malafer et Lamotte, pour empêcher Rousseau d'obtenir la survivance de la pension dont vivait Boileau. Or en 1710, Boileau était encore de ce monde et, fût-il mort, Rousseau n'avait aucune chance de lui succéder dans la faveur royale. Quant à Lamotte et à Saurin, ils ne prétendaient pas plus à cette pension que le bijoutier Malafer. — Autre preuve: c'est Lamotte qui apporta et lut les couplets chez de Villiers, sorte de succursale du café de la rue Dauphine. Argument de poids: Lamotte avait-il fait autre chose que prévenir ceux qui, comme lui, avait reçu un exemplaire des couplets? Le reste des faits allégués est d'une démonstration non moins convaincante. A dire le vrai, ce qui incriminait Lamotte aux yeux de Boindin, c'était la rancune que celui-ci lui gardait, pour ne l'avoir pas aidé, à sa sollicitation, à franchir le seuil de l'Académie française; rancune qui avait primé sa vieille inimitié. Pour nous, le doute de Voltaire vaut l'affirmation de Boindin. Les couplets de 1710 sont évidemment de la même main que les couplets de 1700. Personne ne pouvait, comme Rousseau, entasser tant d'injures en aussi peu de mots. A quoi bon perdre son temps à opposer la réputation d'honnêteté de Lamotte, et que nous importe le méchant renom de Saurin? Ce qui les innocente l'un et l'autre par-dessus tout, c'est leur incapacité flagrante.

1. « On a dit qu'il se pourrait à toute force que..... »

VI

LE CAFE PROCOPE

Le premier café connu à Paris, celui qui devint le plus important des centres littéraires de ce genre au XVIIIe siècle, fut ouvert à la foire Saint-Germain, par un noble Sicilien, François Procope, qui cherchait fortune et qui, quelques années plus tard, en 1689, alla s'établir rue des Fossés-Saint-Germain-des-Prés (1), en face de la Comédie-Française, fraîchement installée sur l'emplacement du jeu de paume de l'Étoile. Il échangeait les bénéfices d'une vente qui ne durait que le temps de la foire, du 3 février au dimanche des Rameaux, contre ceux d'une vogue continue et à laquelle devait s'ajouter une renommée européenne.

La proximité du théâtre procura, dès les premiers jours, au café Procope, un public nombreux, composé en grande partie de lettrés. C'était un terrain neutre, où l'on remarquait des représentants de toutes les réunions. On y voyait, côte à côte, Boindin, l'abbé Terrasson, Duclos, Fréret, Marmontel, le chevalier de la Morlière, l'ex-capitaine La Faye, Roy, Poullain de Saint-Foix, le grammairien Dumarsais, Blin de Sainmore, Saint-Ange, Fréron, Moncrif, Beauvin, Danchet, l'abbé Pellegrin, Procope-Couteaux..... On y

---

1. Qui est devenue la rue de l'Ancienne-Comédie.

discutait, ou plutôt on y disputait de tout ; véritable cohue, que, par intervalles, dominait Duclos de sa voix de basse-taille.

Boindin était ici dans son vrai centre. Il aimait le bruit, et surtout le bruit qu'il faisait. Ce n'était pas lui qui provoquait les discussions ; il ne jouait que le rôle de contradicteur. Mais il était toujours sur le qui-vive, prêt à rembarrer l'opinion qu'on allait émettre, quelle qu'elle fût, fût-elle sienne, et jamais il ne montrait plus de verve et d'esprit que lorsqu'il avait tort. Dans le tête-à-tête, il était tout autre : c'était alors un aimable causeur, et du sens le plus rassis. Mais le calme faisait place à la tempête, aussitôt qu'un auditoire se formait autour de Boindin. Mieux que personne, il connaissait l'art de duper les oreilles, et plus que personne avait soif d'applaudissements. Mais, au premier bravo, il était gris. Ses idées cessaient tout à coup d'aller droit leur chemin : elles exécutaient des danses étranges et tapageuses. Et si les applaudissements redoublaient, Boindin redoublait de verve. — Il devait mourir dans l'impénitence finale, toujours aussi avide d'ovations et aussi dégagé de croyances. L'Académie des belles-lettres châtia sa mémoire, en prohibant l'éloge d'un mécréant qui avait été, à la vérité, un de ses membres les plus distingués, mais qui avait eu assez peu de vergogne pour faire graver sur une cornaline les portraits de philosophes tels que Descartes, Bayle et Fontenelle, avec cette épigraphe : *Sunt tres qui testimonium perhibent de lumine.* La même cornaline, grâce au cardinal de Fleury qui s'en était fort scandalisé, avait déjà, du reste, fait fermer à Boindin les portes de l'Académie française. C'est lui qui fit tomber des lèvres de Fontenelle le mot si connu. L'auteur des *Entretiens sur la pluralité des mondes* lui demandait le motif de ses éternelles contradictions : « C'est, répondit-il, que je vois des raisons contre tout.— Et moi, dit Fontenelle, j'en vois pour tout : j'aurais la main pleine de vérités que je ne l'ouvrirais pas pour le peuple. » Marmontel, dans sa jeunesse, ne se plaisait que dans la société du vieux Boindin. Un jour ce dernier l'engage à se trouver au café Procope. « Mais nous ne pourrons parler de matières philosophiques. — Si fait, en convenant d'une langue particulière, d'un argot. » Et de se composer un vocabulaire : l'âme s'appelait *Margot*, la liberté *Jeanneton* et Dieu *M. de l'Être*. Ils commencent à dialoguer sous ce couvert, lorsque intervient un individu de physionomie louche, lequel dit à Boindin : « Monsieur, oserai-je vous demander ce que c'est que ce M. de l'Être, qui s'est si souvent mal conduit et dont vous êtes si mécontent? — Monsieur, riposte Boindin, c'est un espion de police. » Et tous les assistants d'éclater de rire au nez du questionneur qui était de la partie. Une autre fois, Boindin était aux prises avec Duclos. Celui-ci essayait de lui démontrer que l'harmonie de l'univers exigeait l'unité de Dieu. Boindin rompait des lances en faveur du polythéisme. Et Duclos de s'abandonner tout à coup à un accès d'hilarité des plus retentissants. « Rire n'est pas répondre, » s'écria Boindin quelque peu choqué. — « Je l'avoue, dit Duclos, mais je n'ai pu garder mon sérieux en vous entendant, vous qui n'en reconnaissez pas même un, soutenir la pluralité des dieux; c'est donner raison au proverbe : *Il n'est chère que de vilain.* » Boindin fut obligé de confesser sa défaite, et s'exécuta d'une façon péremptoire : il sourit, lui qui ne se déridait jamais. Parmi les spectateurs de ce tournoi, se démenait vivement Terrasson, le plus sceptique des abbés du xviiie siècle, ce qui n'est pas peu dire; il s'écria en *a parte* : « Il leur faut un Être à ces messieurs; pour moi, je m'en passe. » Terrasson appartenait à une famille pieuse de Lyon; envoyé à l'Oratoire de Paris, il en était bientôt sorti, puis y était rentré un moment, et s'en était éloigné pour toujours, au grand regret de son père, qui, pour le punir, le réduisit, dans son testament, à un revenu des plus minces. Terrasson se plongea dans l'étude de l'antiquité, et, grâce à l'abbé Bignon, qu'il avait conquis par son savoir, il obtint en 1707 une place à l'Académie des sciences, et, en 1721, la chaire de philosophie grecque et latine. La fortune le combla de ses faveurs sous le système de Law, et il eut le bon esprit de ne pas se laisser éblouir par une opulence après laquelle il n'avait pas couru; aussi la vit-il s'écrouler avec une résignation parfaite. Redevenu gros Jean comme devant : « Me voilà tiré d'affaire, dit-il gaiement; je revivrai de peu, cela m'est plus commode. » Il avait craint, dans sa splendeur, que la tête ne lui tournât. « Je réponds de moi, disait-il, jusqu'à un million. » C'était la simplicité même; il était d'une naïveté à donner le change. A entendre les gens superficiels, il n'était homme d'esprit que de profil. Le marquis de Lassay, qui en prenait soin comme d'un enfant, et qui, avec la comtesse de Vérue, lui avait fait, sans qu'il s'en doutât, gagner neuf cent mille livres au jeu des primes, ce marquis, disons-nous, répétait à tout propos : « Il n'y a qu'un homme de beaucoup d'esprit qui puisse être d'une pareille imbécillité. » Lorsque Terrasson se sentit atteint et entamé par les infirmités de la vieillesse, il se retira du monde; on ne l'aperçut plus que dans les lieux publics, où il ne pouvait être un fardeau pour personne. « Je calculais ce matin, dit-il un jour à Falconet (1), le médecin, que j'ai perdu les quatre cinquièmes des lumières que j'avais acquises; si cela continue, il ne me restera pas même la réponse que fit, à l'agonie, ce bon M. de Lagny à Maupertuis. » Est-il besoin de rappeler que Maupertuis, venant visiter Lagny à son lit de mort, lui demanda quel était le carré de douze, et que celui-ci, sans broncher, lui répondit, presque en rendant l'âme, cent quarante-quatre?

Dumarsais concourait, avec Terrasson, pour le prix de naïveté. Il eut l'honneur d'être surnommé le « La Fontaine des grammairiens ». Son détachement des choses de ce monde surpassait même celui de l'abbé. Si ce dernier vivait de peu, lui, il vivait de rien. Il avait aussi étudié chez les oratoriens, mais sans entrer dans les ordres : il voulait conserver son indépendance. Mais la femme qu'il choisit lui prouva qu'il n'avait pas pris le bon moyen. De guerre lasse, il abandonna la place et passa au service de Law, qui le chargea de l'éducation de son fils. Il sortit de l'antre de l'agio, les poches vides, et le maréchal de Noailles, qui l'appelait son philosophe, le promena de cercle en cercle. Dumarsais

1. Falconet rassemblait chez lui, le dimanche, quelques hauts bonnets de la science et de la littérature. Ces réunions s'appelaient *la Messe des gens de lettres*.

amusait le tapis avec son manteau troué et son esprit à l'envers. « C'est, disait Fontenelle, le nigaud le plus spirituel et l'homme d'esprit le plus nigaud que je connaisse. » Le pauvre diable ne gagnait que des railleries à cette exhibition incessante, et eût traîné misérablement ses derniers jours, si le comte de Lauraguais-Brancas, « qui ne lui devait rien, ne lui eût fait une pension (1) ». — Dumarsais se blottissait dans un coin, au café Procope, pour y rêver à son aise, et il fallait le secouer rudement pour l'arracher à ses spéculations grammaticales. Alors, il se frottait les yeux, comme s'il sortait d'un profond sommeil, et, aux questions qu'on lui adressait, répondait par des questions semblables à celle du bon fabuliste : « Lequel a le plus d'esprit de saint Augustin ou de Rabelais ? »

Poullain de Saint-Foix parlait de tout avec fracas et ne perdait aucune occasion de se déclarer l'ennemi d'Henri IV, des prêtres et des philosophes. Toujours grondant, il ne souffrait pas plus qu'on fût avec lui que contre lui. A la première représentation des *Philosophes* de Palissot, un des tenants de la Ferme générale, Villemorien, rencontrant Saint-Foix, lui dit, d'un air ravi : « Vous avez vu ces philosophes, monsieur ? Eh ! eh ! cela n'est-il pas plaisant ? — Pas tant que *Turcaret*, » répond l'inflexible bourru. « C'est, dit Grimm, un des hommes les plus loués par nos journalistes, parce qu'il a déclaré plusieurs fois qu'il couperait les oreilles à celui d'entre eux qui oserait l'attaquer, et que ces messieurs sont convaincus qu'il tiendrait sa promesse. » Il ne savait pas manier une épée, mais il était toujours prêt à se battre, — ce qui ne l'empêcha pas d'écrire contre le duel. Il dédaignait Racine, qu'il trouvait trop mou, et gardait toute son admiration pour Corneille ; mais il eût rougi de vivre honnêtement comme lui, de ses pièces, car il ne touchait pas ses droits d'auteur (2).

Blin de Sainmore, qui passait son temps à célébrer dans des

---

1. Duclos, *Mémoires* (1821), p. 27. — Cette pension était de mille livres.

2. *Journal* de Collé, t. Ier, p. 44.

héroïdes les maîtresses des rois, contrastait singulièrement avec Poullain de Saint-Foix. On le citait comme un parangon d'aménité. — Aussi quel ne fut pas l'étonnement de ceux qui le fréquentaient d'habitude en apprenant son aventure avec Laharpe? Ils avaient tous deux composé un éloge de Racine. Laharpe s'oublia jusqu'à se faire juge de son concurrent, et avec ce ton d'homme mal élevé qu'on lui connaît. Or, voici ce qu'il en advint, selon la *Correspondance* de Grimm (février 1774) : « Le doux M. Blin, blessé de la licence de la plume de M. de Laharpe, a guetté le jour où, bien poudré et paré de son habit de velours noir, sa veste dorée et ses manchettes de filet brodé, il allait à un dîner de jolies femmes et de beaux esprits. Il l'aborde poliment dans la rue, lui donne quelques coups de poing, et le sauce un peu dans le ruisseau, sans respect pour sa parure, et puis s'en va. M. de Laharpe prétend que la chose ne s'est pas passée ainsi. M. Blin, dit-il, l'a attaqué assez vivement ; pour lui, il a mis la main sur la garde de son épée, et a ordonné à son valet de prendre ledit Blin au collet; ce qui a été fait avec une telle dextérité, que ledit Laharpe a eu le temps de s'enfuir sans coup férir. Ce qu'il y a de certain, c'est que, battu ou battant, il arriva à son dîner fort en désordre et si crotté, que l'indulgence des jolies femmes et des gens de lettres, en le recevant, parut assez singulière à un étranger qui était invité du dîner. Il ne put d'abord s'empêcher de le qualifier en lui-même de *poète crotté.* »

Cette avanie provoqua le quolibet suivant. On prétendit que Saint-Ange, qui se proclamait le garde-du-corps de Laharpe, et dont le patron avait été baptisé, devant lui, par Fréron, du nom de « Bébé de la littérature française, » avait été raconter le propos à celui qu'il intéressait, et que ce dernier lui avait répondu : « Allez trouver mon ami Blin de Sainmore; il vous dira la façon dont on soutient de telles affaires. » Saint-Ange n'avait ni la mine ni l'étoffe d'un matamore. Il était doué d'un air langoureux et niais, qui concordait on ne peut mieux avec l'allure de ses vers. Mme Laharpe se plaisait à le mortifier. Elle l'avait vu souvent avec son mari, et feignait toujours de ne pas le reconnaître. De là, le dialogue qu'on a imaginé, et qui finit en queue d'épigramme, au profit de Laharpe. Saint-Ange arrive un matin : « Pourrai-je parler à M. de Laharpe? — Non, monsieur. — Puis-je l'attendre ici? — Non, monsieur. — Mais je suis un de ses amis. — Vous vous trompez, M. de Laharpe n'a pas d'amis. » Saint-Ange eut le même succès chez Voltaire, qu'il était allé visiter lors de son retour à Paris (1778).

Voulant prendre congé de lui d'une façon marquante : « Monsieur, dit-il, aujourd'hui je ne suis venu voir qu'Homère ; je viendrai voir un autre jour Euripide et Sophocle, et puis Tacite, et puis Lucien... — Monsieur, répondit Voltaire en interrompant cette tirade saugrenue, si vous pouviez faire toutes ces visites en une fois! » L'Académie vengea Saint-Ange de ces petites misères en lui décernant (1788) le prix du comte de Valbelle pour sa traduction des *Métamorphoses* d'Ovide, dans laquelle on a signalé environ quinze cents vers de Thomas Corneille(1). Elle devait même faire à sa vieillesse la charité d'un fauteuil.

L'histoire des Quarante regorge de traits de cette nature. Aux calomnies dont on les a abreuvés, ils opposent d'innombrables témoignages de leur abnégation et de leur grandeur d'âme. — Il s'en fallut de peu, pour citer encore un nom entre mille, que le poète Roy n'entrât à l'Académie avec son *Coche*, satire allégorique dirigée contre elle. Or, cette pièce n'avait que cela de saillant, et son auteur n'avait d'autre recommandation que le mépris des honnêtes gens : il vivait gaiement des fredaines de sa femme, et il se faisait gloire d'être le plus bâtonné des poètes de France et de Navarre.

Moncrif a la réputation de l'avoir houspillé le premier pour une plaisanterie qu'il s'était permise contre son *Histoire des chats*. A chaque coup, l'incorrigible badin disait, en tendant le dos : « Patte de velours, Minon, patte de velours! » Mais l'autre frap-

1. Lalanne, *Curiosités littéraires*, p. 114.

pait comme un sourd, armé d'un poignet de fer. Il conserva longtemps sa vigueur, le bon Moncrif. A Louis XV disant qu'on lui donnait plus de quatre-vingt-dix ans, il répondit : « Je ne les prends pas, sire. » Collaborateur de Piron pour les parades du boulevard, il avait été choisi par le prince-abbé, comte de Clermont, pour tenir, en son lieu et place, la feuille des bénéfices. Il mourut dans les combles des Tuileries, lecteur de Marie Leckzynska.

Piron occupait le centre d'un groupe où étaient agitées les questions de théâtre, et avait d'ordinaire, pour interlocuteur, un homme qui cumulait les titres de chronologiste, de géographe, de mythologue, de philologue et de philosophe. Selon Bougainville, « tous les ouvrages dramatiques, anciens et modernes, français, italiens, anglais, espagnols, étaient présents à la mémoire de Fréret ; il faisait sur-le-champ l'analyse d'une pièce de Lopez de Vega, comme il aurait fait celle d'une tragédie de Corneille ; et l'on était surpris d'entendre raconter les anecdotes littéraires et politiques du temps par un homme que les Grecs, les Romains, les Celtes, les Péruviens auraient pris pour leur compatriote et leur contemporain. »

Voltaire, ne fit, ainsi que Jean-Jacques Rousseau, que de rares apparitions au café Procope, — le premier, parce qu'il était trop recherché ; le second, parce qu'il recherchait trop le huis clos.

Parmi ceux qui n'en sortaient guère étaient La Morlière, un chevalier descendu au rang de chef de claque, et l'abbé Pellegrin, auteur de tragédies sifflées et versificateur infatigable. Un jour, que l'abbé, tirant à part le chevalier, essayait de le gagner par la persuasion, la seule monnaie dont il fût porteur, survient un individu qui devait se marier le lendemain et qui se plaignit tout haut de manquer d'épithalame. — Pellegrin s'empresse d'offrir ses services. Le marché est vite conclu : chaque vers est tarifé vingt sous. — A peine l'abbé a-t-il gagné son logis pour se mettre à l'œuvre, qu'un plaisant prend langue avec l'homme à l'épithalame, lui parle de sa fiancée, du temps qu'il fait, des qualités de la mère de famille, du mouvement perpétuel ; puis, se frappant le front : « A propos, l'ami, dit-il, de quel prix êtes-vous convenu avec Pellegrin ? — Vingt sous par vers. — Hum ! — Serait-ce trop cher ? — Non..... à moins que vous n'ayez pas fixé le nombre. — Je vous avoue que je n'y ai pas songé. — Ah ! et quand l'épithalame doit-il vous être remis ? — Demain matin. — Demain matin ? Vous êtes donc bien riche ? — Pourquoi cette question ? — Parce que vous ne serez pas quitte à moins d'un millier de vers... — Mais c'est un guet-apens ! » Et le quidam de courir chez Pellegrin, — qui achevait son premier cent. L'abbé était un rimeur d'une épouvantable fécondité : il commit quelque chose comme cinq cent mille vers, enfouis dans cinq volumes qui sont autant de tombeaux. Ce n'est pas tout, il tenait boutique de toutes les denrées énumérées dans la prosodie, épigrammes, madrigaux, sonnets etc., et jeta ainsi au vent une quantité de vers à défier les calculs du statisticien le plus exercé. Il trouvait encore le moment d'écrire, pour le *Mercure*, des articles sur le théâtre. Et cette énorme besogne le laissait toujours aussi pauvre. Du reste, il supportait allégrement sa misère. Certain marquis, dont l'équipage était arrêté par un embarras de voitures, le voyant passer avec un manteau plus constellé de trous que celui de Diogène, et lui envoyant demander à quelle bataille il s'était fait historier de cette façon : « A la bataille de Cannes, » répondit Pellegrin, en bâtonnant le marquis sur les épaules de son valet.

Quel est ce nouveau venu qui s'est approché de Piron et l'écoute parler,

> Grands yeux ouverts, bouche béante,
> Comme un sot pris au trébuchet (1) ?

Un des auditeurs l'aborde d'un air affable : « Je crois, monsieur, avoir eu l'honneur de vous voir quelque part... Je ne puis me rappeler où. — Je cherche vainement dans mes souvenirs... —

1. Vers empruntés à la pièce désignée sous le nom de *Derniers couplets de Rousseau*.

Oh! parbleu! monsieur Danchet, je me souviens à présent de l'endroit où je vous ai vu : c'est dans les couplets de Rousseau. » L'auteur du prologue de l'opéra d'*Hésione*, « un très bon ouvrage », au dire de Voltaire, qui n'a pas ménagé ses tragédies, cherche à s'échapper pour dissimuler sa confusion; mais il lui faut subir, avant de gagner le large, les rires ironiques de deux êtres mal bâtis, laids à faire peur, témoins de ce singulier dialogue : — Beauvin, ami de Marmontel et auteur de la tragédie des *Chérusques*, à qui l'amour d'une Artésienne fait oublier les disgrâces de la nature, — et le fils du maître de la maison, Procope-Couteaux, un joyeux compère, qui se moque de tout, même de sa mine de croque-mort, un médecin qui ne s'occupe que de théâtre (1), et qui ne se rappelle son titre de docteur que pour jeter sur le papier cette utopie narquoise: *Discours sur les moyens d'établir une bonne intelligence entre les médecins et les chirurgiens* (1746).

1. On connaît de lui deux comédies, *la Gageure* et *les Deux Basile*.

VII

LA MÉNAGERIE DE MADAME DE TENCIN

Mme de Tencin débuta par la vie religieuse, — à son corps défendant. Elle séjourna cinq ans au couvent de Montfleury, près de Grenoble, où sa famille l'avait fait enfermer, puis protesta contre ses vœux, et, grâce à un bref du pape, obtint de passer au chapitre de Neuville, dans le diocèse de Lyon. Mais ce n'était là qu'une halte. Bientôt elle dépouillait la chanoinesse pour aller se jeter au milieu des agitations de Paris. Tout son avoir se composait d'un joli visage et d'un esprit délié, fécond en ressources de toute sorte. Nulle créature humaine, sous le masque de l'indolence, n'a été plus remuante et n'a mis en jeu plus de ressorts à la cour et à la ville. Aussi Mme de Tencin fit-elle une prompte fortune, mais elle ne se contenta pas de si peu. Elle fit, du même coup, la fortune de son frère, avec l'aide du régent, de Dubois et de Law. En attendant qu'elle lui fît donner le chapeau de cardinal, elle le mit de moitié dans ses bénéfices de la rue Quincampoix, et lui valut les nominations successives de grand-vicaire de Sens, d'abbé de Vézelai, de chargé d'affaires à Rome et d'archevêque d'Embrun. Mme de Tencin avait l'oreille, sinon le cœur du duc d'Orléans. « J'ai ouï dire, écrit Duclos, qu'elle eut avec le régent une intrigue qui ne dura pas; elle se pressa un peu trop d'aller à ses fins (1).....» Le reste se termine par des mots d'un pittoresque trop brutal pour être reproduits. Selon le médisant chroniqueur, Mme de Tencin répondait affaires, lorsque le prince lui adressait des questions d'un tout autre ordre. N'est-ce pas là une méchanceté gratuite? Comment concilier une maladresse aussi grossière avec le savoir-faire dont cette femme, au jugement de tous ses contemporains, offrit le modèle le plus achevé? Pourquoi ne pas simplement attribuer le changement du duc d'Orléans à la mobilité de son humeur? Lorsque son frère devint ministre, elle lui conseilla sagement, connaissant son insuffisance, de prendre un auxiliaire avisé, et lui désigna pour cette fonction un allié de la famille, le jeune Mably, qui sortait du collège des jésuites de Lyon. Mably accepta l'offre qui lui en fut faite et rédigea pour Tencin des mémoires et des rapports qui lui gagnèrent la faveur royale. Mais celui-ci ayant cassé un mariage protestant, le futur auteur des *Droits et des Devoirs* ne voulut pas servir plus longtemps un ministre qui agissait plutôt en cardinal qu'en homme d'État.

La vie galante de Mme de Tencin a été marquée par deux événements : la naissance de d'Alembert (1717), qu'elle eut d'un commissaire d'artillerie, le chevalier Destouches-Canon, et qu'elle abandonna sur les marches de l'église Saint-Jean-le-Rond; la mort de Lafresnaye, un conseiller au Grand-Conseil, qui se tua chez elle (1726), laissant un testament dans lequel il disait que, s'il mourait de mort violente, c'était Mme de Tencin qu'il fallait en accuser. Il ajoutait qu'elle avait juré sa perte un jour qu'il l'avait surprise dans un tête-à-tête compromettant, avec « son vieil amant Fontenelle, » et avec d'Argental, son neveu (2). On prétend que, lorsque d'Alembert eut conquis un nom, la mauvaise mère fit tous ses efforts pour être reconnue de celui qu'elle n'avait pas daigné reconnaître, anecdote qu'il faut classer parmi les légendes apocryphes. Que Mme de Tencin ait éprouvé des regrets, peut-être même des remords, c'est possible; mais croire

1. *Œuvres*, t. III, p. 200.
2. Bois-Jourdain, *Mélanges*, t. IIe, p. 44.

qu'elle ait cédé à leur pression au point de s'exposer à l'affront d'un refus, c'est calomnier cette nature froidement circonspecte, surveillant sans cesse tous ses mouvements, bons ou mauvais, attentive à ne jamais commettre une gaucherie. Quant au crime dont Lafresnaye aurait été victime, la justice intervint pour le réduire à ses vraies proportions : Mme de Tencin, enfermée au Châtelet le 22 avril 1726, fut bientôt relâchée. Les juges décidèrent que le conseiller avait péri de ses propres mains, et mirent ainsi à néant l'accusation formulée dans son testament et considérée comme une vengeance posthume.

Mme de Tencin était en correspondance réglée avec le cardinal Lambertini, qui, devenu pape (Benoît XIV), lui envoya son portrait. Elle racheta par une fin des plus correctes les péchés de la première partie de son existence. Elle se prit de belle passion pour les lettres, et établit chez elle une réunion qu'elle appelait sa « ménagerie, » et qu'elle transportait, l'été, à sa maison de campagne de Passy. On distinguait, parmi ses « bêtes » (encore une locution de son cru), Fontenelle et Montesquieu, qui tenaient l'emploi des lions, lions des plus privés, — Mairan, Marivaux, Bernis, Helvétius, Marmontel, Astruc, le comte de Tressan, d'Argental et La Popelinière.

Montesquieu était d'un caractère fort doux, — n'en déplaise au mot qu'on lui prête à l'endroit des domestiques : « Ce sont des horloges qu'il est quelquefois besoin de remonter. » Il était exempt de prétention : « J'aime, disait-il, les maisons où je puis me tirer d'affaire avec mon esprit de tous les jours. » Il avait la voix criarde et un accent gascon très prononcé. Ses distractions, compliquées de myopie et de timidité, lui donnaient un air gauche. Se trouvait-il en présence d'un auditoire exigeant : ses réparties étaient lentes et boiteuses ; mais, s'il rencontrait un de ces milieux où l'on se sent à l'aise, il abondait en saillies qui marquaient l'originalité de son esprit. Un des familiers de Mme de Tencin le questionnait un jour sur ses voyages (1) : « Quand

1. N'ayant pas trouvé à Gênes l'accueil et les plaisirs qu'il avait ren-

je suis en France, répondit-il, je fais amitié à tout le monde ; en Angleterre, je n'en fais à personne ; en Italie, je fais des compliments à tout le monde ; en Allemagne, je bois avec tout le monde. » Il lui arrivait d'avoir la riposte gouailleuse. Un importun racontait devant lui une aventure impossible, et le voyant sourire : « Si ce n'est pas vrai, je vous donne ma tête. — Je l'accepte, répondit Montesquieu, les petits présents entretiennent l'amitié. » Ce mot a bien couru depuis. Quand il ne voyageait pas, Montesquieu partageait son temps entre son château de la Brède et Paris, l'étude et le monde. Ses *Lettres Persanes*, publiées pour la première fois en 1721, sans nom d'auteur (1), lui ouvrirent les portes de l'Académie Mais le cardinal de Fleury refusait de l'y laisser entrer, à cause de quelques traits dont la Sorbonne s'était trouvée blessée et d'une appréciation irrévérencieuse de Louis XIV. Montesquieu franchit l'obstacle en supprimant, dans une édition signée, ce qu'il appelait ses *juvenalia*. Le fauteuil qui lui échut était celui qu'avait occupé de Sacy. — Après les *Lettres Persanes*, parut *le Temple de Gnide* (1725), froide bagatelle que Mme du Deffant a qualifiée d'*apocalypse de la galanterie*, et dant la publication, en pleine semaine sainte, raconte Mathieu Marais, scandalisa fort les âmes pieuses. Montesquieu écrivait, comme Rousseau, avec force ratures. Comme lui aussi, il avait un faible pour l'histoire naturelle. Mais cette science dut céder le pas à un travail dans lequel Montesquieu a donné l'essor à ses plus éminentes facultés, et qui lui coûta vingt années. L'*Esprit des Lois* vit le jour vers le milieu de 1748. Deux

---

contrés dans les autres villes d'Italie, Montesquieu exhala sa déconvenue dans des vers quelque peu cyniques.

1. On ignorait l'auteur, mais on savait qu'il était président à mortier, et la gravité de la fonction, jointe à la spirituelle gaieté de l'œuvre, la faisait tellement rechercher que les libraires demandaient des *Lettres Persanes* à tous les écrivains. — Les pères Routh et Castel tentèrent d'enlever à Montesquieu le manuscrit d'une nouvelle édition de ce livre, qu'il était prêt à donner : « Les bons pères, dit-il à Mme Dupré de Saint-Maur, voulaient me l'attraper pour la défigurer le plus saintement qu'ils auraient pu, mais je n'ai point cédé. »

amis de l'auteur, Helvétius et Saurin, avaient voulu l'empêcher de le publier, sous prétexte que ce n'était qu'une œuvre de bel esprit. Mme Du Deffant, qui ne marchandait pas la critique, disait de son côté : « Ce n'est pas l'esprit des lois, c'est de l'esprit sur les lois. » Mme Du Deffant, sur ce point, se trompait aussi bien qu'Helvétius et Saurin. Voltaire, malgré son rare bon sens, se mit lui-même de la partie : il accusa Montesquieu d'abuser de son esprit. L'auteur de l'*Esprit des Lois* se vengea en l'accusant du même crime. Il l'apaisa ensuite en collaborant à l'Encyclopédie, où il a publié un article sur le goût, resté inachevé. Voisenon a dit de Montesquieu qu'il « aimait les femmes, mais sans trouble ». Montesquieu n'a pas craint, à ce sujet, de faire cette confidence au public : « J'ai assez aimé à dire aux femmes des fadeurs et à leur rendre des services qui coûtent si peu. »

Mairan, que nous n'avons fait qu'entrevoir chez la marquise de Lambert, et qui était helléniste aussi consommé qu'habile physicien, avait la singularité de se parer continuellement de deux montres, dont l'une était un cadeau du duc d'Orléans. C'était un savant apprivoisé, qui ne rougissait pas d'adorer la musique et de jouer de plusieurs instruments. Il parlait en connaisseur de peinture et de sculpture, et, comme Fontenelle, donnait de la grâce à la science. Il lui succéda dans sa charge de secrétaire de l'Académie. On le taxait d'égoïsme : n'était-ce pas pour compléter sa ressemblance avec Fontenelle ?

Marivaux portait comme un fardeau, mais comme un fardeau dont on ne voudrait pas se séparer, sa réputation d'homme d'esprit. Il était toujours en arrêt, ne lâchait pas un mot qu'il ne l'eût pesé, éprouvé. Il étincelait quelquefois, mais au prix de quelle peine ! On souffrait de ses efforts, et, par commisération, on lui prodiguait l'encens. Marivaux tenait de la femme, et, contrairement à leurs tendances habituelles, les femmes se montraient affolées de ses faiblesses. Il recevait de Mme de Pompadour une pension de mille écus et puisait à pleines mains dans la bourse d'une vieille fille du nom de Saint-Jean (1).

1. *Journal* de Collé, t. II, p. 288.

Bernis avait la figure rondelette et rubiconde. Voltaire l'appelle « grasse et brillante Babet », variante du surnom si connu de « Babet la bouquetière », dont il l'avait déjà salué, et qui peignait au naturel ce poète non moins fleuri de style que de teint. Il se plaisait à le prendre pour point de mire : « Si, lui disait-il, on coupait les ailes aux Zéphyrs et à l'Amour, on vous couperait les vivres. » — En sa qualité de cadet de famille, Bernis avait été destiné à l'Église, mais il était de trop bonne maison et avait trop d'entregent pour rester aux étages inférieurs. Il frappa, sans hésiter, à la porte de Mme de Pompadour, et, sur l'heure, il obtint une pension de quinze cents livres et un logement au Louvre. Comme il sortait de chez elle, avec une pièce de toile de Perse qu'elle venait de lui donner, pour décorer son nouveau domicile, rencontrant le roi, qui l'interrogeait de l'œil, il lui fit sa réponse d'un air embarrassé. « Puisque la marquise, lui dit Louis XV, vous a donné la tapisserie, je veux vous payer les clous. » Et il lui fit présent de cinquante louis. Bernis fut reçu l'Académie française dès l'âge de vingt-neuf ans. « C'est le tabouret de l'esprit, » dit le malicieux abbé de La Bletterie à Mme d'Aiguillon.

Grimm a tracé d'Helvétius le portrait suivant : « Il était d'une jolie figure et il excellait dans la danse. Il porta la passion de cet exercice fort loin, et l'on assure qu'il dansa une ou deux fois sur le théâtre de l'Opéra, sous le masque, à la place du fameux Dupré (1). » De complexion galante, il vécut à la diable jusqu'au jour de son mariage. Un an après la mort de Mme de Tencin (1750), Helvétius, affamé de gloire littéraire, résigna sa charge de fermier-général, qui lui rapportait cent mille écus de rente. Le livre de l'*Esprit*, qui fut son début, attira sur lui les foudres de l'Église. « Croyant, dit Garat, avoir observé que le principe le plus universel de tous les mouvements, de tous les efforts et de toutes les actions, était l'amour des plaisirs, il voulait se servir de ce moteur tout puissant pour rendre tous les devoirs plus

---

1. *Correspondance*, t. IX, p. 418.

évidents et plus faciles ; il croyait que les plus austères deviendraient inviolables par l'alliance des voluptés et des vertus (1). » Rousseau se préparait à réfuter Helvétius, mais la persécution dont il était l'objet lui fit tomber la plume des mains. Voltaire écrivit à l'auteur de l'*Esprit* :

> . . , ...
> Votre livre est dicté par la saine raison :
> Partez vite et quittez la France.

Tout le monde épousait sa cause. Mais, dès que la persécution eut cessé, tout le monde fut contre lui, ou du moins contre son livre. Voltaire le déclarait bien écrit, mais « sans méthode » et lui reprochait de porter « un titre louche ». Rousseau le critiquait vertement dans l'*Émile*. D'Alembert le persiflait. Diderot disait : « Il y a trop de méthode dans sa méthode ; il faut des routes, mais qu'elles soient larges et non des lignes. » Il ajoutait, en manière de calmant : « L'*Esprit* sera pourtant compté parmi les livres de ce siècle. » Buffon décochait ce trait : « M. Helvétius aurait dû faire un bail de plus et un livre de moins. » Quant à Condillac, il se taisait, laissant son élève exposé seul au feu. Du reste, Helvétius, cœur d'or, faisant le bien sans faste, ne ressemblait en rien à l'homme de son œuvre, qui fait le bien par calcul.

Marmontel ne songeait alors qu'à mettre à la scène les tragédies que l'on sait. Pour se faire la main, il prenait près de Mlle Clairon des leçons qui ne lui coûtaient pas cher. Il avait commencé son éducation théâtrale à l'école de deux actrices aux gages du maréchal de Saxe, les demoiselles Navarre et Verrière. C'est ce qu'il raconte lui-même dans des Mémoires qu'il adresse à ses enfants. Et voici ses moyens de défense : « Celui qui ne veut écrire qu'avec précision, énergie et vigueur, peut ne vivre qu'avec des hommes. Mais celui qui veut, dans son style, avoir de la souplesse, de l'aménité, du liant, et ce je ne sais quoi qu'on appelle du charme, fera très bien, je crois, de vivre avec

---

1. *Mémoires historiques sur Suard*, t. Ier, p. 169.

des femmes. Lorsque je lis que Périclès sacrifiait tous les matins aux Grâces, ce que j'entends par là, c'est que tous les jours Périclès déjeunait avec Aspasie (1). »

Astruc était un médecin distingué de l'école de Montpellier. De 1707 à 1709, il avait occupé la chaire de Chirac, détaché pour suivre l'armée. Ce dernier, en 1715, le prit pour juge dans une discussion scientifique qui s'était élevée entre lui et Vieussens, et il ne lui sut pas mauvais gré d'avoir donné tort à tous deux. Astruc vint à Paris en 1725. Quatre ans après, il partait pour la Pologne, dont le roi l'avait nommé son premier médecin. Mais il était de retour en 1730, avec les titres de médecin consultant de Louis XV, de régent et de professeur au collège royal. Astruc, non content de s'occuper de choses de son métier, s'adonnait à la philosophie; il a écrit un *Traité sur l'immortalité, l'immatérialité et la liberté de l'âme*. Il a laissé mieux qu'un renom de médecin et de philosophe de mérite : l'exemple d'un parfait homme de bien, toujours prêt à assister les malheureux de ses soins et de ses deniers.

Le comte de Tressan était un parfait gentilhomme, d'agréable figure et de manières aimables. Il était né avec une intelligence des plus ouvertes, le goût des vers et des romans (2). Mais sa famille lui imposa l'étude des sciences qui intéressent et font l'homme de guerre, et il s'y signala par de rapides progrès. Il reçut, en 1723, le brevet de mestre-de-camp; fut nommé, en 1750, gouverneur du Toulois et de la Lorraine française, et appelé, peu de temps après, à la cour de Lunéville, en qualité de grand-maréchal. Il mourut à soixante-dix-huit ans, d'une chute de voiture, sur la route de Saint-Leu. C'était un esprit indécis, un philosophe honteux; il avait du trait, mais il craignait de piquer. Boufflers l'a comparé à une guêpe qui se noie dans du miel.

1. T. II, p. 306.
2. Il découvrit à Rome, au Vatican, une collection complète de nos romans de chevalerie en langue romane, et en fit des extraits qui furent insérés dans la *Bibliothèque des romans*.

D'Argental n'avait d'autre profession que d'être l'ami de Voltaire, ce qui lui valut l'honneur de passer pour le père d'un des romans de Mme de Tencin, sa tante, *le Comte de Comminges*. Marmontel en fait, on ne sait pourquoi, une sorte de gobemouches. N'est-ce pas à cause de la joie dont il était transporté à chaque nouveau succès de Voltaire ? Il est avéré que d'Argental était un esprit poli et de bon jugement.

La Popelinière dépensait son immense fortune au profit des beaux-arts et des lettres. Il prit lui-même la plume, pour mériter le surnom de *Pollion* que ses courtisans lui avaient donné, et composa deux ouvrages tirés à un très petit nombre d'exemplaires, et qu'on ne peut qualifier que de polissonneries : *Daïra*, histoire orientale, et les *Mœurs du siècle*. C'est Mme de Tencin qui maria ce financier avec Mlle Dancourt, qu'a illustrée son aventure avec le maréchal de Richelieu.

Marmontel a esquissé ainsi quelques-unes des physionomies de la réunion de Mme de Tencin : « Dans Marivaux, dit-il, l'impatience de faire preuve de finesse et de sagacité perçait visiblement. Montesquieu, avec plus de calme, attendait que la balle vînt à lui, mais il l'attendait. Mairan guettait l'occasion. Astruc ne daignait pas l'attendre. Fontenelle seul la laissait venir, sans la chercher, et il usait si sobrement de l'attention qu'on donnait à l'entendre, que ses mots fins, ses jolis contes, n'occupaient jamais qu'un moment. Helvétius, attentif et discret, recueillait pour semer un jour (1). »

Si Mme de Tencin ne se mêlait plus d'intrigues, elle se plaisait à donner des leçons de diplomatie courante. Elle conseillait à ses disciples de se ménager plutôt des amies que des amis, « car, ajoutait-elle, on fait tout ce qu'on veut des hommes ; et puis ils sont les uns trop dissipés, les autres trop préoccupés de leurs intérêts personnels pour ne pas négliger les vôtres ; au lieu que les femmes y pensent, ne fût-ce que par oisiveté. Parlez ce soir à votre amie de quelque affaire qui vous touche, demain, à son

1. *Mémoires*, t. 1er, p, 301.

rouet, à sa tapisserie, vous la trouverez y rêvant, cherchant dans sa tête le moyen de vous y servir. Mais de celle que vous croirez pouvoir vous être utile, gardez-vous bien d'être autre chose que l'ami ; car, entre amants, dès qu'il survient des nuages, des brouilleries, des ruptures, tout est perdu. Soyez donc auprès d'elle assidu, complaisant, galant même, si vous voulez, mais rien de plus, entendez-vous ? (1) »

Mme de Tencin disait à Fontenelle, en riant et en lui mettant la main sur le cœur : « C'est de la cervelle qui est là. » En revanche, l'abbé Trublet disait d'elle à quelqu'un qui lui vantait sa douceur : « Oui, si elle avait intérêt à vous empoisonner, elle choisirait le poison le plus doux. »

Au premier de l'an, toutes les « bêtes » de la « ménagerie » recevaient deux aunes de velours pour se faire une culotte. Cela se répéta jusqu'à la dernière année de la réunion. A cette époque, on vit apparaître un nouveau visage : « Savez-vous, dit Mme de Tencin, ce que la Geoffrin vient faire ici ? Elle vient voir ce qu'elle pourra recueillir de mon inventaire. » On parlait de deux étrangers : Glover, Anglais lourd et grossier, auteur d'un poème intitulé *Léonidas*, et Algarotti, un joli garçon d'origine vénitienne et de formes avenantes, qui, parmi ses péchés littéraires, compte *le Congrès de Cythère*. « Je ne lirai jamais, dit Mme Geoffrin, les ouvrages de ces deux auteurs, mais je penche fort à croire que ceux de M. Algarotti sont meilleurs. — Voilà bien un jugement de femme, repartit Fontenelle. — Sans doute, répliqua son interlocutrice avec vivacité, je dois juger en femme, parce que je suis une femme et non une licorne. » Fontenelle ne l'appela plus autrement que *Licorne*.

1. *Mém.* de Marmontel, t. 1er, p. 349-350.

VIII

LES DINERS DE MADAME GEOFFRIN

Comme Mme de Tencin l'avait prévu, Mme Geoffrin recueillit à sa mort les épaves de sa réunion : l'éternel Fontenelle, Montesquieu, Mairan, Marmontel, Helvétius, auxquels vinrent s'adjoindre Diderot, d'Alembert, Thomas, d'Holbach, Suard, Saint-Lambert, Caylus, l'abbé de Saint-Pierre, Algarotti, Galiani, Hume, Burigny, Caraccioli, Gatti, Raynal, Voisenon, Morellet, Gentil-Bernard, Louis de Rohan, Mlle de Lespinasse, la marquise de Duras, les comtesses d'Egmont et de Brionne. Nous sommes loin de citer tous les noms : c'était tout un monde à côté de la petite colonie de la chanoinesse. Du reste, Mme Geoffrin disposait de ressources beaucoup plus considérables : quarante bonnes mille livres de rente, — chiffre important pour l'époque — amassées dans la Manufacture des glaces par un mari idiot, auquel on l'avait donnée à l'âge de quatorze ans

Mme Geoffrin n'avait garde de trancher de la femme savante. Elle aimait à raconter les beaux projets d'éducation brillante formés par sa mère à son sujet, lorsqu'elle était à peine née. Elle montrait à qui voulait la voir la réponse faite par sa grand'-mère à une lettre de sa fille toute pleine de ces naïves préoccupations : « Je ne suis pas surprise, y lisait-on, que vous soyez encore *indécise* sur le genre de talent auquel vous donnerez la préférence dans l'éducation de votre fille. Quant à moi, je n'y avais pas encore songé. Mais, comme vous me le mandez, *elle a déjà six semaines* ; il est bien temps en effet de se former un plan pour son éducation. Vous n'avez jamais bien pu démêler, dites-vous, quel est celui que j'ai suivi pour la vôtre. Je le crois sans peine, car je n'ai jamais eu de plan. J'ai toujours fait ce que je croyais le mieux, sans y songer d'avance. Comme je ne vous perdais pas de vue, votre caractère, vos goûts, vos inclinations m'indiquaient la route que j'avais à suivre. Je me suis trouvé chaque jour ce qu'il me fallait de raison pour diriger la vôtre. Je n'en demandais pas davantage. Si je vous ai rendue plus habile que moi, tant mieux ; mais je ne vois pas la nécessité que votre fille le soit plus que vous. Savez-vous que je meurs de peur que vous n'en fassiez un prodige ? » La mère de Mme Geoffrin se le tint pour dit, car cette dernière affichait elle-même son ignorance, tout en travaillant en secret à se meubler l'esprit. Elle s'astreignait à écrire deux lettres tous les jours et réussit à se faire un style. Un abbé italien étant venu lui offrir la dédicace d'une grammaire italienne et française : « A moi, monsieur, dit-elle, la dédicace d'une grammaire ! A moi, qui ne sais pas seulement l'orthographe ! »

Ce ne fut qu'à l'âge de quarante-deux ans, c'est-à-dire en 1741, qu'elle ouvrit sa maison (1). C'était à table qu'elle recevait ses familiers, qui ne se composaient pas uniquement de gens de lettres et de savants, mais encore d'artistes. On remarquait parmi ces derniers : le bonhomme Portail, conservateur des tableaux du palais de Versailles ; le bon Carle Vanloo, petit-fils, fils et frère de peintres renommés, — trop vanté alors et trop discrédité aujourd'hui ; Soufflot, très savant architecte, mais d'un esprit sans culture ; Boucher, le peintre des grâces de mauvais aloi ; Lemoine, sculpteur de mérite, sans prétention et d'une timidité d'enfant ; Latour, un enthousiaste qui avait la passion de

---

1. Elle habitait rue Saint-Honoré, près de l'Assomption.

peindre les philosophes, qui bâtissait lui-même des systèmes et se montrait humilié, lorsqu'on lui parlait de ses pastels; Vien, qui fut salué le premier peintre d'histoire du temps et qui devait mourir comte et sénateur; le graveur Pierre Cochin et Lagrenée, que la grâce de ses figures firent surnommer l'Albane français. Aux artistes il faut ajouter les amateurs célèbres : Mariette; Billy; Marigny, surintendant des bâtiments ; Wattelet, qui se piquait aussi de peindre et ne dédaignait pas la rime; l'abbé de Saint-Non, conseiller-clerc au Parlement de Paris, qui fut disgracié comme ses collègues à propos de la bulle *Unigenitus*, et qui, après avoir donné sa démission, dessina, grava et publia soixante vues de Rome, où il était allé en compagnie de Robert et de Fragonard; enfin, le comte de Caylus, de qui Marmontel dit pis que pendre. Selon lui, c'était un être très vaniteux, protecteur des arts, mais fléau des artistes. Caylus chargeait les érudits de lui composer des mémoires sur des breloques qu'il achetait à des brocanteurs et qu'il convertissait en antiques. Il fondait des prix sur Isis et Osiris, pour avoir l'air d'être initié aux mystères, et, sans grec ni latin, s'insinuait dans les académies. Il se faisait, en architecture, proclamer par ses fidèles *le restaurateur du style simple, des formes simples, du beau simple*. Enfin, il s'intitula lui-même l'inspirateur des beaux-arts. Tels sont les ridicules que Marmontel prête à Caylus. Grimm le juge d'une façon plus équitable, sans néanmoins le ménager. Il jouissait, dit-il, de soixante mille livres de rente et n'en dépensait pas dix mille pour lui : il donnait le reste. « Des bas de laine, de bons gros souliers, un habit de drap brun avec des boutons de cuivre, un grand chapeau sur la tête : voilà son accoutrement ordinaire, qui n'était pas assurément ruineux. Un carrosse de remise faisait le plus fort article de sa dépense. Ce qu'il y a encore de singulier dans un homme qui s'était entièrement voué à l'étude et à la passion des arts, c'est qu'il avait l'air rustre et les manières dures, quoiqu'il eût beaucoup de bonhomie dans le fond. Ce qui n'est pas moins étrange, c'est qu'avec ses goûts, qui paraissent supposer tant de délicatesse et de chaleur d'âme, il n'avait pas l'air sensible ; il écrivait platement, sans imagination et sans grâce. » Ajoutons que Caylus était l'ami particulier de Bouchardon et de Carle Vanloo.

Le dîner des artistes avait lieu le lundi. Marmontel et l'abbé Morellet y étaient admis. L'abbé possédait des connaissances très variées. C'était une âme droite, armée de l'ironie de Swift. Quant à Marmontel, il était de la maison. Il demeura dix ans sous le toit de Mme Geoffrin, à titre de locataire, prétend-il ; ce que dément le caractère de l'hôtesse. Il vécut dans son intimité, sans mériter pourtant d'être compté au nombre de ses amis. Il en fait lui-même la confidence — et il ne faut pas oublier que c'est à ses enfants qu'il s'adresse — en alléguant, pour raison, qu'elle « n'était pas assez sûre de » sa « sagesse » et qu'il ne voulait pas se « laisser dominer ». Il dit encore qu'on devait être auprès d'elle soigneux sans empressement, « ne manquer à rien, mais ne rien prodiguer ». Elle autorisait la discussion, mais, au premier mot qui dépassait les bornes qu'elle avait fixées, elle se hâtait de vous couper la parole par son inévitable « Voilà qui est bien », — un inflexible rappel à l'ordre. Sur ce point, Marmontel est d'accord avec tous les contemporains. « Mme Geoffrin, dit Thomas, était, dans le moral, comme cette divinité des anciens qui maintenait ou rétablissait les limites. Elle tempérait les opinions comme les caractères. Souvent dans la chaleur des discussions, elle empêchait que la voix s'élevât, parce que les mouvements de l'âme suivent presque toujours ceux de la voix et montent, pour ainsi dire, avec elle. »

Son appartement était décoré des tableaux de Vanloo, de Greuze, de Vernet, de Vien, de Lagrenée et de Robert, qui, ainsi que des bronzes et des meubles du meilleur goût, témoignaient de son amour pour les arts. Lorsqu'un financier voulait acheter une toile, on la portait chez elle, et les invités du lundi, constitués en aréopage, avaient mission d'en déterminer la valeur artistique et le prix vénal. Son logis était un musée : on y trouvait, en exposition permanente, la précieuse collection de Mariette.

Outre les dîners du lundi et du mercredi, Mme Geoffrin donnait de petits soupers, auxquels n'étaient appelés que cinq ou six convives, « ou un quadrille d'hommes et de femmes du plus grand monde, assortis à leur gré et réciproquement bien aises d'être ensemble ». Marmontel, qui abonde en détails (1), s'inscrit, non sans se rengorger, parmi les élus habituels. Il ne parle pas de Morellet, qui se met aussi lui-même sur la liste, mais il s'adjoint ce poète efféminé qui doit la moitié de son nom à Voltaire, *Gentil*-Bernard, devenu par sa réserve immuable le favori de Mme Geoffrin. Pourtant, un de ces groupes avait exclu l'auteur de *Phrosine et Mélidore*. Ce groupe comprenait la belle comtesse de Brionne, la non moins belle marquise de Duras, la jolie comtesse d'Egmont et le prince Louis de Rohan, le Pâris de ces trois déesses. Mme de Brionne — Minerve — était d'une régularité accomplie de taille et de traits : beauté parfaite, à laquelle il ne manquait que « l'air de la volupté » (toujours la suite des confidences de Marmontel à ses enfants). C'était là le prestige souverain de la séduisante et piquante Mme d'Egmont, une Vénus, la digne fille du maréchal de Richelieu (2). Junon était représentée par la jeune marquise de Duras, chef d'œuvre de beauté froide, que M. Ingres eût signé des deux mains, d'une aussi grande pureté de caractère que de lignes, d'une sévérité de maintien qui imposait le respect. Alerte, étourdi comme un enfant, qu'il était hier, le prince de Rohan, destiné à jouer le vilain rôle que vous savez, diversifiait le jeu du berger Pâris en donnant le prix à Minerve. Avant ou après le souper, ces illustres personnages figuraient collectivement la servante de Molière ; l'auteur des *Contes moraux* leur débitait la prose incolore et réfrigérante qu'il était sur le point de livrer à l'impression. Quand

---

1. Il donne même le menu de ces petits soupers, menu des plus modestes : un poulet, des épinards et une omelette.
2. La comtesse n'était pas dans les bonnes grâces de Mme Necker, qui a écrit : « Il n'est pas surprenant que Rousseau soit amoureux de Mme d'Egmont ; sa beauté est un paradoxe. » *Mélanges manuscrits*, t. 1e, p. 320.

le souper de Mme Geoffrin faisait défaut, c'était chez Mme de Brionne qu'on se rassemblait.

Au bout de la table du mercredi se tenait M. Geoffrin, qui ne desserrait les dents que pour manger. Il avait la naïveté de l'âge d'or. Un mauvais plaisant eut l'idée de lui prêter plusieurs fois le premier volume des voyages du père Labat : l'autre le relisait toujours. « Comment, lui dit-on, trouvez-vous cet ouvrage ? — Fort intéressant, mais il me semble que l'auteur se répète un peu. » Il lisait le *Dictionnaire* de Bayle à deux colonnes, sans tenir compte de la ligne de démarcation, et s'écriait : « Quel excellent ouvrage, s'il était moins abstrait ! » Un étranger, qui assistait depuis quelque temps au dîner des gens de lettres, ne l'apercevant plus à sa place ordinaire : « Qu'est devenu, madame, demanda-t-il, ce pauvre bonhomme que je voyais ici et qui ne disait jamais rien ? — C'était mon mari ; il est mort, » répondit tranquillement Mme Geoffrin.

Après dîner, dans les beaux jours, d'Alembert, Raynal, Helvétius, Galiani, Marmontel et Thomas gagnaient les Tuileries, où d'autres amis venaient les rejoindre. Assis au pied d'un arbre de la grande allée, ils devisaient des dernières nouvelles et critiquaient le ministère. Ils rompaient des lances en faveur de Frédéric, et employaient toutes les ressources de leur esprit à battre en brèche les gros bataillons de la ligue européenne formée contre le roi-philosphe. Quand ils quittaient le salon pour se diriger vers le lieu de leur rendez-vous habituel, Mme Geoffrin leur disait, moitié souriante, moitié grondeuse : « Je parie que vous allez encore aux Tuileries faire votre sabbat, et que M. Turgot et M. l'abbé Bon vous y attendent. » Si Fontenelle condamnait la guerre, « parce qu'elle trouble la conversation », Mme Geoffrin évitait avec le plus grand soin de s'occuper des affaires du gouvernement, de peur qu'il ne se mêlât des siennes et ne dérangeât l'économie de son existence paisible. Cependant elle reçut, « avec la même bonté » (1), Morellet sortant de la Bastille, où l'avait

---

1. *Mémoires* de Morellet, t. Ier, p. 88.

fait enfermer sa préface des *Philosophes*, et contribua de ses deniers à édifier l'Encyclopédie, cette formidable machine de guerre, destinée à battre en brèche l'ancien régime.

Deux ou trois anecdotes prouvent que la gravité de Mme Geoffrin était de la pétulance en regard de l'impassibilité du vieux Fontenelle. Ennemi de tout mouvement, il réprouvait l'esprit qui court la poste. Un jour, après lui avoir demandé un éclaircissement, devinant le reste, elle l'arrêta tout net au beau milieu de son discours, puis s'écria : « N'est-ce pas que j'ai souvent raison ? — Oui, répondit-il avec humeur, mais vous l'avez trop tôt. Votre raison est comme ma montre, elle avance. » Une autre fois — c'était à table — elle interrompit à plusieurs reprises un de ces conteurs qui ne se lassent pas de fatiguer les oreilles de leur prochain. Pour en finir, elle le pria de découper une poularde ; et comme il tirait de sa poche un petit couteau : « Monsieur, lui dit-elle, pour réussir dans ce pays-ci, il faut de grands couteaux et de petites histoires. » L'excellente femme, il faut bien l'avouer, était frondeuse à l'occasion. « Avez-vous rien vu de plus magnifique et de meilleur goût ? lui demandait-on en lui montrant le superbe hôtel du fermier-général Bouret. — Je n'y trouverais rien à dire, répliqua-t-elle, si Bouret en était le frotteur. » Elle décocha nous ne savons quel trait contre Greuze, qui dit plaisamment à un de ses amis : « Mort Dieu ! si elle me fâche, qu'elle y prenne garde, je la peindrai. » Elle justifiait ainsi le désir qu'elle exprimait de voir Marivaux prendre rang parmi les immortels : « Il faut que les étrangers trouvent de tout à l'Académie, et que, s'ils demandent du Marivaux, on tire d'abord la layette où il est placé. » L'ignorante faisait parfois les rencontres les plus heureuses. Entendant vanter la vertu de quelques grandes dames qui ne s'étaient distinguées jusque-là que par des frasques galantes : « Je me tais, dit-elle, car je les ai vues poires. Je suis comme ce paysan qui ne pouvait se résoudre à faire sa prière aux pieds de la nouvelle image d'un saint dont le bois portait des poires peu de temps auparavant. » Elle ne se doutait guère que son bon sens parlait comme le génie d'Horace. L'abbé Trublet était sa bête noire ; elle le définissait « un sot frotté d'esprit ». Trublet suait sang et eau à parer son style, et dépensait la plus grande partie de son intelligence dans le placement des points et virgules. Cependant Maupertuis affirme que ses *Essais de littérature* étaient si prisés en Allemagne, que les maîtres de poste refusaient des chevaux à ceux qui ne les avaient pas lus. Il était d'une laideur qu'aggravait encore sa malpropreté, un défaut capital aux yeux de Mme Geoffrin. Il s'était institué le valet de l'auteur des *Entretiens sur la pluralité des mondes*, et « faisait consister sa gloire, dit Grimm, à savoir et à raconter avec précision comment Fontenelle toussait et crachait (1) ». Il passa vingt ans sur le seuil de l'Académie avant de pouvoir le franchir. Un matin, Piron vient prévenir Trublet qu'une place est vide ; il avait vu sortir un cercueil de la maison de Fontenelle, qui restait dans son voisinage. L'abbé croit cette fois toucher au but, mais on lui rit au nez : c'était Daube, le neveu de Fontenelle, qui était le mort. Trublet prend alors un parti héroïque : il se jette dans la dévotion, et, pour certifier son dévouement à la bonne cause, montre les blessures dont les épigrammes de Voltaire l'ont criblé. Touchée d'un tel martyre, la reine pousse en avant le président Hénault, qui comble enfin les vœux de l'abbé en emportant un fauteuil d'assaut.

Mme Geoffrin avait la manie de prêcher et parlait en plusieurs points, comme un prédicateur expert dans son art. Grimm nous a transmis le texte d'un de ses sermons, auquel il a assisté et qui était divisé ainsi : 1° la gaucherie du corps ; 2° la gaucherie de l'esprit. Le premier point concernait Burigny ; le second, le chevalier de Lorenzi, frère du comte de Lorenzi qui a été si longtemps ministre de France à Florence. Tous deux étaient présents au prône. A ce qu'il paraît, Burigny ne se signalait pas par ses manières dégagées. Ce que nous savons de lui, c'est que

---

1. Puisque nous tenons l'abbé Trublet, faisons justice d'une calomnie répandue contre Fontenelle : il s'agit de l'historiette des asperges (*Toutes à l'huile !*), historiette des plus fausses, car la mort de Fontenelle a précédé de treize ans celle de l'abbé.

le digne homme, qui avait accepté un logement chez Mme Geoffrin et ne devait plus sortir de la famille, était d'une modestie sans exemple et d'une sensibilité féminine. Apprenait-il qu'un de ses livres, *de l'Autorité du Pape*, par exemple, était goûté du public et que les frais en étaient couverts : « Félicitez-moi, disait-il tout rayonnant à ses amis, j'ai eu bien du plaisir à le composer et ce plaisir n'a rien coûté à mon libraire. » Il écrivait dans l'*Europe Savante*. « C'est un excellent journal, lui dit-on, mais il a quelquefois des endroits très faibles. — Ceux-là sont de moi, » répondit-il. Il ne souffrait pas que l'on attaquât ceux avec qui il était ou avait été lié. L'auteur du *Chef-d'œuvre d'un inconnu*, mort depuis un demi-siècle, était fort malmené devant lui. Burigny s'empressa de le défendre, et ne parvenant pas à convaincre son adversaire : « Monsieur, lui dit-il, les larmes aux yeux, vous me percez le cœur ! M. de Saint-Hyacinthe était mon ami ; je l'ai bien connu et vous ne le peignez que d'après la calomnie. » Comment ne pas se rendre à des arguments de cette candeur ? — Pour Lorenzi, le trait que voici donne la mesure de sa « gaucherie d'esprit ». Il se trouvait à Lyon, dans un dîner, près de M. Lenormand, fermier-général. « Quel est ce monsieur ? » demande-t-il tout bas. « C'est, lui répond-on, le mari de Mme de Pompadour. » Et Lorenzi, s'abouchant avec lui, de l'appeler M. de Pompadour de sa voix la plus sonore.

La naïveté du chevalier avait pour pendant la malice de l'abbé de Cannaye, un enfant terrible qui passait sa vie à rimer des impertinences. Il eut la fantaisie de brocarder les petits dialogues de Remond de Saint-Marc, un de ses amis, l'homme de France le plus poli, ce qui ne l'empêchait pas d'être l'ennemi acharné de Fontenelle. Remond, qui avait la peau tendre, se plaignit à Mme Geoffrin des piqûres anonymes qui l'avaient endommagé. L'abbé se trouvait derrière la victime et ricanait en tirant la langue. Remond s'aperçut du jeu aux éclats de rire de la galerie. Quelques-uns des assistants déclaraient le procédé inconvenant ; les autres n'y voyaient qu'une espièglerie. On résolut de soumettre le cas au savant abbé Fenel, qui ne put rien conclure, sinon que « c'était un usage chez les Gaulois de tirer la langue ».

Les abbés foisonnaient dans cette réunion. Disons un mot de chacun d'eux.

L'abbé Raynal était d'une aménité sans égale, mais il avait le défaut d'être grand parleur. Né dans le Rouergue, il avait exercé quelque temps comme jésuite à Pézénas. « Je ne prêchais pas mal, disait-il, mais j'avais un *assent* de tous les diables. »

Celui que le cardinal Dubois lui-même, qui devait s'y connaître, appelait « l'honnête homme, » et qui a enrichi le dictionnaire du mot *bienfaisance* (1725), dont il aurait été l'expression vivante, n'eût été sa pauvreté, l'abbé de Saint-Pierre était un causeur diffus, dépourvu de relief. Il ne tarissait pas, lorsqu'il avait entamé ses sujets favoris: la paix perpétuelle et la réforme de l'orthographe. Mme Geoffrin, qu'il ne put pratiquer longtemps, car il mourut en 1743, lui portait une affection empreinte de respect. Un jour qu'il était venu de bonne heure, craignant qu'il ne se perdît dans des digressions sans fin, elle le provoqua sur un terrain très circonscrit et où il pouvait se mouvoir de pied ferme; puis, après lui avoir procuré un petit triomphe: « Monsieur l'abbé, dit-elle, vous avez été d'une excellente conversation. — Madame, répondit-il en souriant, je ne suis qu'un instrument dont vous avez bien joué. » Le digne abbé, plus malléable qu'un adolescent dans le train ordinaire de la vie, était de roc lorsqu'il s'agissait de la défense de la vérité. « N'ayant pas voulu louer Louis-le-Grand, dit Morellet, il fut chassé de l'Académie pour n'avoir pas rempli sa fonction de compère, selon l'esprit de l'institution (1). »

L'avocat Taillefer prétend qu'il n'entendait pas que son petit collet le dispensât d'un grand devoir social et qu'il le remplissait en conscience: il avait une gouvernante qui tous les ans lui donnait un enfant et « il appelait cela payer ses dettes à la société (2) ».

1. *Mémoires*, t. II, p. 296.
2. *Tableau historique de l'esprit et du caractère des littérateurs français*, t. III, p. 169.

Voisenon attira aussi sur lui la colère des Quarante, qui, cette fois, eurent souci de leur dignité. « Eh! messieurs, leur dit Duclos, pourquoi tourmenter ce pauvre infâme? » Voisenon, qui devait sa fortune au duc de Choiseul, s'était hâté, aussitôt la chute de ce ministre, d'aller faire sa cour au chancelier Maupeou. Les reproches de ses confrères ne le touchèrent pas plus que le mépris dont l'accabla le duc d'Orléans. Ce dernier, dont il était un des commensaux, lui ayant fait fermer sa porte : « Bah ! dit Voisenon, je ne verrai plus les princes : je n'en serai pas plus triste ; ils n'en seront pas plus gais. » — Laharpe nous fait assister à un dialogue caractéristique entre Voisenon et Mme Geoffrin, qui s'efforçait de le retenir à souper : « Je ne puis, j'ai des affaires indispensables. — Des affaires ! vous? c'est donc un rendez-vous? — Peut-être. — Eh bien, vous n'irez pas. Je suis trop votre amie pour le souffrir : votre santé... Allons, vous n'irez pas. — Mais j'ai promis ; il faut alors que j'écrive. — Oui, sans doute, écrivez. » Et comme il hésitait : « Eh bien, pourquoi n'écrivez-vous pas ? — Au fait, ce n'est pas la peine que j'écrive. Je m'étais douté qu'il ne me serait guère possible d'aller à ce rendez-vous, et ma lettre est toute faite. » Il tira son épître de sa poche et la remit à un domestique avec un sang-froid des plus comiques.

Un Napolitain de quatre pieds et demi, « gras à lard », selon l'expression de Mme d'Epinay, parlant et écrivant la langue de Voltaire comme Voltaire lui-même, exécutait, dans la soirée, des intermèdes d'une verve à dérider un inquisiteur. Toute causerie se taisait devant le monologue turbulent de l'abbé Galiani, aussi prodigue de gestes et de grimaces que son illustre compatriote *il signor Pulcinello*. Il touchait à tout, bafouait tout de son rire impitoyable. C'était l'ironie faite homme. C'était un fouillis de folie et de sagesse, amalgamé avec tant d'art qu'on ne pouvait distinguer où finissait l'une, où commençait l'autre. Et ce cliquetis de mots étincelants durait une heure, sans fatiguer personne, pas même Galiani. Si quelque malavisé hasardait une interruption : « Laissez-moi donc achever, s'écriait-il, vous aurez bientôt tout le loisir de me répondre. » En effet, quand l'abbé avait fini, les contradicteurs pouvaient s'ébattre tout à leur aise, car il se glissait dans la foule et disparaissait à toutes jambes. — Galiani avait débuté, à Naples, à l'âge de vingt ans, par une parodie des discours académiques : l'oraison funèbre d'un bourreau. Il partit, en 1759, pour Paris, avec le titre de secrétaire d'ambassade, et y resta jusqu'en 1769, lançant toutes les fusées de son esprit entre ses deux amis, Grimm et Diderot. L'auteur de la *Correspondance Littéraire* rapporte nombre de ses saillies. Il reconnaissait, dit-il, « trois sortes de raisonnements, ou plutôt de résonnements : résonnements de cruches, ce sont les plus ordinaires ; résonnements de cloches, comme ceux de Jacques-Bénigne Bossuet, évêque de Meaux, ou de Jean-Jacques Rousseau ; enfin, raisonnements d'hommes, comme ceux de Voltaire, de Buffon et de Diderot (1). » Voltaire prisait fort son talent : « Comment pouvez-vous me dire, écrit-il à Mme d'Épinay, que je ne connais pas l'abbé Galiani ? Est-ce que je ne l'ai pas lu ? Par conséquent, je l'ai vu. Il doit ressembler à son ouvrage (*Dialogues sur les blés*), comme deux gouttes d'eau, ou plutôt comme deux étincelles. N'est-il pas vif, actif, plein de raison et de plaisanterie ? Je l'ai vu, vous dis-je, et je le peindrais. »

Un autre Napolitain compta parmi les personnages importants de la réunion Geoffrin, mais il n'y parut qu'en 1771, lorsqu'il passa de Londres à Paris, en qualité d'ambassadeur du roi des Deux-Siciles. C'était le marquis de Caraccioli, dont la physionomie lourde, véritable enseigne de bêtise, cachait un entrain qui rappelait l'abbé Galiani. A voir cette masse inerte, on ne pouvait croire qu'elle fût capable de mouvement. Mais à peine le marquis avait-il ouvert la bouche, que de ses yeux éteints jaillissaient des éclairs, et que ses membres engourdis s'agitaient avec une vivacité fiévreuse. La métamorphose était complète ; il avait le diable au corps. Il parlait difficilement le français, mais, lorsque le mot propre lui échappait, il se rejetait sur l'italien, et, quelque

1. T. VIII, p. 184.

bariolé que fût son style, il s'élevait jusqu'à l'éloquence. Caraccioli n'était pas seulement un homme d'esprit, c'était aussi un homme de cœur. De retour dans son pays, sa première mesure, comme vice-roi de la Sicile, fut l'abolition de la torture. Galiani, au contraire, aussitôt qu'il eut remis le pied à Naples, où l'avaient appelé ses nouvelles fonctions de magistrat, s'empressa, lui l'ami des encyclopédistes, de faire acte de rigorisme : il défendit à une troupe française qui passait de jouer le *Tartufe*, et se vanta de ce beau trait dans une lettre à d'Alembert (1). Il tenait, en vérité, « du seigneur Polichinelle, » au moral comme au physique. — Pour ces deux hommes, Paris était une patrie d'élection. « C'est le café de l'Europe, » disait Galiani. Il est vrai qu'il ne se gênait pas pour se moquer — de quoi ne se moquait-il pas? — de l'engouement des Parisiens. On se souvient de son mot sur Sophie Arnould : « C'est le plus bel asthme que j'aie entendu de ma vie. » Et Caraccioli faisait chorus : « Leurs oreilles, disait-il, sont doublées de maroquin. » Ce dernier disait encore : « Avant d'être venu à Paris, je me faisais de l'Amour l'idée la plus séduisante ; je me le peignais comme un dieu charmant ; je croyais vraiment lui voir des ailes d'azur, un carquois brillant, des flèches d'or. J'ai bien ouvert les yeux : j'ai vu que ce n'était qu'un petit vilain Savoyard. » Caraccioli avait un homonyme qui portait le titre de colonel, gagné, non à l'armée, mais dans l'éducation du prince Rzewusky. Ce Caraccioli vivait de sa plume et en abusait. On ne pouvait rien trouver de plus maussade que ses écrits, n'était sa personne qui suait l'ennui. Aussi, lorsqu'on présentait l'ambassadeur dans un salon, criait-on d'avance, pour éviter la confusion : « Ce n'est pas lui ! ce n'est pas lui ! »

Les étrangers de distinction, qui traversaient Paris, avaient tous l'ambition d'être reçus chez Mme Geoffrin. Quand l'un d'eux devait assister à un de ses dîners, elle ne manquait pas de dire à ses habitués : « Soyons aimables. » Mentionnons les

---

1. « En politique, disait-il, je n'admets que le machiavélisme pur, sans mélange, cru, vert, dans toute sa force, dans toute son âpreté. »

plus célèbres: le comte Poniatowski, le prince Adam Czartoryski, Hume et le comte de Creutz. Le premier, qui devint roi de Pologne, sous le nom de Stanislas II, par la grâce de Catherine de Russie, sa maîtresse, et qui ne jouissait alors que d'un budget insuffisant, était admis dans l'intimité de Mme Geoffrin : il l'appelait « maman, » non sans raison, car elle l'avait tiré du Fort-l'Evêque, le Clichy d'alors. C'était un jeune homme d'une grâce parfaite et du meilleur ton. Il eut le tort de nouer, en Pologne, d'étroites relations avec un personnage mal famé, le chevalier Williams, ambassadeur d'Angleterre. La calomnie ne manqua pas d'en faire son profit, et Rulhière n'était pas homme à priver d'un condiment pareil son *Histoire de Russie* en 1762. Il était en train de l'écrire : Poniatowski régnait et son cousin germain, Adam Czartoryski, visitait Paris. Or, un jour que celui qui mérita le surnom de *Mécène de la Pologne* se trouvait chez Mme Geoffrin, arrive Rulhière qui offre la primeur de son œuvre. On fait cercle et le voilà qui, presque à l'oreille du prince, lit étourdiment un passage où la calomnie s'étalait tout au long et qui finit ainsi : « Peut-être que l'exactitude de ce détail n'est pas de mon sujet, mais M. de Poniatowski étant devenu roi, il y a toujours plaisir à reconnaître les chemins qui mènent au trône (1). » — Hume avait accompagné en France lord Hertford, avec le titre de secrétaire d'ambassade. C'était un gros homme d'un calme de glace et d'une acuité d'intelligence peu commune. Les femmes l'idolâtraient, quoiqu'il manquât de chaleur et de grâce. On se le disputait à la cour comme à la ville, quoiqu'il

1. Page 13.—Cette histoire ne parut qu'en 1797. Mme Geoffrin avait offert à Rulhière une somme considérable pour qu'il consentît à jeter au feu son manuscrit. Il s'était vivement récrié, avait fait sonner bien haut les mots de vertu et d'honneur, et finalement déclaré qu'il ne déserterait pas son devoir d'historien. Mme Geoffrin, qui l'avait écouté avec un calme parfait : « En voulez-vous davantage ? » lui demanda-t-elle sans se départir de son flegme. Nous n'approuvons pas, nous racontons d'après Grimm. Le comte de Schomberg, à qui Rulhière rapporta le mot, émerveillé du sang-froid de Mme Geoffrin, ne put retenir cette exclamation : « Ah! c'est sublime ! »

égalât en hardiesse les plus osés des philosophes. « Je ne mange ici que de l'ambroisie et ne bois que du nectar, » écrivait-il à ses amis de Londres. — Le comte de Creutz, ambassadeur de Suède, était tout à la fois un poète et un savant. Cet homme du nord avait la passion du beau et du bien, une imagination de feu, une richesse d'expressions toute méridionale. Il parlait toutes les langues de l'Europe comme la sienne, et devisait de chimie en chimiste de profession, et d'histoire naturelle en disciple accompli de Linnée. D'ordinaire, replié en lui-même, il était pensif et distrait ; mais, lorsqu'il se livrait, personne ne pouvait se soustraire au charme de son langage chaud et coloré, sous lequel perçaient une science profonde, une sensibilité exquise et un sens moral inexorable.

D'Alembert formait avec le comte de Creutz un contraste frappant : rien de plus animé et de plus sautillant que ce petit homme, à la taille fluette, aux yeux étroits, au nez large des ailes et terminé en pointe, à la voix claire et perçante, comme une voix de castrat. « Après avoir passé sa matinée à chiffrer de l'algèbre et à résoudre des problèmes de dynamique ou d'astronomie, il sortait de chez sa vitrière comme un écolier échappé du collège, ne demandant qu'à se réjouir ; et par le tour vif et plaisant que prenait alors cet esprit si lumineux, si profond, si solide, il faisait oublier en lui le philosophe et le savant (1)..... » Il courait de l'un à l'autre, contant de folles anecdotes ou lançant des boutades telles que celle-ci : « Qui est-ce qui est heureux ? quelque misérable. » Il ne mordait pas, mais il pinçait. Voisenon le savait mieux que personne. « Il n'a tenu qu'à moi, lui disait un jour l'abbé, d'être évêque de Boulogne. — Si c'est du bois de Boulogne, je le crois, » répliqua d'Alembert. Il s'habillait d'habitude avec simplicité, d'une seule couleur ; mais, dans les circonstances solennelles, il se permettait la perruque à bourse et arborait le nœud de rubans à la Soubise. A première vue, il avait l'air banal, mais le sourire fin et amer, qui, entre temps, errait sur ses lèvres, dénonçait l'homme supérieur.

1. *Mémoires* de Marmontel, t. II, p. 110.

Continuons de présenter au lecteur les habitués du salon de Mme Geoffrin.

Grimm a peint Diderot au vif, quoique d'un pinceau enthousiaste. Il le représente avec un front élevé et large, un nez d'une « beauté virile », des yeux d'une douceur infinie, mais prompts à étinceler, et une bouche où la grâce se jouait entre la malice et la bonhomie. « Quelque nonchalance, dit-il, qu'eût d'ailleurs son maintien, il y avait naturellement dans le port de sa tête, et surtout dès qu'il parlait avec action, beaucoup de noblesse, d'énergie et de dignité. Il semble que l'enthousiasme fût devenu la manière d'être la plus naturelle de sa voix, de son âme, de tous ses traits. Dans une situation d'esprit froide et paisible, on pouvait souvent lui trouver de la contrainte, de la gaucherie, de la timidité, même une sorte d'affectation ; il n'était vraiment Diderot, il n'était vraiment lui que lorsque sa pensée l'avait transporté hors de lui-même. » L'auteur du *Neveu de Rameau* avait débuté par une brochure restée inédite, et qu'un libraire, doué d'un flair subtil et d'une âme libérale, lui avait payée, pour l'aiguillonner au travail. Diderot s'était hâté de porter cet argent à sa femme qui avait eu des scrupules sur la provenance, ne pouvant croire qu'on le lui eût donné en échange de quelques « chiffons de papier ». Elle s'était même exaltée jusqu'à lui reprocher d'avoir dupé ce brave homme(1). — On sait que Diderot était né à Langres, dans la boutique d'un coutelier, qui lui avait fait faire ses études chez les jésuites, et qui disait, lorsqu'on lui parlait des succès de son fils : « Je suis charmé qu'il prospère, mais vous ne sauriez croire combien il a avalé de mes lancettes. »

Diderot était devenu subitement l'ami intime de Grimm. Or, voici le portrait qu'on a fait de celui-ci : De gros yeux à fleur de tête, une allure dégingandée, une mise de petit-maître avec l'accompagnement obligé des pots de blanc et de rouge, une âme portée à la mélancolie ou à la gaieté, à la sensibilité ou à la sau-

---

1. *Correspondance* de Laharpe

vagerie, à l'enthousiasme ou à l'intrigue. Grimm parlait un langage incorrect, mais que relevait la hardiesse de l'expression. En dépit de ses hérésies grammaticales, on ne rencontrait personne, dit Mme d'Epinay, qui eût le tact plus délicat et plus sûr. Voltaire disait de lui : « De quoi donc s'avise ce bohémien d'avoir plus d'esprit que nous ? » Grimm était d'origine bavaroise. Arrivé jeune à Paris, comme gouverneur des fils du comte de Schœnberg, ministre du roi de Pologne en France, il avait été ensuite attaché, en qualité de lecteur, au prince héréditaire de Saxe-Cobourg, et, depuis 1753, entretenait une correspondance littéraire avec la duchesse de Saxe-Gotha, l'impératrice de Russie, la reine de Suède, le roi de Pologne, etc. En cas de maladie ou d'absence, c'était Diderot qui tenait la plume ; la correspondance ne chômait que quand ils s'éloignaient tous deux de Paris. En 1773, par exemple, ils s'étaient rendus l'un et l'autre à l'appel de Catherine. Grimm, à la date du 10 novembre de cette année, écrivait à Mme Geoffrin : « Quand je pense combien il y a de ruisseaux entre vous et moi, sans compter celui de la rue Saint-Honoré, je suis tenté de vous souhaiter la bonne année la veille de la Saint-Martin. »

Thomas était silencieux et méditatif ; il ne s'abandonnait que dans un cercle d'amis. D'abord professeur au collège de Beauvais, il était devenu secrétaire du duc de Praslin, ministre des affaires étrangères, puis avait été nommé secrétaire-interprète des cantons suisses, sinécure qui lui permit de suivre tout à l'aise son penchant pour les lettres. Il excellait dans le discours académique, mais, à force de chercher le sublime, il tombait souvent dans l'emphase. Le meilleur morceau d'éloquence qu'il ait laissé est son *Eloge de Marc Aurèle*, critique indirecte du règne corrompu qu'il avait sous les yeux.

Suard était né spadassin, car, dès l'âge de quinze ans, il comptait déjà trois affaires d'honneur, comme disent les gens qui font consister l'honneur à donner ou à recevoir un coup d'épée. Le jeune Franc-Comtois avait déposé son humeur belliqueuse aux îles Sainte-Marguerite, où ses escapades lui avaient valu un séjour forcé. Il était arrivé à Paris sans un sou vaillant, mais riche de savoir-faire. Son début fut un éloge de Louis XV, enjolivé d'une apologie de Montesquieu, manœuvre habile pour se concilier en même temps la cour et les libres penseurs. Suard joua toute sa vie ce double jeu ; là est le secret de la réputation acquise par un homme à qui, selon Beaumarchais, « il n'a manqué qu'un peu d'esprit pour être un écrivain médiocre ».

Le chevalier de Chastellux, colonel d'un régiment qui portait son nom, avait de l'esprit, mais à l'allemande, difficile à jaillir. Avec l'impassibilité du dieu Terme, il pratiquait une sorte de travail souterrain, et, aussitôt que le mot commençait à couler comme de source, se servait de sa verve dans l'unique but de provoquer celle des autres. Il avait le dédain de la logique et ne pouvait résister à l'innocent plaisir de placer une équivoque. C'est ce que constate Mme Necker, sous le couvert de Suard : il « n'aperçoit les objets, fait-elle dire à ce dernier, que sous une seule face et, comme on dit en administration, s'égare dans les *vicinaux*. Ce défaut tient au talent qu'il a pour les calembours (1) ». La joie naïve, qui éclatait sur le visage du chevalier au moindre bon mot qu'il entendait, aurait désarmé le farouche Boileau lui-même.

Saint-Lambert transportait dans la conversation l'élégance un peu froide de ses œuvres et un ton de bonne compagnie, contracté à la petite cour de Lunéville, où il avait été admis au double titre de marquis et de poète. Il avait quitté les gardes lorraines pour aller habiter le village d'Eaubonne, dans la vallée de Montmorency, près de « celle (2) qui l'avait choisi pour embellir sa vie ». A Paris, il descendait à l'hôtel du prince de Beauveau, avec lequel il s'était lié à Nancy.

Cahuzac avait aussi suivi la carrière des armes, et, la campagne de Hanovre terminée, s'était mis à cultiver, non la terre comme Cincinnatus, mais la tragédie comme personne, et il en tirait

---

1. *Mélanges extraits des manuscrits de Mme Necker*, t. II, p. 308.
2. Mme d'Houdetot.

vanité. A un dîner du mereredi, se disposant à lire *Manlius*, une pièce qui n'a été ni jouée ni imprimée: « J'ai tâché, dit-il modestement, d'éviter le gigantesque de Corneille et la fadeur de Racine (1). — Cela s'appelle, répondit un grand seigneur, s'asseoir entre entre deux chaises. »

Le baron d'Holbach était trop discret pour rendre de fréquentes visites à Mme Geoffrin, qu'effarouchait l'audace de ses opinions philosophiques et qui cependant avait pour lui un goût marqué : « Je n'ai jamais vu, disait-elle, d'homme plus simplement simple. » Il possédait une mémoire prodigieuse et qui avait le don de ne conserver que ce qui méritait d'être retenu. « Quelque système que forge mon imagination, disait Diderot à Grimm, je suis sûr que mon ami d'Holbach me trouve des faits et des autorités pour le justifier. »

Lesage se tenait dans un coin, son cornet acoustique à la main, ne le portant à son oreille que lorsqu'il flairait un discoureur spirituel. C'est le premier sourd qu'on ait vu gai. — Il faisait preuve d'originalité en toutes choses. Il était d'un désintéressement et d'une indépendance rares. Pauvre, il rejeta avec dédain, mais sans bruit, l'offre d'un traitant qui lui proposait d'échanger son manuscrit de *Turcaret* contre une somme ronde de cent mille francs. Il avait promis de venir lire cette pièce, avant dîner, chez la duchesse de Bouillon. Étant arrivé plus tard, et la duchesse lui reprochant de lui avoir fait perdre une heure à l'attendre : « Eh bien, madame, dit-il, je vais vous faire gagner deux heures. » Et il tourna les talons.

Gatti, médecin consultant du roi, pirouettait à travers le salon de Mme Geoffrin avec une réjouissante légèreté de corps et d'esprit : on eût dit qu'il voulait protester contre les plaisanteries dont Molière a lardé sa profession.

Fontenelle, qui comptait environ quatre-vingt-dix ans, prenait

---

1. Dans *le Comte de Warwick*, qui est la glorification de la Grande-Bretagne, on remarquait ce vers qui n'a, en effet, son pareil ni chez Corneille ni chez Racine :

Transportons l'Angleterre au milieu de la France.

plaisir à se rappeler et à rappeler les événements dont il avait été témoin, — sans se montrer détracteur du temps présent. « Il avait vu, dit Saint-Lambert, ce siècle brillant dont notre siècle aime à s'entretenir ; sa mémoire était remplie d'anecdotes qu'il rendait encore plus intéressantes par sa manière de les placer. Ses contes et ses plaisanteries faisaient penser. Les femmes, les hommes de la cour, les artistes, les poètes, les philosophes aimaient sa conversation. » Il produisait parfois l'effet d'un revenant. On croyait rêver, lorsqu'en 1753, après avoir évoqué le souvenir des dragonnades, parlé de jansénisme et de quiétisme, il se prit à dire dans une digression inopinée : « J'étais chez Mme de Lafayette, je vois entrer Mme de Sévigné..... » Tous les regards se portèrent dans la direction de son bras levé du côté de la porte, comme si l'on eût cru à une apparition de l'illustre marquise. Lorsque la conversation avait un tour animé, n'aimant pas le bruit, il attendait qu'elle fût close pour donner son avis. Il appliquait alors son cornet, car il avait contracté, avec les années, l'infirmité de Lesage, et demandait un résumé de la discussion. Puis, se concentrant en lui-même, il se livrait à un examen muet, et, les raisons pour et contre mûrement pesées, il prononçait son verdict. Si c'était quelque ennuyeux qui avait la parole, par exemple, son neveu

Daube,
Qu'une ardeur de dispute éveillait avant l'aube,

il demeurait à l'écart. Un jour celui-ci lui cria : « Je dis, moi..... — Ah ! vous dites, vous... » répliqua Fontenelle, et il se hâta d'ôter son cornet.

Dépourvu de tout enthousiasme, il n'en comprenait aucun, pas même celui dont il était l'objet. En 1751, un Anglais accourt aussi vite que le permet la raideur britannique, lui disant: « Il y a longtemps que je désire vous voir et vous causer. — Ce n'eût pas été ma faute si vous ne m'eussiez pas vu, répondit-il; j'ai vécu quatre-vingt-quatorze ans pour vous en donner le plaisir, si plaisir il y a. Voyez ce qu'on fait pour vous, des espèces de miracles. » Lorsque Diderot le rencontra pour la première fois : « J'éprouve un sentiment singulier... » lui dit-il d'une voix émue. « Monsieur, repartit Fontenelle, il y a quatre-vingts ans que j'ai relégué le sentiment dans l'églogue. » Il avait été jadis d'humeur galante, mais en se gardant de l'amour, ce trouble-fête, et à cinquante ans avait fait vœu de continence, comme on se met à la diète, par raison de santé. Il s'amusait, auprès de Mme Geoffrin, à rivaliser de caquetage amoureux avec le bonhomme Réaumur, un utilitaire endiablé qui tenta de tirer parti de la soie des araignées et dont un mémoire *ad hoc* eut l'honneur d'être traduit en mantchou par le père Parennin, à la demande de l'empereur de la Chine. Mme Geoffrin entrait dans le jeu et appelait Réaumur son *monsieur* ; et l'auteur des *Entretiens sur la pluralité des mondes* d'improviser quelques rimes toutes pleines de sa jalousie nonagénaire. Il n'avait pas un seul ennemi, car on ne peut sérieusement compter Rémond de Saint-Marc. Comme on le questionnait sur sa recette : « Par ces deux axiomes, dit-il : tout est possible et tout le monde a raison. » On ne put, en aucune circonstance, le surprendre riant ou pleurant. A la nouvelle de la mort de Mme de Tencin : « Eh bien ! s'était-il écrié, j'irai désormais chez Mme Geoffrin. » Son égoïsme faisait dire de lui : « Lorsqu'il mourra, il s'embrassera bien tendrement, se serrera entre ses bras et se dira : Adieu, mon ami, je n'ai jamais aimé que toi, je suis au désespoir de te quitter. » Il ne demandait de service à personne, mais n'en rendait pas, malgré ses trente mille livres de rente, à moins d'une pression. C'était Mme Geoffrin qui avait le privilège de vaincre, non son avarice, mais son indifférence. Toujours à la piste de misères à soulager, elle venait quelquefois lui faire part de quelque pieuse trouvaille. « Ils sont bien malheureux, » murmurait Fontenelle, et il parlait d'autre chose. Elle ne l'interrompait pas, mais au moment de le quitter : « Donnez-moi, lui disait-elle, cinquante louis pour ces pauvres gens. — Vous avez raison. » Et il donnait les cinquante louis, prêt à recommencer le lendemain, pourvu qu'on l'aiguillonnât de nouveau.

Mme Geoffrin faisait de sa fortune l'usage le plus libéral, et exagérait le désintéressement au point de repousser avec dépit les actions de grâces qu'elle s'attirait. Elle entendait se payer par ses mains, et déclarait savoir bien goûter toute seule la satisfaction qu'on éprouve à obliger. Pour peu qu'on la contredît, elle répliquait vivement qu'elle n'aimait que les ingrats, et érigeait l'ingratitude en vertu. Par une inconséquence bien naturelle, elle détestait Rousseau, qui ne pouvait souffrir ni les bienfaits ni les bienfaiteurs ; mais elle se montrait, à l'occasion, admirablement logique. Quelqu'un lui faisait remarquer que sa laitière la servait mal : « Je le sais bien, dit-elle, mais je ne puis pas en changer. — Et pourquoi, madame ? — C'est que je lui ai donné deux vaches. — La belle raison ! — Eh ! oui ; elle vendait du lait à ma porte, mes gens vinrent me dire qu'elle était au désespoir de la perte de sa vache, et comme ils m'avertirent trop tard, je lui en donnai deux : une pour remplacer celle qu'elle avait perdue, et l'autre pour la consoler de tout le chagrin qu'elle avait eu pendant huit jours. Vous voyez bien que je ne peux changer cette laitière-là. » Mme Geoffrin avait le génie et l'opiniâtreté de la bienfaisance. Tout en visitant ses pauvres, elle frappait quelquefois à la porte de ses amis, sous prétexte de s'informer de leur santé, et en réalité pour inspecter leur logis et combler les vides. Le lendemain ils voyaient arriver, qui un bureau, qui un fauteuil, qui une pendule, qui un mobilier complet, qui un contrat de rente. Un matin, elle entre chez Morellet, qui était en proie à une cruelle déception. Il espérait que le contrôleur général d'Invaux récompenserait largement ses mémoires sur la compagnie des Indes, dans lesquels il plaide la cause de la liberté du commerce, et il ne reçoit d'autre visite que celle d'une femme qu'il a dû froisser, car sa fortune repose en grande partie sur les bénéfices du privilège de la Manufacture des glaces. Mme Geoffrin n'a pas l'air de remarquer l'embarras de l'abbé. Elle s'assied auprès du feu, et, ramenant sa robe grise sur ses jambes, pour dissimuler la gêne qu'elle ressent elle-même : « Je ne veux pas, dit-elle tout à coup, voir votre sort entre les mains de ces gens en place, qui n'ont encore rien fait pour vous de solide, et qui, d'un moment à l'autre, peuvent vous retirer ce qu'ils vous donnent. Dites-moi votre nom de baptême, et passez demain chez Dosne, notaire, rue du Roule ; vous signerez un contrat de rente viagère de douze cents et quelques livres que je place sur votre tête et sur la mienne. Avec cela vous serez au moins sûr de vivre à l'abri du besoin (1). » Et elle le quitta brusquement, selon son habitude. Elle pensionna aussi d'Alembert, Thomas (2) et Mlle de Lespinasse. Il lui avait fallu dépenser des trésors de diplomatie féline pour vaincre les susceptibilités de cette dernière, qui avait la tête aussi chaude que le cœur (3). C'était la seule femme qui parût au dîner du mercredi. Morellet raconte à son sujet une amusante anecdote. Elle avait, à plusieurs reprises, témoigné le désir de connaître Buffon. « Mme Geoffrin, s'étant chargée de lui procurer ce bonheur, avait engagé Buffon à venir passer la soirée chez elle. Voilà Mlle de Lespinasse aux anges, se promettant bien d'observer cet homme célèbre et de ne rien perdre de ce qui sortirait de sa bouche. La conversation ayant commencé de la part de Mlle de Lespinasse, par des compliments flatteurs et fins comme elle savait les faire, on vient à parler de l'art d'écrire, et quelqu'un remarque avec éloge combien M. de Buffon avait su réunir la clarté à l'élévation du style, réunion difficile et rare. « Oh! diable! dit M. de Buffon, la tête haute, les yeux à demi « fermés et avec un air moitié niais, moitié inspiré, oh ! « diable! quand il est question de clarifier son style, c'est une « autre paire de manches. »

A ce propos, à cette comparaison des rues, voilà Mlle de Lespinasse qui se trouble, sa physionomie s'altère, elle se renverse sur son fauteuil, répétant entre ses dents : « Une autre paire

1. Cette rente était de 1.275 livres sur le duc d'Orléans.
2. Ils eurent tous deux une rente viagère de 1.200 livres. Thomas reçut de plus une somme de 6.000 livres.
3. Mme Geoffrin vendit à l'impératrice de Russie trois de ses plus beaux tableaux de Carle Vanloo, pour en partager le prix avec Mlle de Lespinasse, lorsque celle-ci se sépara de Mme Du Deffant.

de manches! clarifier son style! » Elle n'en revint pas de toute la soirée (1). »

Au premier de l'an, sans doute en commémoration de la culotte de velours de Mme de Tencin, les invités du mercredi recevaient une calotte de même étoffe; c'était le cadeau de celle que le roi de Pologne appelait « maman », et qu'ils appelaient, eux, « notre mère ». Elle envoyait à son voisin, Piron, sous couleur d'étrennes, une provision de sucre et de café, qui durait jusqu'à la Saint-Sylvestre.

D'Alembert, Thomas et Morellet ont fait chacun, sans se concerter, un éloge de Mme Geoffrin. Si leur reconnaissance les rend suspects, on peut s'en référer au témoignage de Mme Necker qui a tous les caractères de l'impartialité : « Mme Geoffrin, écrit-elle, a su trouver la quadrature du cercle en morale, la réunion des qualités opposées : elle est économe et généreuse, bonne sans être faible ; et pour conserver un équilibre parfait, elle n'aime rien passionnément, pas même la vertu (2). » Elle avait fait graver sur des jetons ces deux maximes : « Ne laissez pas croître l'herbe sur le chemin de l'amitié. — L'économie est la mère de la libéralité. » Elle écrivait à d'Alembert : « Je sens avec plaisir qu'en vieillissant j'en deviens *plus bonne,* car je n'ose pas dire meilleure, parce que ma bonté tient peut-être à la faiblesse, comme la méchanceté de bien d'autres. J'ai fait mon profit de ce que me disait souvent le bon abbé de Saint-Pierre : que la charité d'un homme de bien ne devait pas se borner à soulager ceux qui souffrent, qu'elle devait s'étendre aussi jusqu'à l'indulgence dont leurs fautes ont si souvent besoin ; et j'ai pris, comme lui, pour devise, ces deux mots : *Donner et pardonner.* » Elle était, en effet, d'une tolérance extrême et se pliait quelquefois au rôle de confidente. Lorsqu'on la mettait sur le chapitre de la galanterie, elle s'en tirait « avec le ton simple de la Bible (3) ». Elle

---

1. *Mémoires* de Morellet, t. Ier, p. 126.
2. *Mélanges,* t. III, p. 248.
3. *Ibidem,* p. 245.

donnait son avis comme s'il se fût agi d'affaires courantes, et il semblait qu'elle n'avait jamais eu rien à démêler avec les passions des hommes.

Mme Geoffrin partit en mai 1765 pour la Pologne, où l'appelait la gratitude de l'ancien prisonnier du Fort-l'Evêque, fraîchement élu roi. Elle ne s'était pas décidée à ce voyage sans réflexion. « On est curieux de me voir, s'était-elle dit, on s'attend que j'aurai beaucoup d'esprit, que je développerai les plus grandes connaissances; si je le fais, je n'étonnerai personne, on s'y attendait. Si, au contraire, je suis très simple, si je ne pense jamais à ce que j'ai à dire, si je le dis sur-le-champ et le plus naturellement possible, on sera surpris, on ne s'y attendait pas et l'on se croira à mon niveau; on m'en saura gré. » Elle suivit cette dernière ligne de conduite et s'en trouva bien. Elle fut accueillie comme une souveraine en voyage. Une grande partie de la noblesse vint à sa rencontre à quelques lieues de Varsovie et ne la quitta qu'à la porte d'une maison que le roi lui avait fait préparer sur le modèle de sa maison de Paris, afin qu'elle s'imaginât entrer dans la sienne.

Pendant son séjour à Varsovie, Mme Geoffrin reçut une lettre de Voltaire qui la priait d'intéresser Stanislas au sort du malheureux Sirven. Elle obtint un don de deux cents ducats, accompagné du billet suivant : « J'ai cru voir dans la lettre que Voltaire vous écrit, la Raison qui s'adresse à l'Amitié en faveur de la Justice. Quand je ferai une statue de l'Amitié, je lui donnerai vos traits : cette divinité est mère de la Bienfaisance. Vous êtes la mienne depuis longtemps, et votre fils ne vous refuserait pas, quand même ce que Voltaire me demande ne m'honorerait pas autant. » Elle écrivait le 23 juillet 1766 : « Mon cher d'Alembert, je ne peux pas vous pardonner d'être bien aise que les agréments que j'ai eus dans mon voyage fassent une nouvelle peine à votre voisine (Mme Du Deffant). Je conviens que c'est une méchante bête, mais elle est aveugle; et, de plus, le genre de sa méchanceté, qui est la jalousie, la rend si malheureuse qu'en vérité elle me fait pitié. Ce sentiment a retenu le désir que j'avais d'écrire un petit billet galant au président (Hénault). » Et quelques jours après (le 30), encore à la même adresse : «.... Je dis mille choses tendres à mon cher baron d'Holbach et à la belle baronne, ainsi qu'à vous; ils font partie du troupeau que mon cœur a choisi..... » A Versailles, où son nom bourgeois et ses relations avec les philosophes l'auraient empêchée de pénétrer, si elle en avait eu l'ambition, on ne parlait que des témoignages de considération qu'on lui prodiguait à la cour de Pologne. Mme Geoffrin fut vivement pressée par Catherine de se rendre à Saint-Pétersbourg, mais elle ne quitta Varsovie que pour regagner Paris qu'elle regrettait, quelque choyée qu'elle fût par Stanislas. Elle devait, à son passage à Vienne, être l'objet d'honneurs encore plus insignes que lors de son arrivée à Varsovie. Joseph II vint lui-même au-devant d'elle et force lui fut de dîner avec l'impératrice-reine.

Dès que la nouvelle du retour de Mme Geoffrin se fut répandue dans Paris, ses anciens familiers accoururent en foule et, à leur suite, quantité de gentilshommes et même des ministres. « Vous devez être bien fière, lui dirent quelques gens de lettres, de l'empressement de si hauts personnages. — J'en suis très heureuse, répondit-elle, non pour moi qui n'ai aucun service personnel à leur demander, mais pour vous qui pouvez avoir besoin de leur protection. » Elle avait trop de bon sens pour être vaine, et n'avait d'autre préoccupation que les intérêts de ses amis. Apprenant en 1769 que Palissot voulait, à la faveur de l'anonyme, faire jouer son *Homme dangereux,* comédie en trois actes, qu'il prétendait être une satire contre lui-même, et qui n'était qu'une suite des *Philosophes* (1), elle pria M. de Sartine d'en empêcher la représentation et obtint gain de cause (2).

Mme Geoffrin eut le mérite d'avoir pour elle non seulement les hommes mais encore les femmes (3). Mme Necker lui a con-

---

1. Comédie bourrée de personnalités grossières et qui avait été représentée en 1760.
2. L'*Homme dangereux* ne fut joué qu'en 1781.
3. Une seule voix s'éleva contre Mme Geoffrin. Elle avait fermé sa

sacré une dizaine de pages qui, malgré quelques menues critiques, composent un panégyrique des plus louangeurs. « La vieillesse de Mme Geoffrin, écrit-elle, ressemble à celle des arbres dont on connaît l'âge par l'espace qu'ils occupent, et la quantité de racines qu'ils ont jetées. » Elle « a l'esprit de tous les âges et son secret pour cela est de conserver toujours l'esprit du sien. Elle a vu tous les hommes illustres de ce siècle ; elle a découvert avec sagacité leurs singularités et leurs défauts.... Elle les juge toujours par leur conduite et jamais par leurs talents. C'est ainsi qu'on peut se mesurer avec eux et se trouver même supérieure (1). » — « Mme Geoffrin, écrit Mme d'Epinay à l'abbé Galiani (6 novembre 1770), est toujours elle, bonne, excellente et originale, en ce que le *génie* l'est toujours. Je ne la vois que quand je la rencontre, comme vous savez. Elle se porte à merveille. C'est encore un problème que je n'ai pu résoudre, de savoir pourquoi elle ne m'aime pas, car j'étais faite pour lui plaire, observant toujours paisiblement, n'offusquant et n'effaçant jamais personne, n'ayant ni fortune, ni maison montée, n'étant ni bête ni conquérante ; cela est singulier. » — « C'est, dit Laharpe, la figure de vieille la plus revenante qu'il soit possible de voir. »

Un jour elle rassembla quelques membres de sa réunion qui l'avaient engagée à écrire ses mémoires. Et voici ce qu'elle leur lut :

Mémoires de madame Geoffrin, en six volumes in-12.

PRÉFACE

« La vérité de mon caractère, le naturel de mon esprit, la simplicité et la variété de mes goûts m'ont rendue heureuse dans

---

porte à un certain abbé de Guasco, qui passait pour un espion des cours de Vienne et de Turin. L'abbé s'en plaignit à Montesquieu comme d'une avanie que rien ne justifiait. L'auteur de l'*Esprit des lois*, dont il avait capté l'esprit par ses flatteries, eut le tort, pour lui être agréable à son tour, d'égratigner Mme Geoffrin, et l'abbé, pour publier ces coups de griffes de complaisance, édita, en 1767, les *Lettres familières* de Montesquieu. Le volume fit scandale, mais aux dépens de Guasco seul.

1. *Mélanges*, t. III, p. 240-246.

toutes les situations de ma vie ; je sens de la douceur à m'en rappeler les événements, et un plaisir piquant à penser que je vais me développer moi-même à moi-même.

« Cet ouvrage sera pour moi ce que sont ordinairement, pour nous autres femmes, de grands projets de broderie ou de tapisserie : le choix du dessin nous amuse, l'exécution nous occupe quelque temps, nous y travaillons peu, nous nous en ennuyons et nous ne le finissons pas. »

Et ce fut tout.

Le contact journalier des encyclopédistes n'avait pu entamer la foi de Mme Geoffrin. Seulement, elle pratiquait à la sourdine. Elle avait imaginé un biais pour être bien avec le ciel sans être mal avec les philosophes. D'un appartement loué dans un couvent de religieuses, elle se glissait dans une tribune qu'elle s'était réservée à l'église des Capucins (1). Aucun indiscret n'ayant divulgué, de son vivant, cette dévotion clandestine, elle avait un renom de scepticisme parfaitement établi. Aussi, quel ne fut pas l'étonnement général, lorsqu'on apprit qu'elle avait contracté une maladie mortelle, en suivant un jubilé à Notre-Dame, au mépris du froid le plus vif ? « On ne meurt que de bêtise, » avait-elle coutume de dire. Et c'était d'une imprudence religieuse qu'elle mourait, elle qu'on n'aurait cru capable ni d'imprévoyance ni de piété. La paralysie progressive dont elle était atteinte mit sept mois à l'emporter. « Votre dernière lettre, écrit Galiani à Mme d'Épinay, me parle du malheur de Mme Geoffrin ; elle succombe aux lois de la nature et du temps..... M. de Clermont, hier au soir, m'étonna et me surprit d'abord en me soutenant que ces maladies et ces rechutes de Mme Geoffrin avaient été causées par des excès de dévotion. » Puis, à propos de la métamorphose qui s'est opérée en elle, l'abbé prend à partie les sectaires et les indifférents : à son avis, les premiers seuls méritent le feu. « Le fanatique, dit-il, est un homme qui se met à courir au milieu d'une foule et tout le monde le suit. L'incrédule fait bien pis, c'est un danseur

---

1. *Marmontel*, Mémoires, t. II, p. 105-106.

de corde qui fait les tours les plus incroyables en l'air, voltigeant autour de sa corde ; il remplit de frayeur et d'étonnement tous les spectateurs, et personne n'est tenté de l'imiter. *Ergo*, Mme Geoffrin devait finir par un bon jubilé. » Ses amis entouraient son lit de souffrance avec une sollicitude qui attestait la profondeur de leur attachement. Mais Mme Geoffrin avait une fille, la marquise de La Ferté-Imbault, qui détestait les philosophes, et qui lui déclara qu'il fallait opter entre eux et elle. La pauvre moribonde se conduisit en mère, et, à son grand regret, vit toute la société quitter la place, sauf Burigny, qui n'était pas homme à porter ombrage à la marquise, et que celle-ci considérait d'avance comme une portion de son héritage. D'Alembert écrivit à Mme de la Ferté-Imbault une lettre polie, quoique semée de traits acérés. Les autres, qui n'avaient pas sa retenue, firent tapage. Réveillée en sursaut, Mme Geoffrin leur reprocha de faire du bruit pour rien, et qualifia de folle la marquise, tout en louant son zèle : « Ma fille, dit-elle, est comme Godefroi de Bouillon ; elle a voulu défendre mon tombeau contre les infidèles. » A cette époque, Joseph II, qui faisait son tour d'Europe, sous le pseudonyme de comte de Falkenstein, vint lui rendre la visite qu'il avait reçue d'elle à Vienne. Dans l'intervalle d'une crise à l'autre, Mme Geoffrin s'entretenait avec le petit nombre d'amis qu'avait laissé pénétrer le cordon sanitaire de la marquise. Elle n'avait pas la force de causer longuement, mais elle était restée en possession de son esprit et de son cœur. On élevait aux nues la simplicité de son caractère. « Tant de gens l'affectent, dit-elle, en rééditant son mot sur d'Holbach, mais M. de Malesherbes, voilà un homme simplement simple. » Elle avait, comme autrefois, la passion de la bienfaisance. Sachant que Suard montait son ménage, elle lui envoya trois casserolles d'argent. Elle força Thomas à recevoir une cassette de deux mille écus. Ce fut en vain qu'il argua de l'aisance dans laquelle il se trouvait. De guerre lasse, Thomas remit la cassette à Mme de La Ferté-Imbault qui eut la pudeur de la refuser, et la fit porter chez un notaire, à titre de dépôt, au nom du philosophe. La marquise, en revanche, poussa les hauts cris, lorsqu'en parcourant les comptes de sa mère, elle acquit l'assurance que l'Encyclopédie lui avait coûté cent mille écus.

Pendant la léthargie qui précéda la mort de Mme Geoffrin, un domestique dit à un visiteur : « Madame est bien sensible à votre souvenir ; elle vous fait dire qu'elle a perdu l'usage de la parole. » Aussitôt qu'elle eut rendu le dernier soupir, Mme Geoffrin, jusqu'alors si respectée, devint la proie des artisans de dénigrement. « Son excellente table, s'écriaient-ils en chœur, était tout son mérite. » Morellet les réduisit au silence par cet argument sans réplique : « Il faut autre chose que des dîners pour occuper dans le monde la place que cette femme estimable s'y était faite. »

IX

LE SALON DE MADAME DU DEFFAND

AU COUVENT DE SAINT-JOSEPH

Comme devait l'être, quatre-vingts ans plus tard, le salon de Mme Récamier, à l'Abbaye-aux-Bois, le salon de Mme Du Deffand, au couvent de Saint-Joseph, fut le centre d'une réunion d'élite, un milieu titré, mitré et lettré.

Marie de Vichy Chamrond, marquise Du Deffand, née en 1697, descendait d'une famille noble du Bourbonnais. Elle était fille de Nicolas Brulard, premier président au parlement de Bourgogne. Sa mère, Marie Bouthillier de Chavigny, avait épousé en secondes noces César-Auguste, duc de Choiseul. De là le titre de *grand'maman*, donné par Mme Du Deffand à la duchesse de Choiseul, femme du ministre d'État, laquelle était d'âge à être sa petite-fille.

Mlle de Chamrond fut élevée à Paris, rue de Charonne, dans le couvent de la Madeleine de Trénel, où elle se signala par des points d'interrogation qui confinaient à l'impiété. « Ses parents, dit Horace Walpole, alarmés sur ses sentiments religieux, lui envoyèrent le célèbre Massillon, pour s'entretenir avec elle. Elle ne fut ni intimidée par son caractère, ni éblouie par ses raisonnements, mais se défendit avec beaucoup de bon sens ; et le prélat fut plus frappé de son esprit et de sa beauté que choqué de son hérésie... » Voici en quels termes elle parle elle-même de cette entrevue avec Massillon, dans une lettre adressée à Voltaire (1) : « Mon génie trembla devant le sien ; ce ne fut pas à la force de ses raisonnements que je me soumis, mais à l'importance du raisonneur. » Elle dit ailleurs, à propos du catéchisme : « J'étais comme Fontenelle : j'avais à peine dix ans que je commençais à n'y rien comprendre. » Ce n'était pas de l'impiété, mais de l'indifférence, car bien souvent, au milieu des ennuis dont elle était dévorée, elle regretta de ne pouvoir sombrer dans la dévotion, ce qui lui semblait « l'état le plus heureux de la vie ». Il lui arriva même d'appeler à son aide un confesseur, le père Lenfant, avec qui elle disserta longuement, mais elle ne retira de cette conférence qu'une conviction, c'est que ce prédicateur avait beaucoup d'esprit. » Aveu qui ne lui coûtait guère, car c'était affirmer du même coup qu'elle en avait plus que lui, puisque son scepticisme était sorti intact de la lutte.

Son mariage eut lieu le 2 août 1718. Elle n'apportait en dot qu'une médiocre fortune, et le marquis Du Deffand de la Lande n'avait pour tout bien que son brevet de colonel d'un régiment de dragons ; quant à son intelligence, elle était d'une nullité rare. Le sort du marquis était tout tracé d'avance. La marquise était, du reste, un morceau friand, si l'on s'en rapporte aux lignes suivantes adressées par Voltaire à Mme Du Deffand devenue aveugle : « Ils étaient autrefois bien brillants et bien beaux, ces yeux-là !... Pourquoi faut-il qu'on soit puni par où l'on a péché, et quelle rage a la nature de détruire ses plus beaux ouvrages ! » Selon Mlle Aïssé, elle était « belle » et avait « beaucoup de grâce ». Le régent fut de cet avis et en témoigna quinze jours durant : c'est Walpole qui consigne le fait avec cette précision toute britannique. Mathieu Marais, dans ses mémoires, ne classe pas Mme Du Deffand parmi les maîtresses de Philippe d'Orléans, mais

1. A la date du 28 septembre 1765.

il la cite après la maîtresse en titre, à propos d'une fête donnée à Saint-Cloud par le prince à la maréchale d'Estrées : « Mme d'A-verne, dit-il, y était brillante avec Mme Du Deffand et une autre dame. Plusieurs autres avaient refusé d'y paraître... On voyait de toutes parts les délices de Capoue. » Il ajoute brutalement, un an plus tard (septembre 1722) :

« Mme Du Deffand a obtenu six mille livres de rentes viagères sur la ville par ses intrigues avec Mme d'Averne et les favoris du régent. Tantôt bien, tantôt mal avec eux, elle a pris un bon moment et a attrapé ces six milles livres de rente, qui valent mieux que tout le papier qui lui reste. Son mari l'a renvoyée et n'a pu souffrir davantage ses galanteries avec Fargis, autrement Delrieu, fils du partisan Delrieu, qui se fit appeler de Rieu, et dont on disait qu'il avait tant volé qu'il en avait perdu une *aile*. Voilà les gens qui ont les faveurs de la cour et nos rentes. Fargis est un des premiers courtisans du régent et de ses débauches. »

Mathieu Marais attribue à M. Du Deffand une force de caractère que contredit formellement Mlle Aïssé, plus digne de foi que l'avocat, puisqu'elle a sur lui l'avantage de parler *de visu*. Du reste, c'est le seul point qui les divise. Tous deux célèbrent dans les mêmes termes la fidélité de l'épouse : « Je veux vous parler de Mme Du Deffand, écrit-elle à Mme Calandrini. Elle avait un violent désir, pendant longtemps, de se raccommoder avec son mari : comme elle a de l'esprit, elle appuie de très bonnes raisons cette envie, elle agissait dans plusieurs occasions, de façon à rendre ce raccommodement durable et honnête. Sa grand'mère meurt, et lui laisse quatre mille livres de rentes : sa fortune devenant meilleure, c'était un moyen d'offrir à son mari un état plus heureux que si elle avait été pauvre. Comme il n'était point riche, elle prétendait rendre moins ridicule son mari de se raccommoder avec elle, devant désirer des héritiers. Cela réussit comme nous l'avions prévu ; elle en reçut des compliments de tout le monde. J'aurais voulu qu'elle ne pressât pas autant ; il fallait encore un noviciat de six mois, son mari devant les passer naturellement chez son père. J'avais mes raisons pour lui conseiller cela ; mais comme cette bonne dame mettait de l'esprit ou, pour mieux dire, de l'imagination au lieu de raison et de stabilité, elle emballa la chose de manière que le mari amoureux rompit son voyage et se vint établir chez elle, c'est-à-dire y dîner et y souper ; car, pour habiter ensemble, elle ne voulut pas en entendre parler de trois mois, pour éviter tout soupçon injurieux pour elle et son mari. C'était la plus belle amitié du monde pendant six semaines : au bout de ce temps-là, elle s'est ennuyée de cette vie et a repris pour son mari une aversion outrée ; et, sans lui faire de brusqueries, elle avait un air si désespéré et si triste qu'il a pris le parti d'aller chez son père. Elle prend toutes les mesures imaginables pour qu'il ne revienne point. Je lui ai représenté durement toute l'infamie de ses procédés : elle a voulu, par instance et par pitié, me toucher et me faire revenir à ses raisons. J'ai tenu bon ; j'ai été trois semaines sans la voir : elle est venue me chercher. Il n'y a sortes de bassesses qu'elle n'ait mises en usage pour que je ne l'abandonnasse pas. Je lui ai dit que le public s'éloignait d'elle comme je m'en éloignais ; que je souhaiterais qu'elle prît autant de peine à plaire à ce public qu'à moi ; qu'à mon égard, je le respectais trop pour ne lui pas sacrifier mon goût pour elle. Elle pleura beaucoup ; je n'en fus point touchée. La fin de cette misérable conduite, c'est qu'elle ne peut vivre avec personne et qu'un amant qu'elle avait avant son raccommodement avec son mari, excédé d'elle, l'avait quittée ; et quand il eut appris qu'elle était bien avec M. Du Deffand, il lui écrivit des lettres pleines de reproches et il est revenu, l'amour-propre ayant réveillé des feux mal éteints. La bonne dame ne suivit que son penchant et, sans réflexion, elle a cru un amant meilleur qu'un mari ; elle a obligé ce dernier à abandonner la place : il n'a pas été parti que l'amant l'a quittée. Elle reste la fable du public, blâmée de tout le monde, méprisée de son amant, délaissée de ses amies ; elle ne sait plus comment débrouiller tout cela. Elle se jette à la tête des gens pour faire croire qu'elle n'est pas abandonnée. Cela ne réussit pas ; l'air délibéré et embarrassé règne tour à tour dans sa personne. Voilà où elle en est et où j'en suis avec elle. » Mlle Aïssé écrivait cela en décembre 1728. Elle connaissait la marquise depuis une dizaine d'années. C'était chez elle qu'avait commencé le joli et douloureux roman des amours de la « jeune Grecque » et du chevalier d'Aydie, neveu du marquis de Sainte-Aulaire. Mlle Aïssé était une « Grecque » de Circassie, achetée à l'âge de quatre ans par M. de Ferriol, notre ambassadeur à Constantinople, lequel,—pour qu'elle fût stylée en conséquence,—l'avait placée entre les mains de sa belle-sœur, Mme de Ferriol, une Tencin, digne sœur de la célèbre chanoinesse, belle, galante, rompue aux intrigues et maîtresse publique du maréchal d'Uxelles. M. de Ferriol parvint-il à dompter l'énergique résistance de Mlle Aïssé ? Quelques-uns l'affirment en s'appuyant sur la lettre suivante de l'ancien ambassadeur, trouvée dans les papiers d'Argental :

« Lorsque je vous retirai des mains des infidèles et que je vous achetai, mon attention n'était pas de me préparer des chagrins et de me rendre malheureux ; au contraire, je prétendais profiter de la décision du destin sur le sort des hommes pour disposer de vous à ma volonté, et pour en faire un jour ma fille ou ma maîtresse. Le même destin veut que vous soyez l'une et l'autre, ne m'étant pas possible de séparer l'amour de l'amitié, et des désirs ardents d'une tendresse de père ; et tranquille conformez-vous au destin, et ne séparez pas ce qu'il semble que le Ciel ait prit soin de joindre.

« Vous auriez été la maîtresse d'un Turc qui aurait peut-être partagé sa tendresse avec vingt autres, et je vous aime uniquement, au point que je veux que tout soit commun entre nous et que vous disposiez de ce que j'ai comme moi-même.

« Sur toutes choses, plus de brouilleries ; observez-vous et ne donnez aux mauvaises langues aucune prise sur vous ; soyez aussi un peu circonspecte sur le choix de vos amies, et ne vous livrez à elles que de bonne sorte ; et quand je serai content, vous trouverez en moi ce que vous ne trouveriez en nul autre, les nœuds à part, qui nous lient indissolublement. Je t'embrasse, ma chère Aïssé, de tout mon cœur. »

Cette pièce de conviction ne prouve rien, sinon l'impudence de M. de Ferriol. Non, il n'a pas souillé de ses baisers séniles les lèvres roses et candides de l'adorable jeune fille, car elle n'eût pas manqué de pleurer cette flétrissure dans le sein de Mme Calandrini, devant qui elle ne cessa de faire son examen de conscience et de se frapper la poitrine, pour une faute que tout le monde excuse, à l'exception de Mme Calandrini. Voyez comme elle redresse fièrement la tête, lorsque cette rigide matrone, se faisant l'écho de méchants bruits, la presse d'achever sa confession :

« Quoi, Madame ! vous me croiriez capable de vous tromper ! je vous ai fait l'aveu de toutes mes faiblesses, elles sont bien grandes ; mais jamais je n'ai pu aimer qui je ne pouvais estimer. Si ma raison n'a pu vaincre ma passion, mon cœur ne pouvait être séduit que par la vertu ou par tout ce qui en avait l'apparence. »

D'Aydie méritait l'amour de celle dont Bolingbroke a dit : « J'aimerais mieux avoir trouvé le secret de lui plaire que celui de la quadrature du cercle. » C'était un parfait galant homme. Chevalier non profès de Saint-Jean de Jérusalem, il avait voulu se faire relever de ses vœux pour régulariser son union et légitimer la fille qui en était issue. Mais Mlle Aïssé avait eu le scrupule de son origine et décliné une réparation que la famille de son amant aurait pu traiter de mésalliance. Ils se valaient aussi tous deux par les qualités de l'esprit. A la probité du cœur, le chevalier joignait une sûreté de judiciaire qui lui avait gagné l'amitié de Montesquieu. Lorsqu'en 1753, chez Mme du Deffant, on opina sur les *Mélanges* de d'Alembert dont la première partie venait de paraître, son avis fut compté parmi les meilleurs et eut la bonne fortune d'être recueilli dans les œuvres de l'auteur. Il passa les vingt dernières années de sa vie en famille, au château de Mayac, d'où il envoyait à la marquise des lettres qui faisaient le régal de ses familiers. A propos de l'élection à l'Académie de Louis de

Bourbon-Condé, comte de Clermont, qui n'avait d'autre titre que sa naissance et qui prétendait « qu'il ne convenait pas à un prince du sang d'entrer dans aucun corps sans y avoir une préséance marquée et un rang distingué », d'Aydie écrivait le 29 décembre 1753 : « ..... Mon frère aîné dit que, puisqu'on fait M. le comte de Clermont académicien, on devrait au moins faire d'Alembert prince du sang. »

Le cercle de Mme Du Deffant s'ouvrit d'abord dans une maison qu'elle habitait rue de Beaune et qui était située près de celle où devait mourir Voltaire. C'était vers 1730, époque où la marquise noua avec le président Hénault des relations si intimes qu'elles ressemblaient à la chaîne d'un ménage. Douze ans plus tard, ce dernier écrivait à Mme Du Deffant qui prenait les eaux de Forges : « A dire vrai, je commence à m'ennuyer déjà beaucoup et vous m'êtes un mal nécessaire. » Elle avait dit, elle-même, dès le début : « Je n'ai ni tempérament ni roman. » Le tempérament faisait aussi défaut au président. Du moins, il s'était refroidi, car il avait eu son temps d'incandescence, et, une agréable physionomie aidant, avait tourné la tête aux plus « honnêtes dames de la cour », telles que Mme de Civrac, dame d'honneur de Mesdames, la maréchale d'Estrées et la princesse de Léon. Celle-ci, dont on disait, selon Mathieu Marais, qu'elle était *bossuée et non pas bossue, parce qu'elle avait des bosses partout*, était une des deux filles que la duchesse de Roquelaure avait eues d'une seule couche après sept mois de mariage. A leur arrivée le duc, au lieu de se fâcher, s'était contenté de les accueillir ainsi : « Mesdemoiselles, je ne vous attendais pas si tôt. » Cette politesse était de la déférence pour Louis XIV qui passait pour être le père.

Celui à qui ses soupers méritèrent la qualification de moderne Apicius avait débuté par une station à l'Oratoire où l'éloquence de Massillon l'avait entraîné, moins par dévotion que par ambition. Hénault s'était cru appelé aux triomphes de la chaire. Mais cette ivresse d'émulation se dissipa vite entre les murs glacés du cloître. Et il en sortit murmurant peut-être déjà le couplet qu'il se plaisait à chantonner aux oreilles de Mme Du Deffant :

> L'indifférence est pour les cœurs
> Ce que l'hiver est pour la terre.
> L'indifférence est pour les cœurs
> Ce que l'hiver est pour les fleurs.

L'indifférence ? n'est-ce pas le lien qui unit si longtemps Mme Du Deffant, non seulement au président Hénault, mais encore à Pont-de-Veyle ? Cela dura pour le premier quarante années et dix ans de plus pour le second.

On se les représente tous deux assis de chaque côté du fauteuil en forme de tonneau qu'occupait la maîtresse de la maison, veuve depuis 1750, aveugle depuis 1754, dans l'appartement du couvent de Saint-Joseph, où elle s'était installée un an auparavant, où demeuraient aussi Mmes de Genlis et de Vassé et où avaient habité Melle Ferrant et la princesse de Talmont, qui cachaient le prétendant (Charles-Edouard), l'une le jour, l'autre la nuit.

Pont-de-Veyle, frère cadet du marquis d'Argental et neveu de Mme de Tencin, était d'une humeur inégale : il parlait peu ou se livrait à des boutades sans fin. Il avait adapté le *Daphnis et Chloé* du régent sur les airs de longues danses, ce qui le rendait encore plus indécent, et il le chantait si bien qu'on ne songeait pas à se scandaliser.

Quant au président, il avait des impétuosités de caractère à froid entre deux bouts rimés. Il regimbait, placidement, par mesure de santé, contre les coups d'épingles avec lesquels Mme Du Deffand ne cessait de mettre sa patience à l'épreuve. Un jour qu'elle s'étonnait d'une velléité d'emportement : « Si vous aviez, lui dit-il, assassiné une de vos amies et qu'elle ressuscitât le lendemain, vous seriez surprise de lui trouver de l'humeur contre vous. » Mme Du Deffand, par sa sécheresse, rappelait à Thomas un médecin de sa connaissance qui disait crûment : « Mon ami tomba malade, je le traitai, il mourut, je le disséquai. » Une méchante épigramme de Rulhières la caractérisait ainsi :

> Elle y voyait dans son enfance,
> C'était alors la médisance.
> Elle a perdu son œil et gardé son génie
> C'est aujourd'hui la calomnie.

En réalité, Mme Du Deffand recélait un égoïsme excessif qu'un profond ennui aiguisait jusqu'à la férocité. Mlle de Lespinasse en a ressenti les cruels effets.

Leurs relations avaient commencé en 1752, au château de Chamrond, alors que Mme Du Deffand y avait apporté l'ennui qu'elle croyait avoir laissé à Paris. Le château était habité par son frère le comte de Vichy, marié à Mlle d'Albon, dont les enfants avaient pour institutrice leur propre tante, Mlle de Lespinasse, fille naturelle de la comtesse d'Albon et, selon M. Beuchot, du cardinal de Tencin. Comme elle était née après la mort du mari et qu'elle eût pu réclamer sa part de l'héritage maternel, le comte et la comtesse de Vichy l'avaient gardée près d'eux pour contrecarrer les prétentions qu'elle pourrait élever. Et ils la tenaient sous le joug d'une subordination blessante qui la rendit sans peine accessible à la proposition que lui fit Mme Du Deffand de l'attacher à sa personne.

Mlle de Lespinasse se retira d'abord à Lyon dans un couvent, pour y attendre l'invitation d'aller rejoindre à Paris la marquise qui voulait lui laisser le temps de faire un retour sur elle-même et qui l'avertit de la situation qu'elle aurait à Saint-Joseph. « Si vous me connaissez bien, lui écrivit-elle, vous ne devez pas avoir d'inquiétude sur la façon dont je traiterai votre amour-propre. Mais il faudra vous en rapporter à la connaissance que j'ai du monde. Si l'on croyait d'abord que vous fussiez établie auprès de moi, on ne saurait, quand même je serais une bien plus grande dame, de quelle manière on devrait traiter avec vous ; les uns pourraient vous croire ma propre fille, les autres ma complaisante...... et sur cela faire des commentaires impertinents... Le moindre artifice et même le plus petit art que vous mettriez dans votre conduite avec moi me serait insupportable. Je suis naturellement méfiante, et tous ceux en qui je crois de la finesse me deviennent suspects au point de ne pouvoir plus prendre aucune confiance en eux. J'ai deux amis intimes, qui sont Formont et d'Alembert : je les aime passionnément, moins par leurs agréments et par leur amitié pour moi que par leur extrême vérité... Il faut donc vous résoudre à vivre avec moi dans la plus grande vérité et sincérité, ne jamais user d'insinuation ni d'exagération ; en un mot, ne jamais perdre un des plus grands agréments de la jeunesse, qui est la naïveté. Vous avez beaucoup d'esprit, vous avez de la gaieté, vous êtes capable de sentiments ; avec toutes ces qualités vous serez charmante tant que vous vous laisserez aller à votre naturel et que vous serez sans prétention et sans entortillage... »

Ces conditions acceptées, Mlle de Lespinasse prolongea d'environ six mois son séjour à Lyon et n'arriva qu'en avril ou mai 1753 à Paris, où Mme Du Deffand était rentrée dans le courant de novembre.

L'appartement de la marquise était très étendu : il occupait l'aile gauche du couvent de Saint-Joseph, voisine de l'hôtel de Brienne, aujourd'hui l'hôtel du ministre de la guerre, et avait une entrée particulière sur la rue. Il comprenait l'ancien appartement de Mme de Montespan, dont les armes s'étalaient encore sur la plaque d'une cheminée et qui était venue souvent dans le saint lieu se faire absoudre des caresses du roi très chrétien. Un coin de ce corps de logis, donnant sur la cour, fut attribué à Mlle de Lespinasse qui devait bientôt éveiller les susceptibilités de la maîtresse de maison, vieillie, souvent maussade, déjà presque aveugle et très défiante. La nouvelle venue avait la fraîcheur de ses vingt-deux ans, une taille bien prise, des agréments de physionomie que la petite vérole ne parvint pas à altérer profondément, de plus une vivacité d'esprit, des élans de cœur et une chaleur de parole qui augmentaient encore le contraste. Quelques-uns des familiers de Mme Du Deffand, d'Alembert, Turgot et le chevalier de Chastellux, subjugués, — le premier surtout, par le charme irrésistible de cette demoiselle de compagnie si brillamment douée et dont l'infériorité de sa position ne faisait que ressortir les rares qualités, — devançaient parfois l'heure de la réception de Mme Du Deffant et attendaient sans impatience dans l'étroite chambre de Mlle de Lespinasse que cette heure eût sonné.

La marquise, qui était debout dès six heures du matin autrefois, alors qu'elle se faisait faire des lectures par un soldat des Invalides, quand ses domestiques dormaient encore, ne se levait plus qu'un peu avant six heures du soir, juste à temps pour l'ouverture de son salon. Elle veillait toutes les nuits, soit chez elle, soit chez la maréchale de Luxembourg. Et c'était Mlle de Lespinasse qui, dans ces longues veillées, où les lectures alternaient avec les causeries, remplissait le rôle de l'invalide, devenu beaucoup plus fatigant. Il fallait, en outre, qu'elle fût levée la première. Et elle ne s'en plaignait pas, y ayant gagné des relations qui, après avoir commencé par des témoignages d'intérêt, devaient finir par des amitiés à toute épreuve.

Parmi les personnages qui traversèrent le salon de Mme Du Deffand ou qui en devinrent les hôtes habituels, nous noterons, outre le président Hénault, Pont-de-Veyle, d'Alembert, Turgot et Chastellux, déjà cités ; Voltaire, Diderot, Montesquieu, Necker, Horace Walpole, les abbés Barthélemy et Pernetty, le chevalier de Lisle, de Formont, Du Bucq, le docteur Gatti, le marquis de Caraccioli, Hume, Gibbon, le baron de Gleichen, le comte de Creutz, Grawfurt, Loménie de Brienne, archevêque de Toulouse, de Boisgelin, archevêque d'Aix, de Conzié, évêque d'Arras ; les princes de Beauffremont et de Beauveau, les ducs de Choiseul et de Lauzun, le marquis et le chevalier de Boufflers ; les comtes de Stainville et de Broglie... Nous arrêtons ici la liste des hommes. Voici maintenant celle des femmes : les princesses de Beauffremont, de Beauveau, de Poix et de Talmont ; les duchesses de Choiseul, d'Aiguillon, de Grammont, de Lauzun et de La Valière ; les maréchales de Luxembourg et de Mirepoix ; les marquises de

Boufflers et Du Châtelet ; les comtesses de Choiseul, de Rochefort, de Valentinois, de Broglie, de Boufflers, de Jonsac, de Forcalquier, de Flamarens et de Pembrok, la vicomtesse de Cambis, Mmes Necker et de Marchais, et lady Cholmondeley.

Mme Du Deffand se plaisait à portraiturer ses visiteurs des deux sexes, mais elle y mettait trop d'apprêt. Nous préférons de beaucoup la vivacité à main courante de ses coups de plume épistolaires.

Donnons quelques échantillons de ces croquis longuement médités :

La duchesse de Boufflers qui devint la maréchale de Luxembourg.

« Mme la duchesse de Boufflers est belle sans avoir l'air de s'en douter... Elle a beaucoup d'esprit et de gaîté ; elle est constante dans ses engagements, fidèle à ses amies, vraie, discrète, serviable, généreuse ; enfin si elle était moins clairvoyante, ou si les hommes étaient moins ridicules, ils la trouveraient parfaite. »

La marquise Du Châtelet.

« Représentez-vous une femme grande et sèche, le teint échauffé, le visage aigu, voilà la figure de la belle Emilie, figure dont elle est si contente qu'elle n'épargne rien pour la faire valoir : frisure, pompons, pierreries, verreries, tout est à profusion ; mais comme elle veut être belle en dépit de la nature et qu'elle veut être magnifique en dépit de la fortune, elle est obligée pour se donner le superflu, de se passer du nécessaire, comme chemises et autre bagatelles.

« Elle est née avec assez d'esprit : le désir de paraître en avoir davantage lui a fait préférer l'étude des sciences les plus abstraites aux connaissances agréables ..

« Quelque célèbre que soit Mme Du Châtelet, elle ne serait pas satisfaite si elle n'était pas célébrée, et c'est encore à quoi elle est parvenue, en devenant l'amie déclarée de M. de Voltaire.

Loménie de Brienne, archevêque de Toulouse.

« Je vous ai promis votre horoscope. Je n'ai pas besoin de consulter les astres, il me suffit d'observer votre caractère pour vous prédire affirmativement une grande fortune.

» Vous avez beaucoup d'esprit et surtout une sagacité étonnante qui vous fait tout pénétrer, tout savoir, sans avoir pour ainsi dire besoin d'aucune application ni d'aucune étude...

« L'ambition est le seul sentiment qui remplisse votre âme ; je dis sentiment, car je ne crois pas que l'ambition soit en vous une passion. L'ambition est née avec vous...

« Je ne vous crois pas incapable d'amitié, mais elle sera toujours subordonnée à l'ambition et aux plaisirs. Vous cherchez la considération, vous l'avez obtenue ; mais votre état, assez contraire à vos goûts, vous en a rendu les moyens difficiles, et c'est en quoi votre dextérité vous est encore fort utile.

« Voilà ce que je pense de vous et ce qui rend indubitable la fortune que je vous prédis. »

La duchesse de Choiseul.

« Vous me demandez votre portrait, vous n'en connaissez pas la difficulté ; tout le monde le prendra pour le portrait d'un être imaginaire...

« Vous avez infiniment d'esprit, surtout de la pénétration, de la profondeur et de la justesse...

« La nature vous a fait naître avec tant de chaleur et de passion, qu'on juge que si elle ne vous avait pas donné infiniment de raison et que vous ne l'eussiez pas fortifiée par de continuelles et solides réflexions, vous auriez eu bien de la peine à devenir aussi parfaite, et c'est peut-être ce qui fait qu'on vous pardonne de l'être.

« L'habitude où vous êtes de réfléchir vous a rendue maîtresse de vous-même ; vous tenez pour ainsi dire tous les ressorts de votre âme dans vos mains ; et sans rien perdre de l'agrément du naturel, vous résistez et vous surmontez toutes les impressions qui pourraient nuire à la sagesse et à l'égalité de votre conduite...

« Il n'est pas besoin de parler de la bonté de votre cœur...

« Comment se peut-il qu'avec tant de vertus et de charmantes qualités vous n'excitiez pas un empressement général ? C'est qu'on se voit arrêté par une sorte de crainte et d'embarras. Vous êtes pour ainsi dire la pierre de touche qui fait connaître aux autres leur juste valeur, par la différence qu'ils ne peuvent s'empêcher de trouver qu'il y a de vous à eux. »

Horace de Walpole.

« Non, non, je ne veux pas faire votre portrait, personne ne vous connaît moins que moi ; vous me paraissez tantôt tel que je voudrais que vous fussiez, tel que je crains que vous ne soyez et peut-être jamais tel que vous êtes.

« Je sais bien que vous avez beaucoup d'esprit ; vous en avez de tous les genres, de toutes les sortes ; tout le monde sait cela aussi bien que moi, et vous devez le savoir mieux que personne.

« C'est votre caractère qu'il faudrait peindre, et voilà pourquoi je ne peux pas être bon juge ; il faudrait de l'indifférence ou du moins de l'impartialité ; cependant je peux vous dire que vous êtes un fort honnête homme ; que vous avez des principes ; que vous êtes courageux ; que vous vous piquez de fermeté ; que, lorsque vous avez pris un parti, bon ou mauvais, rien ne vous le fait changer, ce qui fait que votre fermeté ressemble à l'opiniâtreté. Votre cœur est bon et votre amitié solide ; mais elle n'est ni tendre ni facile ; la peur d'être faible vous rend dur ; vous êtes en garde contre toute sensibilité ; vous ne pouvez pas vous refuser à rendre à vos amis des services essentiels, vous leur sacrifiez vos propres intérêts, mais vous leur refusez les plus petites complaisances... »

Mme Du Deffand a fait d'elle-même un double portrait : le premier porte la date de 1728 et le second celle de 1774.

Voyons comment elle se dépeint à l'âge de trente et un ans :

« ... Mme la marquise Du Deffand est ennemie de toute fausseté et affectation ; ses discours et son visage sont toujours les interprètes fidèles des sentiments de son âme ; sa figure n'est ni bien ni mal ; sa contenance est simple et unie ; elle a de l'esprit ; il aurait eu plus d'étendue et plus de solidité, si elle se fût trouvée avec des gens capables de la former et de l'instruire ; elle est raisonnable, elle a le goût juste ; et si quelquefois la vivacité l'égare, bientôt la vérité la ramène ; son imagination est vive, mais elle a besoin d'être réveillée. Souvent elle tombe dans un ennui qui éteint toutes les lumières de son esprit : cet état lui est insupportable et la rend si malheureuse qu'elle embrasse aveuglément tout ce qui se présente sans délibérer... »

Voici maintenant l'opinion que la marquise a d'elle à soixante-dix-sept ans :

« On croit plus d'esprit à Mme Du Deffand qu'elle n'en a ; on la loue, on la craint, elle ne mérite ni l'un ni l'autre ; elle est, en fait d'esprit, ce qu'elle a été en fait de figure, et ce qu'elle est en fait de naissance et de fortune, rien d'extraordinaire, rien de distingué...

« Née sans talent, incapable d'une forte application, elle est très susceptible d'ennui, et, ne trouvant point de ressource en elle-même, elle en cherche dans ce qui l'environne et cette recherche est souvent sans succès... »

Des deux portraits, quelque peu contradictoires, que Mme Du Deffand a tracés d'elle-même, nous ne retiendrons que ce trait de caractère, qui est incontestable : son éternel ennui. Afin de s'étourdir au cliquetis des conversations, elle multiplia ses soupers qui n'avaient lieu que le lundi dans le principe et augmenta encore la liste de ses convives. Mais ce fut peine perdue. Elle écrivait à Horace Walpole, le lundi 20 octobre 1766 :

« ... *J'admirais* hier au soir la nombreuse compagnie qui était chez moi ; hommes et femmes me paraissaient des machines à ressorts qui allaient, venaient, parlaient, riaient, sans penser, sans réfléchir, sans sentir ; chacun jouait son rôle par habitude :

Mme la duchesse d'Aiguillon crevait de rire, Mme de Forcalquier dédaignait tout, Mme de la Valière jabotait sur tout. Les hommes ne jouaient pas de meilleurs rôles, et moi j'étais abîmée dans les réflexions les plus noires... »

La « grosse » duchesse d'Aiguillon, comme on l'appelait, très bruyante, parfois, prenait souvent des attitudes d'inspirée ou de savante. Mais elle possédait une qualité maîtresse pour Mme Du Deffand : elle lisait bien. On applaudit vivement la lecture qu'elle fit, après un souper, de la traduction de l'*Epître d'Héloïse* de Pope et d'un chant du poème de *Salomon* de Mathieu Prior. La duchesse d'Aiguillon sut, de plus, se faire pardonner par la marquise l'élévation de son fils au lieu et place du duc de Choiseul : elle n'en eut pas le vertige. « C'est une honnête et bonne personne, » dit à ce propos Mme Du Deffand.

La comtesse de Forcalquier n'avait pas le don de lui plaire. Elle l'appelle constamment *la bellissima*, avec un dédain qui n'est peut-être que du dépit, et la traite de « bête, entortillée, obscure, pleine de galimatias, qu'elle prend pour des pensées, » — après l'avoir traitée d' « honnête personne », comme la duchesse d'Aiguillon. En réalité, la comtesse était une femme d'autant d'esprit que de beauté, à tel point qu'elle « éclairait une chambre en y entrant, » selon l'expression de Mme de Flamarens, qualifiée elle-même par le président Hénault, de « beauté mystérieuse, qui avait l'air de la Vénus de l'*Enéide*, joignant à la beauté et à un esprit supérieur une conduite hors de tout reproche. » — Un jour M. de Forcalquier s'emporta jusqu'à donner un soufflet à sa femme. Celle-ci courut sur-le-champ consulter des avocats qui lui objectèrent que, sans témoins, il n'y avait pas d'action judiciaire possible. Rentrée à son hôtel, elle alla droit au brutal et, lui rendant ce qu'elle en avait reçu : « Tenez, lui dit-elle, voilà votre soufflet, je n'en peux rien faire. » La marquise rompit violemment avec Mme de Forcalquier qu'elle avait fort malmenée à cause des Édits et qui termina la dispute par ce trait : « On pardonne à cause de l'âge. » La comtesse était presque toujours accompagnée de Mme Dupin, fille de Samuel Bernard, agréable personne, sauf son galimatias, et que lord Chesterfield recommandait à son fils pour ses premières armes amoureuses.

On citait aussi pour leur beauté la comtesse de Choiseul-Beaupré, *la petite dévote*, et la duchesse de La Valière, fille du duc d'Uzès, fort encline à la galanterie. On ne l'en blâmait pas, mais on lui reprochait de manquer de dignité dans ses écarts en se mésalliant avec un chanteur de l'Opéra, Gelyotte Mᵐᵉ de Luxembourg qui voulait opposer son hôtel à l'hôtel de Duras et le comte de Bissy à Pont-de-Veyle, que Mᵐᵉ Du Deffand devait lui « prêter » entre temps, pressait fort la duchesse, qu'elle tenait à posséder dans son salon, d'échanger le chanteur contre le mousquetaire-académicien. Elle y consentit, mais le duc, par un raffinement de vengeance original, lui infligea le supplice du retour de l'amant évincé. « Quoique vous ne soyez plus l'ami de ma femme, dit-il à Gelyotte, je veux que vous soyez toujours des miens et nous vous aurons quelquefois à souper. »

Le comte de Stainville, frère du duc de Choiseul, ne sut pas garder le même sang-froid dans un cas identique. L'infidélité de sa femme, convaincue de rapports quotidiens avec Clairval, de la Comédie italienne, s'aggravait, il est vrai, de la trahison de sa maîtresse, Mˡˡᵉ Beaumesnil, de l'Opéra, — qu'il avait trouvée entre les bras d'un danseur ou d'un officier aux gardes. L'histoire n'a pas fixé ce point. Quoi qu'il en soit, les nerfs du comte étaient doublement surexcités, et, comme il n'avait de droits que sur la comtesse, ce fut à elle qu'il s'en prit. Il la dépêcha dans un couvent de Nancy pour y expier le péché qu'il avait commis lui-même. Avant d'avoit obtenu l'ordre du roi nécessaire pour cette claustration, il avait menacé Clairval de cent coups de bâton s'il le voyait rôder autour de son hôtel, et sa femme renchérissant, en avait promis deux cents au galant s'il battait en retraite. L'acteur, très embarrassé, en avait référé à Caillaud, son camarade de planches. « Que faire ? » lui avait-il demandé. — « Obéir à la femme, avait répondu Caillaud, il y a cent pour cent à gagner. »

La galanterie était encore représentée, chez Mme Du Deffand, par la maréchale de Luxembourg et la comtesse de Boufflers.

Mme de Luxembourg, qui pour sa beauté et sa malice, avait mérité le surnom de chatte rose, et avait compté toute une légion de tenants, entre autres Pont-de-Veyle, s'était mariée en secondes noces avec un de ses amants. Son premier mari était le duc de Boufflers. Elle fut gaillardement chansonnée sous ce nom :

> Quand Boufflers parut à la cour,
> On crut voir la mère d'amour :
> Chacun s'empressait de lui plaire,
> Et chacun l'avait à son tour.

« Connaissez-vous cette chanson ? » demanda-t-elle au comte de Tressan à qui elle était attribuée. « Elle est si bien faite que non seulement je pardonnerais à l'auteur, mais que je l'embrasserais. » — « Eh! bien, c'est moi, » répondit Tressan. Mais, au lieu d'un baiser, il reçut une paire de soufflets des plus sonores. C'était payer cher le seul trait aigu qu'il se fût jamais permis.

Voici ce que dit Horace Walpole de Mme de Luxembourg, dans une lettre écrite de Paris, en 1765 : « Elle a été fort jolie, fort adonnée au plaisir et fort malicieuse. Sa beauté est passée, elle n'a plus d'amants et craint l'approche du diable. Cette situation a adouci son caractère et l'a rendue plus agréable, car elle a de l'esprit et de bonnes manières. Mais en voyant son agitation continuelle et les inquiétudes qu'elle ne saurait cacher, on serait tenté de croire qu'elle a signé un traité avec l'esprit malin et qu'elle s'attend à devoir le remplir dans une huitaine de jours. »

La comtesse de Boufflers, fille de la maréchale de Luxembourg, est ainsi dépeinte par le même Walpole : « Elle est un composé de deux femmes, celle d'en haut et celle d'en bas. Il est inutile de vous dire que celle d'en bas est galante et forme encore des prétentions. Celle d'en haut est également fort sensible et possède une éloquence mesurée, qui est juste et qui plaît; mais tout est gâté par une prétention continuelle d'obtenir des louanges. On dirait qu'elle est toujours posée pour faire tirer son portrait par son biographe. » Morellet raconte qu'il lui avait été présenté par Turgot et Boisgelin de Cucé, archevêque d'Aix, et qu'elle lui lut un petit drame de sa composition intitulé les *Esclaves généreux*, où il y avait de l'*intérêt*, de la *sensibilité* et de la *noblesse*. Et il ajoute, avec une pointe d'amour-propre, qu'elle « ne lisait pas à tout le monde ». Mme Du Deffand l'appelait l'*idole du Temple*, parce qu'elle était la maîtresse du prince de Conti, grand prieur de l'Ordre de Malte en France et qui habitait le Temple. Un jour que, s'oubliant, la comtesse de Boufflers reprochait à la maréchale de Mirepoix de hanter Mme de Pompadour « la première fille du royaume », la maréchale lui répondit aigrement : « Ne me forcez pas d'en compter jusqu'à trois. » La seconde était Mlle Marquise, maîtresse du duc d'Orléans. Au demeurant, la tenue et le langage de la comtesse étaient toujours très corrects. « Je veux, disait-elle, rendre à la vertu, par mes paroles, ce que je lui ôte par mes actions. »

Il y avait affluence de Boufflers dans la réunion du couvent de Saint-Joseph et dans cette famille affluence de rimeurs. Le duc de Nivernais exaltait tout à la fois la beauté et l'esprit de la marquise, supérieur, prétendait-il, à celui de ses deux fils, le marquis et le chevalier. Il a exprimé son admiration dans une pièce de vers qui débute ainsi :

> Il est un trésor
> Dans le fond de la Lorraine,
> Il est un trésor,
> Quoiqu'il ne soit pas de l'or.....

Mme Du Deffand cite de la marquise de Boufflers un couplet sur les jours de la semaine :

> Dimanche j'étais aimable,
> Lundi je fus autrement;

> Mardi je pris l'air capable,
> Mercredi je fis l'enfant ;
> Jeudi je fus raisonnable,
> Vendredi j'eus un amant ;
> Samedi je fus coupable,
> Dimanche il fut inconstant.

Elle avait un neveu, le chevalier de Beauveau, qui était d'humeur si fantasque qu'il répondit à quelqu'un qui lui demandait s'il irait à Versailles pour le mariage du duc de Chartres :

> Le roi ne vient jamais chez moi.
> D'où vient que j'irais chez le roi ?
> Ce n'est donc que par représailles
> Que je ne vais pas à Versailles.

On a dit de la marquise de Boufflers, adorée de « l'incomparable » prince de Beauffremont, que si elle avait beaucoup d'esprit, ce qu'elle avait fait de plus spirituel, c'était son fils cadet, le chevalier. L'ex-abbé, qui devint colonel de hussards, maréchal de camp, gouverneur du Sénégal et enfin député aux États-Généraux, se rappelait toujours qu'il avait été d'Église. Il affectionnait les sujets bibliques et les traitait rondement. Est-il possible de conter avec plus de concision l'aventure du pauvre Loth, grisé et agacé par ses filles ?

> Il but,
> Il devint tendre,
> Et puis il fut
> Son gendre....

Et que de grâce humoristique dans ce cartel d'amour adressé à une sœur, du reste imaginaire :

> Vivons en famille :
> C'est le destin le plus doux
> De tous.
> Nous serons, ma fille,
> Heureux sans sortir de chez nous.

>   Les honnêtes gens
>   Des premiers temps
>   Avaient d'assez bonnes mœurs ;
>   Et sans chercher ailleurs
>   Ils offraient leurs cœurs
>   A leurs sœurs.
>   Sur ce point là nos aïeux
>   N'étaient point scrupuleux.
>   Nous pourrions faire,
>   Ma chère,
>   Aussi bien qu'eux
>   Nos neveux.

Son frère aîné, le marquis, tournait aussi le vers très prestement. C'est à lui, selon Mme Du Deffand, que l'on doit le meilleur des couplets composés par trois parpaillots des deux sexes en l'honneur d'un Saint-Esprit, en forme de pigeon et de parfilage d'or, envoyé par la princesse de Beauveau à la duchesse de Grammont, à l'occasion de la fête de la Pentecôte, pour être plumé et dépecé à Chanteloup :

>   Voilà le signe de la fête ;
>   En vous l'offrant, on s'applaudit
>   D'en avoir pu trouver la bête
>   N'en pouvant pas trouver l'esprit.

Les deux autres complices étaient la marquise de Boufflers, elle-même, et le chevalier de l'Isle.

La première accommoda ainsi le pigeon, puisque pigeon il y a :

>   Sans être d'or, il séduisit
>   Jadis certaine belle
>   Et sous cette forme il la fit
>   Cesser d'être pucelle.
>   Cet amant était roi des rois,
>   Il était un qui faisait trois.....
>   Quand Dieu le père, en homme sage,
>   Avise que, seul de son nom,
>   Du monde l'immense héritage
>   Ira dans quelque autre maison,

> Par vieillesse extrême,
> Ne pouvant lui-même,
> Qui prend-il pour faire un garçon ?
> C'est un pigeon.

Voltaire écrivait à Mme Du Deffand, le 26 mars 1774 : « Je voudrais être votre invalide et vous faire la lecture, mais je suis bien plus qu'invalide, je suis mort. M. de l'Isle, qui est tout à fait en vie, doit vous tenir lieu de tout..... Les dragons de mon temps n'avaient pas l'esprit de cette tournure-là. » C'était en effet, un capitaine de dragons, très alerte d'esprit, mais affamé de gloriole, comme le prouve le prince de Ligne, qu'il accompagna en voyage. « Je le fis colonel, dit-il, sans avoir besoin du roi, en disant en Pologne, en Autriche et en Russie, où il alla avec moi, qu'il l'était. Je fus obligé aussi de le faire chevalier pour le distinguer, dans les pays étrangers, de l'abbé du même nom. C'était le dieu du couplet et du style épistolaire (1). » Le prince de Ligne ajoute pour achever de le peindre au point de vue de la vanité : « Pour faire croire qu'il dînait avec la reine chez la princesse de Polignac, il y arrivait les dimanches, au sortir de table, le premier, pour que tous ceux qui y venaient en visite le dussent croire. » Mme Du Deffand le qualifiait de « trompette insupportable », parce qu'il colportait avec fracas les moindres productions de Voltaire, afin de passer pour son confident. Le chevalier, par la grâce du prince de Ligne, était très choyé à Chanteloup, où il remplissait près de la duchesse de Choiseul, la charge de teinturier (2), pour les vers badins qu'elle faisait de compte à demi avec l'abbé Barthélemy.

L'auteur du *Jeune Anacharsis* était un savant qui avait parfois le diable au corps. La « grand'maman », qu'il relayait dans sa correspondance avec « sa petite-fille » et qui l'aimait beaucoup, l'appelle quelque part « ce polisson d'abbé ». Mme Du Deffand, de son côté, le nomme « le grand abbé » ou « le Provençal », à cause de sa haute taille et de son origine. Barthélemy

---

1. *Œuvres choisies*. Genève, 1809, t. II, p. 289 et suivantes.
2. Lettre de la duchesse, du 22 février 1772.

était lié avec son confrère en petit collet, Voisenon : cela explique ses libertés de plume, mais ne le justifie pas de son méchant poème *la Chanteloupie, ou la guerre des puces contre M*^{me} *la D. de Ch.* (la duchesse de Choiseul). Il avait eu de très bonne heure l'esprit ouvert aux sciences les plus hérissées. Dès l'âge de vingt et un ans, il possédait l'hébreu et l'arabe. Un jour, attirés par son renom de savoir, des commerçants de Marseille vinrent le trouver, accompagnés d'un mendiant qui avait longtemps voyagé et passait pour être très expert en langues orientales. Barthélemy confessait humblement que, comme tous les Européens, qui les avaient étudiées, il ne les savait que pour traduire laborieusement des textes. Mais le mendiant l'ayant interrompu, en récitant un psaume de David en hébreu, il s'oublia et riposta au premier verset par le second. Et ils alternèrent ainsi jusqu'au bout. M. de Stainville, qui devint le duc de Choiseul, le découvrit au cabinet des médailles dont il était garde, et l'en tira pour l'emmener à Rome, où il allait comme ambassadeur. Deux ans après, nommé à l'ambassade de Vienne, il voulut l'y entraîner aussi, mais Barthélemy déclina l'invitation, en objectant que son devoir était de rouvrir le cabinet des médailles fermé depuis deux ans. Un an plus tard, nommé ministre des affaires étrangères, le duc de Choiseul l'accabla de bienfaits. Il lui fit donner d'abord une pension de six mille livres sur un bénéfice, plus quatre mille livres sur l'évêché d'Albi. On lui offrit en outre le privilège du *Mercure*, enlevé à Marmontel pour une satire contre le duc d'Aumont, qu'il n'avait pas faite. Il le refusa, puis l'accepta pour le rendre à Marmontel. Mais le duc d'Aumont, imploré par l'abbé, ne voulut pas se laisser fléchir. Et le privilège passa dans les mains de La Place, — grevé d'une pension de cinq mille livres pour Barthélemy qui commença par en abandonner une partie et finit par abandonner le tout au profit des gens de lettres malheureux. L'abbé suivit le duc de Choiseul dans l'exil où les plus grands seigneurs sollicitaient la permission et briguaient l'honneur d'aller rendre visite au ministre déchu. *Le Voyage du jeune Anacharsis*, qui parut en 1788, et qui lui avait coûté trente années de travail, lui ouvrit les portes de l'Académie française, en 1789, malgré lui, car il fallut l'y pousser. Il s'était déjà dérobé neuf ans plus tôt à une candidature que lui avait ménagée Mme Du Deffand : « Ah ! je n'en suis pas digne, s'était-il écrié. Je ne le désire pas, et pourquoi moi ? Qu'ai-je fait ? » Dès 1774, la marquise avait songé à lui obtenir un fauteuil, celui de La Condamine, « un bonhomme qu'on aimait assez, quand on ne le voyait pas ». Ce fut à l'abbé Delille qu'il échut, « le petit abbé Delille, un bon enfant, gai et qui a de l'esprit », comme dit encore Mme Du Deffand. « Il nous récita, ajoute-t-elle, une longue épître de Pope, qu'il a traduite en vers, qui ne me fit nul plaisir. » On le comprend. Elle n'était pas, du reste, facile à amuser.

Seul, d'Alembert avait eu le don de la réjouir jusqu'à l'hilarité, par son adresse à contrefaire les gens. Un Genevois du nom de Huber, qui divertissait beaucoup Voltaire par ses anecdotes et ses silhouettes, n'eut pas le même succès auprès d'elle. Il possédait « le patriarche de Ferney » à tel point qu'à coups de ciseaux, les mains derrière le dos, il le découpait en profil, à ravir, dans toutes ses attitudes, en mouvement ou en repos, méditant ou écrivant. Son chef-d'œuvre, c'est une scène de naturalisme de l'effet le plus inattendu, que Grimm raconte d'une façon charmante. Voici quelle en était l'origine : « Lorsque j'étais à Genève, il y a quelques années, M. de Voltaire avait fait acquisition d'un étalon danois bien vieux, avec lequel il se proposait d'établir un haras dans sa terre. Il avait une demi-douzaine de vieilles juments qui le traînaient, lui et sa nièce. Un beau matin l'oncle se mit, lui et sa nièce, à pied, pour abandonner les six demoiselles aux plaisirs de l'étalon ; il espéroit être dédommagé de cette petite gêne par une belle race de chevaux danois nés aux Délices, près Genève. Ses essais ne furent point heureux ; les efforts du vieux danois ne fructifièrent point ; cependant son maître nous en donnait tous les jours le spectacle dans son jardin au sortir du dîner. Il voulait surtout le montrer aux femmes qui venaient dîner chez lui. « Venez, mesdames, s'écriait-il, voir le spectacle le plus auguste, vous y verrez la nature dans toute sa majesté. » Cette folie, qui nous amusa longtemps, a donné à M. Huber l'idée d'une découpure très plaisante qu'il vient d'envoyer à Paris à son commissionnaire, qui veut la vendre dix ou douze louis. On voit au milieu du tableau la jument saillie par l'étalon. A côté, sur une butte un peu élevée, on voit Voltaire, son habit boutonné, sa grande perruque, et par-dessus un petit bonnet : c'est son accoutrement ordinaire. Il est parlant ; il est plein d'enthousiasme. Il a saisi une jeune fille par la main pour lui montrer l'auguste spectacle. Elle recule, et fait les plus grands efforts pour se dégager. A côté d'elle, sa compagne se met à courir de toutes ses forces, de peur d'être aussi saisie par Voltaire. Derrière ce groupe, on voit deux hommes qui se tiennent les côtes de rire. Dans le fond on voit un château, et sur un balcon de ce château une femme que les mauvais plaisants disent ressembler à Mme Denis : cette femme regarde le spectacle auguste avec une lunette d'approche. De l'autre côté de la jument, on voit une paysanne avec son mari, ayant un petit enfant dans ses bras et regardant paisiblement l'auguste spectacle. Cette dernière idée, pleine d'esprit et de délicatesse, achève de rendre ce morceau précieux ; elle tempère ce que le reste pourrait avoir de trop libre. C'est une idée que notre Greuze n'aurait pas dédaignée. »

L'homme aux silhouettes était doublé d'une femme, dont les agréments plaisaient fort à Mme Du Deffand. C'était une compensation. Le couple Huber avait été introduit chez la marquise par l'Ecossais Crawfurt ou Crawford, qui devint membre du parlement et qu'elle gourmandait souvent à cause de sa passion pour le jeu et de sa paresse de plume. Mais un mot de repentir terminait vite ces menues querelles.

« Oui, faisons la paix, je le veux de tout mon cœur, lui écrit-elle le 17 novembre 1773 ; je vous aime toujours, mon cher petit Crawfurt, mais ne le dites point à M. Walpole ; sa volonté est que je n'aime personne et lui moins que qui que ce soit... » Elle avait écrit en novembre 1765 à ce singulier personnage qui, un mois auparavant, dans une lettre à H S. Conway, l'avait qualifiée de *vieille aveugle* et de *débauchée d'esprit* : « La peur d'être faible vous rend dur. Vous êtes en garde contre toute sensibilité. Vous ne pouvez pas refuser les plus petites complaisances... Vous avez une faiblesse qui n'est pas pardonnable... C'est la crainte du ridicule. » Horace Walpole avait peur surtout de paraître attaché plus que de raison à une femme qui avait vingt ans de plus que lui. Il tremblait, quand il quittait Paris pour son château de Strawerberg-Hill, qu'on n'ouvrît à la poste les lettres que lui adressait Mme Du Deffand et qu'elles ne prêtassent à rire par leur exaltation de tendresse. Ses réponses, empreintes de cette préoccupation, touchaient quelquefois à la grossièreté. Il lui arriva pourtant de laisser déborder son cœur. Le 7 septembre 1769, il écrivait à son neveu Georges Montaigu : « Je me sens honteux et je soupire après mon tranquille château et mon cottage, mais je sens de l'angoisse lorsque je réfléchis que je n'aurai jamais assez de résolution pour faire un autre voyage afin de revoir cette amie si bonne et si sincère qui m'aime autant que ma mère m'aimait. » Il offrit avec une délicatesse parfaite de remplacer les mille écus de rente que l'abbé Terray avait fait perdre à la marquise. Mais il ne put vaincre sa résistance. Elle ne put à son tour lui faire accepter un logement au couvent de Saint-Joseph et se rabattit sur sa nièce par alliance, lady Cholmondley, qui agréa l'hospitalité offerte, pour elle et ses deux filles, mais qui ne sut pas gagner les bonnes grâces de son hôtesse. Lorsqu'elle fut partie, Mme Du Deffand écrivit à Crawfurt (26 novembre 1770) :

« Je regrette peu cette dame, elle ne m'était d'aucune ressource, et je ne m'aperçois pas du tout de son absence; ce n'est pas qu'elle ne soit aimable, mais elle est folle; elle a un assez bon cœur, de la sensibilité, point d'attachement; elle raisonne bien et pas un brin de raison dans sa conduite; son âme a beaucoup de mouvement et n'a nulle suite; on ne peut en faire son amie. » Une autre Anglaise fort jolie, lady Pembrock, avait eu plus de succès : Mme Du Deffand lui trouvait de l'esprit, du goût et de la sensibilité. La sensibilité ! elle en faisait grand cas chez les autres. Lady Pembrock possédait de plus une qualité très rare : c'était de parler peu et à propos.

Deux Anglais de renom parurent aussi au cercle du couvent de Saint-Joseph : Hume et Gibbon. Hume, véritable paysan du Danube, que ne pouvait souffrir Walpole, à cause de sa lourdeur, avait eu pour introducteur le comte de Creutz, qui l'avait connu chez Mme Geoffrin. La marquise se plaignit à Crawfurt (29 juin 1776) de ce qu'il préférait la société de cette dernière à la sienne, où il ne venait qu'à de longs intervalles : « Je me vante, dit-elle avec une pointe d'amertume, d'être la première qui lui ait marqué de l'empressement, c'est le seul titre dont je puisse tirer quelque avantage. Les charmes et les agréments qu'il a trouvés ailleurs l'ont emporté et m'ont laissée dans la classe des simples connaissances. » Gibbon était plus assidu. Son entrée avait été fort singulière, d'après Mme de Genlis. « M. de Lauzun, raconte-t-elle dans les *Souvenirs de Félicie*, l'a mené chez Mme Du Deffand ; cette dame, qui est aveugle, a l'habitude de tâter les visages des personnes célèbres qu'on lui présente, afin, dit-elle, de se former une idée de leurs traits. Elle n'a pas manqué de montrer à M. Gibbon cette curiosité flatteuse, et M. Gibbon s'est empressé de la satisfaire en lui tendant aussitôt son visage avec toute la bonhomie possible. Voilà Mme Du Deffand promenant ses mains sur ce large visage, cherchant vainement quelques traits et ne rencontrant que ces deux joues si surprenantes... Durant cet examen, on voyait se peindre successivement sur la physionomie de Mme Du Deffand l'étonnement, l'incertitude et enfin *tout à coup* la plus violente indignation. Alors retirant brusquement ses mains : « Voilà, s'écria-t-elle, une infâme plaisanterie ! » Revenue de son erreur, la marquise sut gré à Lauzun de la nouvelle recrue qu'elle lui devait : « Nous avons ici, écrit-elle à la duchesse de Choiseul, le 7 juillet 1776, un M. Gibbon dont l'abbé (Barthélemy) a dû vous parler ; c'est un homme de beaucoup d'esprit ; nous le garderons jusqu'au mois de septembre ; il m'est d'une grande ressource. »

Le duc de Lauzun n'allait guère chez *cette Mme Du Deffand*, comme il la qualifie dédaigneusement dans ses Mémoires, que lorsqu'il y était attiré par quelque aventure galante. Un soir de l'année 1767, après une disparition de cinq ou six ans, il y alla souper à la suite de la maréchale de Luxembourg. C'était pour nouer une intrigue avec lady Sarah Bunbury, sœur du duc de Richmond, laquelle lui avait annoncé qu'elle serait au nombre des convives. Il se servait ainsi de l'entremise de la grand'mère de sa femme, pour tromper une fois de plus la charmante Amélie de Boufflers, qu'il avait d'ailleurs épousée malgré elle et malgré lui, sur l'ordre de son père, — l'un et l'autre n'ayant pas atteint leur vingtième année. Lauzun était exposé à rencontrer chez la marquise de nombreuses rivales, entre autres la comtesse de Choiseul-Stainville, la duchesse de Grammont et la vicomtesse de Cambis. La duchesse de Grammont, sœur du duc de Choiseul, passait pour être l'Egérie de Chanteloup : c'était une virago replète, au teint éclatant, aux yeux vifs et petits, à la voix rauque, qui, sous une enveloppe commune, cachait une âme élevée, vraie et généreuse, et qui devait montrer une grande énergie au tribunal révolutionnaire, non pour se défendre, mais pour sauver son amie la duchesse Du Châtelet, qui périt avec elle sur l'échafaud. Elle « était laide, dit Lauzun dans ses Mémoires, mais de ces laideurs qui plaisent généralement : on pouvait avec raison l'appeler une femme désirable. » Il l'avait donc désirée, obtenue, puis abandonnée pour la comtesse de Choiseul-Stainville, belle-sœur du duc de Choiseul, que nous avons vue plus haut dans les bras de l'acteur Clairval et que pourchassait vainement son beau-frère, un homme d'État qui occupait galamment ses loisirs et qui n'avait pas le préjugé de la famille. La vicomtesse de Cambis, sœur du prince de Chimay et de Mme de Caraman, ne brillait pas non plus par le charme de la physionomie. Elle avait les traits vulgaires, agrémentés encore par des marques de petite vérole. Mais sa taille était bien découplée et son esprit des plus vifs, avec une pointe d'impertinence. Elle savait de qui tenir de ce côté-là : un de ses ancêtres, Jacques de Cambis, vaillant homme de guerre du XVIIe siècle, avait fait graver sur son épée cette inscription à la Cyrano de Bergerac :

> Je suis Cambis pour ma foi ;
> Ma maîtresse est mon roi ;
> Si tu m'attends, confesse-toi !

A tout prendre la vicomtesse de Cambis devait être douée de qualités sérieuses, car Mme du Deffand, dans une lettre du 20 décembre 1773, l'appelle « ma meilleure amie ». Il est vrai qu'elle qualifia encore plus chaudement Mme de Flamarens.

Une des plus anciennes relations de la marquise était la comtesse de Rochefort dont le duc de Nivernais, en 1741, célébra envers la jeunesse, la vivacité et la grâce, et que, devenu veuf, — quarante et un ans plus tard, — il épousa pour la perdre deux mois après. Cette fidélité prolongée attestait le mérite de la fille du maréchal de Brancas.

Mme Du Deffand était, sans savoir pourquoi, disait-elle, brouillée avec la comtesse de Valentinois, belle-sœur du prince de Monaco. Ce n'était certes pas parce que celle-ci avait dîné chez le maréchal de Richelieu avec Mme Dubarry, car elle ne cessait de fréquenter Mme de Mirepoix qui s'était fait voir la première dans le carrosse de la maîtresse du roi, et la comtesse de Broglie, dont le mari, exilé à Ruffec, avait imploré la protection de *la Sultane*, comme elle l'appelait. Ce Piémontais, ex-ambassadeur de France en Savoie, avait, paraît-il, de la gaieté et de la grâce, deux qualités qui ne se sont pas perpétuées dans la famille.

Lorsque le prince de Beauveau fut nommé membre de l'Académie, en remplacement du président Hénault, Mme Du Deffand glissa dans son discours de réception une phrase qui peint merveilleusement ce dernier. Marmontel apprécie ainsi le prince-académicien : « Son moindre mérite aux yeux de l'Académie fut d'être un excellent académicien. » Il pouvait cependant apporter son appoint au travail du fameux dictionnaire, car c'était lui qui, à Chanteloup comme à Saint-Joseph, était chargé de résoudre les difficultés grammaticales. On l'appelait *le grammairien*. On l'appelait aussi *le soumis*, à cause de sa profonde déférence pour sa femme, une Rohan-Chabot, qui, elle, en raison de son insupportable orgueil, était surnommée *Mme Macchabée* et *la Dominante des dominations*. La princesse avait pourtant la réputation, quelque peu contradictoire, d'aimer tout le monde, même son mari. L'abbé Barthélemy cite d'elle un joli mot, à propos d'un *attendrissement* de Marie-Antoinette, dont il n'indique pas le motif : « La dauphine a suivi la nature et le dauphin suivait Mme la dauphine. »

M. de Beauveau avait eu de son premier mariage avec Charlotte de La Tour d'Auvergne, une fille qui avait épousé le prince de Poix, lequel est simplement nommé dans les mémoires. La princesse de Poix, selon Mme de Genlis, « était charmante, sa taille n'avait rien de défectueux, mais elle n'était pas belle et elle boitait. Elle avait une brillante fraîcheur et le plus joli visage. Elle était gaie, naturelle et piquante... » On se rappelle son exclamation dans les douleurs de l'enfantement : « Que de mal pour faire un petit Poix ! » Elle disait à la fin de sa vie : « En vieillissant, il faut redoubler de propreté et d'indulgence. »

Deux femmes d'esprit avaient inspiré de grandes préventions contre elles à Mme Du Deffand. Elle en témoigna du repentir dans une lettre qu'elle écrivit à la duchesse de Choiseul, le 10 avril 1774 : « Je ne croyais pas que je connaîtrais jamais Mmes Necker et Marchais. Je les vois souvent et je m'en trouve bien. Ces dames sont aimables, elles ne sont ni sottes ni insipides. Elles sont plus faites pour la société que la plupart des dames du grand monde. » La marquise, cinq mois auparavant, revenant de Saint-Ouen, où elle avait soupé en compagnie de Mmes de Marchais et d'Houdetot, avait écrit à la même duchesse : « Ah ! ma chère grand'maman, si vous m'aviez vue, vous auriez rougi de mon imbécillité. Je me disais à tout moment : Qu'allais-je faire dans cette galère ? La crainte de l'ennui fait qu'on se jette dans l'eau de peur de la pluie. » Voici comment, le 24 mai.

1776, elle résumait son opinion sur le couple Necker : «... Tous les deux ont de l'esprit, mais surtout l'homme ; je conviens qu'il lui manque cependant une des qualités qui rend le plus agréable, une certaine facilité qui donne pour ainsi dire de l'esprit à ceux avec qui l'on cause ; il n'aide point à développer ce que l'on pense, et l'on est plus bête avec lui que l'on ne l'est tout seul, et avec d'autres. »

Le jugement que Mme Du Deffand porta sur Turgot, lors de sa chute, se ressentait de la rancune qu'elle lui avait vouée le jour où il l'avait quittée pour Mlle de Lespinasse. Elle fut ravie de le voir tomber. Selon Suard, ce n'était pour elle qu'un *sot*, voire même un *animal*. Sa rancune se compliquait de l'horreur qu'elle éprouvait pour les économistes.

Elle tenait en grande estime M. Du Bucq, parce qu'il partageait cette antipathie et l'exprimait carrément. Turgot, après avoir autorisé la sortie des grains, parut étonné des séditions occasionnées par cette mesure. « C'est sans doute, dit-il, parce qu'on n'a pas encore assez donné de liberté. » A quoi repartit Du Bucq : « Il me rappelle un médecin qui vit mourir son malade après l'avoir fait saigner vingt fois et qui s'écria : Je l'avais bien dit qu'on ne l'avait pas assez saigné ! » Il ajouta dans le même sens qu'on devrait mettre cette épigraphe en tête des ouvrages des économistes : « Le malade en mourra, mais c'est une bien belle opération ! » Du Bucq était un *homme à pensées*. Il les prodiguait sous forme de maximes dans la conversation. « Un homme parfait, dit-il, est celui qui ressemble à tout le monde et à qui personne ne ressemble. » La Rochefoucauld lui aurait envié celle-ci : « Nous prenons les femmes pour ce qu'elles ne sont pas et nous les quittons pour ce qu'elles sont. » Du Bucq avait subjugué la marquise de Créquy par d'autres qualités. Après une séparation qui lui avait paru longue, elle écrit (le 8 août 1788) : « J'ai une joie véritable de le revoir, son caractère me convient beaucoup plus que son esprit ; il est des bons et des très bons. » C'était un gentilhomme dont la terre était située à Chissay près de Chenonceaux. Le duc de Choiseul, son voisin, l'avait nommé premier commis au département des colonies. Mais Du Bucq n'avait pu s'astreindre au travail des bureaux.

Les encyclopédistes n'avaient pas plus de succès chez Mme Du Deffand que les économistes. Diderot n'y vint qu'une seule fois. « Nous n'avons pas d'atomes crochus, » dit-elle. Les points de contact ne manquaient pourtant pas entre eux. La marquise, comme nous l'avons déjà vu, était loin d'incliner à la dévotion. Elle traitait les croisés de bandits. Elle écrivait à Voltaire, le 22 août 1770 : « Je ne me tourmente point à chercher à connaître ce qu'il est impossible de concevoir. L'éternité, le commencement, le plein, le vide : quel choix peut-on faire ? » Et à la duchesse de Choiseul le 27 janvier 1772 : « Mon système est que l'estomac est le siège de l'âme. » Elle dit à propos du conte de Voltaire, le *Taureau blanc* (30 octobre 1773) : « Tout le projet qu'on peut lui supposer, c'est de démontrer que la bible et la fable ont une parfaite conformité. Belle découverte ! » Walpole tenait à peu près le même langage, à propos des regrets que témoignait Mme Du Deffand du départ de Gleichen, envoyé extraordinaire du roi de Danemark et qui était de la bande des philosophes : « Quand tout le monde était dans l'aveuglement, il lui fallait peut-être un effort pour se mettre au-dessus des préjugés ; mais quel mérite y a-t-il à n'en point avoir, quand c'est un ridicule que d'en avoir ? »

Le baron de Gleichen que l'abbé Barthélemy, avant qu'elle le connût, avait annoncé (1) comme « une espèce d'aventurier, qui va de pays en pays, débitant ses agréments et son esprit », unissait en réalité beaucoup d'esprit à une grande douceur. Quand le roi de Danemark vint à Paris, une dame, au milieu d'un cercle à Compiègne, jeta étourdiment cette apostrophe à son ambassadeur : « Monsieur l'envoyé, on dit que votre roi est une tête... » — « Couronnée, » répondit vivement le baron. — Il se morfondait en Angleterre : « Il me semble être en Laponie et

1. Lettre du 2 juillet 1769.

qu'il neige du vert, » écrivait-il à Mme Du Deffand. Un autre ambassadeur, le représentant à Paris du roi de Naples, que nous avons déjà rencontré chez Mme Geoffrin et qu'on définissait *une cervelle de singe dans une tête de veau*, le marquis de Carraccioli, professait la même aversion pour cette terre d'Albion où les *seuls fruits mûrs qu'il eût mangés étaient des pommes cuites*. Il appelait la *douchesse* Mme de Choiseul qui, pour son collègue de Suède, l'extatique comte de Creutz, était un *anche*. Le docteur florentin Gatti, un des premiers apôtres de l'inoculation, se partageait entre la duchesse de Choiseul et la marquise Du Deffand : on lui faisait deviner les énigmes du *Mercure*, et on l'envoyait d'une maison dans l'autre, quand sa sciatique le permettait. Il se promenait souvent à cheval avec Mme de Choiseul et l'abbé Barthélemy. Celle-ci raconte gaiement à Mme Du Deffand une chute volontaire qu'il fit près de Chanteloup (24 mai 1768) : « Gatti était sur son cheval anglais ; nous étions à la fin de notre course ; tout à coup ce cheval prend le mors aux dents ; le pauvre Gatti le jette dans les broussailles pour pouvoir l'arrêter ; la fureur du cheval en augmente :

> Sans doute, en ce désordre affreux,
> Un Dieu pressait ses flancs poudreux.

Ce qui est vrai, c'est que nous étions tous saisis d'effroi et dans l'impossibilité de secourir notre pauvre ami, qui, ayant vu le long du chemin un endroit garni de bruyères et de buissons, prit le parti de s'y jeter ; il en est quitte pour quelques balafres au visage et pour la peur qu'il a eue et qu'il nous a donnée. Je le fis saigner au retour, et voilà la seconde fois depuis trois semaines qu'on lui fait cette opération par mon ordonnance. Je commence par croire qu'il est très aisé d'être médecin. »

La duchesse de Choiseul n'avait pas seulement de l'esprit. C'était aussi un grand esprit. Un jour Mme Du Deffand lui envoya une lettre adressée le 28 août 1772, par le comte de Scheffer, gouverneur de Gustave III, au comte de Creutz et que ce dernier avait communiquée à la marquise. Cette lettre annonçait que

Gustave III avait fait accepter pas les États une Constitution qui rendait à la couronne l'ancienne autorité dont elle avait été dépouillée depuis Charles XII. La joie était immense à Stockholm et avait gagné le comte de Creutz. « Le peuple, écrivait le comte de Scheffer, ne se plaint que de ce que le roi n'a pas gardé le pouvoir absolu... Le roi est tellement adoré qu'il ne peut plus se montrer sans qu'on entende des cris d'allégresse qui retentissent jusqu'aux nues. Lorsqu'il va à cheval dans les rues, le peuple se bat pour approcher de lui et baiser ses bottes... » Mme de Choiseul répondit avec indignation à la marquise : « Quelle plate lettre ! Quel faux et froid enthousiasme ! Oh ! oui, je crois bien que le comte de Creutz est enchanté parce qu'il se croit bien aise. » La duchesse était en parfaite communion d'idées avec les plus hardis théoriciens de son époque. Voici quelle était sa thèse sur l'essence du gouvernement (1) : « Philosophiquement parlant, il est indifférent à une nation d'être gouvernée par tel ou tel individu. Cet individu n'est jamais qu'un représentant, à moins qu'il ne soit un conquérant ou un législateur, c'est-à-dire un fléau ou une divinité. Ce ne sont que les lois qui gouvernent réellement, parce que ce sont elles qui réunissent toutes les formes et les intérêts. »

Mme de Choiseul avait dit plus haut encore, en réponse à Mme Du Deffand contristée par les méfaits du chancelier Maupeou : « Je ne suis point étonnée que vous vous ennuyiez de tout ce qui se passe, de tout ce qu'on dit, de tout ce qu'on écrit. Je voudrais bien, comme vous, qu'on trouvât le moyen d'égayer la matière, mais je crois ce moyen fort difficile à trouver. Il est permis de rire quand on vous chatouille, mais il est difficile de rire quand on vous coupe la tête et M. le chancelier coupe la tête à notre Constitution... » Elle termine ainsi : « Je ne vous conseille pas de vous adresser à moi quand vous craindrez les vapeurs et que vous voudrez vous faire faire de la gaîté. Guérissez-vous donc de la manie de me croire instruite... car je ne sais rien. » Pendant

---

1. Lettre du 12 mai 1771.

que la duchesse écrivait, le duc, assis devant un métier de tapisserie, *travaillait, sinon avec la plus grande adresse, du moins avec la plus grande ardeur.* Et le marquis de Castellane, sous les arbres du parc, fredonnait la chanson à la mode :

    Voici les dragons qui viennent.....

Mme Du Deffand le prisait fort, malgré son cynisme. Elle l'avoue, mais il faut se méfier de la sincérité de ses attachements. Les prétextes ne lui manquent jamais pour se dégager de tout lien. Le président Hénault meurt le 24 novembre 1770 : il était en enfance, depuis environ cinq mois. Elle écrit le lendemain à Walpole : « Le président mourut hier à sept heures du matin... Mme de Jonsac a paru d'une douleur extrême, *la mienne est plus modérée.* J'avais tant de preuves de son peu d'amitié que je crois n'avoir perdu qu'une connaissance. » La comtesse de Jonsac était la sœur du défunt : c'était, selon les qualificatifs variés de Mme Du Deffand, une femme *raisonnable*, mais *commune, froide, sans passion, toujours enrhumée* et séparée de son mari, *un homme affreux.* Elle était allée habiter avec son frère qu'elle avait entouré de soins et qui, par gratitude, lui avait légué toute sa fortune. Il avait oublié sa nièce, Mme d'Aubeterre, qui avait le défaut d'être bavarde comme une pie et d'avoir la tenue d'une fille d'Opéra. Mais la plus grave omission du président est relevée par Voltaire, dans sa lettre du 16 décembre à la marquise : « Quoi ! ne pas vous laisser la moindre marque d'amitié dans son testament, après vous avoir dit pendant quarante ans qu'il vous aimait ! » Voltaire méconnaît là le président, incapable, pendant toute la durée de son existence, d'expansion d'aucune sorte, et dévoile peut-être la cause de la grise mine avec laquelle Mme Du Deffand accueillait les compliments de condoléance qu'on lui prodiguait. Hénault était mort dans la peau de dévot qu'il avait revêtue depuis l'âge de cinquante ans, pour capter la faveur de Marie Leckzinska. Il avait fait alors une confession générale, terminée par le fameux mot : « On n'est jamais si riche que quand on déménage. » A la fin de sa vie, « sa grande inquiétude était de déplaire à la feue reine, en se faisant enterrer chez les pères de la Doctrine chrétienne, où il avait été élevé. Ces pères étaient véhémentement soupçonnés de jansénisme par Sa Majesté, et le président, par faiblesse, avait promis à sa pieuse et orthodoxe souveraine de faire porter ses os ailleurs ; il n'avait pourtant pas envie de rien changer à ses dispositions, et il mourait de peur de mourir avant la reine, et qu'elle ne découvrît, après son départ, cette petite supercherie (1). »

Pont-de-Veyle, au contraire, resta lui-même jusqu'au dernier moment, tour à tour morose ou guilleret, selon la mine des gens qui l'entouraient. Quoique devenu cacochyme, il ne tenait guère plus en place qu'autrefois. D'abord il n'était jamais chez lui, rue Bourbon-le-Château, où il avait pour voisin le chevalier de Mouhy. Dès que la fièvre et la toux le laissent tranquille, dit Mme Du Deffand (2), « il abandonne le coin de mon feu pour l'Opéra-Comique et ma soupe et mon poulet pour aller souper ailleurs. » Grimm les a croqués tous deux fort spirituellement dans une scène où, après avoir représenté, près du tonneau de la marquise, son vieux compagnon couché dans une bergère, il leur met dans la bouche le dialogue suivant (3) :

« Pont-de-Veyle ! — Madame ! — Où êtes-vous ? — Au coin de votre cheminée. — Couché, les pieds sur les chenêts, comme on est chez ses amis ? — Oui, madame. — Il faut convenir qu'il y a bien peu de liaison aussi ancienne que la nôtre. — Cela est vrai. — Il y a cinquante ans. — Oui, cinquante ans passés. — Et, dans ce long intervalle, pas un nuage, pas même l'apparence d'une brouillerie. — C'est ce que j'ai toujours admiré. — Mais, Monsieur Pont-de-Veyle, cela ne viendrait-il pas de ce qu'au fond de l'âme, nous avons toujours été indifférents l'un à l'autre ? — Cela se pourrait bien, madame. »

Pont-de-Veyle mourut le 2 septembre 1774, entre onze heures et minuit. Le surlendemain, la marquise lui consacra,

1. *Correspondance littéraire*, t. VIII, p. 458.
2. Lettre du 9 octobre 1771.
3. *Correspondance littéraire*, t. XII, p. 151.

dans une lettre à Mme de Choiseul, cette oraison funèbre, courte mais un peu émue : « Je l'avais quitté à huit heures. Je n'en espérais plus rien, mais je ne croyais pas sa fin si prochaine. C'était une connaissance de cinquante-cinq ans et, depuis plusieurs années, il était devenu mon intime ami. » Elle écrivit, de plus, le 11 septembre, à Walpole : « Je ne le remplacerai pas. »

Laharpe affirme, dans sa Correspondance, que le jour de la mort de Pont-de-Veyle, elle vint souper chez Mme de Marchais où il était, et répondit à un convive qui lui parlait de la perte qu'elle avait faite : « Hélas ! il est mort ce soir à six heures, sans cela vous ne me verriez pas ici. » Le mensonge, qui est manifeste, s'aggrave encore de ce dernier trait : « Elle soupa comme à son ordinaire, c'est-à-dire très bien, car elle était très gourmande. » L'auteur des *Barmécides* se vengeait avec impudence de la piètre estime que Mme Du Deffand affichait pour lui.

La marquise professait en littérature une entière liberté d'opinion. Elle n'acceptait aucun des verdicts rendus par les juges les plus autorisés. Elle avait des attractions et des répulsions d'instinct, qu'un caprice seul entamait. Elle n'aimait ni les voyages ni les mémoires, sauf ceux de Saint-Simon (1) et de Beaumarchais. Et encore trouvait-elle les portraits du premier *mal faits*. Quant au théâtre du second, c'était déplorable. Elle goûtait fort les lettres de Bussy, mais non celles de Mme de Sévigné. Montaigne l'ennuyait, quoiqu'elle fût de son avis. Elle ne comprenait pas Shakespeare. Elle aimait Boileau, Lesage et Chamfort. Elle disait de Marmontel, qui avait fait deux ou trois apparitions dans son salon : « Qu'il se donne du mal pour avoir de l'esprit ! » Sans sa réputation, elle en aurait trouvé beaucoup à Burke qui vint la voir le 9 février 1773. « Le style académique » lui était *en horreur*. — « Jean-Jacques, disait-elle, c'est un sophiste, un esprit faux et forcé ; son esprit est un instrument discord ; il en joue

1. M. de Choiseul, étant ministre, avait prêté à Mme Du Deffand quelques volumes des manuscrits de Saint-Simon qui furent publiés pour la première fois, en 1788, avec de larges coupures.

avec beaucoup d'exécution, mais il déchire les oreilles de ceux qui en ont. Buffon est d'une monotonie insupportable ; il sait bien ce qu'il sait, mais il ne s'occupe que des bêtes ; il faut l'être un peu soi-même pour se dévouer à une telle occupation. » Que lui avait donc fait Buffon pour qu'elle tombât dans cette puérilité et ne se souvînt pas de La Fontaine ? Elle égratignait Voltaire dans ses lettres à la duchesse de Choiseul et à Walpole ; mais, lorsqu'elle s'adressait à lui-même, elle le comblait de caresses. Elle l'appelait (le 13 novembre 1776) « le seul orthodoxe du bon goût ». Et elle ajoutait : « Comment est-il possible que le bon ton, que le bon goût se perdent dans un siècle où on a Voltaire ? C'est pourtant ce qui arrive. L'on reçoit tout d'une voix à l'Académie, et comme par acclamation, un M. Thomas, pour remplacer, il est vrai, un M. Hardion. » L'auteur de l'*Éloge de Marc-Aurèle* avait le privilège de l'exaspérer, comme Voltaire qui avait substitué galithomas à galimatias : « Nous avions autrefois, écrit-elle à Walpole, un charlatan qu'on appelait le gros Thomas ; il distribuait son orviétan sur le Pont-Neuf, c'était l'idole du peuple. Je prétends que M. Thomas est le gros Thomas du peuple-bel-esprit (1). » Au fond c'est l'auteur de l'*Éloge* de Mme Geoffrin qu'elle avait en exécration. D'Alembert avait sacrifié au même autel, mais c'était d'Alembert, et elle lui eût tout pardonné, même sa fugue chez Mlle de Lespinasse, s'il était venu à résipiscence.

Walpole partageait presque toutes les inclinations littéraires de Mme Du Deffand. S'il se séparait d'elle, c'était, surtout au sujet de Mme de Sévigné, pour qui il avait un véritable culte et qu'il appelait *Notre-Dame de Livry*. Il disait des *Essais de Montaigne* : « C'est un vrai radotage de pédant ; une rapsodie de lieux communs, même sans liaison. Son Sénèque et lui se tuent à apprendre à mourir, *la chose du monde qu'on est le plus sûr de faire sans l'avoir appris.* » Quoi de plus piquant ! A celui qu'il qualifiait de radoteur, il dérobait, pour l'achever, une pen-

---

1. Lettre du 17 mars 1772.

sée qu'il avait l'air de tirer de son propre fonds. Mme Du Deffand tombait dans le même travers. L'exaltation de tendresse de Mme de Sévigné pour sa fille l'agaçait et elle l'imitait dans ses effusions, à rebours, pour la grand'mère qu'elle s'était donnée.

Quant à Voltaire, ils ne le ménageaient ni l'un ni l'autre, lorsqu'ils échangeaient leurs pensées. En revanche, dans sa correspondance avec « le patriarche de Ferney », la marquise lui prodiguait les plus grandes louanges. Du reste, il avait toujours eu pour elle la plus haute estime, car il lui écrivait dès 1732 : « Faites des nœuds avec les autres femmes, mais parlez-moi raison. » Il tenait, nous ne dirons pas à sa critique, mais à son approbation et lui adressait tout ce qu'il publiait, dans les premiers temps par l'entremise de Formont, qui avait été trente ans l'ami de la maison, — un lettré riche, spirituel et paresseux, aimant à « parler de tout sans traiter de rien ». Voltaire joignit quelques lignes à l'envoi de la *Pucelle* : « Vraiment on vous doit l'hommage d'une *Pucelle*. Un de vos bons mots est cité dans les notes de cet ouvrage théologique (1). » Ce bon mot est celui si connu, qui lui était échappé chez la duchesse du Maine, au nez du cardinal de Polignac, qui célébrait le miracle de saint Denis, marchant, après son martyre la tête dans ses mains : « Il n'y a que le premier pas qui coûte. » Voltaire chargea Lekain, en novembre 1772, d'aller lire au couvent de Saint-Joseph la pièce *des Lois de Minos* (2) qui devait être représentée le mois suivant et qui parut sénile : « Cela a soixante-dix-huit ans, » dit Mme Du Deffand. Le 27 février 1775, il lui écrivit : « J'ai été très mal, madame, depuis un mois. Je *le* suis encore... » Là-dessus scrupule grammatical de la marquise à qui il répondit (le 30 mars) : « J'ai pu vous dire, madame : J'ai été très mal, je *le* suis encore : 1° parce que la chose est vraie ; 2° parce que l'expression est conforme, autant qu'il m'en souvient, à nos décisions académiques. Ce *le* est un neutre en cette circonstance..... » Il cita

1. Note du 1er chant.
2. Cette lecture eut lieu le 16.

des exemples et conclut ainsi : « Voilà bien du pédantisme, madame, mais vous me l'avez demandé et vous ferez de moi tout ce que vous voudrez, excepté de me faire venir à Paris. » Il devait manquer de parole trois ans plus tard. Le 17 mai de la même année, il donna une consultation sur sa santé à Mme Du Deffand et lui conseilla la casse « que l'on sert sur la table du roi de Maroc, comme chez nous la gelée de pomme ou de groseille. » — « Soyez sûre, ajouta-t-il, que les tempéraments chez qui la digestion est un peu lente et l'esprit prompt, et à qui la casse fait un bon effet, durent d'ordinaire plus longtemps que les corps frais et dodus : cela est si vrai que je vis encore, après avoir souffert quatre-vingt-un ans presque sans relâche. » Mme Du Deffand faisait un usage habituel de la teinture de stoughton, réunissant le double mérite d'être apéritive et digestive.

Voltaire revint à Paris le 10 février 1778, et répondit à la marquise qui lui avait envoyé ses compliments par son secrétaire Wiart : « J'arrive mort et je ne veux ressusciter que pour me jeter aux genoux de Mme la marquise Du Deffand. » Elle voulait aller le visiter elle-même, mais elle craignait de rencontrer « tous les histrions beaux esprits ». La duchesse de Choiseul affichait le même genre d'éloignement. « J'aime les lettres, avait-elle écrit le 7 août 1768 (1), j'honore ceux qui les professent, mais je ne veux de société avec eux que dans leurs livres et je ne les trouve bons à voir que dans leur portrait. » Mme Du Deffand renvoya Wiart, le 12 février, chez Voltaire, et raconte qu'il y vit plus de trois cents personnes, « tout le Parnasse depuis le bourbier jusqu'au sommet ». Elle finit par s'y rendre en personne, le 14, et fut invitée à une répétition d'*Irène* qui devait avoir lieu dans l'appartement de Voltaire. Il lui a témoigné, dit-elle, une grande amitié et la joie « a été réciproque ». Elle lui fit une seconde visite le 21. Il était à bout de forces, mais toujours occupé de la répétition de sa comédie. Il lui proposa de nouveau d'y assister, et lui conta qu'un prêtre, l'abbé Gauthier, avait de-

---

1. Lettre à Mme Du Deffand.

mandé la permission de le venir voir, alléguant qu'il était jésuite, c'est-à-dire de facile composition et qu'en ce moment il était « utile » au vieil abbé de Lattaignant, le chanoine-chansonnier, chansonné par Voltaire lui-même :

> Lattaignant chanta les belles ;
> Il trouva peu de cruelles,
> Car il sut plaire comme elles.....

« Je vais dîner et boire avec lui aujourd'hui, » disait l'abbé en terminant sa lettre. Comment repousser un aussi aimable compagnon ? Voltaire l'avait donc reçu et avait évité ainsi « le scandale ou le ridicule ». L'argument à sa décharge était qu'il fallait se conformer aux usages. « A Surate, dit-il, quand on meurt, il faut tenir la queue d'une vache dans la main. » Remis sur pied, il vint le 11 avril rendre visite à Mme Du Deffand qui écrivit le lendemain à Walpole : « Il resta une heure et fut infiniment aimable..... Les honneurs qu'il a reçus ici sont ineffables ; il n'y en a d'aucun genre qui lui ait manqué. Il est suivi dans les rues par le peuple qui l'appelle *l'Homme aux Calas*. Il n'y a que la cour qui se refuse à l'enthousiasme ; il a quatre-vingt-quatre ans et en vérité je le crois presque immortel (1) : il jouit de tous ses sens, aucun même ne s'est affaibli, c'est un être bien singulier et en vérité fort supérieur. » Cette fois elle rendait justice à son génie, mais elle s'abusait sur sa longévité qui ne devait pas tarder à prendre fin. Elle annonça la funèbre nouvelle, le 31 mai, dans un simple post-scriptum et avec une légèreté de ton qui indiquait que le vent avait tourné : « Vraiment j'oubliais un fait important, c'est que Voltaire est mort : on ne sait ni l'heure ni le jour ; il y en a qui disent que ce fut hier, d'autres avant-hier. L'obscurité qu'il y a sur cet événement vient, à ce que l'on dit, de ce que l'on ne sait ce qu'on fera de son corps ; le curé de Saint-Sulpice ne veut point le recevoir. L'enverra-t-on à Ferney ? Il est excommunié par l'évêque duquel est Ferney. Il est mort d'un excès d'opium qu'il a pris pour calmer les dou-

---

1. Elle avait elle-même quatre-vingt-un ans.

leurs de sa strangurie et j'ajouterais d'un excès de gloire qui a trop secoué sa faible machine. » Walpole fit cette courte réponse : « Je ne suis pas son enthousiaste, mais qui est-ce qui le remplacera? » Mme Denis, légataire universelle de Voltaire, vint, le 16 juin, voir la marquise. « C'est, dit-elle, une bonne grosse femme sans esprit, mais qui a un gros bon sens et l'habitude de bien parler, qu'elle a sans doute prise avec feu son oncle. » L'Académie alla en corps complimenter « cette bonne grosse femme », dont « le gros bon sens » ne l'empêcha pas de faire la sottise de se remarier à soixante-dix ans. Elle épousa un commissaire des guerres, M. du Vivier, qui, tout glorieux d'une pareille alliance, donnait le matin des audiences dans le lit nuptial. D'Alembert voulant vérifier le fait et demandant à un domestique qu'il avait chargé de remettre une lettre à la nouvelle mariée s'il avait trouvé le mari avec la dame : « Pour le mari, si ça l'était, je ne puis l'assurer, répondit naïvement le valet, mais c'était toujours un quelqu'un. » D'Alembert ne manqua pas d'en amuser ses collègues et les plaisanteries qu'en firent les Quarante déterminèrent Mme Denis à donner à la Comédie-Française la statue de son oncle, destinée d'abord à l'Académie.

Mme Du Deffand survécut à Voltaire deux ans et cinq mois. Elle garda jusqu'à la fin son profond ennui, dans lequel se combinaient le dégoût de la vie et l'horreur de la mort. Dès 1759 (1), elle exhalait ce gémissement : « Toutes les conditions, toutes les espèces me paraissent également malheureuses depuis l'ange jusqu'à l'huître; le fâcheux c'est d'être née... » Nouvelles lamentations en 1774 (2), non plus sur le thème de l'entrée dans ce monde, mais sur la sortie : « Si nous pouvions nous en aller en fumée, ce genre de destruction ne me déplairait pas, mais je n'aime pas l'enterrement. » En 1778 (3) autre antienne : « Si je pouvais devenir dévote, c'est tout ce qu'il y aurait de plus heureux. » Elle oubliait sa vaine tentative d'autrefois, lorsqu'elle

1. Lettre (du 28 octobre), à Voltaire.
2. Lettre (du 19 janvier), à la duchesse de Choiseul.
3. Lettre (du 6 septembre) à Walpole.

écrivait à Formont: « Je me suis mise *tout à fait* dans la réforme : j'ai renoncé aux spectacles, je vais à la grand'messe de ma paroisse ; quant au rouge et au président, je ne leur ferai pas l'honneur de les quitter. » Pour s'abstraire de ces idées noires, Mme Du Deffand augmenta encore le nombre de ses invités et de ses soupers, qui jadis avaient fait *les délices* de Montesquieu, dans ses rares apparitions à Paris. « Le souper, lui disait un de ses familiers, est une des quatre fins de l'homme ; je ne connais pas les trois autres. » Elle devint un peu sourde et pour varier ses distractions, le soir où elle ne recevait pas, elle jouait au loto avec Mmes de Luxembourg et de Cambis. Lorsque ces deux amies étaient retenues ailleurs, elle avait une ressource qui ne lui manquait jamais : Mlle Sanadon, entrée chez elle en janvier 1767, pour la « garantir de l'ennui de passer des soirées seule », et qui par une qualité hors de pair, une raison jamais en défaut, s'était élevée à un tel point au-dessus du rang de dame de compagnie *que les plus grandes maisons* se la disputaient : elle était l'amie des Praslin. On l'avait surnommée Saint-Chrysostome, sans doute aussi à cause de sa *bouche d'or*. — Walpole l'appelait familièrement *la Sanadona*. Elle était la nièce du père Sanadon, un jésuite qui a traduit *Horace* et qui fut chargé de l'éducation du prince de Conti, après la mort du père du Cerceau. Le secrétaire de la marquise, Wiart, qui datait de 1758, était d'un dévouement et d'une discrétion absolus. Quant à sa domesticité, elle comprenait deux femmes de chambre, Mlles Conty et Devreux, cette dernière très attachée à Walpole, et un valet de chambre, Colman, toujours entre deux vins. N'oublions pas l'animal domestique, le chien Tonton qui ne cessait d'aboyer, un « grand mangeur de gens », selon Walpole, qui devait en hériter et ne se faisait pas faute de le corriger. Il raconte à ce sujet une jolie anecdote (1). Tonton s'était jeté au visage d'une visiteuse, lady Barrymore, qui avait pu sauver ses yeux menacés, mais n'avait pas évité une morsure à un doigt. Mme Du Deffand avait

1. Lettre au général Conway, du 8 septembre 1775.

feint de battre rudement le coupable et masqué sa faiblesse par une diversion, — « l'histoire d'une dame dont le chien avait enlevé un morceau de la jambe à un monsieur, et qui, dans un accès de tendresse et d'alarmes, s'écriait : « Est-ce que cela ne pourrait pas rendre mon chien malade ? »

Walpole, à qui, dans les derniers temps, Wiart rendait compte deux fois par semaine de l'état de santé de sa maîtresse, et dont les relations avec la marquise avaient, comme nous l'avons vu, commencé en 1765, s'était retiré dans son château de Strawberry-Hill, entre Londres et Hampton-Court, — pour n'en plus sortir, après son cinquième voyage à Paris, où, arrivé le 20 août 1775, pour y passer cinq semaines, il était resté plus de trois mois. Ce petit homme, autrefois aussi sec de corps que de cœur, aux yeux doux et fins, au sourire sans grâce, et qui avait l'air d'un jeune garçon, s'était boursouflé affreusement et pouvait à peine se servir de ses pieds et de ses mains déformés par la goutte. Il avait pris la France en haine et, à propos des succès de notre armée en Flandre, écrivait (1) à Georges Montaigu, avec un dépit de matamore : « Jadis un Anglais pouvait battre à lui seul trois Français ; nous voilà aujourd'hui tellement dégénérés que trois Français peuvent à coup sûr rosser un Anglais. » Où ce *radoteur* de Montaigne aurait-il trouvé un personnage plus « ondoyant et divers » que ce gentleman, de qui Mme Du Deffand avait pu dire à lui-même en 1768 (2) : « Il est tout à fait Français. » L'homme qui avait été un whig ardent comme son père, le ministre Robert Walpole et qui avait fait suspendre d'un côté de son lit la *Magna Charta* et de l'autre le *Warrant d'éxécution* de Charles Ier, devait se ranger parmi les adversaires les plus acharnés de la Révolution française. Du reste, il avait toujours, au fond, été fier de sa naissance et il mettait Alcibiade au-dessus de Socrate. Ses cent vingt mille livres de revenu lui permettaient de vivre princièrement dans son *château gothique* « un pastiche indécis et

---

1. Cette lettre est du 13 juillet 1775.
2. Lettre du 21 mai.

mesquin, lourd et maniéré, un peu château, un peu chapelle, une vraie décoration de théâtre qui lui servait à signer indifféremment ses lettres *le lord* ou *l'abbé* de Strawberry-Hill (1). M. Charles de Rémusat qui qualifie ainsi cette villa, dont le nom signifie *colline aux fraises*, ajoute que Walpole y avait réuni des collections où, « à côté des objets d'un art véritable que sir Horace Man lui envoyait de Florence, à côté des tableaux de Holbein ou de Van Dyck, des bronzes de Cellini, des émaux de Petitot, il accumulait des curiosités de bric-à-brac et toutes ces raretés vulgaires qu'on recherche encore aujourd'hui (2). » Mme de Boufflers, l'amie du prince de Conti, qui était venue, en 1763, visiter Strawberry-Hill, avait quitté cette « croquante féodale », en déclarant « qu'elle n'était pas digne de la solidité anglaise ». La leçon était dure émanant d'une telle bouche. Walpole s'en vengea par cette sortie, dans une lettre à son cousin Conway : « Vous avez vu maintenant la célèbre Mme de Boufflers, je suis sûr que, dans cette courte entrevue, vous avez dû comprendre qu'elle est agréable, mais je suis sûr aussi que vous êtes de mon avis, en ne trouvant pas que la vivacité soit le partage des Français... » Et après avoir traité Louis XV de *taciturne*, le maréchal de Mirepoix de *momie ambulante*, le duc de Nivernais, *d'enfant gâté malade*, il terminait par ce trait : « Si j'ai la goutte l'année prochaine, et qu'elle me mette tout à fait à bas, j'irai à Paris pour me trouver à leur niveau. A présent, je suis trop fou pour leur tenir compagnie. » Le même homme à l'occasion ne manquait pas de flageller la frivolité française. — Il avait aussi établi une imprimerie à Strawberry-Hill. « Il n'imprimait pas lui-même, mais il regardait faire (3). » De cette presse sortirent la plupart de ses ouvrages et ceux de ses auteurs favoris. Il convoita vainement la correspondance, restée inédite, de celle qu'il appelait Notre-Dame-des-Amours avec lady Sandwich. « Songez,

---

1. *L'Angleterre au* XVIIIe *siècle*, t II, p. 57.
2. *Ibidem*, p. 58 et suivantes.
3. *Ibidem*, p. 60.

écrivait-il à lady Hervey, (1) combien je serais fier d'imprimer à Strawberry-Hill des lettres originales de Ninon ! » Byron et Walter Scott ont fait de lui un éloge hyperbolique auquel l'injuste critique de Macaulay sert de contrepoids.

La vie de Walpole ne fut « qu'une longue lettre, » comme il le disait à Georges Montaigu. Il se sentait à l'aise dans le cadre épistolaire et savait qu'il y était passé maître. La crainte de déchoir lui fit commettre une inconvenance qui blessa profondément Mme Du Deffand. Il chargea Conway, traversant Paris, de réclamer et de rapporter tout ce qu'elle aurait conservé de sa correspondance, prétextant qu'il serait « choqué de voir des lettres écrites en détestable français et parlant de beaucoup de monde, tant Anglais que Français, tomber dans de mauvaises mains et finir peut-être par être imprimées (2). » La marquise répondit à ce méchant procédé par une leçon : « Vous auriez longtemps de quoi allumer votre feu, surtout si vous joigniez à ce que j'avais de vous ce que vous avez de moi, et rien ne serait plus juste ; mais je m'en rapporte à votre prudence et je ne suivrai pas l'exemple de méfiance que vous m'avez donné. » Elle fit mieux encore : elle lui légua tous ses papiers, après lui avoir écrit, un mois auparavant, que, ne devant plus le revoir, elle n'avait rien à regretter.

Mme Du Deffand mourut le 24 octobre 1780, — dans l'impénitence finale, ce qui ne l'empêcha pas d'être enterrée à Saint-Sulpice. Jusqu'à la dernière heure, elle n'avait pu réussir à croire, malgré la pression religieuse exercée sur elle par la présence assidue de trois hauts dignitaires de l'Eglise, l'archevêque de Toulouse, Loménie de Brienne, son neveu, l'archevêque d'Aix, de Boisgelin, et l'évêque d'Arras, de Conzié, avec la collaboration édifiante d'un petit-collet fantasque, l'abbé Pernetty, grand amateur de babioles galantes, qui portait suspendue à sa montre une

---

1. Voir mon livre *La Correspondance authentique de Ninon de Lenclos* p. 247.
2. Lettre du 28 septembre 1774.

dent détachée du râtelier d'Héloïse au Paraclet. La femme de chambre de la marquise lisant les épîtres de Saint-Paul, elle lui dit, impatientée de n'y trouver aucun intérêt : « Mademoiselle, est-ce que vous comprenez quelque chose à tout cela ? » Au curé de sa paroisse qui vint lui offrir les secours de la religion, elle répondit avec une douce ironie : « Monsieur, vous serez fort content de moi, mais faites-moi grâce de trois choses : ni questions, ni raisons, ni sermons. » Elle qui, toute sa vie, avait, selon l'expression de Walpole, été « tourmentée du besoin d'être aimée » et qui n'avait jamais cru à l'affection de personne, finit par faire amende honorable sur ce point. Son dernier mot fut un acte de foi, arraché à un cœur jusque-là glacé. « Vous m'aimez donc ? » dit-elle à son serviteur Wiart se lamentant au chevet de la mourante, qui s'éteignit dans les bras de ses fidèles amies, Mmes de Choiseul, de Luxembourg et de Mirepoix.

X

LA MUSE DE L'ENCYCLOPÉDIE

Le séjour de Mlle de Lespinasse chez Mme Du Deffand avait duré dix longues années. Elle était à bout de forces physiques et morales. Aux fatigues d'un régime d'insomnie s'étaient ajoutées des mortifications de toute sorte qui avaient pour unique cause ce que la marquise appelait une « trahison », c'est-à-dire l'amitié que témoignaient trois ou quatre de ses familiers à Mlle de Lespinasse. Un jour, avait éclaté une scène si violente, que celle-ci, désespérée, avait résolu d'en finir. Elle prit soixante grains d'opium qui la jetèrent dans d'épouvantables convulsions dont ses nerfs furent atteints pour toujours. Effrayée, Mme Du Deffand fondait en larmes auprès de son lit. « Il n'est plus temps, madame, » lui dit Mlle de Lespinasse qui se croyait perdue. Son rétablissement fut suivi d'une explication terminée par des reproches réciproques et qui amena une séparation momentanée, laquelle fut rendue définitive par une lettre visiblement implacable de la marquise, datée du 9 mai 1764.

Mme Du Deffand avait imposé à d'Alembert, Chastellux et Turgot, l'option entre elle et sa « dame de compagnie ». Ils n'hésitèrent pas à suivre Mlle de Lespinasse dans la retraite qu'elle s'était choisie, à une courte distance du couvent de Saint-Joseph, au coin de la rue Saint-Dominique et de la rue Bellechasse, en face du couvent de ce dernier nom. La maréchale de Luxembourg la gratifia d'un meuble complet et le duc de Choiseul lui fit obtenir du roi une gratification annuelle qui, jointe à la pension de mille écus qu'elle recevait de Mme Geoffrin, lui procura des ressources suffisantes, non pour donner à dîner à ses amis, mais pour les recevoir dignement. Ils étaient nombreux, et quelques-uns d'entre eux, liés avec Mme Du Deffand, à l'imitation de Mme de Luxembourg, ne dissimulaient pas la continuation de leurs relations avec celle qui était si détestée de la marquise. Parmi ces derniers, étaient son propre neveu, l'archevêque de Toulouse, Loménie de Brienne, l'archevêque d'Aix, Boisgelin, le président Hénault, lui-même, le duc de La Rochefoucauld et sa mère, la duchesse d'Enville, la comtesse de Boufflers, Creutz, Gleichen, Galiani, Caraccioli, auxquels vinrent se joindre Condorcet, Helvétius, Grimm, Marmontel, Suard et sa femme, Morellet, Condillac, Saint-Lambert, Roucher, Bernardin de Saint-Pierre, Wattelet, de Vaines ; les abbés Bon, Arnaud et de Boismont ; le comte de Schomberg, le marquis et la marquise d'Ussé, le marquis de Félino, le comte de Crillon ; MM. d'Anlezy, de Saint-Chamans et de Clausonnette ; Mme de La Valière et sa fille, Mme de Châtillon.

Le président Hénault a tracé de Mlle de Lespinasse le portrait suivant :

« Mademoiselle, je m'en vais vous dire comme je vous trouve : ceux qui croiront que vous n'êtes que *pariste* ne vous connaîtront guère ; vous êtes cosmopolite ; vous vous assortissez à toutes les situations. Le monde vous plaît ; vous aimez la solitude ; les agréments vous amusent, mais ils ne vous séduisent point. Votre cœur ne se donne pas à bon marché. Il vous faut des passions fortes, et c'est tout au mieux, car elles ne reviennent pas souvent ; la nature, en vous mettant dans un état ordinaire, vous a donné de quoi la relever. Votre âme est noble et élevée, et vous ne resterez jamais dans la foule. Il en est de même de votre personne : elle est distinguée et vous attirez l'attention sans être belle. Il y a en vous quelque chose de piquant ; on mettrait de l'obstination à vous tourner la tête, mais on en serait souvent pour ses frais. Il faut vous attendre, car on ne vous ferait pas venir; votre coquetterie est impérieuse... Vous êtes douce et forte; votre gaieté vous embellit et relâche vos nerfs qui sont trop tendus. Votre avis est à vous et vous laissez aux autres le leur; vous voyez tout à vue d'oiseau; vous êtes extrêmement polie; vous avez deviné le monde; on aurait beau vous transplanter, vous prendriez racine partout; vous regarderiez à Madrid à travers une jalousie; vous mettriez votre fichu de travers à Londres; à Constantinople, vous diriez au Grand Seigneur que vous n'avez pas les pieds poudreux; pour l'Italie, je ne vous conseillerais pas trop d'y aller, à moins que ce ne fût pour attraper quelque Père de l'Église. En tout, vous n'êtes pas une personne comme une autre; et, pour finir, comme Arlequin, par un coup de sangle : Vous me plaisez beaucoup (1). »

Les réceptions de Mlle de Lespinasse avaient lieu tous les jours à partir de cinq heures (on dînait alors à quatre heures). Elles sont ainsi annoncées par Grimm : « Sœur de Lespinasse fait savoir que sa fortune ne lui permet pas d'offrir ni à dîner, ni à souper, et qu'elle n'en a pas moins d'envie de recevoir chez elle les frères qui voudront y digérer. L'Église m'ordonne de lui dire qu'elle s'y rendra et que, quand on a autant d'esprit, on peut se passer de beauté et de fortune (2). » L'Église signifie ici l'Encyclopédie.

D'Alembert était le grand prêtre du lieu et il n'en sortait guère, en attendant qu'il y restât tout à fait, ce qui ne devait pas longtemps tarder. Il habitait toujours rue Michel-Lecomte, dans le logement de la vitrière, où il couchait dans un lit à tombeau, au fond d'une petite chambre mal éclairée et mal aérée. Une fièvre putride qu'il y contracta le força de quitter sa mère adoptive : c'était l'ordre de son médecin, Bouvart, qui en faisait une question de vie ou de mort. On le transporta près du boulevard du Tem-

---

1. *Mémoires*, p. 114 et suivantes.
2. *Correspondance littéraire*, t. VIII, p. 438.

ple, à l'hôtel de Wattelet, et Mlle de Lespinasse, sans craindre les langues venimeuses, s'établit à son chevet comme sa garde-malade. Revenu à la santé, d'Alembert alla s'installer au troisième étage de la maison dont son amie occupait le second. Relié à celui du philosophe par un escalier intérieur conduisant à la cuisine à la chambre de la femme de service, Mme Saint-Martin, et à une salle de bain, le modeste appartement de Mlle de Lespinasse comprenait, de plain-pied, un salon précédé d'une antichambre, une chambre à coucher, ornée du portrait de l'archevêque de Toulouse et servant aussi de salle à manger, puis une chambre pour un domestique nommé Henry.

La pièce maîtresse, le salon, mérite une description détaillée. Voici quelle était sa composition d'après l'inventaire (1) : une toilette en acajou, un secrétaire à cylindre de bois satiné, garni d'ornements de cuivre doré d'or moulu, un secrétaire-armoire en bois de rose formant bibliothèque, une petite armoire de bois de placage, une table ronde d'acajou, une table à livres, également d'acajou, une petite chiffonnière en merisier, deux commodes régence, en bois de rose, trois bergères, dont une garnie de carreaux couverts de damas vert et les deux autres couvertes de dauphine fond blanc, une ottomane couverte de velours d'Utrecht cramoisi, six fauteuils à la reine couverts de drap cramoisi, un grand fauteuil aussi couvert de damas cramoisi, deux fauteuils en cabriolet et un à la reine, un fauteuil de bureau couvert de maroquin rouge, une pendule de cheminée par Masson, un petit oiseau de marbre sur un piédestal de cuivre doré...

Disposez dans l'ordre qui vous semblera le plus naturel tous ces meubles quelque peu disparates et dont plusieurs indiquent qu'un coin de ce salon très spacieux se transformait le jour en un cabinet de travail; placez sur la cheminée les bustes de d'Alembert, de Voltaire, et sur une des commodes, une statue de Vol-

---

1. *Lettres inédites de Mademoiselle de Lespinasse* à Condorcet, d'Alembert, etc., publiées par Charles Henry, p. 299 et suivantes.

taire, ornez ensuite les murailles d'estampes représentant d'Alembert et Turgot ; la *Lecture* et la *Conversation espagnole* de Beauvarlet ; les *Ruines romaines*, le *Paralytique* et l'*Accordée de village* de Greuze ; le *Chevalier Bayard* ; un *Enfant avec un chien* ; une *Petite Fille pleurant la mort de son oiseau* ; le *Siège de Calais* et enfin *Bélisaire* ; cela fait, vous aurez ressuscité ce milieu privilégié où les gens les plus divers, « pris çà et là dans le monde », étaient « si bien assortis qu'ils s'y trouvaient en harmonie comme les cordes d'un instrument monté par une main habile (1). » Celle que Mme Du Deffand avait appelée la *Muse de l'Encyclopédie* « jouait de cet instrument avec un art qui tenait du génie, elle semblait savoir quel son rendrait la corde qu'elle allait toucher. Nulle part la conversation n'était plus vive et plus brillante que chez elle. C'était un rare phénomène que ce degré de chaleur tempérée et toujours égale où elle savait l'entretenir, soit en la modérant, soit en l'animant tour à tour... Et remarquez bien que les têtes qu'elle remuait à son gré n'étaient ni faibles ni légères ; les Condillacs et les Turgots étaient du nombre ; d'Alembert était auprès d'elle comme un simple et docile enfant (2). » Et il devenait un lion pour la défendre contre les calomnies. A propos d'une fausse nouvelle lancée dans les gazettes, il écrivit à Voltaire, le 3 mars 1766, une lettre de protestation, terminée par une explosion de colère :

« Eh, bon Dieu, que deviendrais-je avec une femme et des enfants ? la personne à laquelle on me marie est à la vérité une personne respectable par son caractère, et faite, par la douceur et l'agrément de sa société, pour rendre heureux un mari ; mais elle est digne d'un établissement meilleur que le mien ; et il n'y a entre nous ni mariage ni amour, mais de l'estime réciproque et toute la douceur de l'amitié. Je demeure actuellement dans la même maison qu'elle, où il y a d'ailleurs dix autres locataires ; voilà ce qui a occasionné le bruit qui a couru. Je ne doute pas

---

1. *Mémoires* de Marmontel, t. Ier, p. 472.
2. *Mémoires* de Marmontel, même page et suivantes.

d'ailleurs qu'il n'ait été appuyé par Mme Du Deffand à laquelle on dit que vous écrivez de belles lettres (je ne sais pas pourquoi). Elle sait bien qu'il n'en est rien de mon mariage; mais elle voudrait faire croire qu'il y a autre chose. Une vieille et infâme catin comme elle ne croit pas aux femmes honnêtes ; heureusement elle est bien connue et crue comme elle le mérite..... »

La passion de d'Alembert pour Mlle de Lespinasse datait de 1760 et devait durer jusqu'à la mort de cette dernière qui ne lui donna jamais en retour que de l'amitié, et qui s'éprit d'un amour violent, d'abord successif puis simultané, pour le marquis de Mora et le comte de Guibert.

Le premier était fils de l'ambassadeur de la Cour de Madrid, le comte de Fuentès, et gendre du comte d'Aranda, célèbre, comme ministre, par l'expulsion des Jésuites d'Espagne. A peine marié et déjà veuf, très jeune encore, doué d'une figure agréable, il était d'un caractère alternativement doux et impétueux et d'une intelligence remarquable. C'était un charmeur qui pouvait devenir un homme d'Etat. « J'ai vu peu d'étrangers de son âge qui aient l'esprit plus juste, plus net, plus cultivé et plus éclairé, » écrivait d'Alembert à Voltaire, le 5 avril 1768, en lui annonçant la visite du marquis de Mora à Ferney. Et de son côté, Voltaire écrivit le 1er mai suivant au marquis de Villevieille : « C'est un jeune homme d'un mérite rare. »

Guibert était un colonel de vingt-neuf ans, qui avait la fatuité d'un succès retentissant, obtenu par son *Essai de tactique*, un livre de philosophie politique, très goûté du public le plus varié, dévoré même dans les boudoirs. Et sa soif de gloire était loin d'être assouvie : il ambitionnait encore d'autres triomphes, à l'Académie et au théâtre, avec des tragédies et des éloges de grands hommes en portefeuille. Il ne prétendait à rien moins, selon La Harpe, « qu'à remplacer Turenne, Corneille et Bossuet ». Voltaire qu'il visita aussi, écrivait à Mme Du Deffand, le 28 octobre 1773 : « Ce docteur en l'art d'assassiner les gens m'a paru le plus poli et le plus doux des hommes. » Et voici ce que le roi de Prusse mandait à Voltaire le 27 juillet 1775 : « Le Kain doit partir dans peu pour jouer à Versailles une tragédie de M. de Guibert le tacticien. Je n'ai point vu ce drame. Le Kain prétend que la reine de France protège la pièce... Ce M. de Guibert veut aller à la gloire par tous les chemins : recueillir les applaudissements des armées, des théâtres et des femmes, c'est un moyen d'aller à l'immortalité. »

Mlle de Lespinasse rencontra le comte de Guibert dans la villa de Wattelet, sur les bords de la Seine, entre Montmorency et Argenteuil. C'était le 22 mai 1772. Elle lui écrivit le 21 juin de l'année suivante : « C'est un malheur pour moi que cette journée que j'ai passée, il y a un an, au Moulin-Joli... » Elle avait le remords de cette nouvelle liaison, de son infidélité envers un homme qu'elle aimait toujours et qui, parti de Paris le 7 août 1771 pour aller demander au climat de l'Espagne le rétablissement d'une santé épuisée, n'aspirait qu'à son retour. Le marquis de Mora reprit le chemin de France le 3 mai 1774 et s'arrêta le 23 à Bordeaux, exténué des fatigues d'un long voyage qui l'achevèrent. « J'allais vous revoir, écrivit-il à Mlle de Lespinasse, il faut mourir ; quelle affreuse destinée ! Mais vous m'avez aimé et vous me faites encore éprouver un sentiment doux, je meurs pour vous... » Il s'éteignit le 27 mai, en lui adressant son dernier soupir.

Le souvenir du mort ne cessa de la poursuivre : elle y pensait et l'invoquait au milieu des entraînements de sa passion pour Guibert. Ivre du bruit qui se faisait autour de son nom, n'aimant que lui-même, celui-ci ne songeait qu'à satisfaire son ambition. Elle s'y dévouait elle-même, mais il allait de l'avant en lui brisant le cœur, en la froissant jusque dans son amour-propre, au point de lui arracher ce cri déchirant : « Et c'est vous qui m'avez rendue coupable envers cet homme ! Cette pensée soulève mon âme, je m'en détourne. » Elle lui écrivait qu'elle le détestait, mais en ajoutant : « Vous savez bien que quand je vous hais, c'est que je vous aime à un degré de passion qui égare ma raison. » C'était la justification du mot de La Rochefoucauld : « L'esprit de la plupart des femmes sert plus à fortifier leur folie que leur raison. » La folie de l'amour l'abaisse jusqu'à cet aveu de complet effondrement moral : « Vous me mépriseriez, vous me haïriez que je trouverais encore en moi de quoi vous aimer avec passion. » Et lorsque, lui faisant part d'un projet de mariage, il lui demande ce qu'elle appelle *sa soumission* : « Oh! mon ami, s'écrie-t-elle, je me sens capable de tout, excepté de plier ; j'aurais la force d'un martyr pour satisfaire ma passion ou celle de la personne qui m'aimerait : mais je ne trouve rien en moi qui me réponde de pouvoir jamais faire le sacrifice de mon sentiment... J'ai tant joui, j'ai si bien senti le prix de la vie que, s'il fallait recommencer, je voudrais que ce fût aux mêmes conditions. Aimer et souffrir, le ciel, l'enfer, voilà à quoi je me dévouerais, voilà ce que je voudrais sentir, voilà le climat que je voudrais habiter, et non cet état tempéré dans lequel vivent les sots et tous les automates dont nous sommes environnés... » Pourtant elle finit par se résigner à l'idée du mariage. Bien plus elle cherche la femme qui, par sa fortune, assurera l'avenir du comte et elle ne réclame plus de ce cruel égoïste que le droit de l'aimer toujours. Ce n'est pas tout encore : rencontrant Mme de Guibert (1) dans un salon, la pauvre créature s'impose le devoir de lui adresser un compliment.

Malgré le trouble de ses deux passions enfiévrées dont s'était aggravée la névrose gagnée au service de Mme Du Deffand, Mlle de Lespinasse recevait des amis avec la bonne grâce si louée par Marmontel. Seulement quelquefois après leur départ, elle était prise d'une crise de nerfs qui éclatait avec d'autant plus de force qu'elle l'avait contenue pendant leur présence, et elle repoussait avec horreur les soins que lui prodiguait d'Alembert. « C'était, dit Sainte-Beuve, l'horreur qu'elle avait de sa propre dissimulation avec un tel ami, » dévoué jusqu'à l'aveuglement, qui courait à la poste chercher les lettres du marquis de Mora, impatiemment attendues, et plus tard ne montrait pas moins d'empressement à aller prendre des nouvelles d'une indisposition du comte de Guibert, pour calmer une inquiétude aussi grande.

---

1. Alexandrine Boutinon des Hays de Courcelles, dont le portrait, peint par Greuze, est la propriété du comte Duchâtel.

Les soirées se passaient en conversations ou en lectures. Le plus souvent c'était du Voltaire qu'on lisait, l'*Éloge historique de la raison*, par exemple. La Harpe y lut sa tragédie de *Barnevelt* et Bernardin de Saint-Pierre, son *Voyage à l'Ile-de-France*, ce dernier non sans appréhension d'un pareil aréopage. On lui fit d'abord raconter la très violente querelle qu'il venait d'avoir avec son éditeur, et qui aurait dégénéré en voies de fait sans sa modération. Avec un sérieux mal dissimulé, un évêque le félicita d'avoir l'âme aussi chrétienne, à quoi applaudit Condorcet. « Voilà une vertu de Romain, » dit de son côté Mlle de Lespinasse, moitié souriante, moitié railleuse. Et ouvrant une des boîtes de bonbons qui étaient toujours sur sa cheminée : « Tenez, vous êtes doux et bon, » dit-elle à celui qu'elle appelait « le malheureux chevalier de Saint-Pierre », dans ses lettres à Turgot, à qui elle ne cessait de le recommander, pour une mission qu'il sollicitait et qui eût consisté à aller reconnaître le golfe Persique, la mer Rouge et les bords du Gange. On le plaisanta aussi sur une aventure qui lui était arrivée à Dresde, au retour d'une expédition à laquelle il avait pris part, en qualité d'ingénieur, car il était sorti de l'École des Ponts et Chaussées et avait une grande aptitude pour les travaux du Génie. Un soir du mois de juin, fatigué d'une longue promenade dans la ville, il se reposait sur un banc de gazon, lorsqu'un page lui remit un billet qui contenait un cartel d'amour : un équipage était à ses ordres, il y monta et descendit à la porte d'un palais. Le page, après l'avoir conduit à travers des appartements splendides, s'éclipsa tout à coup, et, une porte s'ouvrant au milieu d'un nuage de parfums qui brûlaient dans des cassolettes d'or, apparut couchée sur un lit de fleurs une femme d'une beauté idéale. Elle alla au-devant du chevalier, le couronna de roses et l'enlaça de ses bras... Ensuite, un souper exquis fut servi par un chœur de jeunes filles court-vêtues, et des harpes firent entendre une musique enivrante. Cela dura huit jours, au bout desquels Bernardin fut ramené chez lui, se demandant s'il ne sortait pas d'un rêve.

Il logeait rue des Maçons-Sorbonne, où il vivait de leçons de mathématiques et des restes de la somme de six cents livres d'indemnité qu'il avait reçue pour des travaux exécutés à Malte. Il attendait toujours la mission tant désirée qui ne vint jamais.

A une courte distance de là, dans la petite rue du Paon, en face de l'hôtel de Tours où demeurait le marquis de Vauvenargues, cohabitaient, chez une fruitière, Marmontel et Beauvin. Par une de ces affinités qui rapprochent les caractères les plus opposés, une étroite liaison s'était formée entre ce dernier, un épicurien pratiquant, et l'austère Vauvenargues, qui venait de publier (sans nom d'auteur) son *Introduction à la connaissance de l'esprit humain* et ses *Maximes*, dans lesquelles, comme Boursault, il prouva qu'on pouvait être un écrivain de valeur sans avoir appris ni le grec ni le latin. Peut-être cet accord était-il né de leurs communs griefs envers le sort. D'une complexion chétive, Vauvenargues, après avoir eu les pieds gelés dans la retraite de Prague où il avait gagné le grade de capitaine, avait failli mourir de la petite vérole, qui non seulement l'avait défiguré, mais lui avait enlevé ce qui lui restait de forces. Quant au futur auteur de la tragédie des *Chérusques*, il était laid et bancal de naissance. Mais malgré cette double disgrâce, Beauvin avait conquis le cœur d'une jolie fille de l'Artois, une compatriote dont il déplorait l'absence. Marmontel fit, chez Mlle de Lespinasse, le récit d'une charmante anecdote, qui les concerne tous trois et qui est comme un avant-goût de la *Vie de Bohème*. Les deux amis vivaient sur une petite somme, une centaine d'écus que Beauvin avait mise dans la communauté. Marmontel comptait, pour son apport, sur le débit d'un poème (un éloge du roi), couronné par l'Académie et que Voltaire s'était chargé de placer à Fontainebleau où était la Cour. Mais Voltaire ne revenait pas, et un soir Beauvin dit en soupirant à son compagnon : « Mon ami, toutes nos ressources sont épuisées et nous en sommes réduits au point de n'avoir pas de quoi payer le porteur d'eau. » — « Le boulanger et la fruitière, demanda Marmontel, nous refusent-ils le crédit ? » — « Non, pas encore. » — « Rien n'est donc perdu, et il est bien aisé de se passer de porteur d'eau. » — « Comment cela ? » — « Eh parbleu ! en allant nous-mêmes prendre de l'eau à la fontaine. » — « Vous auriez ce courage ! » — « Sans doute, je l'aurai. Le beau courage que celui-là ! Il est nuit close, et, quand il serait jour, où est donc le déshonneur de se servir soi-même ? » Et Marmontel, la cruche en main, d'aller la remplir à la fontaine. En revenant, il voit Beauvin, accourant au-devant de lui, la figure épanouie et s'écriant : « Mon ami, la voilà ! c'est elle ! elle arrive ! elle a tout quitté, son pays, sa famille pour venir me trouver ! Est-ce là de l'amour ? » Marmontel, toujours la cruche à la main, s'arrête stupéfait, à la vue d'une grande et belle fille, quoique un peu camuse, qui lui fait une gentille révérence. Puis, en songeant à la coïncidence de ce bonheur inattendu avec leur désastre, il part d'un éclat de rire qui interdit les amoureux. Mais il reprend vite son sérieux et rendant son salut à l'Artésienne : « Soyez la bienvenue, Mademoiselle, lui dit-il, vous ne pouviez mieux choisir le moment, ni arriver plus à propos. » Après ce compliment, il entre chez la fruitière : « Madame, lui dit-il, avec une gravité solennelle, voici un jour extraordinaire, un jour de fête. Il faut, s'il vous plaît, nous aider à faire les honneurs de la maison et élargir un peu l'angle aigu du fromage que vous nous donnez à souper. » — « Et que vient faire ici cette femme ? » demande-t-elle. « Ah ! madame, répond Marmontel, c'est un prodige de l'amour, et il ne faut jamais demander l'explication des prodiges. Tout ce que vous et moi en devons savoir, c'est qu'il nous faut ce soir un tiers de plus de ce bon fromage de Brie, que nous vous paierons bientôt, s'il plaît à Dieu. » — « Oui, dit-elle, s'il plaît à Dieu, mais quand on n'a ni sou ni maille, ce n'est guère le temps de songer à l'amour. » L'apophtegme de la bonne fruitière dut faire sourire Mlle de Lespinasse dont l'avis était qu'il fallait être raisonnable et modéré sur tous les points, sauf sur celui-là.

Suard se trouvait dans une position sinon aussi précaire, du moins voisine de la gêne. Marié à l'aimable et jolie sœur de l'imprimeur Panckoucke, si recherchée partout, chez Mlle de Lespinasse comme chez Mmes de Marchais et Necker, il avait encore associé à son existence l'abbé Arnauld qui partageait leur logis. L'abbé était un *ancien* forcené : il n'admirait qu'Homère et lorsque, avec son accent phocéen, il en psalmodiait les vers, son port de tête et son regard inspiré lui donnaient un air de hiérophante. Suard était loin de professer la même idolâtrie pour l'auteur de l'*Iliade*, qu'il ne supportait qu'à travers la traduction de Pope. Pourtant ils vivaient dans un accord parfait et unissaient leurs profondes connaissances des institutions de la Grèce et de l'Angleterre, pour l'instruction de Gerbier qui habitait sur le même palier, avocat d'une éloquence hors de pair et d'une ignorance qui était comparée à celle de Mme Geoffrin.

Dans le salon de la rue Bellechasse, l'abbé de Condillac était l'antithèse de l'abbé Arnaud. Autant l'un débordait, autant l'autre se concentrait. Lié dans sa jeunesse avec Jean-Jacques Rousseau, Diderot et Duclos, Condillac s'en était détaché tout doucement pour se réfugier tout entier dans la philosophie qu'il fonda et qui eut pour adhérents Garat, Destutt de Tracy et Cabanis. Mlle de Lespinasse le prisait fort. Il n'en était pas de même de Condorcet, qui, attaqué à cet égard par Garat écrivit à Turgot : « Je ne répondrai point à M. Garat pour deux raisons : la première, parce que, n'ayant aucune aversion pour l'abbé de Condillac et ses ouvrages pouvant être fort utiles, je ne veux point engager une querelle qui les réduirait à leur juste valeur. »

Condorcet et Turgot causaient peu dans le monde, celui-ci par prudence, celui-là par timidité : du reste, le trait leur manquait. La timidité de Condorcet provenait sans doute de son éducation première : il avait perdu son père à l'âge de quatre ans et avait été élevé par une mère dévote qui l'avait voué à la vierge et au blanc et qui, jusqu'à l'âge de huit ans, l'avait habillé en fillette. Déjà républicain, comme Turgot était déjà monarchiste pur, ils étaient liés non-seulement d'amitié, mais de pensée, marchant de concert dans la grande voie de l'émancipation humaine. Mlle de Lespinasse, à qui ils portaient un vif intérêt, en profitait pour ses « clients ». C'est ainsi qu'elle fit donner une pension de 2.500 francs à Suard par Condorcet, lequel avait demandé encore au ministre de loger près de lui à la Monnaie (1) l'homme qui devait fermer au proscrit la porte de sa maison de Fontenay-aux-Roses. Elle connaissait le ministre depuis plus de temps que le géomètre, mais elle traitait ce dernier avec plus de familiarité. Ils péchaient l'un et l'autre par le maintien : ils se tenaient courbés, mais elle ne reprochait ce défaut qu'au bon Condorcet, comme elle l'appelait toujours. Elle le grondait aussi de « manger ses ongles, ce qui est indigeste, disent les médecins ». Elle lui recommandait de ne pas faire couper ses cheveux trop courts parce qu'il aurait « la tête trop près du bonnet ». Elle s'efforçait enfin de le détacher d'une personne dont il ne pouvait espérer « ni plaisir ni consolation » et à qui il ne demandait « que de l'amitié et point d'amour pour un autre ». Cette personne était Mme de Meulan la jeune, belle-sœur de la femme du receveur-général de la généralité de Paris, mère de Mme Guizot.

L'amie intime de Turgot, celle du moins avec laquelle il était en parfaite communion d'idées, c'était la duchesse d'Enville née La Rochefoucauld (2), mère du duc de La Rochefoucauld, très liée autrefois avec Mme Du Deffand et qui, dès 1768, s'était déjà montrée encline au mouvement des esprits que réprouvait la marquise en s'y mêlant à son insu. « Cette femme ne vous déplairait peut-être pas, écrivait alors la marquise à Walpole, elle n'a pas les grands airs de nos grandes dames, elle a le ton assez animé, elle est un peu entichée de la philosophie moderne, mais elle la pratique plus qu'elle ne la prêche. » Une caricature du temps de la guerre des farines (1777) la représente avec Turgot dans un cabriolet auquel sont attelés les abbés Baudeau et Roubaud, Dupont (de Nemours), de Vaines et autres écono-

---

1. « On m'a assuré, écrivait Condorcet (août 1775), que je vous devrai bientôt des remercîments pour un bel appartement à la Monnaie. Il y aura de quoi loger M. Suard et moi. » Ce n'est pas tout : « Mais, ajoute-t-il, il y a quatorze ans que l'abbé Arnaud loge avec M. Suard, et ils seraient très affligés tous les deux de se séparer. »

2. Louise-Élisabeth de la Rochefoucauld, mariée, en 1732, à Jean-Baptiste-Louis-Frédéric de Roie de La Rochefoucauld, créé duc d'Enville à la suite de son mariage.

mistes. La voiture, après avoir roulé sur des tas de blé, finit par verser et jeter à terre le contrôleur général, et la duchesse qui arbore cette légende : *Liberté, liberté, liberté tout entière*.

Une autre duchesse, Mme de Châtillon, fille de la duchesse de La Valière, avait, comme Mme d'Enville, abandonné Mme Du Deffand, dont elle était la voisine au couvent de Saint-Joseph, et qui, parlant au même Walpole, d'une indisposition de Mme de La Valière, ajoute presque sur le ton du regret : « Pour sa fille, elle se porte comme le Pont-Neuf; elle s'est faite encyclopédiste; elle est la plus intime de la Muse de l'Encyclopédie (1). » Mlle de Lespinasse disait d'elle : « J'aurais bien mauvaise opinion de moi si je ne l'aimais pas : elle exige si peu et elle donne tant (2). » Quelqu'un lui avait dit, raconte-t-elle à quelques mois de là : « Je vais souper avec elle : je n'en ai jamais tant de désirs que lorsque j'ai dîné avec elle (3). » Mais s'il est souvent question de son amabilité, on se tait sur le reste, ce qui fait supposer qu'elle ne ressemblait pas à sa mère dont la beauté a inspiré à Mme d'Houdetot ce quatrain si flatteur :

> La nature, prudente et sage,
> Force le temps à respecter
> Les charmes de ce beau visage
> Qu'elle n'aurait pu répéter.

La comtesse de Boufflers avait un *faible* pour Guibert : faible est ici le mot juste. Mlle de Lespinasse rend ainsi compte à ce dernier d'une conversation qu'elle a eue avec l'*Idole du Temple* : « Elle ne m'a pas seulement dit votre nom ; je n'en suis pas fâchée, mais comment ne saisit-on pas toutes les occasions de parler de ce qui plaît ? Il y a un certain degré d'affection qui gêne : c'est celui-là qui m'a empêchée de lui parler de vous ; mais elle n'a jamais senti cet embarras, j'en suis sûre ; elle n'a que faire d'aimer,

1. Lettre du 16 octobre 1774.
2. Lettre du 16 octobre 1774.
3. Lettre du commencement de 1775.

elle est si aimable (1) ! » Une autre fois, la chanson était différente : « La comtesse de Boufflers m'a beaucoup parlé de vous... Elle vous aime parce que vous avez fait le *Connétable*... Et moi je vous aimerais bien mieux si vous n'étiez pas le connétable (2). » Au fond le jugement est le même. La comtesse manquait du sixième sens, que possédait M{^lle} de Lespinasse, l'âme.

Guibert avait été l'introducteur du comte de Crillon et du chevalier d'Aguesseau. Celui-ci s'appliquait à dresser sous ses yeux le tableau des constitutions militaires des anciens peuples pour en montrer les rapports avec leurs constitutions politiques. C'était un homme d'un esprit si pondéré et d'une satisfaction de lui-même si complète qu'il agaçait M{^lle} de Lespinasse : « Il est si content de ce qu'il a fait, disait-elle, il sait si bien tout ce qu'il fera, il aime tant la raison ; en un mot, il est si bien arrangé sur tout qu'une fois j'ai pensé me méprendre en lui parlant et en lui écrivant, et j'allais prononcer ou écrire le chevalier Grandisson (3). » Quant au comte de Crillon, il avait été colonel du régiment de Béarn et après être allé, philosophe néophyte, solliciter la double consécration de Ferney et de Berlin, avait mis sa philosophie à une rude épreuve en épousant une jolie jeune fille, agrémentée encore d'une dot de cent quarante mille livres de rentes.

Un second colonel (du régiment de La Fère-Infanterie) avait sans doute été présenté par Condorcet : c'était le frère de M{^me} de Meulan, le vicomte de Saint-Chamans, qu'on appelait l'*Amour*, par antiphrase, car il était très laid. Il avait beaucoup souffert de la goutte, qu'avaient remplacée des vapeurs, et passait pour n'aimer que lui. En quoi, il ressemblait peu au marquis d'Ussé, petit-fils du maréchal de Vauban qui, selon le président Hénault, était convaincu « qu'il n'avait été créé que pour les autres ». Il le prouvait non seulement par une bonté inalté-

1. Lettre du 9 octobre 1774.
2. Lettre du 25 juillet 1773.
3. Lettre du 30 octobre 1774.

rable, mais encore par une constante belle humeur. Mme Du Deffand, parce qu'il l'avait quittée, l'a traité d'*Arpagon*, à propos de son testament, qui n'est que singulier et dans lequel il laisse un Moreri, *nouvelle édition*, à Mlle de Lespinasse, une jatte de porcelaine, son violon et quelques cahiers de musique, à la petite sainte (la comtesse de Choiseul), son pupitre à M. d'Aumont... Il avait une sœur qui ne songeait qu'à son propre salut. Elle était presque toujours à Lisieux, chez l'évêque, son directeur, l'oncle de Condorcet. Quand le marquis fut près de mourir, elle écrivit qu'elle ne pouvait venir l'assister « parce qu'elle avait une fluxion sur les dents ». Mme Du Deffand relève cette belle excuse en se contentant d'ajouter : « Il n'y a pas grand mal, son absence lui évitera l'annonce des sacrements. » Il les refusa du reste, résolument, malgré les objurgations de sa femme et les glapissements d'un chœur de dévotes possédées de l'Esprit saint. Cela fit scandale, mais non au détriment du mort.

Le vicomte de Castellane, qui présenta Malouet à Mlle de Lespinasse et qui était, dit ce dernier, dans ses mémoires (1), « un homme simple, excellent, ce qu'on appelle un philosophe, et un peu frondeur », avait aussi une femme confite en dévotion, mais qui, dans le monde, oubliait ses patenôtres. Elle était d'ailleurs bonne et spirituelle. Elle ne faisait même pas grise mine au comte de Schomberg, qui faisait profession d'athéisme, au demeurant un homme d'esprits très lié avec d'Alembert et un brave à tous crins qui avait peur des revenants.

Malouet rencontra au cercle de la rue Bellechasse le frère de son beau-frère Chabanon de Maugris. Chabanon (tout court), d'abord mystique jusqu'à l'ascétisme, avait été converti au scepticisme par les Jésuites, et, amoureux plusieurs fois déçu, ne croyait pas plus à l'amour qu'à la religion. Il avait des prétentions au titre de poète, mais il était surtout un musicien. Il faisait avec succès sa partie au concert qu'il avait fondé à l'Hôtel de Soubise, et dont le chevalier de Saint-Georges était un des di-

---

1. Édition de 1874, t. Ier, p. 68.

recteurs. Il avait concouru avec Lemierre, en 1777, pour une place vacante à l'Académie. « Ah! M. Chabanon l'emportera, disait l'auteur de la *Veuve de Malabar* ; il joue du violon et je ne joue que de la lyre. » Mais ce fut l'abbé Millot qui passa entre les deux compétiteurs. Ils eurent leur tour plus tard. La tragédie d'*Éponine* valut à Chabanon le fauteuil de Foncemagne, comme les *Observations sur la musique* lui avaient ouvert les portes de l'Académie des inscriptions et belles-lettres. « C'est un grand abus, dit à ce propos Duclos, que les Académies se pénètrent. »

Lorsque l'Assemblée était nombreuse et qu'on pouvait se permettre un aparté, Chabanon, qui était sinon un poète « du moins un homme », selon Condorcet, se retirait dans un coin avec Chastellux, Saint-Lambert et Roucher, pour discuter sur toutes sortes de questions, principalement sur la musique qu'il entendait fort bien, car ses *Observations* sur ce sujet constituent une œuvre des plus remarquables. Il avait le tempérament très vif et communiquait sa chaleur à l'aimable Chastellux qui finissait par disputer aussi, mais qui lâchait bientôt pied. Saint-Lambert lui venait en aide et Roucher écoutait, ou, à dire vrai, semblait écouter. L'auteur des *Mois* rêvait à sa femme, une descendante de Jeanne Hachette, qu'il adorait et à qui, avant de monter à l'échafaud, il adressa les vers si touchants que l'on sait. Ce gentil ménage, dans lequel la poésie et l'amour résistaient aux privations les plus poignantes, faisait l'admiration et le désespoir de Mlle de Lespinasse. Tout cela éclate dans une lettre qu'elle écrit à Guibert et qui, de 1775, est simplement datée, *minuit*. « Ah! quel bonheur d'aimer! s'écrie-t-elle avec ce lyrisme qui sortait de ses entrailles. C'est le seul principe de tout ce qui est beau, de tout ce qui est bon, de tout ce qui est grand dans la nature. Mon ami, M. Roucher a aimé, c'est la passion qui l'a rendu sublime. Mais mon cœur fond de tristesse, lorsque je viens à penser que cet homme rare, ce prodige de la nature, connaît la misère, qu'il en souffre pour lui et dans ce qu'il aime. Ah! cet excès de pauvreté éteint l'amour, et il faut un miracle pour conserver l'énergie et le ressort qu'il y a dans ses vers ; son âme est de feu, et nulle part on ne sent qu'il soit abattu par le malheur... Ah! si mon sang pouvait se changer en or! sa femme et lui auraient connu le bonheur ce soir. Que ne puis-je animer l'âme du comte de C**! Quel emploi il ferait de sa richesse! » Turgot, informé de la détresse du poète, lui donna ce dont il pouvait disposer, une place de receveur des gabelles, à Montfort-L'Amaury.

L'abbé Bon n'avait garde de se rapprocher du coin des poètes. Il craignait d'être repris de la maladie de la rime, dont il avait failli mourir moralement. C'était à l'occasion de Stuart, arrêté au sortir de l'Opéra, et expulsé de France à la demande de l'Angleterre. L'abbé avait commis une épigramme indignée qui débute ainsi :

Peuple jadis si fier, aujourd'hui si servile...

On rechercha l'auteur et on crut le saisir dans la personne d'un professeur de philosophie, Sigorgne, qui en avait fait courir des copies et qui paya d'une année à la Bastille le crime de son collègue, le maître de quartier à Sainte-Barbe. Quoique celui-ci eût gardé un silence blâmable, il n'en jouissait pas moins d'une grande estime. Il fut chargé, le 25 août 1753, de prononcer le panégyrique de Saint-Louis devant l'Académie française dans la chapelle du Louvre et, le 17 avril 1756, de prêcher la cène devant le roi, dans l'église Notre-Dame de Versailles. Mlle de Lespinasse le comptait, ainsi que l'abbé de Boismont, au nombre des hommes qui lui avaient « appris à penser, à parler ». Elle le représente comme étant « d'une conversation facile, raisonnable, avec une gaîté de bon ton ». Quant à l'abbé de Boismont, elle n'eut pas toujours à s'en louer, au point de vue des écarts de langue. Elle s'est plainte expressément de lui à Guibert : il est venu, dit-elle, « me troubler en me parlant de vous ; il prétend qu'on lui a dit que j'étais folle de vous... Je suis restée confondue et heureusement on a annoncé dans le même instant l'archevêque de Toulouse ». L'abbé de Boismont avait pourtant plus que personne besoin d'indulgence : il était l'amant en titre de la duchesse de Chaulnes et se plaisait, dans les théâtres de société, à remplir le rôle de Scapin, où il excellait du reste. Un autre abbé, Morellet, avait commis une indiscrétion qui eût dû offusquer davantage Mlle de Lespinasse, mais qu'elle déclara lui avoir pardonnée en raison de « l'innocence de son âme » : c'était une confidence au sujet de l'empressement de Guibert auprès de la comtesse de Boufflers. L'innocence d'âme de celui que Voltaire appelait l'abbé *Mords-les*, n'est-ce pas un joli trait d'ironie ? Condorcet qui, parfois, le qualifiait d'ami, l'a justement apprécié, en même temps que l'auteur des *Dialogues sur les blés*, dans un passage de sa correspondance avec Turgot (1) : « L'abbé Morellet a essuyé beaucoup de dégoûts pour la réponse qu'il prépare à l'abbé Galiani et le petit abbé lui a écrit une lettre de persifflage à laquelle l'autre a répondu sérieusement : l'une et l'autre sont très piquantes. J'ai peur qu'après avoir badiné, le Napolitain ne cherche à nuire. L'un me paraît *bonhomme et dur*, l'autre *plaisant et méchant.* »

Le plus répandu des diplomates, Caraccioli, était plus prisé chez Mlle de Lespinasse que Galiani, non parce qu'il le surpassait en esprit, ce qui était impossible, mais parce qu'il était en accord d'idées avec d'Alembert et Condorcet. Mme Du Deffand a dit de lui : « L'objet de sa vénération, c'est d'Alembert et Mlle de Lespinasse, mais cela ne l'empêche pas d'avoir une sorte de considération pour moi. » Son ancienne dame de compagnie signale, chez l'ambassadeur de Naples, l'absence de la première des qualités pour elle. Au moment où, par ordre de la Faculté, il allait demander au climat de son pays la guérison de ses rhumatismes : « Il me manquera beaucoup, dit-elle, mais il me fera sentir la différence qu'il y a entre le plaisir qui dissipe et celui qui touche et intéresse : ce ne sera qu'une privation négative. » Elle comptait encore parmi ses habitués deux autres collègues de Caraccioli, qui ont aussi déjà figuré dans cette galerie : le comte de Creutz et le baron de Gleichen. Ils se rencontraient

---

1. Lettre du 10 mai 1770.

avec un autre étranger de haute distinction, celui que Duclos, si avare d'éloges, appelle « un grand ministre dans un petit État », le marquis de Félino. Cet Espagnol, passé au service du duc de Parme, était tombé en disgrâce, après avoir relevé les finances du duché, et y avoir fait prospérer l'agriculture et le commerce, les sciences et les lettres. Peut-être devait-il sa chute aux Jésuites qu'il avait expulsés. Réfugié en France, il y mourut entre les bras de son ami d'Argental. Ajoutons encore un noble irlandais, qui avait passé sans bruit du salon de Mme Du Deffand dans celui de Mlle de Lespinasse, dont il était très épris. La marquise témoigne d'une rancune également impitoyable pour tous deux dans une lettre à Walpole, du 3 octobre 1773 : « La mort de M. Taaffe m'a surprise ; il y a quinze ans qu'elle m'aurait fâchée ; *sa demoiselle* est, dit-on, assez malade. »

Au retour de leur voyage en Russie (octobre 1774), Grimm et Diderot vinrent présenter leurs hommages à la *Muse de l'Encyclopédie*, l'un, le 25 de ce mois, l'autre le lendemain. Grimm lui fit un portrait de la Czarine dans lequel elle reconnaissait « plutôt cet art charmant d'une courtisane grecque, que la dignité et l'éclat de l'impératrice d'un grand empire ». Mais Diderot opéra un revirement complet. Il montra d'un trait sur quel pied il se trouvait avec Catherine, et Mlle de Lespinasse en entretint Guibert avec un enjouement mêlé d'admiration : « Ils disputaient souvent, lui écrivit-elle ; un jour que la dispute s'anima plus fort, la czarine s'arrêta, en disant : « Nous voilà trop échauffés pour avoir raison ; vous avez la tête vive, moi, je l'ai chaude, nous ne saurions plus ce que nous dirions. — Avec cette différence, dit Diderot, que vous pourriez dire tout ce qui vous plairait, sans inconvénient, et que moi je pourrais manquer... — Eh ! fi donc ! reprit la Czarine, est-ce qu'il y a quelque différence entre les hommes ? » Mon ami, voyez, lisez bien et ne soyez pas aussi bête que M. d'Alembert, qui n'a vu à cela que la différence de sexe, tandis que cela n'est charmant qu'autant que c'est une souveraine qui parle à un philosophe. — Une autre fois elle lui disait : « Je vous vois quelquefois âgé de cent ans, et souvent aussi, je vous vois un enfant de douze. » Mon ami, cela est doux, cela est joli et cela peint Diderot (1). »

Elle l'a peint elle-même, sous des aspects divers. Le 24 juin 1773, elle disait de lui : « C'est un homme extraordinaire : il n'est pas à sa place dans la société, il devrait être chef de secte, un philosophe grec instruisant la jeunesse. Il me plaît fort, mais rien de toute sa manière ne vient à mon âme ; sa sensibilité est à fleur de peau... » Et le 30 septembre 1774, elle s'écriait : « Oh ! Diderot à raison, il n'y a que les malheureux qui sachent aimer. » Nous ignorons ce qu'elle pensait de Grimm et de sa verve, mais nous nous en doutons. Nous savons aussi, sans le tenir d'elle, quel était son sentiment sur la pièce rimée (2) contre la musique italienne qu'il lui envoya en la priant, du reste, de ne la montrer à personne. C'était plus court, mais de même valeur que le poème d'Helvétius sur le bonheur, dont elle a dit : « Ce n'est pas lire des vers, c'est labourer. » Elle se moquait de l'amoureux de Doris qui

> Contemple avec ivresse,
> Ses membres arrondis des mains de la mollesse.

Mais elle ne riait pas du livre de l'*Esprit*. Double contraste : elle, dont la vie était toute d'abnégation, elle approuvait la doctrine de cet homme de bien qui avait érigé l'égoïsme en principe : « Oui, s'écrie-t-elle, c'est toujours l'intérêt personnel qui couvre tout, qui anime tout ; et les sots ou les esprits faux qui ont attaqué Helvétius n'avaient sans doute jamais aimé ni réfléchi. » Et à qui s'adresse-t-elle? Au comte de Guibert, l'égoïste endurci.

Elle lui écrivit, après comme avant le mariage (3), jusqu'à la

---

1. Lettre du 30 octobre 1773.
2. *Lettres inédites de Mademoiselle de Lespinasse* (édition Charles Henry), p. 226 et suivantes.
3. Qui eut lieu le 1er juin 1775.—On sait que ce fut la comtesse de Guibert, devenue veuve à trente-deux ans, qui, aidée de Barrère, publia, en 1809, la correspondance de Mlle de Lespinasse avec son mari.

dernière heure, avec la même passion, mêlée de plus d'amertume : le souvenir du marquis de Mora revenait toujours plus cuisant. La pauvre endolorie, dont les souffrances physiques s'aggravaient encore du redoublement de ses tortures morales, cherchait quelquefois à s'échapper de cet enfer par des diversions multipliées. Nous en trouvons la preuve dans ce billet adressé à Condorcet, en 1775, et simplement daté *ce mercredi* : « Voici ma journée ; je dîne chez Mme Geoffrin ; à cinq heures, je vais chez Mme de Marchais ; à six je rentre chez moi, et je vais à neuf et un quart, passer la soirée chez M. Bertin. » M. Bertin avait été deux fois contrôleur général des finances. Il fut le fondateur des écoles vétérinaires et on lui doit l'établissement des premières sociétés d'agriculture à Paris et dans les provinces. Condorcet, dans ses lettres à Turgot, parle d'un échange qu'il compte faire avec lui de graines de garance contre de la graine de rave, et d'une « épidémie de bestiaux contre laquelle les vétérinaires de M. Bertin ne peuvent rien ». Le monde des financiers était encore représenté chez Mlle de Lespinasse par Watelet, de Vaines et un M. de Clausonnette. De ce dernier, nous ne savons rien, sinon que sa place lui était « odieuse » et que c'était « un homme d'un excellent esprit et d'une société bien agréable (1). » Watelet n'était pas seulement un peintre et un littérateur : il remplissait, dans ses moments de loisir, les fonctions de receveur général des finances pour la généralité d'Orléans. Quant à de Vaines, Turgot, qui l'avait connu directeur des domaines, à Limoges, l'avait nommé premier commis des finances, non moins pour la culture de son esprit que pour son aptitude aux affaires. Le choix était excellent, mais la mise à pied de Le Clerc, qui par sa richesse et son faste, s'était créé de nombreux partisans, provoqua de violentes récriminations qui éclatèrent sous la forme d'un infâme libelle, intitulé : *Lettre d'un profane à M. l'abbé Baudeau, très-vénérable de la scientifique et sublime loge de la franche économie.* L'intention était de dis-

---

1. *Lettres inédites de Mademoiselle de Lespinasse*, p. 62.

créditer le protecteur en vilipendant le protégé, qualifié par le libelle, de bâtard de Duvergier, premier commis du trésor royal chez qui son père putatif avait été laquais, et qui avait trouvé sa mère à son gré. De Vaines avait été, pour certains méfaits non spécifiés, enfermé à Charenton, puis, sorti de prison, il était monté sur les planches d'un théâtre dont l'avaient fait descendre les huées du parterre, et enfin il déshonorait, par ses exactions et sa duplicité, la haute fonction à laquelle il avait été appelé. L'auteur était resté inconnu, mais le complice avait été démasqué : c'était un sieur Ducroc, secrétaire de d'Alembert, qui le qualifia, comme il le méritait, mais à un autre point de vue, dans l'invocation que nous citerons plus loin.

Après plusieurs années d'intolérables souffrances, que l'opium seul calmait, Mlle de Lespinasse s'endormit du dernier sommeil, le 22 mai 1776, veillée jusqu'à la fin par son compagnon de tous les instants, que relayaient deux autres amis, ses docteurs, comme elle les appelait, le duc de La Rochefoucauld et le marquis d'Anlezy. Ce dernier était un cousin, et la constance de son affection lui avait valu l'épithète de *vilain bossu* de la part de son autre parente, Mme Du Deffand, toujours acharnée, au point d'écrire à Walpole qu'elle ne *saurait pas devoir à Mlle de Lespinasse de la sauver de l'échafaud*. Et voici ce qu'elle lui mande à cette date du 22 mai : « J'ai besoin de vous écrire ; il me semble que je dois vous rendre compte de tout ce qui m'intéresse ; je ne sais pas trop pourquoi Mlle de Lespinasse est morte cette nuit, à deux heures après minuit ; ç'aurait été pour moi autrefois un événement, aujourd'hui ce n'est rien du tout. » Elle avait veillé, elle aussi, sur la mourante. Elle avait fait guetter son dernier soupir pour l'expédier tout chaud.

Le comte de Guibert avait envoyé souvent, même la nuit, prendre des nouvelles de la malade qui lui en avait témoigné toute sa gratitude, mais qui, dans une lettre écrite peu de jours avant de mourir, avait encore, au milieu des plus vives protestations de tendresse, laissé percer l'éternel remords d'avoir trahi *l'autre* : « ... Il n'y a point de dédommagement, point d'adoucissement à la perte que j'ai faite, disait-elle, il n'y fallait pas survivre. Voilà, mon ami, le seul sentiment d'amertume que je trouve dans mon âme contre vous... Adieu, mon ami, si jamais je reviens à la vie, j'aimerais encore à l'employer à vous aimer; mais il n'y a plus de temps. » Il sanglotait au milieu des nombreux amis assemblés et éplorés, mais les quelques mots qu'il prononça sentent trop l'apprêt de l'oraison funèbre : « Nous voilà tous séparés et on peut nous appliquer ces paroles de l'Écriture : « Le Seigneur a frappé le berger et le troupeau s'est dispersé. »

Combien était différente la douleur de celui qui n'avait eu qu'à se plaindre de la morte ! Elle l'avait mis encore à une cruelle épreuve, en lui écrivant le 16 mai (*à cinq heures du matin*) : « Je vous dois tout. Je suis si sûre de votre amitié que je vais employer ce qui me reste de force à supporter une vie où je n'espère ni ne crains plus rien... Cependant comme je ne puis pas assez compter sur ma volonté et qu'elle pourrait bien céder à mon désespoir (1), je prends la précaution de vous écrire pour vous prier de brûler, sans les lire, tous les papiers qui sont dans un grand portefeuille noir. Je n'ai pas la force d'y toucher. Je mourrais en revoyant l'écriture de mon ami. »

D'Alembert ne put, hélas ! résister à la tentation de jeter un coup d'œil sur ces papiers, il les lut et y découvrit ce que lui seul ignorait : l'*ami* était l'amant! Il écrivit à Voltaire, le 24 juin : « Ma vie et mon âme sont dans le vide, et l'abîme de douleur où je suis me paraît sans fond. J'essaye de me secouer et de me distraire, mais jusqu'à présent, sans succès... » Et un mois après (le 22 juillet), s'adressant à celle qui l'avait trompé (2) : « Hélas ! s'écriait-il, j'ai perdu avec vous seize années de ma vie... » Puis venaient des reproches de toutes sortes, entre autres, celui-ci :

« Vous vous êtes plainte, je le sais, et plainte avec amer-

1. On a conclu de ce passage qu'elle avait pu avancer sa mort.
2. *Aux mânes de Mademoiselle de Lespinasse.* Cette pièce parut pour la première fois dans ses œuvres posthumes (1799).

tume, surtout dans les derniers mois de votre vie, de ma bienfaisance pour la malheureuse famille d'un domestique coupable (1). Vous avez laissé croire que ma compassion pour de pauvres enfants innocents, que ce misérable laissait dans l'abandon et dans l'indigence, tenait à un principe moins louable que mon invincible pitié pour les malheureux. Vous n'avez pas rougi de penser et peut-être de dire que j'étais le père de ces créatures infortunées. »

L'accusation du reste était au moins singulière, vu la réputation que d'Alembert devait à son filet de voix. On sait la réponse faite à un de ses admirateurs qui disait : « C'est un dieu ! » — « Si c'était un dieu, répondit une dame, il aurait commencé par se faire homme. » Formont partageait la même opinion et il l'exprima crûment dans une lettre écrite à d'Alembert, le 4 décembre 1754, au moment où il frappait à la porte des Quarante qui ne se firent pas prier pour le recevoir. « Vous vous imaginez qu'il n'y a qu'à se présenter à l'Académie pour y être admis, mais il faudrait pour cela qu'il n'y eût pas de duchesse de Chaulnes au monde. Apprenez que, malgré tous vos talents, vous n'auriez pas été reçu seulement à sa cour. Elle pense peut-être qu'il vous en manque quelques-uns qu'elle regarde comme indispensables à un grand homme. Elle a dit que vous n'étiez qu'un enfant : on entend cela ; elle croit même que dans un sérail vous traîneriez une éternelle enfance. » Rousseau, dans ses *Confessions* (2), s'est aussi égayé sur ce chapitre, à propos des relations intimes qui s'étaient établies entre Mlle de Lespinasse et d'Alembert, avec lequel, dit-il, elle « a même fini par vivre, s'entend en tout bien tout honneur, et cela ne peut même s'entendre autrement ».

La blessure que d'aussi navrantes déceptions avaient faite au cœur de d'Alembert ne tarda pas, non à se guérir, mais à se cicatriser : les reproches firent place aux regrets. Il était allé s'en-

---

1. Ducroc.
2. Deuxième partie, livre XI.

fermer dans l'appartement du Louvre, auquel il avait droit comme secrétaire de l'Académie, et il n'en sortait que pour se promener le soir, aux Tuileries, avec Marmontel qui, pour le consoler, lui rappelait la mobilité d'humeur de Mlle de Lespinasse : « Oui, répondait-il, elle était changée, mais je ne l'étais point ; elle ne vivait plus pour moi, mais je vivais toujours pour elle. Depuis qu'elle n'est plus, je ne sais plus pourquoi je vis. Ah ! que n'ai-je à souffrir encore ces moments d'amertume qu'elle savait si bien adoucir et faire oublier ! Souvenez-vous des heureuses soirées que nous passions ensemble. A présent que me reste-t-il ? Au lieu d'elle, en rentrant chez moi, je ne vais plus retrouver que son ombre. Ce logement du Louvre est lui-même un tombeau où je n'entre qu'avec effroi (1). »

1. *Mémoires* de Marmontel, t. II, p. 304.

XI

LES VENDREDIS DE Mme NECKER

Au commencement de l'année 1770, l'appariteur épistolaire des Cours de Saxe-Gotha et de Russie publiait ce ban de l'Église philosophique :

« Sœur Necker fait savoir qu'elle donnera toujours à dîner les vendredis : l'Église s'y rendra parce qu'elle fait cas de sa personne et de son époux ; elle voudrait pouvoir en dire autant de son cuisinier (1). »

Le même trait fut décoché contre Mme Geoffrin qui venait de mourir, par la marquise Du Deffand, rééditant une exclamation célèbre pour les besoins d'une rancune invétérée et injustifiable, à l'occasion des éloges qu'avaient décernés à la défunte Thomas et Morellet : « Tout cela est bien du bruit pour une omelette au lard. » C'était d'un seul coup réduire à néant tout le mérite de Mme Geoffrin qui, selon quelques médisants, n'avait consisté que dans son *excellente table*. Mais si Grimm regrettait l'absence de la bonne chère chez Mme Necker, il ne déniait pas à celle qui fit souche de doctrinaires la qualité que Sainte-Beuve refusait à ses descendants. « Les gens d'esprit, a dit ce gourmet de tous points,

---

1. *Correspondance de Grimm*, t. VIII, p. 438.

qui à table mangent au hasard et engloutissent pêle-mêle, avec une sorte de dédain, ce qui est nécessaire à la nourriture du corps (et j'ai vu la plupart des doctrinaires faire ainsi), peuvent être de grands raisonneurs et de hautes intelligences, mais ils ne sont pas des *gens de goût*. » Ce qui prouve que Grimm trouvait du charme dans la conversation de Mme Necker, c'est qu'il lui reprochait de demeurer trop loin de lui : « Ce tort est impardonnable, Madame. Je sens que je vous verrais tous les jours et je sens encore mieux tout ce que je perds à vous voir si peu. »

Mme Necker était fille d'un pasteur protestant du canton de Vaud, Louis-Antoine Curchod. Elle avait été baptisée le 2 juin 1737, sous le prénom de Suzanne, dans l'église du village de Crassier et avait reçu une éducation austère et une instruction solide. Elle savait le latin et passait pour ne pas ignorer le grec. Quant aux arts d'agrément, elle s'y adonnait sans succès ; elle jouait médiocrement du clavecin, mal du violon, et ne maniait pas mieux le pinceau. Elle dansait gauchement mais avec passion. On a prétendu qu'elle n'avait d'autre beauté qu'une grande fraîcheur. Mais cette opinion est démentie par le portrait qu'elle a tracé d'elle-même et qui est d'une grande sincérité de touche : « Un visage qui annonce la jeunesse et la gaieté ; le teint et les cheveux d'une blonde, animés par des yeux bleus, riants, vifs et doux ; un nez petit mais bien tiré ; une bouche relevée, dont le sourire accompagne celui des yeux avec quelque grâce ; une taille grande et proportionnée, mais privée de cette élégance enchanteresse qui en augmente le prix ; un air villageois dans la manière de se présenter, et une certaine brusquerie dans les mouvements qui contraste prodigieusement avec une voix douce et une physionomie modeste ; telle est l'esquisse d'un tableau que vous pourrez trouver trop flatteur. »

Suzanne Curchod avait vingt-trois ans, lorsqu'elle perdit son père et vingt-six ans à la mort de sa mère. Restée sans fortune, elle risquait fort de passer sa vie dans la condition d'institutrice ou de demoiselle de compagnie, lorsqu'une rencontre inespérée vint la tirer de cette situation subalterne. Elle avait été recueillie par une riche veuve, Mme de Vermenoux, en villégiature sur les bords du lac de Genève, et qui, à Paris, avait été recherchée par un Genevois, lequel d'employé dans les bureaux du banquier Vernet, était devenu, avec l'aide de son patron, l'un des chefs de la maison de banque connue sous la raison sociale Thelusson et Necker. Jacques Necker était issu de Louis-Frédéric Necker, professeur de droit, à qui son mérite personnel avait valu le titre de bourgeois de Genève. Il avait trente-deux ans en 1764, lorsqu'il apparut pour la première fois à Suzanne Curchod, chez Mme de Vermenoux qui l'avait ramenée à Paris et près de qui il vint reprendre sa cour. D'une carrure quelque peu massive, il se sauvait par les agréments d'une physionomie où, sous la finesse des traits, se devinait celle de l'intelligence. On ignore comment Suzanne Curchod devint la femme du prétendant de Mme de Vermenoux. Elle avait été promise elle-même à un autre, un avocat d'Yverdon, nommé Correvon, de qui elle reçut une lettre d'une rare bonhomie. Après lui avoir reproché de l'avoir accepté comme pis aller, il ajoutait presque avec des remords : « Mais pourquoi troubler votre joie en rappelant le passé ? Je vous pardonne, très sincèrement, Mademoiselle et ma plus chère amie, tous vos procédés, et je prie mon Dieu de toute mon âme qu'il veuille verser à pleines mains ses plus précieuses bénédictions sur vous, sur M. votre cher époux et sur toute votre postérité..... » La baronne d'Oberkirch, qui ne ménage pas les Necker dans ses Mémoires, prétend que Mme de Vermenoux aurait trouvé plaisant de se débarrasser du même coup de son soupirant et de sa demoiselle de compagnie : « Ils s'ennuieront tant ensemble, aurait-elle dit, que cela leur fera une occupation. » Que ce trait fût de Mme de Vermenoux ou de la baronne, il n'importe guère : la vérité est qu'au début de la lune de miel, Mme Necker écrivit à une de ses amies d'enfance : « J'ai épousé, ma chère, un homme qui est à mes yeux le plus aimable des mortels et je t'assure que je ne suis pas la seule à en juger ainsi. J'ai eu du penchant pour lui dès que j'ai commencé à le connaître... A présent je ne vois plus que mon mari dans toute la nature ;

tous mes goûts, tous mes sentiments se rapportent à lui ; je ne fais cas des autres hommes que selon qu'ils se rapprochent plus ou moins de lui et je ne les compare que pour avoir le plaisir d'apercevoir les différences... Les attentions de mon mari sont incroyables, mais je ne suis sensible à rien qu'à son attachement, et je ne vois que lui dans la compagnie la plus agréable... » Et cette lune de miel dura toujours.

Les deux époux s'étaient installés dans un hôtel de la rue Michel-le-Comte, en plein Marais, où était le siège de la maison de banque. Mme Necker qui avait sinon la passion, du moins le goût des lettres, forma le projet d'y réunir l'élite de ceux qui les cultivaient. Son mari y accéda sans difficulté, mais seulement pour lui complaire. Il avait, lui, la passion exclusive des questions financières et aurait sans doute rougi si on lui eût rappelé les comédies de sa vingtième année. La clientèle lettrée de Mme Necker s'accrut bientôt au point que le salon de la rue Michel-le-Comte devint trop petit. M. Necker, dont les affaires avaient pris aussi plus d'importance et nécessitaient plus d'ampleur dans les bureaux, n'attendit pas que sa femme exprimât le désir d'un changement de demeure et transporta sa maison rue de Cléry, dans un grand et somptueux hôtel, appelé l'hôtel Leblanc, du nom de son ancien propriétaire Claude Leblanc, qui avait été secrétaire d'État au département de la guerre et que Mme de Prie avait fait jeter dans les cachots de la Bastille. Le ménage habita là jusqu'à l'époque où l'arrivée aux affaires de M. Necker lui ouvrit les portes du Contrôle général. L'installation faite, on agita la question du dîner : tous les jours de la semaine, sauf deux, ayant été pris : le lundi et le mercredi par Mme Geoffrin, le mardi par Helvétius, le jeudi et le dimanche par le baron d'Holbach, Mme Necker choisit le vendredi, d'après les conseils de Marmontel, Raynal et Morellet ; seulement à ses dîners, il y avait toujours un plat maigre pour les rares fidèles de l'Église catholique qui se seraient égarés dans l'antre.

Marmontel raconte que sa première entrevue avec Mme Necker eut lieu dans un bal bourgeois et qu'elle l'aborda ainsi : « En arrivant à Paris, lui dit-elle, l'un de mes désirs a été de connaître l'auteur des *Contes moraux*. Je ne croyais pas faire au bal une si heureuse rencontre. J'espère que ce ne sera pas une aventure passagère... Necker, ajouta-t-elle en appelant son mari, venez vous joindre à moi pour engager M. Marmontel, l'auteur des *Contes moraux*, à nous faire l'honneur de nous venir voir. » Necker joignit ses instances à celles de sa femme, et Marmontel devint un des habitués de leur salon, mais un habitué quelque peu hostile, comme en témoigne le jugement qu'il porte sur eux. Selon lui, Mme Necker, d'ailleurs très vertueuse et très instruite, était guindée, emphatique et débrouillait mal le chaos de ses idées. Elle ne comprenait pas M^{mo} de Sévigné dont elle fit pourtant l'éloge et n'estimait que Thomas et Buffon. Elle calculait tout : elle ne recherchait les gens de lettres que comme des trompettes, pour les faire sonner en l'honneur de son mari. Celui-ci était presque toujours muet : il n'ouvrait la bouche que pour lancer quelque mot finement aiguisé. C'était peu récréatif, ajoute Marmontel : on était tenu de le distraire chez lui et de le louer au dehors.

A cette peinture du vendredi quelque peu brutale, opposons-en une autre, tirée d'une charmante lettre de Galiani qu'il faut citer tout entière, pour montrer de quelle encre l'impertinent abbé écrivait à M^{mo} Necker, qui le punissait souvent de ces incartades de plume en s'abstenant de lui répondre. L'originalité du personnage éclate dès le premier mot :

Naples, 4 août 1770.

« Mais c'est à condition que vous ne me répondrez pas par une lettre trop belle, ni trop sublime; je veux savoir de vous, madame, tout bonnement, tout platement, comment vous portez-vous? Que faites-vous? Comment se porte M. Necker Que fait-il? Êtes-vous grosse? Vous amusez-vous? Vous ennuyez-vous? Voilà mes demandes et mes curiosités. Elles sont naturelles, car, n'en doutez pas, il n'y a point de vendredi que je n'aille chez vous en esprit. J'arrive, je vous trouve tantôt achevant votre parure, tantôt prolongée sur cette duchesse. Je m'assieds à vos pieds. Thomas en souffre tout bas, Morellet en enrage tout haut, Grimm, Suard en rient de bon cœur et mon cher comte de Creutz ne s'en aperçoit pas. Marmontel trouve l'exemple digne d'être imité, et vous, madame, vous faites combattre deux de vos plus belles vertus, la pudeur et la politesse, et, dans cette souffrance, vous trouvez que je suis un petit monstre plus embarrassant qu'odieux.

« On annonce qu'on a servi. Nous sortons, les autres font gras, moi je fais maigre, je mange beaucoup de cette morue verte d'Écosse, que j'aime fort, je me donne une indigestion tout en admirant l'adresse de l'abbé Morellet à couper un dindonneau. On sort de table, on est au café, tous parlent à la fois. L'abbé Raynal convient avec moi que Boston et l'Amérique anglaise sont à jamais séparés d'avec l'Angleterre; et dans le même moment Creutz et Marmontel conviennent que Grétry est le Pergolèse de la France; M. Necker trouve tout cela bon, baisse la tête, et s'en va.

« Voilà mes vendredis. Me voyez-vous chez vous comme je vous vois ? Avez-vous autant d'imagination que moi? Si vous me voyez et si vous me touchez, vous sentirez qu'à présent je vous baise tendrement la main, mais vous souriez, adieu donc, je suis content. »

L'auteur des *Contes moraux* a oublié de rappeler dans ses *Mémoires* les services nombreux qu'il avait reçus de Necker pour lui et sa famille. Il trouvait sans doute qu'il les avait assez payés par des protestations de reconnaissance hyperboliques, où il faisait intervenir le *vox faucibus hæsit*. Il ne s'est pas souvenu non plus des témoignages d'affection qu'il avait prodigués à Mme Necker pour l'aide qu'elle lui prêtait près du contrôleur général. Dans les lettres qu'il lui écrivait alors, il regrettait de ne pouvoir remplacer « Madame » par « mon ange », qualificatif que lui méritait si bien la pureté de son âme, mais dont on avait trop abusé. Et un jour qu'elle devait faire un voyage en Angleterre, il avait juré qu'il irait la rejoindre à la nage et s'était écrié : « Pourquoi l'amitié n'aurait-elle pas son Léandre comme l'amour ? » Son oncle par alliance, l'abbé Morellet, mérita de son côté que Mme Necker le dépeignît ainsi dans une lettre à son ami Moultou : « C'est un ours mal léché qui ne se doute pas qu'il y ait un usage du monde. » Il attaqua violemment le privilège de la Compagnie des Indes que défendait Necker et vint s'asseoir à sa table, « comme si de rien n'était, dit Grimm, après en avoir reçu cinquante coups d'étrivières, bien appliqués, au milieu des acclamations du public ». Mais, dans ses *Mémoires*, l'abbé sut garder plus de mesure que Marmontel, tout en critiquant avec vivacité l'homme d'État et l'écrivain chez celui dont Mme de Marchais disait : « M. Necker aime la vertu comme on aime sa femme et la gloire comme on aime sa maîtresse. »

L'abbé Raynal préparait alors son *Histoire philosophique et politique des établissements européens dans les Indes*, un livre de compilation, relevé par des boutades que lui soufflait Du Bucq. Ancien élève des Jésuites, il avait été attaché comme prêtre desservant à la paroisse de Saint-Sulpice et après en avoir été expulsé, pour cause de simonie, était allé s'échouer au *Mercure de France*. Le prince de Ligne en fait un portrait peu flatté. « Quel homme pesant que ce Raynal, quoique Gascon, dont l'accent était fait pour être amusant ! » dit-il dans ses *Notes* sur la *Correspondance de Laharpe*. Il racontait régulièrement deux fois de suite la même anecdote qu'on savait d'ailleurs, et il ne faisait, entre sa première et sa deuxième narration, que frapper de deux doigts bien secs sur une table, en disant : « C'est joli ! je ne sais pas si l'on en sent toute la finesse. » Lui présent, personne, selon Chamfort, ne pouvait parler : « Dînant à Neufchatel avec le prince Henri (de Prusse), il s'empara de la conversation et ne laissa pas au prince le temps de placer un mot. Celui-ci, pour obtenir audience, fit semblant de croire que quelque chose tombait du plancher et profita du silence pour parler à son tour. »

Les réceptions de l'été eurent lieu d'abord au château de Madrid que Necker avait loué, puis dans un château qu'il avait acheté à Saint-Ouen, proche de celui d'où Louis XVIII lança sa fameuse Déclaration. Le carrosse de Mme Necker allait chercher et ramenait ceux de ses invités qui en manquaient.

Ce fut à la table des Necker, le 17 avril 1770, que l'on décida l'érection d'une statue à Voltaire. La proposition, émanée de Mme Necker, réunit l'unanimité des votants que Grimm cite dans 'ordre suivant : à la droite de Mme Necker, Diderot, ensuite Suard, le chevalier de Chastellux, Grimm, le comte de Schomberg, Marmontel, d'Alembert, Thomas, Necker, Saint-Lambert, Saurin, l'abbé Raynal, Helvétius, Bernard, l'abbé Arnaud et l'abbé Morellet. Le sculpteur Pigalle était présent, mais comme simple convive, désigné d'avance pour l'exécution de la statue (1).

Il ne tarda pas à se mettre en route pour Ferney. Voltaire écrivait le 19 juin à Mme Necker :

« Quand les gens de mon village ont vu Pigalle déployer quelques instruments de son art : *Tiens, tiens*, disaient-ils, *on va le disséquer; cela sera drôle*. C'est ainsi, Madame, vous le savez, que tout spectacle amuse les hommes : on va également aux marionnettes, au feu de la Saint-Jean, à l'Opéra-Comique, à la grand'messe, à un enterrement. Ma statue fera sourire quelques philosophes, et renfrognera les sourcils réprouvés de quelque coquin d'hypocrite ou de quelque polisson de folliculaire, vanité des vanités !

« Mais tout n'est pas vanité ; ma tendre reconnaissance pour mes amis et surtout pour vous, Madame, n'est pas vanité. »

Deux jours après, Voltaire adressait à d'Alembert la lettre suivante destinée aussi à ses amis du vendredi :

> Vous qui, chez la belle Hypathie,
> Tous les Vendredis raisonnez
> De vertu, de philosophie,
> Et tant d'exemples en donnez,

---

1. Son œuvre figure aujourd'hui au Palais de l'Institut.

> Vous saurez que, dans ma retraite,
> Aujourd'hui Phidias-Pigal
> A dessiné l'original
> De mon vieux et maigre squelette.
>
> Chacun rit vers le mont Jura,
> En voyant mes honneurs insignes ;
> Mais la France entière dira
> Combien vous en étiez plus dignes.

« C'est un beau soufflet, mon cher et vrai philosophe, que vous donnez au fanatisme et aux lâches valets de ce monstre. Vous employez l'art du plus habile sculpteur de l'Europe pour laisser un témoignage d'amitié à votre vieil enfant perdu, à l'ennemi des tyrans, des Pompignan et des Fréron, etc. Vous écrasez sous ce marbre la superstition, qui levait encore la tête. »

Pigalle n'opéra qu'avec les plus grandes difficultés ; il ne pouvait obtenir une pose sérieuse. Tandis qu'on le modelait, Voltaire dictait des lettres à son secrétaire, tout en soufflant des pois et faisant les grimaces les plus diverses, selon son habitude. A bout de patience, l'artiste après la seconde séance, fit faire un moule de ce qu'il avait pu saisir au vol et disparut le lendemain à la pointe du jour sans tambour ni trompette. Il ne tenait qu'à la tête. Arrivé à Paris, il emprunta le corps d'un vieux soldat pour achever sa statue. Le roi de Prusse voulut concourir à son érection et ayant chargé d'Alembert de fixer le chiffre de sa souscription : « Un écu, sire, et votre nom, » répondit le philosophe. L'impératrice de Russie ne jugea pas à propos d'y prendre part : il lui suffisait sans doute d'avoir envoyé des fourrures à Voltaire. Ses préférences étaient pour Diderot et Grimm.

Pendant son séjour en Russie, Grimm n'avait pas oublié Mme Necker près de Catherine qui cependant le captivait fort. Ils échangeaient des nouvelles : il parlait de l'impératrice, et elle de Paris et de son monde. Comme il lui avait reproché de ne l'avoir pas entretenu de sa santé, de son mari et de sa fille, elle lui répondit : « Je me suis méprise sur ce qui pouvait vous intéresser ; j'ai cru vous plaire en vous donnant des nouvelles de la capitale ; je pensais qu'à Pétersbourg on aimait les vers et les événements. Je ne vous dirai donc pas que l'on met de nouvelles entraves à l'impression, que tout Paris est divisé entre Grétry et Glouch, et que les plus modérés assurent qu'ils ont quelques gouttes de sang à verser pour l'un ou pour l'autre ; qu'un jeune homme lit à lui seul tout une pièce mieux que la meilleure troupe possible, et qu'on emporte les femmes mortes où mourantes au sortir de ce spectacle ; que nous attendons l'empereur ce printemps ; que M. de Buffon fait imprimer un ouvrage sur les éléments et un autre sur les planètes, où il nous dit au juste la température de chaque astre et presque le caractère de tous les habitants respectifs ; que l'éloge de Colbert continue à avoir le plus grand succès. Mais je vous dirai, en revanche, que les maîtres de ma fille sont très contents d'elle et que M. Necker engraisse que c'est une bénédiction. Ah ça, convenez, monsieur, que vous aviez un peu d'humeur quand vous m'avez écrit : j'en suis charmée : c'est le premier tort que vous aurez eu de votre vie, et l'on peut dire de vous ce que Mme Geoffrin dit d'elle-même : « Faites des vœux pour que j'aye un tort, afin que je le répare. » Je compte donc que vous m'aimerez un peu plus, et c'est dans cette douce confiance que je reprends l'air serein de l'amitié.

« Notre société est toujours la même. On y parle souvent de vous et l'on maudit votre absence, tout en convenant qu'elle est raisonnable. Mme Geoffrin continue à me gronder, à sa grande satisfaction et à la mienne. L'abbé Raynal exprime les étrangers jusqu'à la dernière goutte ; l'ambassadeur (de Naples) rit et fait encore plus rire les autres ; moi, j'écoute toujours avec quelque distinction. M. Necker ne parle, ni n'écoute, et se nourrit assez bien en suçant ses pâtes. M. Suard prend des mouches avec une dextérité charmante. Tout le monde vous attend et se forge des félicités des récits que vous allez nous faire. »

Mme Necker correspondait aussi avec le compagnon de voyage e Grimm, Diderot, dont l'entrain la charmait et qui dans le rincipe avait porté sur elle un jugement plus que téméraire. Il en avait fait ainsi la confidence à Mlle Volland, le 18 août 1765 : « Savez-vous qu'il ne tiendrait qu'à moi d'être vain? Il y a ici une Mme Necker, jolie femme et bel esprit qui raffole de moi. C'est une persécution pour m'avoir chez elle… C'est une Genevoise sans fortune, à laquelle le banquier Necker vient de faire un très bel état. On disait : « Croyez-vous qu'une femme qui doit tout à son mari osât lui manquer? » On répondit : « Rien de plus in-« grat en ce monde. » Le polisson qui fit réponse, c'est moi. » Diderot conçut bientôt une autre opinion de Mme Necker et lui rendit justice en la définissant « une femme qui possède tout ce que la pureté d'une âme angélique ajoute à la finesse du goût ». Elle lui disait, à propos des lettres qu'il lui avait écrites de Russie : « Je conserverai vos feuilles volantes comme si j'étais la postérité même. »

Après son premier dîner du vendredi, Mme Necker avait noté un lambeau de conversation à laquelle prirent part Gentil-Bernard, Suard, Marmontel, l'abbé Morellet, Thomas et elle-même. Chacun des interlocuteurs s'y montre avec le caractère qui lui est propre : Necker, rêveur ; Thomas, ampoulé ; Marmontel, goguenard ; Morellet, hérissé ; Suard, taquin et Gentil-Bernard, doucereux (1) :

« M. Bernard.

Vous vous portez à merveille, madame : votre teint est plus frais que ces fleurs.

Mme Necker.

Les poètes sont galants.

M. Bernard.

Dites sensibles.

---

1. Le *Salon de Madame Necker*, d'après des documents tirés des archives de Coppet, par le vicomte d'Haussonville, t. Ier, p. 127 et suivantes.

Mme NECKER.

L'on peut réunir ces deux qualités ; mais je crains bien qu'elles ne se perdent ; en vérité, l'abbé me met au désespoir ; depuis une heure, il rugit contre les femmes et ces messieurs l'excitent et l'applaudissent.

L'ABBÉ MORELLET.

Oui, madame, je soutiens que les femmes n'ont pas l'ombre du bon sens, et je vous aurais convaincue si vous aviez daigné m'écouter ; mais il est impossible de raisonner avec vous, et vous prouvez merveilleusement notre thèse. Qu'en dites-vous, monsieur Necker ?

M. NECKER (*distrait*).

Bien obligé, monsieur, je n'en mange pas.

Mme NECKER.

Mme Riccoboni, par exemple, excelle dans son genre.

M. SUARD.

Mais, premièrement, a-t-elle un genre ?

Mme NECKER.

C'est en avoir un que d'écrire avec chaleur, avec grâce, d'intéresser ses lecteurs.

M. SUARD.

Écrire, je n'entends pas ce que c'est qu'écrire, elle arrange des phrases assez bien, sans imagination, sans idées.

Mme NECKER.

Oh ! monsieur, vous exagérez.

M. SUARD.

Je n'entends pas ce que c'est qu'exagérer, exagérer est un mot qui n'a point de sens ; personne n'exagère : on rend sa pensée et voilà tout.

Mme NECKER.

Jamais je ne suis d'accord avec M. Suard, pas même sur le

temps qu'il fait ; car, si je dis qu'il pleut, il n'entend pas ce que c'est que la pluie.

M. Suard.

Ah! charmant objet, vous vous égayez. Mais, à propos, M. Thomas semble garder la neutralité, cela n'est pas bien.

M. Thomas.

J'avoue, monsieur, que les femmes peuvent manquer de ce feu divin qui nous anime, de ce noble enthousiasme qui prolonge nos veilles et les fait passer dans la postérité la plus reculée ; mais si elles ne montent pas avec nous dans les cieux, elles embellissent la terre ; une femme honnête est le plus beau des spectacles pour une âme sensible.

M. Marmontel.

Honnête ! à merveille, mon cher Thomas ; mais, si vous vouliez bien emporter celles-là avec vous dans les cieux et laisser les autres pour ramper avec nous sur la terre.

M. Bernard.

Fi donc, monsieur ! vous parlez comme un profane et vous oubliez que vous êtes dans le sanctuaire. »

On trouve encore dans les papiers de Mme Necker (1) un fragment de dialogue dont manque le commencement. C'est un débat philosophique qu'ouvrent des exclamations de celui que Diderot appelait « le petit ouragan », lesquelles répondaient à quelque article de foi :

« Naigeon.

Chimère ! erreurs ! préjugés !

Mme Necker (*sans écouter M. Naigeon*).

Monsieur Diderot, reprenons une conversation qui m'intéresse, et qui me rend l'existence plus supportable. Ne me disiez-vous pas qu'il était possible d'expliquer la pensée par la suite des sensations ?

1 *Le Salon de Madame Necker*, t. 1er, p. 166 et suivantes.

NAIGEON.

Oui, certainement; avec la plus grande clarté, ah! sans doute!

DIDEROT.

Toute la nature n'est qu'une série de sensations graduées ; la pierre sent, mais très faiblement; la plante sent plus que la pierre, l'huître plus que la plante, et c'est ainsi que je m'élève jusqu'à l'homme. De faibles sensations ne laissent aucun souvenir d'elles-mêmes. L'empreinte légère de mon doigt sur un corps dur ne saurait se conserver; mais des sensations plus fortes produisent enfin le souvenir; souvenir qui n'est autre chose que la pensée, ou, si vous l'aimez mieux, qu'une empreinte durable. La seule matière suffit donc à l'explication de tous ces phénomènes et, si elle est susceptible de sensations, elle est aussi susceptible de pensée.

Mme NECKER.

Je veux que les idées nous viennent des sens. Qu'en conclurons-nous ?... Je me juge toujours une et le foyer de ces idées, quel qu'il soit, est certainement indivisible.

DIDEROT.

C'est un sens collectif de tous les autres sens.

Mme NECKER.

Quelle est donc la nature de ce sens qui contient des choses abstraites, qui est tourmenté par des raisons métaphysiques, pour qui le néant est quelque chose, puisqu'il le distingue de l'existence; ce sens qui réagit sur lui-même, qui se forme de nouvelles pensées et qui, malgré les millions d'objets qu'il représente, qu'il renferme et sur lesquels il s'exerce, demeure toujours un et indivisible ? Quelles sont les opérations de la matière qui ressemble à ces actes miraculeux de notre âme ? Ah! monsieur Diderot, avouons notre ignorance; plus nos idées se multiplient sur ces objets, plus je me persuade que Dieu a traité les métaphysiciens comme les architectes de Babel qui voulaient monter au ciel malgré leur petitesse. Il ne leur accorda le don des langues que pour les confondre par la multiplicité des mots et les empêcher de s'entendre. »

On s'effrayait à Genève de l'atmosphère anti-religieuse dans laquelle vivait Mme Necker, et son ami Moultou se faisait l'organe de ces appréhensions. « Je vis, il est vrai, lui répondit-elle, au milieu d'un grand nombre d'athées ; mais leurs arguments n'ont jamais même effleuré mon esprit ; et s'ils ont été jusqu'à mon cœur, ce n'a été que pour le faire frémir d'horreur. » Une autre fois, à des reproches du même genre, elle fit une réponse plus chrétienne : « J'ai des amis athées, dit-elle, pourquoi non ? ce sont des amis malheureux. » Necker lança contre eux son livre sur l'*Importance des opinions religieuses*. « A voir un aussi gros volume employé à démontrer l'existence de Dieu, ne croirait-on pas, dit un bonhomme, qu'il y a vingt-quatre millions d'athées en France ? » — « Eh ! plût à Dieu, repartit plaisamment Chamfort, plût à Dieu qu'il y en eût vingt-quatre millions en France ! » Variante de l'exclamation de l'abbé Galiani : « Dieu protège les athées ! » — Buffon professait une grande admiration pour l'ouvrage de Necker et avait voué à sa femme une adoration qu'il exprimait en exagérant encore son lyrisme habituel, comme en témoigne ce fragment de leur correspondance.

« Ce 18 juillet 1781.

« J'ai joui trop délicieusement de votre lettre, mon adorable amie, pour différer plus longtemps de partager ces délices de mon cœur ; je n'ai pu me lasser de la lire et relire ; les hautes pensées et les sentiments profonds s'y trouvent à chaque ligne et sont exprimés d'une manière si noble et si touchante, que non seulement j'en suis pénétré, mais échauffé, exalté au point que j'en ai pris une idée plus élevée de la nature de l'amitié. Ah dieux ! ce n'est point un sentiment sans feu, c'est au contraire une vraie chaleur de l'âme, une émotion, un mouvement plus doux, mais aussi vif que celui de toute autre passion : c'est une jouissance sans trouble, un bonheur encore plus qu'un plaisir ; c'est une communication d'existence plus pure et néanmoins plus réelle que celle du sentiment d'amour ; l'union des âmes est une pénétration, celle des corps n'est que de simple contact (pardonnez, bonne amie, ces expressions physiques, je suis dans ma vieille tour de nécromancien, je vous écris avec la même petite plume et du même caractère que j'ai écrit l'*Histoire naturelle* ; vous excuserez donc les défauts de l'écriture et les libertés d'expression en faveur de ma situation) ; mais pour l'union intime de deux âmes, ne faut-il pas qu'elles soient de niveau, et puis-je me flatter que la mienne s'élève jamais aussi haut que la vôtre ? »

Cette prodigalité d'encens n'entamait nullement le sens rassis de Mme Necker qui a dit de celui que d'Alembert, Diderot et Condillac appelaient *rhéteur, phrasier*, voire même *charlatan* : « M. de Buffon ne m'a jamais parlé des merveilles du monde, sans me faire penser qu'il en était une. » Elle le raillait même à l'occasion avec un choix de traits qui n'étaient pas pour lui déplaire. « Je ne porte jamais de montre, » lui disait-il un jour avec son accent bourguignon. « Je le crois bien, lui répondit-elle, vous êtes comme les damnés du père Bridaine à qui, lorsqu'ils demandent l'heure qu'il est, on répond : l'*éternité*. » Au demeurant, Buffon était d'un naturel accommodant. Comme on lui demandait si un personnage avait de l'esprit : « Vous m'embarrassez, dit-il, par cette question, je n'ai jamais trouvé personne bête. » Il trouvait charmants les vers les plus plats qu'on lui adressait et se louait lui-même avec une bonne foi qui désarmait. Il avait le don de savoir écouter et semblait faire rayonner son intelligence autour de lui. Il n'avait commencé à écrire qu'à l'âge de quarante ans ; il y consacrait, infatigable au travail, quatorze heures par jour non sans profit : nous ne parlons pas de sa renommée. Son *Histoire naturelle* lui rapporta deux cent mille écus, tandis que le produit des chefs-d'œuvre de Voltaire ne s'éleva pas à dix mille. Ce dernier, comme on sait, l'avait fort raillé sur ses « coquilles », mais Buffon se vengea spirituellement lors de leur raccommodement. Voltaire l'ayant appelé Archimède II, il répondit qu'on ne dirait jamais Voltaire second. Comme son illustre adversaire, il avait grand soin de sa santé. Il redoutait le froid qu'il regardait comme la principale cause de toutes les maladies et consultait fréquemment son thermomètre. Il poussa la précaution jusqu'à s'accoter d'une jeune Sunamite pour réchauffer sa vieillesse. Il était toujours suivi de son secrétaire, le chevalier Aude, qui comptait une trentaine d'années lorsque, pour s'attacher à sa personne, il avait quitté le service du marquis de Caraccioli, et qui était quelque peu intempérant de verve et de conduite. Il titubait parfois en grimpant le double mont et s'y livrait à des écarts de langue dont Mme Necker cite un singulier échantillon (*la faim qui se baigne dans un cercueil de rage*), qu'elle amnistie, parce que, dans le « poème » d'où elle le tire, a été glissé un éloge de son mari. La Révolution devait débarrasser le chevalier de son pathos et le pousser dans l'excès opposé : de là une envolée de pièces de théâtre plus ou moins bouffonnes, dont trois sur Cadet Roussel et deux sur Mme Angot.

Mme Necker partageait ses préférences entre Buffon et Thomas. Peut-être inclinait-elle davantage vers ce dernier, ce qui lui valut l'impertinente qualification de « la femme à Thomas ». Elle a dit de l'auteur de l'*Essai sur les femmes* qu'il « s'élevait trop quand il vivait seul, parce qu'il cherchait toujours son niveau ». L'apothéose est manifeste, l'épigramme aussi. On n'est pas femme impunément et on le fait sentir à ses amis les plus chers. Mme Necker a tracé de celui qui *brûlait pour elle de l'amour le plus pur* un portrait flatté non pour l'homme mais pour l'écrivain (1) : « M. Thomas n'est pas grand ; son air est simple et modeste ; sa figure et ses traits peuvent s'accorder avec la célébrité et ne l'annoncent pas... M. Thomas écrit tantôt comme Bossuet, tantôt comme Tacite, et quelquefois comme Fontenelle... » Il « a mis entre les richesses et lui deux barrières qu'il

---

1. *Mélanges manuscrits*, t. III, p. 218-226.

ne franchira point, la fierté et l'indifférence... » Elle avait été obligée, dans le principe, de refréner la vivacité des hommages que lui prodiguait Thomas et qui menaçaient de dépasser les limites du respect. « Je ne vous dis rien de mes sentiments, lui écrivait-il alors. Bien que vous les ayez condamnés à n'être que tendres et jamais passionnés, je sens bien qu'auprès de vous ils auront beaucoup de peine à vous obéir. » Il finit pourtant sinon par modérer les battements de son cœur du moins par les assujettir à l'amitié seule. Mme Necker faisait l'accueil le plus empressé à un autre homme de bien, Ducis, à qui Thomas avait voué une affection toute fraternelle et qui le définissait « un chartreux du monde ». On sait que ne pouvant s'astreindre à un travail administratif et ne voulant rien devoir qu'à sa plume, Ducis *sollicita* du maréchal de Belle-Isle sa *destitution* d'une place de commis qu'il lui avait donnée (1) et ne voulut pas accepter une pension de 1.200 francs offerte par Wattelet; et qu'enfin il déclina non seulement sa nomination au Sénat, portée au *Moniteur*, sans qu'il en eût été avisé, mais encore l'offre de la croix que lui faisait l'homme de Brumaire, en alléguant qu'il avait *refusé pis*.

On a reproché à Ducis d'avoir édulcoré Shakespeare, comme si ce n'était pas l'unique moyen de faire passer sur la scène française celui que Voltaire qualifiait de « sauvage ivre » et dont l'*Othello* adouci excitait encore l'indignation, au point d'arracher ce cri à un spectateur : « C'est un Maure qui a fait cela; ce n'est pas un Français! » Ducis ne se sentait pas à l'aise dans la prose; ce fut Thomas qui lui composa son discours de réception lorsqu'il remplaça Voltaire à l'Académie.

Les vides qui se produisaient parmi les Quarante étaient une des grandes préoccupations de Mme Necker : elle se considérait comme ayant charge de candidats à pourvoir, et ne manqua pas sans doute de prêter son appui à Dorat, qu'elle affectionnait et qui lui adressa ce placet, au moment de poser sa candidature :

1. Il est juste d'ajouter que le maréchal ne consentit pas à le *destituer* de ses appointements qui étaient de deux mille francs, et que les ministres de la guerre, ses successeurs, les lui continuèrent.

« J'ai tant confiance dans vos bontés, madame, que je ne crains pas d'y avoir recours dans cette occasion. Il me serait plus doux de vous devoir qu'à tout autre ; et voilà pourquoi je me hasarde avec une sorte de sécurité. Vous connaissez beaucoup d'académiciens ; ces messieurs ont autant de déférence pour votre goût que d'estime pour votre personne, et si vous vouliez appuyer auprès d'eux le désir que j'ai d'être leur confrère, je suis sûr que leurs préventions ne tiendraient pas contre des démarches que vous auriez l'air de favoriser. Voilà douze ans que je m'occupe et que le public accueille mes travaux avec bienveillance..... J'ai rencontré des oppositions cruelles, et dont je ne peux deviner le principe ; des mœurs, de l'honnêteté, quelques autres avantages qu'on ne cite pas, quand ils sont seuls, mais qui doivent valoir par le reste ; tout cela n'est compté pour rien ; on évoque mes torts, on affaiblit mes titres, et l'on a été à la veille de me préférer un homme qui n'est célèbre que par des noirceurs, des chutes et une fausseté d'autant plus coupable qu'elle a les dehors de la franchise. Je vous ouvre mon âme, elle est vraie, et la vôtre l'est trop, madame, pour se refuser à l'évidence des injustices qu'on m'a faites. Quel est l'académicien qui peut se plaindre de moi ? Je suis l'ami des uns, l'admirateur des autres, mes ouvrages sont semés de leurs éloges : au reste, madame, si vous vous intéressez à moi, vous ne serez point tout à fait isolée. »

Il cite comme ses soutiens un futur cardinal, le prince Louis de l'affaire du Collier, — puis Duclos, l'abbé de Voisenon, Thomas, Marmontel et Saurin. « Je crois, ajoute-t-il, qu'on a des vues sur l'abbé de Lisle, mais il est plus jeune que moi, il n'est connu que depuis deux ans, il n'a fait qu'une traduction, et, tout en convenant de son mérite dont je suis le plus zélé partisan, je crois qu'il peut attendre sans avoir le droit de se plaindre. Pardon, madame, de tous ces détails. Je ne ferai aucune démarche avant que j'aie reçu votre réponse. Si vous croyez que je puisse me présenter j'en courrai les risques ; sinon je renfermerai mes vœux, mes prétentions, et j'aurai pour me consoler le plaisir de m'être conduit par vos conseils. (Ce 20 juin 1871.)

Dorat se mit sur les rangs, assuré de la protection de Mᵐᵉ Necker, et se consola de son échec, si l'on en croit ce qu'il lui écrivit peu de temps après :

« Je ne serai point de l'Académie ; mais je serai de votre société et je ne ferai rien qui m'en rende indigne. J'aime mieux un caractère qu'un fauteuil et votre suffrage que celui des Quarante. » Le traducteur des *Géorgiques* n'avait pas été plus heureux que l'auteur des *Baisers*. Il ne fut élu qu'en 1774. Mᵐᵉ Necker avait dû ressentir un grand embarras pour prendre parti dans cette élection, car l'abbé Delille appartenait au groupe restreint de son intimité. Après un accident de voiture, où il avait failli rester sur place, elle lui écrivait pendant sa convalescence : « ... Autrefois Phaëton se précipita en conduisant le char d'Apollon ; aujourd'hui c'est Apollon qui se casse le cou en montant celui de Phaëton... Nous attendons votre rétablissement avec impatience et nous vous prions de ne pas oublier alors nos petits soupers (1). »

On a vu à quel point Mˡˡᵉ de Lespinasse possédait l'art de tenir une assemblée. Mᵐᵉ Necker, que sa position de femme de ministre obligeait, formulait ainsi son opinion à ce sujet (2) : « Le gouvernement d'une conversation ressemble beaucoup à celui d'un Etat : il faut qu'on se doute à peine de l'influence qui la conduit. L'administrateur et la maîtresse de maison ne doivent jamais se mêler des choses qui vont d'elles-mêmes, mais éviter les maux et les inconvénients qui viennent à la traverse, éloigner les obstacles, ranimer les objets qui languissent. Une maîtresse de maison doit empêcher que la conversation ne prenne un tour ennuyeux, désagréable ou dangereux ; mais elle ne doit faire aucun effort, tant que l'impulsion donnée suffit et n'a pas besoin d'être renouvelée : trop accélérer, c'est gêner. Il faut craindre aussi de dominer la conversation en cherchant les moyens de faire briller un homme en particulier, en la

---

1. *Mélanges*, etc., t. II, p. 370 et suivantes.
2. *Mélanges*, etc., t. II, p. 1 et suivantes.

mettant sur des sujets qui l'intéressent seul, ou qu'il sait mieux que les autres, ou qui lui sont personnels ; il faut conserver cette marche pour le tête-à-tête : car si l'on plaît ainsi à l'homme qu'on distingue, l'on déplaît à tout le reste de la société; chacun veut avoir son tour et parler selon que les sujets lui fournissent des idées et l'animent. La conversation qu'on ne dirige point dans le dessein de plaire à une personne en particulier, mais dont les objets généraux font la base, est toujours la plus piquante ; elle satisfait tout le monde, et même l'homme qui aime le plus à parler de lui et de ses ouvrages: car il s'applaudit en rentrant chez lui, s'il a exercé son esprit et acquis de nouvelles connaissances; et il a un remords secret, s'il a trop parlé de lui, car il soupçonne d'avance le ridicule qui l'attend. » La mise en vedette de l'*administrateur* était une politesse bien gratuite pour Necker qui n'administrait qu'au Contrôle général et qui chez lui ne sortait guère de ses distractions. Du reste, Mme Necker n'appuyait pas sur ce point et attribuait résolument la direction tout entière à la maîtresse de maison. Elle aurait toujours appliqué sa théorie à merveille, si elle n'avait pas fait montre parfois d'une raideur blessante et d'un rigorisme genevois qui s'accordait peu avec sa nudité de bras et de sein, uniquement en usage à la cour.

L'après-souper était consacré à des causeries tantôt littéraires et tantôt philosophiques, ou à des lectures d'œuvres en portefeuille. Ce fut là que Bernardin de Saint-Pierre donna la primeur de *Paul et Virginie*, devant des auditeurs nombreux, parmi lesquels se trouvaient Thomas et Buffon (1). Necker était aussi présent, ainsi que son beau-frère, le banquier Germany et Mme Germany, une bossue de qui l'on disait qu'elle avait la tête d'un ange et la malice d'un serpent. Au demeurant, Bernardin de Saint-Pierre n'avait eu qu'à s'en louer. Elle avait dit très gracieusement à Mme Necker qui le voyait pour la première fois : « Ma sœur, voilà un philo-

---

1. Aimé-Martin, qui raconte cette scène, y mêle par erreur l'abbé Galiani, retourné à Naples depuis longtemps.

sophe que je vous présente. Il ne ressemble pas à ceux que vous connaissez. Tâchez seulement de l'apprivoiser. Il est plein de mérite et je me hâte de vous le dire, car il se donne autant de peine à cacher l'esprit qu'il a, que d'autres à montrer celui qu'ils n'ont pas. » Le plaisant, c'est qu'il s'était énamouré de cette étrange bossue, par souvenir à cause, de sa ressemblance parfaite avec une princesse qu'il avait aimée en Pologne. Mme Germany s'en raillait mais non sans en être charmée. « Si je le laissais faire, disait-elle, il me persuaderait que ma bosse rend ma beauté plus touchante. Mais il lui faut pardonner : il croit ce qu'il dit et ne flatte que ceux qu'il aime. » Elle fut certainement du nombre des dames qu'émurent les malheurs de Paul et de Virginie et dont les larmes firent sourire Necker. Ce dernier n'avait pas été le seul à montrer de la froideur pendant cette lecture. Thomas avait dormi, Buffon avait demandé sa voiture et d'autres, plus rapprochés de la porte, s'étaient esquivés. Ce n'est pas tout. La lecture terminée au milieu d'un silence navrant, Mme Necker le rompit par un trait cruel, en qualifiant de *verre d'eau à la glace* le dialogue du vieillard et du jeune homme. Bernardin de Saint-Pierre s'éloigna, désespéré, et regagna son donjon de la rue Saint-Etienne-du-Mont, doutant de lui et de son œuvre prêt à jeter au feu non seulement *Paul et Virginie*, mais ses *Etudes sur la nature*, tout ce qui était sorti de son cerveau. Et il eût accompli ce douloureux auto-da-fé, sans l'intervention d'un vieil ami qui venait quelquefois lui rendre visite et qui, après l'avoir consolé de sa déconvenue par de bonnes paroles, lui rendit toute sa confiance en lui-même. C'est le peintre Joseph Vernet qui nous a conservé *Paul et Virginie*, « ce délicieux ouvrage », comme l'a appelé Grimm, qui n'aurait pas été de marbre et qui aurait eu le courage de son émotion s'il eût été présent ce soir-là chez les Necker.

Entre temps Saint-Lambert tranchait du La Rochefoucauld. « La considération, disait-il, c'est l'art de se faire valoir par les autres. » Et « l'homme aux pensées », Du Bucq, qui avait l'estime de Mme Du Deffand et dont Mme Necker a précieusement recueilli nombre de dires, lançait des apologues de ce genre, à propos d'un débat qui se perdait dans le menu : « Les amants de Pénélope, ne pouvant plaire à la reine, séduisirent les femmes de chambre C'est ainsi que font les gens qui s'occupent des détails, faute de reconnaître les principes (1). » De Vaines, le confident successif de Turgot et de Necker, ne manquait pas l'occasion de faire sonner aussi les causes premières : « Dans les principes, disait-il, je vois comme des espèces de ministres spirituels et immortels, dont les ordres sont expédiés à tous les pays et à tous les siècles, mais auxquels il arrive trop souvent de n'être ni compris, ni obéis nulle part ; et dans les bons ministres, je vois des principes vivants, parlants. pouvant observer de l'œil et écarter de la voix et de la main toutes les résistances, mais jamais sûrs de leur autorité du lendemain, et toujours sûrs de mourir pour être remplacés trop souvent par des imbéciles à routines ou par des monstres à forfaits (2). » Le fracas de cette sortie faisait sourire l'abbé Arnaud, un Grec doublé d'un Gaulois, qui était peut-être en train de limer son impromptu, quelque peu cynique, sur le bal fameux de la Foire Saint-Germain.

> La voilà donc cette Redoute
> Qu'à bon droit tout sage redoute,
> Charmant et funeste réduit,
> Où, pour peu que l'on rime en oute,
> Infailliblement il en coûte
> Et plus souvent il en cuit.

La conversation prenait les tours les plus divers. L'élévation et l'esprit y alternaient, lorsque le dé en était tenu par l'ambassadeur d'Angleterre, l'aimable lord Stormont, surnommé *le bel Anglais*, le comte de Creutz, le marquis Caraccioli et le comte de Guibert. Réduite à un dialogue entre Buffon et Mme Necker, elle versait souvent dans la pédagogie. Ils aimaient à faire l'un et l'autre assaut de purisme (3). Ainsi le premier reprochait à Tho-

1. *Mélanges manuscrits*, t. II, p. 31.
2. Garat : *Mémoires*, t. II, p. 262.
3. *Mélanges manuscrits*, t. II, p. 205.

mas d'avoir écrit : « Cette chaleur *ardente et sombre...* » — « Ardente et sombre, disait-il, sont deux épithètes qui ne vont point ensemble. Quand on veut associer ainsi les mots qu'on n'a pas coutume de réunir, il faut mettre *mais, quoique, cependant.* » Et Mme Necker d'épiloguer sur un passage de l'*Émile* : « Si les enfants *sautaient* tout d'un coup de la mamelle à l'âge de raison... » — « Ce mot sauter est ignoble : il fallait dire *faisaient un saut rapide.* » Puérilité qu'elle a rachetée par la sagacité de ce précepte contradictoire (1) : « L'art de l'écrivain est de tirer un peu les mots à lui hors de la signification commune. » Il était souvent question de Rousseau ici comme partout. Sa querelle avec Hume y causa aussi une émotion profonde. Rousseau, on le sait, avait, grâce à Hume, reçu à Londres une ovation des plus flatteuses. Il avait été fêté et pensionné par le roi. « On ne se figurait plus, (2), dit Garat, Hume et Jean-Jacques que dans les bras l'un de l'autre, que baignés de larmes de joie et de reconnaissance ; et leur bonheur, ouvrage de leurs vertus, prête, dans Paris, des forces à la philosophie, toujours accusée et toujours menacée. Tout à coup on porte à un souper nombreux chez M. Necker, on lit tout haut une lettre de Hume au baron d'Holbach, dont les premiers mots sont : *Mon cher baron, Jean-Jacques est un scélérat.* On lit tout haut ces autres mots d'une lettre de Jean-Jacques à Hume : *Vous êtes un traître ; vous ne m'avez mené ici que pour me perdre après m'avoir déshonoré.* Ces deux mots *traître* et *scélérat* dans un temps où ils n'étaient pas prodigués, comme ils l'ont été depuis, retentissent dans ce souper, et la nuit même dans une partie de la capitale, comme deux coups de tocsin. » Lequel avait tort ? Hume évidemment. Il aurait dû deviner que Rousseau ne pouvait souffrir ni les bienfaits ni les bienfaiteurs. Mme Necker aimait peu ce dernier. On se rappelle le trait qu'elle lui a lancé et qui tout en ne portant que sur un point s'adressait à l'homme tout entier : « Il n'est pas surprenant que Rousseau soit amou-

---

1. *Mélanges manuscrits*, t. II, p. 4.
2. *Mémoires*, t. II, p. 158.

reux de Mme d'Egmont : sa beauté est un paradoxe. » Elle persiflait de la belle manière les imitateurs qui enviaient la chaleur du maître et qui, pour y atteindre, se perdaient dans l'emphase et retombaient dans la plus plate vulgarité. « Un d'entre eux, disait-elle, a mis en scène une héroïne dont l'amant attendait, en prison, l'instant de monter sur l'échafaud et qui, pour marquer son désespoir, écrivait à une amie : « Il est minuit et je n'ai pas encore fermé l'œil. »

Hume n'avait fait que passer dans le salon de Mme Necker comme dans celui de Mme Du Deffand, tandis que son compatriote Gibbon avait résolu le problème d'une assiduité en partie double. Celui qui, au toucher, avait tant effarouché la marquise, amusait beaucoup la femme du contrôleur général. Il avait, disait-il, *connu l'amour* sur les bords du lac de Genève, où il avait écrit son *Histoire de la décadence et de la chute de l'empire romain*. Et elle se représentait minaudant ce grotesque de génie, portraituré ainsi par Garat : il « avait à peine quatre pieds sept à huit pouces, le tronc immense de son corps à gros ventre de Silène était posé sur cette espèce de jambes grêles qu'on appelle flûtes ; ses pieds, assez en dedans pour que la pointe du droit pût embrasser souvent la pointe du gauche, étaient assez longs et assez larges pour servir de socle à une statue de cinq pieds six pouces ; au milieu de son visage, pas plus gros que le poing, la racine de son nez s'enfonçoit dans le crâne plus profondément que celle du nez d'un Kalmouck, et ses yeux, très vifs mais très petits, se perdaient dans les mêmes profondeurs ; sa voix, qui n'avait que des accents aigus, ne pouvait avoir d'autre moyen d'arriver au cœur que de percer les oreilles (1). » Bâti de cette sorte, il avait trouvé fort impertinente la confiance d'un mari qui était allé se coucher en le laissant seul avec sa femme.

Quand Diderot survenait ou plutôt faisait irruption dans le salon, brusquement le monologue succédait au dialogue, et il

---

1. Garat : *Mémoires*, t. II, p. 191 et suivantes.

était étourdissant de verve, soit qu'il soutînt une de ces thèses hardies dont il était coutumier, soit qu'il laissât déborder ses souvenirs de voyage. C'est surtout son séjour en Russie qu'il aimait à rappeler et la vivacité de ses récits donnait l'illusion « d'avoir vécu dans un quart d'heure les seize mois d'absence de cet homme extraordinaire » (1).

M. de Pesai raconta un jour une anecdote très amusante et qui prouve que Diderot était *extraordinaire* dans tous les sens. Il avait été chargé par Dorat de lui soumettre un de ses drames et voici quelles avaient été ses appréciations : « Dans le second acte, il ne faut rien : pas une parole; dans le troisième, peu de discours et beaucoup d'action; quant au quatrième, ah! c'est là qu'il faut développer toute la force de l'éloquence. Ces quatre actes faits, je n'ai pas besoin de dire comment doit être le cinquième : il suivra de lui-même. » M. de Pesai avait rendu à Dorat son manuscrit ainsi annoté, en lui disant : « Mon ami, votre pièce est faite, je vous l'apporte, lisez (2). » Le pauvre Dorat était bien avancé. Ce M. de Pesai s'appelait de son vrai nom : Masson de Pesai. Il avait retranché *Masson* pour le remplacer par *Marquis*. D'un esprit délié et d'un physique agréable, il était devenu un personnage. Maurepas disait de lui : « M. de Pesai gouverne la France. » Et comme on cherchait le mot de l'énigme : « M. de Pesai, ajouta-t-il, gouverne la princesse de Montbarrey dont il est l'amant; Mme de Montbarrey gouverne ma femme, ma femme me gouverne, et moi, est-ce que je ne gouverne pas la France? » Sénac de Meilhan, très hostile à Necker qu'il regardait comme un novateur dangereux, prétendait que c'était à Pesai qu'il avait dû sa nomination de contrôleur général. A la sollicitation de Necker, Pesai aurait remis au roi un mémoire sur les finances et, avec l'appui de Maurepas, l'aurait décidé à donner à l'auteur la succession de Clugny. Cet aventurier *bien en cour*, employé à trente-deux ans dans l'état-major, avec le brevet de colonel, devait lui-même

1. *Mélanges extraits des manuscrits de Madame Necker*, t. II, p. 62 et suivantes.
2. *Mélanges extraits des manuscrits de Madame Necker*, t. II, p. 320.

son avancement, selon Laharpe, son ancien camarade, à une très aimable sœur. Il s'était mêlé d'écrire et, après avoir publié les campagnes du maréchal de Maillebois, avait traduit Catulle et Tibulle, sans savoir le latin. Le pauvre abbé de Marolles, pour ses traductions surnommées *les Belles infidèles*, est traité de haut par ce pseudo-marquis ; il le qualifie tout simplement de *mal peigné*, et la maîtresse de Tibulle n'est pour lui qu'une *coquine* (1). Rulhière lui décocha ce quatrain :

> Ce jeune homme a beaucoup acquis,
> Beaucoup acquis, je vous le jure,
> Il s'est fait auteur et marquis,
> Et tous deux malgré la nature.

Necker n'était pas homme à monter en croupe derrière ce marquis d'industrie (2). Si quelqu'un le fit valoir auprès du roi, ce ne fut que le vieux Maurepas. Les circonstances aidèrent aussi à sa fortune ministérielle. Mais il ne sut pas les dominer, comme l'a écrit Benjamin Constant, qui ne lui reconnaît que « des intentions pures », ajoutant ce trait de caractère : « Il se considérait, lui, sa femme et sa fille, comme d'une espèce privilégiée et presque au-dessus de l'humanité (3). » Mme Necker a défini ainsi la place qu'elle occupait auprès de son mari : « L'on m'adresse continuellement tous les éloges dont on comble M. Necker : je ressemble à ces portraits d'un roi absent, vers lequel on se tourne dans les jours de cérémonie. M. Necker est si absent quand on lui parle de lui-même, qu'il faut bien que je le représente ; mais ce n'est qu'en peinture (4). » Quant à la fille, dont l'amitié avait l'emportement de l'amour, elle poussait son affection pour son

1. *Correspondance littéraire* de Laharpe (1801), t. Ier, p. 173, 175.
2. Condorcet inclinait à penser le contraire, si nous en croyons ce passage d'une lettre écrite par lui à Turgot, après la nomination de Necker à la direction générale des Finances, qui eut lieu le 29 juin 1777 : « Je conseille à Mme Necker d'arriver à la cour en tenant Mme de Pesai par la main, comme son rhumatisme. »
3. Suite des Lettres à Mme Récamier.
4. *Mélanges manuscrits*, t. II, p. 106 et suivantes.

père jusqu'à l'idolâtrie. Mᵐᵉ Necker de Saussure raconte que Necker, étant à Coppet, l'envoya chercher à Genève avec sa voiture. La voiture versa. Mᵐᵉ de Staël, effrayée du danger que pourrait courir son père avec un cocher qui verse, fait appeler Richel (d'ordinaire elle était très indulgente envers les inférieurs).

« Elle s'avance vers lui avec solennité et d'une voix d'abord étouffée, mais qui, grossissant peu à peu, finit par de grands éclats :

— Richel, vous a-t-on dit que j'avais de l'esprit ?

L'homme ouvre de grands yeux.

— Savez-vous que j'ai de l'esprit ? vous dis-je !

L'homme reste encore muet.

— Apprenez donc que j'ai de l'esprit, beaucoup d'esprit, prodigieusement d'esprit ; eh bien ! tout l'esprit que j'ai, je l'emploierai à vous faire passer le reste de vos jours dans un cachot, si jamais vous versez mon père.

« J'ai souvent, continue Mᵐᵉ Necker de Saussure, j'ai souvent par la suite essayé de l'amuser en lui peignant cette scène dans laquelle elle menaçait un cocher de son esprit. Mais elle, si facile à égayer à ses propres dépens, n'a jamais pu seulement songer à cette aventure, sans être de nouveau saisie par la colère et l'émotion : « Et de quoi, obtenais-je d'elle tout au plus, de « quoi voulez-vous donc que je menace, si ce n'est de mon pau- « vre esprit (1) ! »

Jeune fille, la précocité de sa raison, qui la rapprochait de son père, était telle qu'on s'étonnait du moindre éclair de frivolité. « Ah ! vous n'êtes pas digne de vous, » lui dit un jour l'archevêque d'Aix. C'est sa mère qui rapporte le mot (2).

A l'âge de douze ans, elle avait composé une comédie en deux actes, les *Inconvénients de la vie de Paris*, qui, jouée à Saint-Ouen, avait, si l'on en croit Grimm, fait verser à Marmontel des larmes d'admiration (3). C'était, dit-il, « dans le goût des demi-

1. *Œuvres* de Mᵐᵉ de Staël. Notice, p. CCXXII.
2. *Mélanges manuscrits*, t. III, p. 91.
3. *Correspondance*, t. XII, p. 165 et suivantes.

drames de M. de Saint-Marc ». Douze ans plus tard, elle devait s'essayer dans la tragédie, mais sa *Jeanne Grey* n'était pas digne de la baronne de Staël. La marquise de Créquy, qui venait quelquefois chez les Necker, « sans les souffrir »,était particulièrement agacée par le lyrisme de leur fille. « Les enthousiastes, disait-elle, ne sont pas mon fait. »

L'élément féminin était d'abord réduit dans la maison aux proportions les plus minimes. On n'y rencontrait guère que Mme Geoffrin, son ennemie mortelle Mme Du Deffand, Mmes de Marchais, Suard et Marmontel. Mme Necker résolut d'augmenter du même coup la quantité et la qualité de ce personnel. La maréchale de Luxembourg passait l'été au château de Montmorency : c'était presque une voisine en villégiature. Le trait d'union visé fut la duchesse de Lauzun, avec laquelle Mme Necker était déjà en relations et dont elle entreprit le portrait, quoiqu'elle eût dit : « Les portraits d'imagination sont les seuls qui lui ressemblent. » Ce fut sans doute la petite fille de la maréchale qui fit inviter Mme Necker à un souper où se trouvaient la comtesse de Boufflers, la princesse d'Hénin, les comtesses d'Houdetot et de Broglie et la vicomtesse de Cambis. Des rapports de société s'en suivirent, et une réciprocité d'invitations s'établit. Seulement la maréchale avait mis pour condition que le jour où elle se rendrait à Saint-Ouen, elle ne serait pas exposée à être coudoyée par des gens de lettres. Son horreur pour cette engeance n'admettait qu'une exception : Rousseau, qui lui en a témoigné une reconnaissance aussi exceptionnelle (1). La marquise de Créquy manifestait les mêmes préventions et le même engouement. « Je suis si frivole que j'aime le style, » disait-elle. C'est ce qui explique sans doute cette admiration exclusive. Et Rousseau s'était laissé apprivoiser par elle au point de recevoir des pou-

---

1. La preuve matérielle de cette reconnaissance existe à la bibliothèque de la Chambre des Députés, où, parmi les manuscrits de Rousseau, qu'elle possède, on remarque une copie de la *Nouvelle Héloïse*, superbement calligraphiée par l'auteur pour la maréchale et enrichie de dessins originaux de Gravelot.

lardes sans trop regimber. Lorsqu'elle prit le parti de se convertir, il lui écrivit avec une bonhomie affinée d'ironie : « La dévotion est un état très doux, mais il faut des dispositions pour la goûter. Je ne vous crois pas l'âme assez tendre pour être dévote avec extase et vous devez vous ennuyer durant l'oraison. »

Une conquête qui avait été difficile à faire, c'était la marquise de La Ferté-Imbault, dont l'intolérance fit dire à l'excellente Mme Geoffrin : « Quand je considère ma fille, je suis comme une poule qui a couvé un œuf de cane. » Aux avances de Mme Necker, elle avait répondu d'abord par un accueil glacial, puis, par des reproches qui étaient un commencement de capitulation. Elle l'estimait personnellement, mais lui faisait un crime du monde qu'elle recevait. Enfin elle se rendit, non sans récriminer encore et poser ses conditions. Elle lui écrivit le 20 février 1777 (1) :

« La Maréchale, Mme Du Deffant, Mme de Boufflers et Mme Marchais (dans un genre subalterne) sont quatre femmes si décriées par les mœurs, et les deux premières sont si dangereuses, qu'elles sont depuis plus de trente ans l'horreur des honnêtes gens. Ensuite votre liaison intime avec ce vilain abbé Morellet vous fit tant de tort dans le temps de l'histoire de la Compagnie des Indes, où Monsieur votre mari joua un si grand rôle et l'abbé un si vilain, que si nous n'avions pas eu, madame, des amis communs qui vous justifièrent comme ils purent, j'aurais pris aussi mauvaise opinion de votre âme que de votre raison.

« Mais comme votre conduite a été très bonne et très sage après ce qui s'est passé sous le petit règne éphémère de M. Turgot, et que depuis que Monsieur votre mari est devenu un homme d'État, vous ne vous êtes pas attiré la moindre condamnation du public, ni le plus petit ridicule ; que de plus, madame, toutes les fois que j'ai eu l'honneur de vous voir, vous m'avez marqué amitié, estime et confiance, en voilà bien suffisamment pour avoir

---

1. Le *Salon de Madame Necker*, par le vicomte d'Haussonville, t. Ier, p. 262 et suivantes.

effacé en moi les mauvaises impressions que votre trop d'amour pour l'esprit dépouillé de raison et de vertu m'avait données. Je me donne donc à vous, madame, de cœur et d'esprit ; vous pouvez disposer de moi dans ma retraite ; je vous verrai chez vous le matin avec plaisir quand cela vous conviendra, et dans les après-dîners (où je reste toujours chez ma mère ou chez moi), ma porte vous sera toujours ouverte. »

L'horreur des honnêtes gens, invoquée par Mme de La Ferté-Imbault, n'existait que dans son imagination. Les femmes qu'elle mettait au ban de la société, avaient leurs grandes entrées partout, tandis qu'elle-même ne consentait à voir Mme Necker qu'à huis clos, seule à seule. Elle l'eût repoussée comme une pestiférée, si elle avait pu deviner la sympathie aggravée d'estime que lui inspirait Mlle Clairon, qui, retirée du théâtre, était venue souvent charmer par son talent les hôtes du contrôleur général. Mme Necker l'a exprimée en toute sincérité dans la lettre suivante datée de Genève (février 1792), et adressée à son ami Meister (1), à propos de la communication qu'il lui avait faite des *Mémoires* manuscrits de Mlle Clairon (2) :

« ... J'ai lu plus d'une fois, avec un grand plaisir, le précieux manuscrit de Mlle Clairon ; témoignez-lui, je vous prie, combien je suis sensible à la faveur qu'elle m'accorde. Sa manière d'écrire et de converser a pour moi un attrait particulier ; c'est un je ne sais quoi d'une perfection idéale et cependant réelle ; et je m'explique cet aperçu singulier, en me rappelant que ses rôles étaient plus dans son caractère que sa conduite hors du théâtre, et qu'elle mêlait toujours un peu de Cornélie ou de Sabine à Mlle Clairon, dans son extérieur, et dans ses sentiments les plus intimes : je suis persuadée que, si elle était née à Rome, elle aurait été plus romaine qu'aucun de ses modèles. Aussi la franchise de ses aveux et la désapprobation qu'elle y joint toujours sont une

---

1. Écrivain suisse, d'abord secrétaire de Grimm, puis son collaborateur à la *Correspondance littéraire*.

2. Ils ne parurent qu'en l'an VII, sous ce titre : *Mémoires d'Hippolyte Clairon et Réflexions sur l'Art dramatique*.

autre sorte d'hommage rendu à la vertu et donnent à Mᵉ Clairon le droit d'être sévère. J'avais découvert ses sentiments, car je n'ai jamais gêné mes jugements en sa présence ; et je connais beaucoup de femmes du monde devant qui je me suis senti la pudeur de la pudeur (1)... »

Elle ne connaissait pas sans doute la singulière entrevue de la grande tragédienne avec Voltaire. Mᵉ Clairon, étant allée en pèlerinage à Ferney, s'était précipitée aux genoux du dieu. Et le vieil espiègle s'était agenouillé à son tour, en lui disant : « Maintenant, mademoiselle, qu'est-ce que nous allons faire ? »

Mᵉ Necker n'avait pas craint que son mari s'enflammât aux beaux yeux de Mᵉ Clairon, où s'était brûlé un moment Marmontel, et qui étaient loin d'avoir perdu tout leur feu. Sa gravité le mettait à l'abri de toutes les séductions. Il s'en départait, paraît-il, entre-temps. Il avait des accès de gaieté, dit Mᵉ Du Deffand, et même des accès de folâtrerie, atteste sa femme : ainsi il lui prenait quelquefois la fantaisie d'enfourcher un bâton et de chevaucher à travers la chambre (2). L'empereur Joseph II aurait été fort surpris de le trouver en pareille posture. Le comte de Falkenstein, comme il se faisait appeler, ne voulait pas quitter Paris avant d'avoir vu Necker. Il s'était présenté trois fois chez lui sans le rencontrer et ne réussit à le joindre qu'à une quatrième visite. C'était le 12 mai 1777. Arrivé à sept heures un quart, avec de Mercy, son ambassadeur, les personnes de sa suite, de Colloredo, de Cobentzel, et de Belgiocoso, il s'entretint pendant deux heures avec Necker, puis, suivi de ce dernier, passa chez Mᵉ Necker, où étaient réunis Gibbon, l'abbé de Boismont, Marmontel et Schowaloff. Il leur fit cette confidence : « Mon état demande une instruction assez étendue ; ces études sont des devoirs ; pour ménager mon temps et mes facultés, il a fallu renoncer à peu près à toutes celles qui n'étaient pas indispensables. Il y a un luxe de connaissances que j'ai cru devoir m'interdire. » Mᵉ Du Deffand

---

1. *Mélanges manuscrits*, t. II, p. 177.
2. *Mélanges manuscrits*, t. II, p. 401.

étant survenue, il alla au-devant d'elle en priant Necker de le présenter. La marquise fit une profonde révérence et on la conduisit au fauteuil qui lui était réservé. L'empereur la suivit et lui dit, faisant allusion au sac à nœuds qu'elle tenait au bras : « Vous faites des nœuds ? — Je ne puis faire autre chose. — Cela n'empêche pas de penser. — Non, et surtout aujourd'hui que vous donnez tant à penser. » Il ajouta pour expliquer la rapidité de son voyage à travers l'Europe : « Je n'ai que le temps de voir les choses ; il en faudrait davantage pour voir la société, et, en cherchant à la connaître, on risque encore bien souvent d'être trop connu. » Il disait que *l'état naturel n'est pas d'être roi, mais d'être homme.* Mme Du Deffand, en manière de conclusion, le qualifie de « souverain fort singulier par sa simplicité ».

Si la grande Catherine avait fait aussi son tour d'Europe, elle n'eût pas manqué d'aller, comme Joseph II, rendre visite à Necker qu'elle prisait au-delà même de ses mérites, comme le prouve ce passage d'une lettre écrite à Grimm, en 1781, après sa disgrâce provoquée par le vieux Maurepas, son ancien protecteur. « M. Necker n'est plus en place. C'était un beau rêve que la France avait fait et une grande joie pour ses ennemis. Le roi de France a touché du pied à une grande gloire. Il fallait à M. Necker une tête de maître qui suivît ses enjambées. » La métaphore est plus hardie que n'était cet homme d'État.

En quittant le Contrôle général, Necker ne put retourner à son hôtel de la rue de Cléry qu'il avait loué. Il s'établit rue Bergère et son salon devint presque exclusivement politique. On y devisait encore de littérature, mais on s'y occupait surtout des événements du jour, et l'insuffisance de ses successeurs préparait le retour aux affaires de l'auteur du *Compte rendu*. Mme Necker ne jouait plus qu'un rôle effacé, sourdement minée par une maladie nerveuse, qui entravait le libre exercice de son esprit. Sa fille ne devait pas tarder à la remplacer. Germaine Necker était alors dans sa quinzième année et son lyrisme natif la plongeait dans des contemplations extatiques, dont elle sortait brusquement pour se livrer à de folles équipées. L'atavisme n'était pas encore inventé, mais il n'en existait pas moins. Un jour, Mme Necker, entendant un bruit étrange qui partait de la salle à manger qu'elle venait de quitter un moment, se hâta d'y rentrer et resta sur le pas de la porte, immobile d'étonnement : c'étaient son mari et sa fille qui, la serviette roulée autour du cou, exécutaient autour de la table une ronde effrénée et qui se rassirent tout penauds, comme des enfants pris en faute. Cinq ans plus tard, c'est-à-dire à l'âge de vingt ans, Germaine Necker présidait aux réceptions, avec l'assurance que lui donnait son titre de baronne de Staël. Elle passait ses journées à l'hôtel de l'ambassade de Suède, rue du Bac, et ses soirées à l'hôtel de la rue Bergère, cumulant les devoirs que lui imposait le rôle de maîtresse de maison en partie double. C'était la reine qui avait fait décider son mariage avec le jeune successeur du comte de Creutz.

Rappelé aux affaires en août 1788, Necker comprit vite qu'il serait victime d'implacables hostilités de palais, qui finirent par un éclat outrageant, quelques jours avant la prise de la Bastille. Le comte d'Artois, le rencontrant au moment où il se rendait au Conseil, lui barra le passage et lui adressa cette brutale apostrophe : « Où vas-tu, traître d'étranger ? Est-ce ta place au Conseil, fichu bourgeois ? Retourne-t'en dans ta petite ville, ou tu ne périras que de ma main ! » Son renvoi lui fut signifié le 12 juillet. Il s'empressa de quitter la France, gagna la Belgique et se rendit à Bâle où il fut rejoint le 23 juillet par sa femme et sa fille. Elles avaient été précédées de quelques heures par Dufresne-de-Saint-Léon, son ancien premier commis, porteur d'une lettre autographe de Louis XVI qui, sous la pression de l'Assemblée nationale, implorait le retour du ministre qu'il venait de congédier. Necker n'hésita pas à revenir à Paris, quoiqu'il eût la prévision du « gouffre » qui l'attendait, comme il l'écrivit à son frère. Il mit à y tomber plus de temps qu'il ne l'avait cru, car il se maintint jusqu'au 4 septembre 1790, treize mois durant, — treize mois de luttes aussi vaines qu'incessantes contre les légitimes empiètements de la Révolution sur le pouvoir royal. Mais quel effondrement! Aux acclamations enthousiastes qui avaient salué sa rentrée, succédèrent d'insultantes huées, moins douloureuses encore pour lui que l'indifférence du roi, à qui il avait sacrifié popularité et fortune, et qui le laissa partir sans daigner lui exprimer le moindre regret.

Sa carrière politique définitivement close, Necker reprit le chemin de la Suisse et alla s'enfouir dans sa terre de Coppet, qu'il avait achetée en 1784, et dont le château toujours debout ne se compose que d'un grand bâtiment comprenant trois corps de logis. Mais si ce séjour n'a rien de seigneurial, on y jouit en revanche d'une vue splendide qui embrasse le lac dans presque toute son étendue, de Genève à Lausanne. Necker ne s'abîma pas dans cette contemplation. Il se claquemura dans son cabinet de travail et écrivit sa justification qui parut sous le titre d'*Essai sur l'administration de M. Necker par lui-même*. Mme Necker resta seule livrée à ses propres pensées, pensées de malade qui allait s'affaiblissant tous les jours. Elle songeait à ses vendredis d'autrefois, à ses meilleurs amis disparus à jamais, Buffon et Thomas. Elle rêvait à son premier amoureux, le bon Moultou, mort également. Le souvenir d'un autre amoureux, beaucoup moins sérieux celui-là, Gibbon, traversa son esprit. Il était toujours de ce monde et à sa portée, car il était revenu à Lausanne pour continuer ses travaux loin du bruit de Paris. Elle lui adressa une invitation, et il se trouvait à Coppet, ainsi qu'un protestant nîmois, un hôte de prédilection, lorsque survint Mme de Staël, qui, dans cette visite, comme dans celles qui suivirent, n'avait d'autre but que de raviver l'ambition paternelle. La baronne prit texte de la rencontre pour égayer une lettre à son mari : « Nous possédons dans le château, lui écrivait-elle, l'aimable Fornier et M. Gibbon, auteur de l'*Histoire du Bas-Empire*, l'ancien amoureux de ma mère, celui qui voulait l'épouser. Quand je le vois, je me demande si je serais née de son union avec ma mère ; je me réponds que non et qu'il suffisait de mon père seul pour que je vinsse au monde. » Elle faisait bon marché de sa mère : Minerve sortant du cerveau de Jupiter était son idéal.

Seulement c'est tout ce qu'elle aurait eu de commun avec la déesse de la sagesse.

Il est juste de reconnaître que, lorsque l'approche de la mort se fit sentir, Mme Necker reçut des siens les témoignages d'affection les plus attendrissants. Elle expira le 6 mai 1794, pouvant se rappeler, sans le plus léger serrement de cœur, ce passage de ses *Mélanges*, empreint d'une si touchante mélancolie : « Le soir de la vie de deux époux qui ont couru ensemble une longue existence est comme un soleil couchant qui s'agrandit et se colore de toutes les beautés de la journée. »

XII

LE SALON DE POMONE

Une rupture éclatante avait brusquement coupé court aux relations de Mme Necker avec Mme de Marchais. Celle-ci l'ayant invitée à une lecture d'un poète des plus médiocres, nommé Rocher, auteur des *Muses patriotiques*, poème sur le mariage du dauphin, la femme du contrôleur général avait eu le tort grave d'avoir faussé compagnie. Elle assistait le même soir à une lecture de La Harpe, chez Mme Saurin, où se trouvait aussi Rocher qui n'osa pas quitter la place avant Mme Necker, rendue responsable du retard de ce dernier. A son arrivée, Mme de Marchais lui tourna le dos, furieuse de la déconvenue de personnages tels que la maréchale de Luxembourg, le comte et la comtesse de Broglie qui, ce jour-là, par grâce singulière, honoraient de leur présence le salon de celle que Mme de La Ferté-Imbault tenait en si piètre estime. Et à une lettre d'excuse de Mme Necker, elle répondit avec aigreur : « Ces grandes dames ne sont point de *notre* société; on les assemble dans le dessein de leur plaire en les amusant. L'objet est-il rempli quand, ayant voulu devancer l'heure convenue par tout le monde, on les fait attendre près d'une heure et demie toutes seules? » Mme Necker revint encore plusieurs fois à résipiscence, toujours sans succès : ses lettres lui furent obstinément retournées. La marquise Du Deffand n'a consacré qu'une seule ligne à cette rupture : « Les Necker et la dame de Marchais sont brouillés, » écrit-elle sèchement à la date du 5 août 1775.

Julie Laborde, femme de Binet de Marchais, valet de chambre du roi, devait la place qu'elle occupait dans le monde à la faveur de Mme de Pompadour, sa parente et dont elle avait gagné les bonnes grâces en chantant dans ses petits soupers. Elle avait d'abord réuni chez elle le docteur Quesnay et les physiocrates, avec les dames de la doctrine, la duchesse d'Enville et Mme Blondel. Puis étaient venus des gens de cour et des gens de lettres. Au nombre des derniers se trouvaient les membres habituels de ces sortes d'assemblées : Buffon, Thomas, Suard, La Harpe, Marmontel et Chastellux, auxquels se mêlait parfois le glacial Choderlos de Laclos, poli et acéré comme son épée d'officier d'artillerie, en quête de documents pour les *Liaisons dangereuses*. Il y avait là presque à demeure un homme que Mme de Marchais prisait fort pour la solidité de son esprit. Et cet homme n'était autre que le fameux marquis de Bièvre qui, paraît-il, avait ses heures de gravité, mais qui s'oubliait vite, lorsqu'il était émoustillé par Chastellux, lequel avait aussi l'infirmité du calembour. Laclos trouvait à qui parler lorsque survenait le fils de la marquise de Créquy, encore plus mordant que sa mère et qui traînait souvent à sa suite son oncle Créquy-Canaple, surnommé *Créquy-à-la-grande-barbe*, un grotesque des plus réussis. Il ne se rasait pas depuis une trentaine d'années, sous prétexte qu'il n'y avait pas plus de raison de se couper la barbe que les cheveux, et il portait pendu à un vieux baudrier un grand sabre que tous les dix ans il changeait de côté par esprit de justice distributive. Un jour Mme de Marchais reçut la visite d'un personnage énigmatique, à qui Louis XV avait donné un appartement à Chambord et qui, lorsqu'il venait à Versailles, passait des soirées entières avec le roi et Mme de Pompadour. C'était le célèbre comte de Saint-Germain, qui se prétendait âgé de trois mille ans et qui ne paraissait pas en avoir plus de cinquante. Il était de taille moyenne, d'une vigoureuse constitution, et sa mise était d'une simplicité étudiée. Il jeta en entrant son chapeau et son épée sur un meuble et, se mettant au piano, exécuta prestement un morceau qui fut très applaudi. On demanda le nom de l'auteur : « Je l'ignore, répondit-il gravement, tout ce que je puis dire, c'est que j'ai entendu cette marche lors de l'entrée d'Alexandre-le-Grand dans Babylone. »

Le mari de Mme de Marchais était encore moins présent dans le salon de sa femme que celui de Mme Geoffrin, qui n'avait, du reste, que des absences d'esprit. Aucun contemporain n'en dit mot. En revanche, son successeur par anticipation ne quittait pas la place. Le comte de Labillarderie d'Angiviller est cité dans les mémoires du temps non seulement pour son inépuisable constance en amour, mais aussi pour sa déférence à toute épreuve : « Inséparable de Mme de Marchais, dit Marmontel, mais triste, interdit devant elle, d'autant plus sérieux qu'elle était plus riante, timide et tremblant à sa voix, lui dont le caractère avait de la fierté, de la force et de l'énergie, troublé lorsqu'elle lui parlait, la regardant d'un air souffrant, lui répondant d'une voix faible, mal assurée et presque éteinte, et, au contraire, en son absence, déployant sa belle physionomie, causant bien et avec chaleur, et se livrant, avec toute la liberté de son esprit et de son âme, à l'enjouement de la société, rien ne ressemblait plus à la situation d'un amant traité avec rigueur et dominé avec empire. Cependant ils passaient leur vie ensemble dans l'union la plus intime, et, bien évidemment, il était l'homme auquel nul autre n'était préféré. Si ce personnage d'amant malheureux n'eût duré que peu de temps, on l'aurait cru joué ; mais, plus de quinze ans de suite, il a été le même. » Et quel était l'objet d'un tel culte ?

« Imaginez-vous, dit encore Marmontel, tous les charmes du caractère, de l'esprit, du langage, réunis au plus haut degré, et même ceux de la figure, quoiqu'elle ne fût pas jolie ; surtout dans ses manières, une grâce pleine d'attraits : telle était cette jeune fée. Son âme, active au-delà de toute expression, donnait aux traits de sa physionomie une mobilité éblouissante et ravissante. Aucun de ses traits n'était celui que le pinceau aurait choisi ; mais tous ensemble avaient un agrément que le pinceau n'aurait pu rendre. Sa taille, dans sa petitesse, était, comme on dit, faite au tour, et son maintien communiquait à toute sa personne un caractère de noblesse imposant. Ajoutez à cela une culture exquise, variée, étendue depuis la plus légère et brillante littérature jusqu'aux plus hautes conceptions du génie ; une netteté dans les idées, une finesse, une justesse, une rapidité dont on était surpris ; une facilité, un choix d'expressions toujours heureuses, coulant de source et aussi vite que la pensée ; ajoutez une âme excellente, d'une bonté intarissable, d'une obligeance qui, la même à toute heure, ne se lassait jamais d'agir, et toujours d'un air si facile, si prévenant et si flatteur, qu'on eût été tenté d'y soupçonner de l'art, si l'art jamais avait pu se donner cette égalité continue et inaltérable qui fut toujours la marque distinctive du naturel, et le seul de ses caractères que l'art ne saurait imiter. »

Horace Walpole en raffolait : « Mme de Marchais est charmante, écrit-il au général Conway, le 8 septembre 1775 ; c'est l'éloquence et l'amabilité en personne. Je suis comblé de pêches, de brugnons, de raisins et de poires. Il semble que Pomone soit devenue amoureuse de moi. Je ne suis pas aussi épris des Necker, *coq et poule* ; il mâchonne, elle glapit et aucun n'articule : c'est un tambour et un fifre auxquels je n'entends rien. » Quelle antithèse avec ce passage d'une lettre que Mme Du Deffand lui adressait le 5 mai 1776 ! Après avoir parlé aussi des Necker, elle ajoutait : « J'ai plus de goût pour eux que pour la Pomone, dont l'esprit et le caractère me paraissent un fantôme, mais qui n'est point effrayant, qui n'a que les formes de bonté, de générosité, mais qui, quoique sans fausseté, n'est qu'apparence. Cette définition vous paraîtra un galimatias, mais je ne puis avoir aucune idée d'elle qui ait quelque réalité. » C'était elle-même qui avait baptisé Mme de Marchais, Pomone et aussi Flore-Pomone, à cause des fruits exquis et des fleurs magnifiques qu'elle cultivait de ses propres mains dans ses jardins de Montreuil et qu'elle distribuait avec profusion à ses amis.

Le comte d'Angiviller, après la mort, comme du vivant de M. de Marchais, joua le rôle de soupirant respectueux, jusqu'au jour où il épousa sa veuve. Alors un revirement complet se produisit : celle qui avait fait trembler trembla et l'esclave devint le maître. L'évolution avait eu lieu par un accord tacite, qui répondait de sa durée. D'ailleurs, Mme d'Angiviller eut licence de continuer Mme de Marchais au regard de ses réceptions, dont l'éclat s'accrut encore de la grande fortune de son mari. Celui-ci, d'abord un des gentilshommes de la manche, commis à l'éducation des enfants de France, avait, à la mort de Louis XV, obtenu, au lieu et place de l'abbé Terray, la direction générale des bâtiments, des manufactures et des académies, puis la survivance de Buffon dans l'intendance du jardin du roi. Il avait rang de ministre et était loin d'employer à son seul profit le crédit dont il jouissait auprès de Louis XVI. L'élévation de Turgot fut en grande partie son œuvre. « D'Alembert, qui ne flattait pas les ministres, le nommait l'*Ange Gabriel*, parce qu'il était en effet, comme les anges, chargé des prières de la terre au ciel et des ordres bienfaisants du ciel pour la terre. Jamais les noms de Thomas, de Ducis, de M. Suard, n'étaient prononcés par lui autour du trône que précédés du mot *mon ami*; et il les aimait réellement, il en était réellement aimé : ce n'était pas un vain titre qu'il prenait et qu'il donnait (1). » Il dut regretter d'avoir établi des gazons dans la cour du Louvre où siégeait alors l'Académie, — ce qui inspira l'épigramme suivante :

> Des favoris de la muse française
> D'Angiviller rend le sort assuré :
> Devant leur porte, il a fait mettre un pré
> Où désormais ils pourront paître à l'aise.

Mlle de Lespinasse a légèrement entamé la légende de l'*Ange*

1. *Mémoires historiques sur la vie de M. Suard*, par Garat, t Ier, p. 285 et suivantes.

Gabriel (1). Elle prétendait lui avoir entendu dire que « tout homme faible est un gueux qu'il faut mépriser » et que l'espèce humaine doit être divisée seulement en deux classes : « l'une méritant des statues, et l'autre la Grève ». Il plaçait évidemment les Lazaristes dans la première classe, car il a témoigné d'une remarquable sollicitude à leur égard dans son *Mémoire sur les moyens de remédier aux maladies des religieux de l'Ordre de Saint-Lazare*.

Le crédit dont jouissait le comte d'Angiviller et la vogue que sa femme avait su acquérir ne firent que croître pendant le règne de Louis XVI. Puis leur fortune s'effondra tout d'un coup. Charles Lameth, dans la Séance du 7 novembre 1790, accusa le directeur général des bâtiments du roi d'avoir exagéré un compte de dépenses montant à vingt millions, et le 15 juin 1791, sur un rapport de Camus, la saisie de ses biens fut ordonnée. Il s'empressa de quitter la France, gagna l'Allemagne et passa en Russie, où l'impératrice Catherine II le gratifia d'un traitement. Il retourna ensuite en Allemagne et y mourut en 1810.

Mme d'Angiviller s'était retirée à Versailles, où elle vécut des épaves de son ancienne prospérité, traversant la tourmente révolutionnaire dans de perpétuelles angoisses. De peur d'être portée sur la liste des suspects, elle fit solennellement hommage d'un buste de Marat à la Société populaire de Versailles. Et quand vint l'Empire, elle remplaça par un buste de l'empereur un petit épagneul adoré qu'elle avait fait empailler et qu'elle gardait précieusement dans son salon, juché sur un tertre de verdure entre des arbustes et des fleurs. Elle s'était formé une société nouvelle peu nombreuse dont Ducis faisait encore partie et où, entre autres personnes d'origines diverses, se coudoyaient la duchesse de Villeroy, Mme Babois et l'abbé de La Fage. Ce dernier, qui était chanoine de Notre-Dame, « transporté d'un saint zèle pour la *décoration* de Notre-Dame, l'avait fait reblanchir à ses frais (2). » Il ne prenait jamais part à la conversation, guettant les temps

---

1. Lettre à Condorcet, du 24 septembre 1775.
2. *Mémoires secrets pour servir à l'histoire de la république des lettres*, 24 juillet 1780.

d'arrêt pour y intercaler des sermons prêchés autrefois à la ville et à la cour. On rit beaucoup de celui qu'il fit sur la tempérance après un excellent dîner où son appétit s'était signalé. Mme Babois conserva seule son sérieux lamentable et éternel. La mort de sa fille l'avait jetée dans la poésie élégiaque, à tel point que le critique Geoffroy dit d'elle, à propos de ses *Élégies maternelles*, que, *quand on pleure comme elle, on ne devrait jamais sourire*. Elle n'y avait garde, la pauvre affligée. Combien autre était la duchesse de Villeroy ! Sémillante, enjouée, elle narguait le sort qui lui avait fait une fortune restreinte, mais lui avait réparti des trésors de gaieté et d'esprit qu'elle prodiguait autour d'elle. Lancée dans le courant contre-révolutionnaire, elle lutta de verve avec Champcenetz et Rivarol dans les *Actes des Apôtres* et le *Petit Gautier*. Elle avait prouvé qu'elle avait aussi du cœur, en se vouant à la délivrance de Jean Fabre qui avait pris de force la place de son père, condamné aux galères sous le règne de Louis-le-Bien-aimé, pour crime de protestantisme actif et dont le supplice volontaire dura sept années. De plus, en 1768, pour la glorification de ce héros de la piété filiale, elle fit jouer sur son théâtre l'*Honnête criminel* de Fenouillot de Falbaire, qui fut représenté aussi sur d'autres théâtres de société, en attendant que le Théâtre-Français lui ouvrît ses portes, ce qui n'arriva qu'en 1790.

Pour être moins retentissante, la bienfaisance de Mme d'Angiviller n'était pas moins effective. On ne sut qu'à sa mort, par les regrets exprimés autour de son convoi, ce qu'elle avait soulagé de misère à Versailles. Il y a là de quoi faire excuser les ridicules de la dernière période de sa vie. Le duc de Lévis, qui ne la connut que « déjà avancée en âge », raille sa *mise grotesque*. « Elle n'avait jamais eu de beau, dit-il, que ses cheveux qui descendaient jusqu'à terre ; il est vrai qu'ils n'avaient pas grand'peine, car elle était extrêmement petite ; elle les ornait toujours de fleurs et de panaches qui ne faisaient que mieux ressortir les rides de son visage (1). » Mme d'Angiviller s'était

---

1. *Souvenirs et portraits* (1813), p. 89.

imaginée que la mort était le résultat d'un racornissement et elle n'était occupée que des moyens de le prévenir. Elle recourait à des émollients de toute sorte et prenait chaque jour deux ou trois bains, ne quittant sa baignoire que pour regagner son lit. C'est dans sa chambre à coucher qu'elle recevait, comme les précieuses de l'autre siècle. On y accédait par un escalier garni sur les côtés de tubéreuses, de grenadiers, d'orangers, de lauriers-roses, enfin d'arbustes de toute espèce, dont la double ligne se continuait dans un corridor qui aboutissait au sanctuaire, où le jour ne pénétrait qu'à travers des volets à demi fermés, tamisé encore par des rideaux et des draperies. Là, s'étalaient aussi des arbustes, entremêlés de vases de fleurs, le tout rangé en gradins. La porte franchie, il fallait tourner un paravent qui masquait le lit, et quand les yeux avaient pu percer cette demi-obscurité, on distinguait, non sans peine, Mme d'Angiviller, mollement étendue, dont un bras, orné d'un bracelet de rubans noirs, agitait un éventail, et qui avait remplacé sa magnifique chevelure d'autrefois par une perruque haut-montée, couverte de poudre blonde et enjolivée de bouffettes roses et lilas. Un voile blanc, fixé au sommet de sa tête, encadrait sa figure dont le bas disparaissait sous un châle noué en cravate. Des chaufferettes où brûlaient des essences étaient placées sous les pieds des dames admises dans le sanctuaire. D'autres essences étaient répandues sur des réchauds dissimulés derrière le paravent, entre lequel et le lit était servi le dîner, toujours composé des mets les plus fins. Mais comment y faire honneur au milieu de cette atmosphère énervante? Et Mme d'Angiviller ne donnait pas l'exemple de l'appétit, se contentant d'un potage de grenouilles qu'elle prenait à petites gorgées. Un tel spectacle finit par écœurer Ducis qui sortit un jour en disant : « Je n'y reviendrai plus. Qu'ai-je à faire à ces cadavres, attendant que je leur apprenne qu'ils sont encore en vie? »

Tandis que Flore-Pomone végétait ainsi dans cette serre chaude, l'auteur du livre sur les maladies particulières des lazaristes terminait une vie d'agitation dans le calme d'un couvent de moines : il survécut deux ans à sa femme.

XIII

LA PAROISSE

Comme Mmes Geoffrin et Du Deffand, Mme Doublet occupait un appartement extérieur de couvent. C'était chez les Filles Saint-Thomas, dont la maison s'élevait où a été bâtie la Bourse, que cette dame, après la mort de son mari, intendant du commerce, était venue établir son bureau d'esprit. Et elle y passa les quarante dernières années de sa vie sans en sortir une seule fois. Son vrai nom était Mme Doublet de Persan, mais on l'appelait simplement Mme Doublet. Née Legendre, elle était la grande-tante de la duchesse de Choiseul et de la maréchale de Broglie. Elle avait pour frère un abbé que Collé définit « le premier homme de table qu'il y ait eu », et que Piron a si spirituellement chansonné :

> Vive notre vénérable abbé
> Qui siège à table
> Mieux qu'au jubé !

L'abbé Legendre était tout à la fois le plus sérieux et le plus gai des convives : homme de principes, il ne tolérait *inter pocula* que de joyeux propos et arrêtait, aux premiers mots, quiconque tentait une échappée dans ce qui était pour lui le domaine de l'ennui. Un jour, quelqu'un ayant commis l'inconvenance de mettre sur le tapis l'existence de Dieu, l'abbé l'interrompit par ce quatrain :

> Les dieux firent, dit-on, les hommes.
> L'homme, dit l'autre, a fait les dieux,
> Tant qu'on ne trouvera pas mieux,
> Restons-en là comme nous sommes.

Ce malavisé ne pouvait être que Foncemagne, le seul croyant admis dans la société de Mme Doublet, — « savant de profession et janséniste de conviction », dit Laharpe; « pourtant le plus doux des hommes », ajoute-t-il. La bénignité de caractère était aussi représentée là par le mathématicien Mairan, l'érudit Lacurne de Sainte-Palaye et Mirabaud, le premier traducteur supportable de la *Jérusalem délivrée*. N'oublions pas un autre partisan de la doctrine de Jansénius, l'abbé Xaupi, docteur de la Faculté de théologie de Paris, qui n'avait rien du séide, ainsi que le prouve le passage des *Mémoires secrets* qui lui est consacré en guise d'Oraison funèbre (1) : « Il était comme beaucoup de ses confrères, croyant peu à ce qu'il enseignait, mais obligé de garder l'extérieur. Il avait pris parti pour le jansénisme et s'était fait des querelles très vives avec son corps qui lui avait fait interdire ses assemblées. » L'abbé Xaupi mourut d'un accident de voiture, le 7 décembre 1778, à quatre-vingt-douze ans, le plus ancien des abbés de France. Il y avait un troisième abbé, Chauvelin, aussi fanatique de Voltaire que d'Argental, qui avait également sa place marquée au bureau d'esprit. Chauvelin était un petit homme, haut à peine de trois pieds. Comme on le cherchait le soir de la première représentation d'*Oreste*, qui n'avait pas réussi, un loustic dit qu'il s'était sans doute caché dans l'urne de l'ami de Pylade. Ce petit collet s'emporta contre le poète Roy, à propos de *Mahomet*, jusqu'à dire à ce méchant détracteur que, sans son rabat, il le bâtonnerait. « Vous voudriez

---

1. Tome XII, page 192.

donc me casser la cheville, monsieur l'abbé ? » répondit froidement Roy, qui l'acheva par une épigramme commençant ainsi :

> Quelle est cette grotesque ébauche ?
> Est-ce un homme ? Est-ce un sapajou ?

. . . .
. . . .

Un vieillard dont Mme Doublet dessina le portrait qui fut gravé par Caylus, le médecin Camille Falconet, arrivait presque toujours donnant le bras à Lacurne de Sainte-Palaye, à qui il légua quatre-vingt-dix mille cartes où étaient notées ses observations quotidiennes. Ce savant toujours en chasse était le fils de l'ami de Gui-Patin, ami lui-même de Malebranche et de Fontenelle. Successivement médecin des écuries du roi, puis de la maison de Bouillon, Camille Falconet avait débuté à Lyon, qu'il avait quitté en 1707. Peu de temps avant d'abandonner sa ville natale pour Paris, il avait reçu la visite d'une femme étrange, Mme Guyon. Elle revenait d'exil, nullement guérie de son exaltation mystique. Et ce n'était pas le médecin qu'elle tenait à voir, mais le lettré, — le dialecticien surtout pour débattre la thèse des *Torrents*. L'affaire avait été chaude, à tel point qu'une femme de chambre s'était crue obligée d'intervenir pour réparer le désordre de la toilette de l'endiablée quiétiste, en lui présentant un mouchoir. « Il est bien question de mouchoir ! » s'était écriée Mme Guyon. On ne dit pas si Falconet perdit son sérieux.

Il était d'une gravité qui ne pouvait entamer Voisenon, le quatrième abbé du lieu, — lequel appelait Mme Doublet sa marraine et abusait fort de son kermès, entre deux grivoiseries.

Autour de ce dernier s'ébattaient deux condottieri de lettres, les chevaliers de La Morlière et de Mouhy. On a prétendu que celui-ci n'allait chez Mme Doublet que pour y remplir le plus méprisable des métiers. Le *bureau d'esprit* était surtout un bureau de renseignements qui inquiétait fort la police. Elle tenait beaucoup à savoir quels en étaient les membres et ce qui s'y brassait. « Elle employa, pour cet effet, dit Peuchet (1), un homme adroit,

---

1. *Archives de la Police*, t. III, p. 333 et suiv.

un certain chevalier de Mouhy, de l'Académie de Dijon, connu dans la littérature de l'époque par de nombreux écrits, entre autres sa *Paysane parvenue*,— homme ruiné par ses folles dépenses, et qui se fit espion de police aux gages de M. de Sartines pour exister. Il fréquentait la société des *Nouvelles à la main*, et tenait le lieutenant de police au courant de ce qui s'y disait et s'y passait. « Quoique ma santé, lui écrivait-il, ne me permette
« pas encore de faire de longues courses, je me suis donné beau-
« coup de mouvement pour exécuter vos ordres, bien fâché de
« n'avoir pu en découvrir davantage. Il est très-vrai que
« Mme Doublet tient depuis longtemps un bureau de nouvelles
« et ce n'est pas la seule; Mme d'Argental (1) qui est l'intime
« amie de Mme Doublet, en tient un autre; l'on y rédige les bu-
« letins qui sont ensuite envoyés aux divers abonnés, tant à Paris
« que dans les provinces. Plusieurs personnes d'un rang distingué
« et même des ecclésiastiques fréquentent la maison de ces
« dames et leur communiquent les nouvelles qui sont à leur
« connaissance. »

On arrivait à la même heure, dans le salon de Mme Doublet, appelé *la Paroisse*, parce qu'il touchait à la chapelle du couvent. On ne s'occupait pas de la liberté de penser, mais on en usait. Chacun se plaçait dans un fauteuil réservé, au-dessous de son propre portrait. Sur un grand bureau étaient deux registres où étaient notés les bruits du jour : dans l'un les douteux, dans l'autre les accrédités. Le samedi on faisait un triage, qui passait au *Grand Livre*, tenu par le valet de chambre de Mme Doublet, et devenait un journal intitulé « *Nouvelles à la main* ». Le valet de chambre y trouvait son profit, mais non sans risques : certains articles sur les querelles entre la Cour et les Parlements ayant été poursuivis, il paya pour toute la paroisse. C'est ce journal qui fournit la substance des six premiers volumes des *Mémoires secrets*, lesquels

1 Mme d'Argental, dont il est ici question, était la femme d'un ambassadeur étranger à Paris, avec qui Voltaire et les gens de lettres, étaient en correspondance. M. d'Argental était lui-même homme de lettres et a laissé de très jolis vers. Il est mort en 1788.

commencèrent à paraître en 1777, six ans après la mort de celui auquel ils sont attribués, Bachaumont. Les trente volumes qui suivirent sont l'œuvre successive de Pidansat de Mairobert et de Moufle d'Angerville.

Pidansat de Mairobert, secrétaire des commandements du duc de Chartres, et que l'on qualifiait d'*intrigant subalterne*, se vantait d'être le fils de Bachaumont et de Mme Doublet. Ce qu'il y a de certain, c'est qu'il ne quittait pas le premier qui partageait le logis de la dame.

Petit de Bachaumont avait treize ans de moins que Mme Doublet. Il était né riche et joli garçon. Dès sa jeunesse, l'aimable épicurien, était venu s'échouer dans la paroisse, dont il égayait les soupers par des grivoiseries à rendre jaloux l'abbé de Voisenon. C'est à lui que l'on doit la conservation de la colonne de l'hôtel de Soissons, qu'il acheta, en 1754, aux créanciers du prince de Carignan, qui voulaient la faire démolir. On l'appelait *la tête à perruque de M. de Voltaire*, parce qu'il avait copié sa perruque. Et Voltaire aurait pu, pour le même motif, être surnommé la tête à perruque du duc de Nevers.

Le bureau d'esprit du couvent des Filles Saint-Thomas subsista jusqu'en 1771, date de la mort de Mme Doublet et de Bachaumont. Ce fut Bachaumont qui partit le premier, le 28 avril, à l'âge de quatre-vingt-un ans. Pour épargner à sa compagne le chagrin de sa perte, comme elle s'étonnait de ne pas le voir paraître dans l'appartement où, affligée de surdité, elle vivait retirée, on lui dit qu'il était allé prendre les eaux. Elle se plaignit amèrement de ce qu'il n'était pas venu lui faire ses adieux et, quinze jours après elle partait à son tour, laissant la réputation d'une maîtresse de maison dont la bonne tenue constituait tout l'esprit. Au moins avait-elle eu celui de s'affranchir de tout souci religieux. A la fin, profitant de l'affaiblissement de ses facultés, on fit, dit-on, entendre raison à la pauvre sourde. Elle consentit à se laisser *administrer*, mais à condition que le curé l'embrassât, puis elle le gourmanda d'avoir dérangé son rouge. Bachaumont avait montré non moins d'originalité *in extremis*. A ceux qui lui avaient parlé des consolations de l'Église, il avait répondu qu'il ne se sentait pas affligé. Et le prêtre qui s'était ensuite présenté n'avait pu tirer de lui que ces simples mots : « Monsieur, vous avez bien de la bonté. » Mais ce fut encore une autre chanson quand Bachaumont reçut l'extrême-onction. « Fi ! l'horreur ! » s'écria-t-il, avec une affreuse grimace.

Huit ans plus tard mourut de la mort de Sénèque, aggravée d'un coup de pistolet, le premier continuateur des *Mémoires secrets*. Rien moins que scrupuleux jusqu'alors, il n'avait pu supporter la flétrissure dont l'avait frappé l'arrêt rendu dans l'affaire du marquis de Brunoy, interdit comme prodigue. Voici comment son propre journal rendit compte de ce suicide. « Le *particulier* qui s'est tué de désespoir de l'arrêt dans l'affaire de Brunoy est M. Pidansat de Mairobert, secrétaire du roi, secrétaire des commandements de M. le duc de Chartres et censeur royal. Il faut qu'une trop grande facilité aux vues de prodigalité de ce fol l'ait déterminé à accepter un billet d'une somme considérable qu'il lui a souscrit sans en avoir reçu la valeur et qu'excité par l'espoir d'être payé d'une pareille créance, il se soit refusé aux déclarations convenables et exigées par la justice. Quoi qu'il en soit, cet événement fait un bruit du diable à raison du personnage qui avait eu successivement la confiance de M. de Malesherbes, lorsqu'il était chef de la librairie, puis l'oreille de M. de Sartines, de M. Albert, de M. Lenoir et enfin de M. Le Camus de Néville, ce qui semblait devoir le faire mettre dans une autre classe que celle des gredins, des gytons, des crocs et escrocs de toute espèce dont était entouré M. de Brunoy (1). »

Coïncidence étrange, le plus endurci des sacripants, le chevalier de La Morlière, devait, à six ans de là, s'éteindre dans le peau d'un homme sensible, désespéré d'avoir perdu une jeune fille dont il avait fait sa gouvernante. Quant à son digne copain, celui que Monselet appelle un « romancier bourbeux » et qui, laid, boîteux et bossu, s'est affublé, dans ses portraits gravés, du

---

1. *Mémoires Secrets*, 2 avril 1779.

costume d'officier de cavalerie, — le chevalier de Mouhy, eut également la fin d'un juste, ainsi que l'annonce Moufle d'Angerville, le 2 mars 1784 : « M. de Mouhy, auteur de différents romans, des tablettes dramatiques, etc., vient de mourir dans un âge avancé. On voit, dans l'énumération de ses qualités en son billet d'enterrement, qu'il était *chevalier titré par le roi.* » Le bon billet qu'a Moufle d'Angerville! On ignore comment finit lui-même, cet ancien avocat. D'aucuns prétendent qu'il expia en 1794 ses tendances contre-révolutionnaires.

XIV

LES RÉUNIONS DE LA CHEVRETTE ET DE LA BRICHE
LE DINER DU BOUT DU BANC

En même temps que Mme Doublet, habitait au couvent des Filles-Saint-Thomas une demoiselle d'Ette, qui tint une si grande place dans le salon et dans la vie de Mme d'Épinay, et que lui présenta son mari lui-même.

Mme d'Épinay était issue du baron Tardieu d'Esclavelles, gouverneur de la citadelle de Valenciennes, et de Florence-Angélique Prouveur de Preux, dont le père était seigneur de Pont. Lorsque Louise-Florence-Pétronille d'Esclavelles eut atteint sa dixième année, ses parents, afin de pourvoir dignement à l'éducation de leur fille unique, résolurent d'aller prendre un pied-à-terre à Paris, malgré la modicité de leurs revenus. Mais ils n'y étaient pas plus tôt établis que le mari mourait, et la femme était obligée de retourner à Valenciennes pour aller recueillir les restes de leur bien patrimonial très amoindri, qui constituaient ses seules ressources avec l'expectative d'une pension. Elle avait confié Louise à une tante de son mari, Mme de Roncherolles, retirée dans un couvent, pour cause de pauvreté, avec sa petite-fille Anne-Marguerite-Thérèse. Autant celle-ci était vive et délurée, autant Louise d'Esclavelles était méditative et encline à la dévotion. A son retour, Mme d'Esclavelles alla habiter chez son beau-frère, M. La Live de Bellegarde, riche fermier général, dont le somptueux hôtel était situé rue Saint-Honoré, en face du couvent des Capucins. Elle rappela Louise auprès d'elle, au bout de trois années.

La famille de Bellegarde se composait de cinq enfants, trois fils et deux filles, Marie-Françoise-Thérèse et Elisabeth-Françoise-Sophie ; l'aîné des garçons s'appelait La Live d'Epinay, le cadet, La Live de Jully et le plus jeune La Live de la Briche (duquel il n'est jamais fait mention dans les Mémoires de Mme d'Epinay).

Mme de Bellegarde, par son humeur hautaine, faisait payer cher à sa sœur l'hospitalité qu'elle lui donnait. S'étant aperçue que son fils aîné avait conçu pour sa cousine une affection qui pouvait dégénérer en amour, elle poussa son mari à l'éloigner et on le fit voyager pour le service de la ferme. Mais elle ne tarda pas à mourir et au moment de rendre le dernier soupir, revenue à des sentiments meilleurs, elle chargea Mme d'Esclavelles du soin de tenir sa maison. Rappelé au logis paternel, le jeune homme prit feu de telle sorte que M. de Bellegarde se laissa fléchir et consentit au mariage. Thérèse de Roncherolles s'était vivement démenée pour empêcher une union dont elle prévoyait l'issue malheureuse. Elle avait invoqué des arguments tirés de son propre état, liée qu'elle était à un homme qu'elle détestait, M. de Maupeou, fils du premier président du Parlement de Paris, et futur grand-chancelier de France, un petit robin au teint jaunâtre et dont les yeux lançaient des éclairs sous d'épais sourcils noirs.

Un appartement dans l'hôtel de Bellegarde fut attribué aux époux qui se montrèrent d'abord si épris l'un de l'autre que Mme d'Esclavelles, dont la piété se scandalisait de tout, s'en plaignit à son frère, M. de Preux, retiré en province et qui avait été le tuteur de Louise. « Ils se caressent toute la journée, dites-vous ? lui répondit-il. Je les en félicite et je les en vénère et je fais des vœux au ciel pour qu'ils se caressent de même dans vingt ans. Si vous me le dites encore une fois, je veux mourir si je ne prends la poste pour aller voir cela. » Et comme elle leur reprochait encore de passer leurs soirées au théâtre, il ajoutait qu'il aimait mieux apprendre que le mari conduit sa femme à la comédie que de savoir qu'il va seul à l'église. Ce brave homme devait avoir une fin tragique. Il était en procès avec un voisin à propos d'un bouquet de bois où foisonnaient les perdrix rouges, et qu'il prétendait lui appartenir. Exaspéré des longueurs de la justice qui menaçait de lui être contraire, il s'embusqua au coin du fourré, attendant le moment d'éteindre la compétition par la suppression du compétiteur. Mais il ajusta mal et l'autre ne le manqua pas. Son testament contenait un legs de cent mille livres pour sa pupille. Un autre tuteur, ami de sa famille, avait été adjoint à M. de Preux à la demande de Mme de Roncherolles, — le comte d'Affry qui avait commandé à la bataille de Fontenoy et au siège de Tournay, sous les ordres de son père, lieutenant-général des armées du roi, grade qui devait lui être conféré à lui-même, en 1758. En 1755, le roi le nomma son ministre à Bruxelles. De loin comme de près, M. d'Affry ne cessa de veiller sur Louise.

Les ressources du jeune ménage n'étaient pas considérables, mais suffisantes, à la condition d'en régler l'emploi avec économie. Outre le don de M. de Preux, Mme d'Epinay avait reçu de sa mère trente mille livres, plus un trousseau de douze mille livres, dix-huit mille livres de meubles et linge. On lui avait constitué un douaire de trois mille livres de rente. M. de Bellegarde avait donné à son fils trois cent mille livres de dot et à sa bru douze mille livres de diamants.

M. d'Epinay n'était pas homme à se contenter d'un pareil budget augmenté encore pourtant d'un *bon* de fermier général. Insatiable de plaisirs après comme avant son mariage, il devait fatalement accroître le chiffre de ses dettes. Il ne pouvait goûter longtemps les charmes du foyer, surtout d'un foyer dont son père et sa belle-mère faisaient une prison. Un soir, trompant leur surveillance, il entraîna sa femme à un bal masqué, chez un fermier général de la rue de Bourbon. Et là, Mme d'Epinay fut intriguée par un masque qui lui conta par le menu tout ce qui se passait dans son intérieur. Rentrée au logis, sa femme de chambre lui remit une lettre, apportée par un inconnu. Elle ne voulait pas d'abord la lire, mais elle finit par s'y décider. C'était une déclaration d'amour écrite par l'homme qui venait de l'intriguer et signée du chevalier de Canaples. Il lui donnait rendez-vous au bal de l'Opéra où il savait qu'elle devait faire une nouvelle escapade. Mme d'Epinay montra la lettre à son mari qui confessa, en riant, que c'était lui qui avait soufflé les propos tenus à l'oreille par le chevalier, mais qui protesta qu'il ne connaissait pas « les sentiments du drôle ». Et comme, pour éviter pareille aventure, elle paraissait résolue à s'abstenir d'aller au bal de l'Opéra, il l'y fit consentir en lui objectant qu'elle aurait l'air d'avoir peur. Ils s'y rendirent donc et le chevalier recommença son antienne. Préparée à l'attaque, Mme d'Epinay le déconcerta par ses réponses et sa femme de chambre, d'après ses ordres, refusa de recevoir un autre billet. « Mon Dieu ! qu'il était ridicule ! » écrivit-elle à Mme de Maupeou qu'elle prenait pour confidente. Et M. d'Affry, son tuteur, à qui elle contait tout et qui mit une préface et des soudures aux mémoires de sa pupille, nous apprend que le chevalier était l'amant de Mme de Maupeou, laquelle ne manqua pas de le rabrouer vivement.

Quatre mois après son mariage, M. d'Epinay fut obligé de s'éloigner pour aller dans l'Ouest remplir les devoirs de sa charge. Il partit, laissant une femme éplorée et des créanciers frémissants. Mme d'Epinay avait été chargée d'en désintéresser quelques-uns, en retenant à cet effet une portion de la somme que M. d'Esclavelles était convenu d'envoyer à son fils. Elle s'acquittait de la commission avec une candeur de contentement qui réjouissait le bon M. d'Affry. Mais il s'en fallait de beaucoup que la liste, qui lui avait été remise, fût complète, et une meute de créanciers oubliés montraient les dents. Mme d'Epinay en avisa son mari qui la pria de « réparer cette négligence » avec sa propre bourse. Le gouffre était difficile à combler. Elle s'y épuisa en pure perte et, par mesure d'économie, alla s'enterrer au château d'Epinay, avec sa mère, son beau-père et sa belle-sœur, charmés de sa venue. M. de Bellegarde possédait trois châteaux situés dans la même zone. Les deux autres étaient La Briche et La Chevrette. Diderot trouvait « charmante la maison » de La Briche qui était petite et La Chevrette était à ses yeux « un palais sublime et ennuyeux ».

Mme de Maupeou gourmanda fort sa cousine de se claquemurer et de se restreindre ainsi pour un mari qui ne se privait de rien, car, avant son départ, il avait encore acheté une magnifique calèche dorée. « Je crois bien, lui écrivait-elle, que vos chers parents sont fort aises de ce nouveau genre de vie : ils ont quelqu'un de plus pour les regarder bâiller, et c'est quelque chose quand on bâille par état. » M. d'Epinay fournit bientôt de nouvelles armes contre lui. Un jour que sa femme, étant venue à Paris, était entrée, accompagnée de Mme de Maupeou, chez un bijoutier du Palais, La Fresnaye, elle le trouva en train de faire monter un portrait sur perles. Il se hâta de mettre la main dessus pour le dissimuler, mais pas assez vite pour qu'elle ne pût reconnaître l'original. Mme de Maupeou prit à part le bijoutier qui lui avoua que ce médaillon était destiné à une fille. Elle en fit part à Mme d'Epinay qui écrivit à son mari une lettre de reproches, mais en termes très mesurés. M. d'Epinay répondit gaiement que c'était à un souper, auquel assistait le chevalier de Canaples, que la Rosette, en se jouant, lui avait pris ce portrait, mais qu'elle était trop bonne fille pour lui faire de la peine en le portant. La Rosette était une des demoiselles Verrière, classée au premier rang des courtisanes en vogue.

Mme d'Epinay était encore en proie à d'autres soucis. Enceinte et près de son terme, elle n'entendait parler autour d'elle que de jeunes femmes de son monde mortes en couches. On en comptait jusqu'à douze qui n'avaient pas atteint leur vingt-cinquième année. C'était à donner le frisson. Elle avait cherché à se distraire de ses appréhensions en caressant le projet qu'elle avait formé de nourrir son enfant. Mais ce lui fut l'occasion d'un nouveau crève-cœur de la part de M. d'Epinay qui en fit des gorges chaudes « Que voilà bien, lui écrivit-il, de ces folles idées qui passent quelquefois dans la tête de ma pauvre petite femme! Vous, nourrir votre enfant? J'en ai pensé mourir de rire..... Quelles sont les caillettes qui vous ont donné cette idée? » Elle accoucha le 26 septembre 1746 et son enfant, qui était un garçon, et que l'on baptisa le même jour, lui fut enlevé sur l'heure pour être envoyé en nourrice à dix lieues de Paris. La délivrance avait eu lieu dans les conditions les plus heureuses, mais la convalescence fut de longue durée. M. d'Epinay, mandé par M. de Bellegarde, revint très affectueux. Il couvrit sa femme de caresses et refoula, sous les plus tendres embrassements, le souvenir du médaillon prêt à s'échapper de ses lèvres. Mais après les relevailles, il reprit son train de vie d'autrefois avec le chevalier de Canaples. Un soir que Mme d'Epinay, indisposée, s'était couchée à neuf heures, il commit même l'inconvenance inouïe d'amener vers minuit le chevalier dans sa chambre et d'émettre l'impudente prétention d'y souper. « Il n'y a pas de feu dans ma chambre, dit-il, nous sommes transis et nous n'avons pas mangé de la journée. » Elle sonna sa suivante et lui ordonna de rester auprès de son lit. M. d'Epinay appela les domestiques et leur commanda d'apporter des vivres.

On servit et les deux compagnons de débauche se mirent à manger et à boire, à boire surtout, le chevalier goguenardant et complimentant de son « bonheur » M. d'Epinay qu'il essayait de griser. Mme d'Epinay devina l'intention du drôle et, ouvrant vivement les rideaux de son lit qu'elle avait fait tirer, elle donna l'ordre à sa femme de chambre d'aller réveiller sa mère et M. de Bellegarde. M. d'Epinay se leva en chancelant et le chevalier tenta d'aggraver encore cette scène odieuse en le poussant vers le lit. Transportée d'indignation, Mme d'Epinay sonna les domestiques qui s'étaient retirés et son mari dit au chevalier : « Elle est fâchée, allons-nous-en. » Le lendemain matin il revint tout honteux et implorant à genoux son pardon : « Vous m'avez fait, lui dit-elle, la plus cruelle insulte qu'une femme puisse jamais éprouver; vous avez mis l'amertume dans mon âme; elle est flétrie pour toujours, puisque je vois à quel homme j'ai le malheur d'être unie.

Voilà qui est fini, monsieur; il n'y a plus rien à démêler entre vous et moi : tous les liens sont rompus (1). »

La résolution semblait formelle, mais elle n'était pas irrévocable. Un raccommodement eut lieu, puis un autre, et encore un autre, replâtrages sans fin qui devaient aboutir à une rupture complète. Mme d'Epinay avait, dit Rousseau, reçu de la nature, « avec un tempérament très exigeant, des qualités excellentes pour en régler et racheter les écarts. Le tempérament l'emporta (2). »

Moins ardente que Mlle de l'Espinasse, elle eut cependant, comme cette dernière, son marquis de Mora et son comte de Guibert, — Francueil et le baron Grimm.

Pendant l'absence de son mari, elle était entrée en relations avec Mme d'Arty, MM. de Francueil et Gauffecourt. Mme d'Arty, fille de Samuel Bernard et de Mme Fontaine, était « la maîtresse, et bien plus l'unique et sincère amie de M. le prince de Conti, femme adorable autant par la douceur, par la bonté de son caractère que par l'agrément de son esprit et par l'inaltérable gaîté de son humeur (3) ». Seulement, elle avait une physionomie singulière qui avait d'abord prévenu Mme d'Epinay contre elle. Francueil était issu du premier mariage de M. Dupin de Chenonceaux, fermier général, qui épousa en secondes noces la sœur de Mme d'Arty. Il jouissait d'une grande fortune et le crédit de son père lui avait valu d'être, à vingt-cinq ans, receveur général des finances. Beau-frère du chevalier Bollioud, receveur général du clergé, il abandonnait une femme *bien laide*, mais *bien douce* (4) pour des filles de théâtre, la faisant passer pour folle, afin d'avoir une excuse. Très élégant, bien pris de taille et d'une agréable figure, il plut à Mme d'Epinay quoiqu'elle remarquât qu'il portait *le menton trop en l'air* et qu'il était *trop poudré*. Quant à Gauffecourt c'était, dit Rousseau, « un des

---

1. *Mémoires* (édit. Boiteau), t. Ier, p. 90.
2. *Les Confessions*, partie II, liv. VI.
3. *Les Confessions*, partie II, livre VI.
4. *Les Confessions*, partie II, liv. VII.

hommes les plus aimables qui aient existé (1). » Fils d'un horloger de Genève, il avait été horloger lui-même, mais il était doué d'un esprit délié, d'un enjouement irrésistible et d'un charme de physionomie qui le destinaient à une autre sphère. L'amitié du résident français, M. de La Closelle, l'avait aidé à s'y élever, en lui ménageant des relations qui lui avaient fait obtenir la fourniture des sels du Valais, dont le rendement annuel n'était pas moindre de vingt mille livres. Gauffecourt exerçait une séduction aussi bien sur les femmes que sur les hommes. « Il eut à choisir et fit ce qu'il voulut (2), » dit encore Rousseau. Mais il avait vieilli et pris du ventre. On ne l'appelait plus que le bonhomme Gauffecourt et le basset sexagénaire. C'était Mme d'Houdetot qui l'avait présenté à Mme d'Epinay.

Sophie de Bellegarde venait d'épouser le comte d'Houdetot, « joueur de profession, laid comme le diable et peu avancé dans le service (3) ». Il n'était que sous-lieutenant des gendarmes dauphins. La fille aînée de M. de Bellegarde avait épousé, en 1743, le baron Pineau de Lucé, intendant à Paris, d'une grande maison d'Auvergne, et son second fils La Live de Jully se maria six ans plus tard avec Mlle Chambon, fille d'un fermier général. Il importait de fixer la situation de personnages secondaires s'agitant autour du personnage principal.

Entraînée par ses nouveaux amis, Mme d'Arty, Francueil et Gauffecourt, Mme d'Epinay s'étourdissait pour oublier les éternelles équipées d'un mari qu'elle ne faisait qu'entrevoir, quand il n'était pas absent pour ses tournées de province. Elle retourna avec eux au bal de l'Opéra, et accompagna Mme d'Arty, invitée à souper chez Francœur, surintendant de la musique du roi (4). Son mari le sut et lui défendit de revoir cette dame. En revanche, il introduisit dans son intimité Mlle d'Ette, qu'il avait connue dans

1. Jean-Jacques Rousseau, *Confessions*, partie I, liv. V.
2. *Confessions*, idem.
3. *Mémoires* de Mme d'Épinay, t. Ier, p. 223.
4. Francœur avait épousé une fille d'Adrienne Lecouvreur, qu'il délaissait complètement.

l'Ouest et qui était fraîchement débarquée à Paris, où sans doute elle venait retrouver le chevalier de Valory. Elle avait trente-trois ans. « Sa figure m'a plu, dit Mme d'Epinay, elle a dû même être très jolie..... Elle est grande et très bien faite. Elle paraît avoir de l'esprit et de la finesse. Son maintien est embarrassé ; je la crois timide (1). » Selon Jean-Jacques Rousseau, « elle passait pour méchante et vivait avec Valory qui ne passait pas pour bon ». Diderot en fait un portrait exubérant de détails plastiques : « C'était une Flamande et il y paraît à la peau et aux couleurs. Son visage est comme une grande jatte de lait sur laquelle on a jeté des feuilles de roses, et des tétons à servir de coussins au menton..... (2) » Sa fortune ne correspondait pas à cette opulence de formes. Quant à sa timidité, ç'avait été un masque pour la présentation. Elle était douée d'un esprit alerte et tout entier tourné à l'intrigue.

Elle finit par gagner la confiance de Mme d'Epinay, en lui racontant comment elle avait été séduite par le chevalier qui l'avait connue enfant et lui avait promis le mariage. Les parents de M. de Valory s'y étaient opposés, parce qu'elle n'avait pas de fortune. Il en était lui-même également dépourvu. Ils se valaient l'un l'autre, au moral comme au spirituel. Le chevalier avait pénétré aussi dans la place à la faveur de son entregent, et ils s'entendaient comme larrons en foire pour tondre M. de Bellegarde. C'était Mlle d'Ette qui faisait les appels de fonds sous couleur d'emprunts. Comme elle s'était plainte à M. de Valory de se morfondre d'ennui dans cette maison où l'on ne prenait que des distractions théâtrales et que, fatigué de ses doléances, il l'engageait à la quitter : « Vous avez donc oublié, lui répondit-elle, les dix mille livres dont ils m'ont fait l'avance l'été dernier ? Si je pouvais accrocher cette fois les cent louis dont j'ai besoin pour payer mes dettes, cela vaudrait bien la peine de les

---

1. *Mémoires*, t. Ier, p. 100 et suiv.
2. *Œuvres* (édit. J. Assézat et Maurice Tourneux), t. XVIII, p. 527 et suiv.

caresser (1). » Le chevalier n'eut garde de ne pas se rendre à de si bonnes raisons. Il entra lui-même plus avant encore dans le jeu ; très ferré sur le répertoire dramatique, il fit, par son érudition, l'admiration de M. de Bellegarde, qu'entre temps, variant ses exercices, il amusait par son habileté à contrefaire les gens. Francueil pour un tout autre motif le charmait par son talent de musicien consommé, au point de l'amener à ne pouvoir se passer de lui. Le beau-père inconsciemment exigea que le soupirant de sa bru ne la quittât pas.

Un écœurant épisode avait précédé la présentation de Francueil et marqué d'un dernier trait l'indignité de M. d'Epinay. Un jour sa femme, se sentant indisposée, fit appeler Mlle d'Ette, qui lui révéla qu'elle portait la peine des infidélités d'un mari sans scrupule. Cruellement mortifiée d'un pareil outrage, Mme d'Epinay adressa au coupable les reproches les plus amers. « Eh bien ! ma chère amie, lui répondit-il impudemment, vivons paisiblement chacun de notre côté. Quant à moi, je vous déclare que je trouverai bon tout ce que vous ferez ; j'attends de vous la même liberté. Nous ne nous reverrons jamais qu'heureux et confiants... Cette manière est divine et voilà réellement ce qui fait les bons ménages. Adieu, madame, ajouta-t-il, en faisant deux profondes révérences d'un air gai, je vais faire quelques courses dans le monde. Si j'apprends quelques nouvelles plaisantes, je viendrai ce soir en égayer le cercle paternel. Soyez sûre d'ailleurs de retrouver toujours en moi un époux prêt à rendre hommage à vos charmes, toutes les fois qu'il vous plaira de l'admettre auprès de vous à ce titre, et si vous lui tenez toujours rigueur, il n'en sera pas moins votre ami et votre serviteur. » Mme d'Epinay, qui rapporte elle-même cette scène, termine son récit par cette conclusion : « J'avais caché les torts de mon mari dans l'espérance de le ramener à force de générosité ; hélas ! je n'y ai rien gagné. Je ne dois avoir pour lui désormais d'autre sentiment que le mépris. »

1. *La Jeunesse de Madame d'Épinay*, par Lucien Perey et Gaston Maugars, p. 314 et suivantes.

Francueil était donc arrivé à point et ne devait pas attendre longtemps l'heure du berger. Mlle d'Ette était là d'ailleurs pour la faire sonner, dans l'intérêt de son influence. Elle ne cessait de vanter les mérites de Francueil. Mme d'Epinay en convenait : elle n'éprouvait plus l'impression du premier abord; elle était touchée de ses prévenances délicates et de l'affection respectueuse qu'il lui témoignait. Mais ce n'était là que viande creuse pour Mlle d'Ette. La haine que vous portez à votre mari, lui disait-elle, « n'est autre chose que l'amour humilié et révolté. Vous ne guérirez de cette funeste maladie qu'en aimant quelque autre objet plus digne de vous ». Mme d'Epinay se récria vivement ; mais il faut citer textuellement ce curieux dialogue inséré dans ses *Mémoires* : « Ah ! jamais ! jamais ! lui criai-je, en me retirant d'entre ses bras, comme si je redoutais de voir vérifier son opinion; je n'aimerai que M. d'Epinay. — Vous en aimerez d'autres, dit-elle en me retenant, et vous ferez bien : trouvez-en seulement d'assez aimables pour vous plaire. — Et premièrement, lui dis-je, voilà ce que je ne trouverai point. Je vous jure sincèrement que, depuis que je suis dans le monde, je n'ai pas vu un homme autre que mon mari qui me parût mériter d'être distingué. — Je le crois bien, reprit-elle, vous n'avez jamais connu que de vieux radoteurs ou des fats : il n'est pas bien étonnant qu'aucun n'ait pu vous plaire. Dans tout ce qui vient chez vous, je ne connais pas un être capable de faire le bonheur d'une femme sensée. C'est un homme de trente ans, raisonnable, que je voudrais ; un homme en état de vous conseiller, de vous conduire, et qui prît assez de tendresse pour vous pour n'être occupé qu'à vous rendre heureuse. — Oui, lui répondis-je, cela serait charmant; mais où trouve-t-on un homme d'esprit, aimable, enfin tel que vous venez de le dépeindre, qui se sacrifie pour vous, et se contente d'être votre ami, sans pousser ses prétentions jusqu'à vouloir être votre amant? — Mais je ne dis pas cela non plus, reprit Mlle d'Ette; je prétends bien pour lui qu'il sera votre amant. » Et Mme d'Epinay d'ajouter : « Mon premier mouvement fut d'être scandalisée; le second fut d'être bien aise qu'une fille de bonne réputation, telle que Mlle d'Ette, pût supposer qu'on pouvait avoir un amant sans crime, non que je me sentisse aucune disposition à suivre ses conseils, au contraire, mais je pouvais au moins ne plus paraître devant elle si affligée de l'indifférence de mon mari (1). »

Mme d'Epinay jurait qu'elle n'aurait jamais d'amant, mais elle n'était pas fâchée d'apprendre qu'elle pouvait en avoir un sans déchoir. Sa caution lui semblait des plus sérieuses. Mlle d'Ette ne lui avait pas encore confié ce que tout le monde ignorait ou paraissait ignorer, — sa liaison avec le chevalier de Valory, qui se tenait sur le pied de la plus complète réserve. Et cette confidence, faite dans ce moment même, au lieu de nuire à la thèse soutenue, ne fit que la corroborer. La discrétion sauvait tout. Mlle d'Ette ne jouissait-elle pas du meilleur renom? « Ce n'est, disait-elle, que l'inconstance d'une femme dans ses goûts, ou un mauvais choix, ou l'affiche qu'elle en fait, qui peut flétrir sa réputation. L'essentiel est dans le choix (2). » Le choix n'était plus à faire et il offrait toutes les garanties désirables. Pourtant il y eut encore des scrupules avant la chute et après.

Une mélancolie insurmontable envahit Mme d'Epinay, et Francueil, pour y faire diversion, eut l'idée de suggérer à M. de Bellegarde d'établir un théâtre à la Chevrette. C'était aller au devant de ses vœux et c'est ce théâtre promptement édifié dans l'Orangerie, qui agaçait parfois Mlle d'Ette et parfois la divertissait. Elle a donné un amusant compte-rendu de la première représentation, qui se composait de l'*Engagement téméraire* de Rousseau. « Vous auriez été content de la comédie au-delà de ce que vous pouvez imaginer, écrit-elle au chevalier de Valory. Emilie (Mme d'Epinay) et Mme de Maupeou ont le talent le plus décidé. Emilie a un son de voix et un naturel, des yeux, un sourire qui troublent l'âme, malgré qu'on en ait. La petite présidente est d'une folie et d'un leste à faire mourir de rire. Les hommes ne sont pas aussi excellents, mais ils ne gâtent rien.

1. *Mémoires*, t. Ier, p. 114 et suiv.
2. *Mémoires*, t. Ier, p. 116.

« Nous avons eu vraiment une pièce nouvelle, et Francueil a présenté le pauvre diable d'auteur, qui vous est pauvre comme Job, mais qui a de l'esprit et de la vanité comme quatre. Sa pauvreté l'a forcé de se mettre quelque temps aux gages de la belle-mère de Francueil, en qualité de secrétaire. On dit toute son histoire aussi bizarre que sa personne, et ce n'est pas peu. J'espère que nous la saurons un jour. Nous prétendions hier, la petite Maupeou et moi, qu'à nous deux nous la devinerions. « Mal-« gré sa figure, disait-elle (car il est certain qu'il est laid, quoique « Emilie le voie joli), ses yeux disent que l'amour joue un « grand rôle dans son roman. — Non, lui dis-je, son nez me « dit que c'est la vanité. — Eh bien ! l'un et l'autre. » Nous en étions là, lorsque Francueil vint nous apprendre que c'était un homme de grand mérite (1). »

C'était lui qui avait présenté Rousseau. « L'auteur a joué un rôle dans sa pièce, » dit Mme d'Epinay. Rousseau consigne aussi le fait en ces termes : « On me chargea d'un rôle que j'étudiai six mois sans relâche et qu'il fallut me souffler d'un bout à l'autre à la représentation. Après cette épreuve on ne me donna plus de rôle (2). » Les *six mois* sont évidemment une hyperbole.

1. *Mémoires*, t. Ier, p. 178 et suiv.
2. *Confessions*, partie II, liv. VII. — Un voisin de campagne, Dufort, comte de Cheverny, dans ses *Mémoires* (t. Ier, p. 87), ajoute au récit de Mlle d'Ette d'autres détails plaisants. Pour ne citer qu'un point, il montre le maître des requêtes Dupleix de Bacquencourt aux prises, dans une scène de *Zaïre*, avec M. de Jully. Ce dernier jouait le rôle de Corasmin, et Bacquencourt celui d'Orosmane. Cela marchait bien et le souffleur, confiant dans la mémoire des acteurs, regardait dans la salle, lorsqu'Orosmane s'arrêta brusquement après cet hémistiche :

Mais, Seigneur, si Louis.....

Puis, il répéta encore à deux reprises :

Mais, Seigneur, si Louis.....

Le souffleur essaya vainement de se retrouver et M. de Jully repartit du même ton tragique : « Eh bien, Seigneur, six Louis font cent quarante livres. ». Un fou rire éclata dans l'assemblée qu'augmenta encore la colère d'Orosmane contre Corasmin et le souffleur.

On avait attribué les rôles d'Isabelle, de Dorante et de Lisette, à Mme d'Epinay, à Francueil et à Mme de Maupeou. Le président ne voulut plus que sa femme reparût sur la scène. Mme d'Epinay ne put l'en blâmer : « Le fait est, dit-elle, qu'elle jouait un rôle un peu gai, qu'elle s'était approprié à la lecture de la pièce, et qu'elle l'a rendu très lestement, peut-être un peu trop (1). » M. de Maupeou, qui n'était pas endurant, avait dû en effet enrager de l'entendre dire des maris :

> Ce sont bien, il est vrai, les plus francs hypocrites !
> Ils vous savent longtemps faire les chattemites.
> Et puis gare la griffe ! Oh ! d'avance auprès d'eux,
> Prenons notre revanche.

Le président en tenait déjà. Il avait eu l'imprudence d'attirer chez lui un ami, nommé Du Traisy, âgé de trente-cinq ans, qu'il avait constitué l'arbitre de ses querelles avec sa femme. Celle-ci avait gagné l'arbitre à sa cause, en le mettant de moitié dans sa revanche. Mais ce Du Traisy, paraît-il, était un volage et elle lui signifia sur l'heure son congé. Mme d'Epinay, instruite de ce brusque dénouement, demanda quelques détails.

« — Des détails, s'écria Mme de Maupeou, Dieu m'en préserve ! je vous dis que de ma vie je ne veux y penser, ne voilà-t-il pas un sujet bien gracieux ! Un ami malhonnête, un amant perfide... Non, non, non, ne m'en parlez jamais ; tenez, parlez-moi de mon petit mari noir ; au fond, il est bon homme. Nous avons eu une petite argoterie ce matin, mais ce n'est rien, je veux m'occuper beaucoup de lui, car nous renouvelons nos noces ce soir.

« — Bon Dieu, que vous êtes folle ! dit Mme d'Epinay, comment pouvez-vous faire une fête d'une chose qui a fait votre supplice ?

« — Vraiment ! sans doute, mais c'est que j'avais autre chose dans la tête alors ; aujourd'hui je n'ai que lui, et... demain, si vous voulez, il vous en dira des nouvelles.

---

1. *Mémoires*, t. Ier, p. 176.

« — En vérité, je ne vous conçois pas.

« — Ma cousine, il faut être à ce que l'on fait. Le plaisir est toujours plaisir, et, lorsqu'il est passé, l'on reprend où l'on en était (1). »

L'arrivée de Mme de Lucé à la Chevrette plongea Mme d'Epinay dans les plus vives inquiétudes. Elle avait toujours eu à se plaindre de sa belle-sœur qui avait hérité de la morgue de sa mère et ne cherchait que l'occasion de l'humilier ainsi que Mme d'Esclavelles.

La fierté de Mme de Lucé s'était encore accrue de l'honneur qu'elle avait eu d'avoir été présentée au roi. Elle se croyait tout permis et ne pesait aucune de ses paroles. M. de Bellegarde en souffrait et n'était pas exempt lui-même de ses incartades de langue, que M. de Lucé passait son temps à réparer. M. de Jully, souvent très en verve, la piquait jusqu'au sang. Au demeurant, elle était d'une vertu inattaquable, mais elle manquait complètement de pudeur. Un jour qu'étant assise près de sa tante, on avait, en passant, dérangé sa robe, et que Mme d'Esclavelles avait pris la peine de la rabattre sur une de ses jambes restée découverte : « Comment donc ! dit-elle en riant et en se retroussant jusqu'au genou, est-ce que vous croyez que je n'ai pas la jambe assez bien faite pour la montrer? »

Mme d'Epinay n'avait pas eu tort d'appréhender sa présence à la Chevrette. Elle ne pouvait plus échanger un regard avec Francueil, sans que ce regard fût remarqué et commenté. Mme de Lucé ne se contenta pas d'épier, elle dénonça. M. d'Epinay écrivit à sa femme une lettre où il était question de ses rapports avec Francueil, en termes moitié railleurs, moitié menaçants. Puis, revenant de sa tournée, il l'accabla de reproches sanglants, lui défendant de revoir Francueil, sauf à le ramener lui-même le lendemain auprès d'elle. Son but était de la compromettre devant les siens et devant le monde, afin de s'autoriser de ses écarts pour s'abandonner en toute liberté à ses propres dérèglements. Après cette

---

1. *Mémoires*, t. 1er, p. 246 et suiv.

belle manœuvre, il entra aussitôt en danse. Renouant avec Mlle Verrière, qui lui avait donné un successeur, il convint avec elle qu'habillée en homme, elle irait l'attendre sous l'arcade de l'Opéra et que, de là, ils gagneraient un appartement qu'il avait loué pour leurs rendez-vous. Il la trouva en effet au lieu indiqué, mais ils avaient été reconnus par l'intéressé qui fit signe à un exempt de police et lui enjoignit de faire justice. Cet exempt, payé pour surveiller la dame, s'empressa d'obéir et, l'arrêtant ainsi que M. d'Epinay, au moment où ils arrivaient au coin de la rue Traversière, il les força de monter dans une voiture qui les mena chez le lieutenant de police. L'enlèvement avait eu pour témoin un laquais de M. d'Epinay qui se trouvait à la fenêtre de l'appartement loué par son maître. Il crut qu'on le conduisait en prison et courut prévenir M. de Bellegarde qui alla réclamer son fils.

Cette nouvelle équipée décida Mme d'Epinay à demander une séparation de biens et son beau-père l'aida lui-même à l'obtenir. De plus, il fit à sa bru une donation de treize mille livres de rentes. C'est à cette époque qu'elle accoucha pour la troisième fois. Trois ans auparavant, en 1747, elle avait mis au monde une fille, Thérèse-Françoise, qui n'eut qu'une très courte existence. Son dernier enfant était encore une fille qui reçut le prénom de Pauline et devint Mme de Belzunce. Seulement Mme d'Epinay dissimula sa troisième couche sous le couvert d'une simple indisposition, sans doute pour ne pas donner prise aux médisances qu'auraient fait naître les assiduités de Francueil. Son mari ne ménageait pas les allusions, mais, en exceptant Mme de Lucé, d'ailleurs absente, toute la famille se tournait contre lui. Alors, outre Francueil, la société habituelle de Mme d'Epinay comprenait Mmes de Maupeou et de Jully, Mlle d'Ette, Rousseau, Gauffecourt et le chevalier de Valory. Un jour, Mme de Maupeou disparut pour ne plus revenir. Le président lui avait défendu de revoir Mme d'Epinay qu'il traitait *d'intrigante d'un esprit pernicieux et diabolique*, parce qu'elle avait écrit à sa cousine, sur sa demande, une lettre de *bons conseils*, qui n'avait pas été du goût de M. de Maupeou. Il cloîtra sa femme dans une maison de campagne, qu'il avait à Thuit près des Andelys, et où elle n'était entourée, disait-elle, que d'*Ostrogots*. (Ces Ostrogots étaient les naturels de l'endroit.) Mme d'Epinay ne se sentit pas offensée de l'injure de ce *pied plat*, comme elle l'appelait, mais elle conçut un vif chagrin d'être privée de la compagnie d'une parente qui la réconfortait par son affection et son esprit. A ce chagrin s'en ajouta un autre : M. de Bellegarde lui enleva son fils pour le mettre au collège. C'était pendant la belle saison. Mme de Jully survint heureusement à la Chevrette, avec son mari, pour tirer sa belle-sœur de ses humeurs noires. « Elle a de l'esprit et une tournure très plaisante, écrivait Mme d'Epinay à M. d'Affry, à qui elle ne cachait aucun détail de son existence. Elle a l'extérieur très froid et néanmoins l'imagination gaie. Elle cause très agréablement... Elle adore son mari... Cependant elle aime la dissipation, les plaisirs... Je suis très circonspecte avec elle; aimant son mari comme elle l'aime, elle aurait sûrement très mauvaise opinion de moi, si elle pouvoit savoir jusqu'à quel point je suis loin de penser comme elle... (1) » Mme de Jully, qui était enceinte et proche de son terme, ne resta que peu de temps à la Chevrette, et elle était à peine de retour à Paris qu'elle accouchait. Mme d'Epinay accourut auprès d'elle comme elle le lui avait promis et fut sans doute quelque peu étonnée de trouver à son chevet Mlle Quinault, surnommée la cadette, qui sut la captiver et qui, trois jours après, étant allée lui rendre visite, lui fit accepter une invitation à dîner.

Jeanne-Françoise Quinault était la plus jeune des filles de l'acteur Quinault-Dufresne, de la Comédie-Française, mort en 1736. Comme son père elle avait appartenu au théâtre ainsi que ses deux sœurs, ses deux frères et sa belle-sœur, Mlle de Seine. Elle avait débuté dans le rôle de *Phèdre*. Mais elle avait quitté la tragédie pour s'adonner aux rôles de soubrette. Elle était douée d'une grande vivacité d'esprit et d'une intelligence scénique que La Chaussée mit à profit, en composant, sur ses données, *le Préjugé à la mode*. C'est elle qui fournit à Voltaire

1. *Jeunesse de Madame d'Épinay*, p. 305 et suiv.

le plan de *l'Enfant prodigue*, où, jeune encore, elle joua le rôle burlesque de la baronne de Croupillac. Piron lui dut de passer du théâtre de la Foire à la Comédie-Française. Dans l'appartement qu'elle occupait au vieux Louvre au-dessous de celui de Sedaine, elle avait ouvert un salon qui, si l'on en croyait une lettre très malveillante de Mlle de Seine, du reste d'une authenticité douteuse (1), aurait affiché la prétention de ressusciter la chambre bleue de l'hôtel de Rambouillet. Mais ce cercle aurait été singulièrement transformé par Mlle Françoise Quinault, lorsqu'elle se retira du théâtre, en 1741, s'il eût, en réalité, précédé ce qu'on a appelé *le dîner du Bout du banc*, dénomination qui provenait de ce que, le nombre des aspirants au dîner ayant dépassé souvent la quantité de places réglementaires, le surplus n'avait jamais manqué de déclarer qu'il se contenterait d'un bout de table. C'était moins la qualité des mets, d'ailleurs choisis, qui attirait, que le montant de la conversation toujours très osée et parfois très pimentée. Les sujets les plus scabreux y étaient à l'ordre du jour: on y drapait de la belle façon la religion et la morale. Ce dîner, exclusivement littéraire lors de sa fondation, avait eu lieu alternativement chez Mlle Quinault et chez le comte de Caylus. Les convives ordinaires étaient Marivaux, Fagan, Pont-de-Veyle, Voisenon, Piron, Collé, Saint-Foix, M. de Maurepas et le marquis de Livry. Voltaire apparaissait quelquefois et il eut là de terribles assauts avec Piron. C'était ce dernier qui remportait le plus souvent la victoire, avec ses coups de boutoir sans trêve, qui, en l'exaspérant, paralysaient l'homme d'esprit par excellence. Collé applaudissait à chaque boutade de son copain du *Caveau*. Poullain de Saint-Foix, qui n'avait eu qu'à se louer des appréciations de l'adversaire de Piron, regardait de travers l'auteur de la *Partie de chasse de Henri IV*, qui s'était permis de rudoyer, au café Procope, *Pandore* et autres pièces de l'ancien mousquetaire. Le comte de Maurepas trouvait excellents les traits de l'auteur de la *Métromanie* qui lui avait été

1. Lettre écrite de Flandre à MM. de l'Académie française (9 mars 1735).

dédiée. Seulement il avait le ravissement muet, n'osant offenser en face celui qui l'avait défini le premier homme du monde pour les parades. Egalement houspillé, Marivaux souriait, tout en se livrant à sa passion de gourmet. Pont-de-Veyle sommeillait, Voisenon limait quelque gaillardise et le parasite Fagan, auteur d'une comédie intitulée *l'Inquiet*, et lui-même l'inquiétude en personne, se demandait comment extraire deux louis de l'escarcelle de Mlle Quinault où il puisait d'habitude sans difficulté. Crébillon fils qui, comme son père, adorait les chats, discutait sur l'antiquité de la race féline avec Moncrif qui en avait écrit l'histoire et avec le comte de Caylus qui avait illustré le texte. Quant au marquis de Livry, il se rappelait avec gratitude les vers que Voltaire lui avait consacrés à l'occasion de la magnifique fête qu'il avait donnée, en 1725, dans son château de Bellebat :

. . . .
Plus on connaît Livry, plus il est agréable :
Il donne des plaisirs et toujours il en prend,
Il est le dieu du lit et celui de la table.

Mlle Quinault finit par rester l'unique amphitryon et Duclos, qui s'imposa chez elle, y établit le règne du plus pur naturalisme. C'est dans ce milieu que vint s'aventurer Mme d'Epinay. Pour la recevoir dignement, la maîtresse du logis n'avait convié que l'élite de sa société : Saint-Lambert, l'inévitable Duclos et le prince Charles de Lorraine (1), dont elle *gouvernait l'esprit*, par l'entremise de sa sœur (Marie-Anne), au point qu'elle parvint à le dépêcher deux fois dans une semaine à Versailles pour empêcher « quelque nouvelle disgrâce contre M. le garde des sceaux (Chauvelin) », à qui elle affectait « de porter un

1. *Mémoires* du marquis d'Argenson (édition Jannet), t. II, p. 158.— Mme d'Épinay, dans l'énumération des noms de ses invités, dit simplement *le prince*. M. Ballieu, auteur d'une monographie sur le Dîner-du-Bout-du-Banc, croit qu'il s'agit du prince Galitzin, sans indiquer sur quoi il se base. N'est-il pas, sinon plus certain, du moins plus vraisemblable, d'après la citation empruntée au marquis d'Argenson, que ce personnage n'était autre que le prince Charles de Lorraine?

grand intérêt. » La première partie du dîner se passa en discussion bruyante sur les sujets les plus divers. On émit des opinions contradictoires à propos de tout, de spectacles, de ballets, voire même de finances. On soutint, on attaqua les impôts nouveaux, en particulier celui des quatre sols pour livre. Au dessert, les langues prirent un autre essor. Mlle Quinault commença par renvoyer les domestiques, puis fit signe à sa nièce de se retirer aussi. C'était une fillette de douze à treize ans, dont la mine éveillée avait plu à Mme d'Epinay, qui voulut la retenir.

« — Eh! non pas, s'il vous plaît, s'écria Mlle Quinault, c'est assez qu'on veuille bien se contraindre jusqu'au dessert pour cette petite morveuse. Voilà le moment où, les coudes sur la table, on dit tout ce qui vient en tête ; et alors les enfants et les valets sont incommodes. Eh! laissez, laissez, nous aurons assez de peine à faire taire pour notre compte le tendre Arbassan (1). Ce serait à ne pas s'entendre si la petite y était.

— Ma foi, madame, dit Duclos, vous n'y entendez rien : je lui donnerais tout d'un coup une idée juste des choses, moi ; vous n'avez qu'à me laisser faire.

— Oh! je n'en doute pas, mais nous ne sommes plus au temps où l'on appelait un chat un chat ; et il faut apprendre de bonne heure la langue de son temps et de son pays.

— Ce n'est pas celle de la nature, et il n'y a que celle-là de bonne.

— Oui, si vous ne l'aviez pas corrompue ; car, malgré son langage, elle n'en a pas moins travaillé de longue main à cette chose qu'on appelle pudeur.

— Non pas à celle qu'on appelle ainsi de nos jours... Il y a des nations de sauvages, par exemple, où les femmes restent nues jusqu'à l'âge de puberté ; certainement elles n'en rougissent pas.

---

1. Les amis de Mlle Quinault avaient presque tous des noms de guerre. Duclos s'appelait *Arbassan*, et Mlle Quinault, c'était *Tonton*.

— Tant qu'il vous plaira ; mais je crois que les premiers germes de la pudeur existaient dans l'homme.

— Je le crois, dit Saint-Lambert intervenant ; le temps les développa ; la pureté des mœurs, l'inquiétude de la jalousie, l'intérêt du plaisir, tout y concourut.

— Et l'éducation, ajouta Duclos, s'est fait ensuite une grande affaire de ces vertus sublimes qu'on nomme maintien.

— Mais il fut un temps, dit le prince, où non-seulement les sauvages, mais tous les hommes allaient tout nus.

— Oui, vraiment, ajouta Duclos, pêle-mêle, gras, rebondis, joufflus, innocents et gais. Buvons un coup !

Et Mlle Quinault de lui verser à boire en fredonnant :

Il t'en revient encore une image agréable
Qui te plaît plus que tu ne veux.

— Il est certain, reprit-elle, que ce vêtement qui joint si bien partout est le seul que la nature nous ait donné.

— Maudit soit, s'écria Duclos, maudit soit le premier qui s'avisa de mettre un autre habit sur celui-là ! »

Le dialogue continua sur un ton de licence encore plus accentué.

Duclos et Mlle Quinault rivalisèrent de verve graveleuse. Le prince eut des velléités d'audace. Émoustillé par les fumées d'un Aï pétillant, Saint-Lambert s'abandonna aux digressions les plus poétiques et les plus folles. Il tira un véritable feu d'artifice en l'honneur de l'amour à ciel ouvert. Le bouquet arracha des cris d'admiration à tout le monde, même à Mme d'Epinay, qui jusque-là n'avait fait que s'élever contre ce parti-pris d'incontinence.

Le débat fut interrompu par un nouveau venu qui apportait une de ces pièces de poésie légère que Voltaire se plaisait à lancer de temps en temps pour réveiller l'attention et démentir le bruit de sa mort qu'il ne cessait de faire courir lui-même.

On s'empressa de lire cette pièce qui fut diversement appréciée.

Mme d'Epinay garda le silence d'une approbation discrète. Elle manquait de courage dans ce milieu qui manquait de mesure.

« — Eh bien! madame, que pensez-vous de cela? demanda le prince à l'actrice.

— C'est un brigand! cria Duclos.

— Je ne sais, dit Mlle Quinault, jusqu'où l'on doit s'offenser de sa satire, mais il est impossible de faire le moindre cas de son éloge.

— Pourquoi? repartit Saint-Lambert; personne ne loue avec autant de grâce et de finesse.

— Oui, répliqua-t-elle, mais ce n'est point un sentiment de justice qui le presse et qui le satisfasse; c'est pour obliger un homme qu'il dit du bien d'un autre.

— C'est un bien bel esprit, reprit le prince.

— Soit, riposta Mlle Quinault, mais c'est un très méchant esprit.

— C'est un homme sans foi, ajouta Duclos; il en fera tant qu'il armera un jour un flibustier, qui n'aura rien à perdre et qui portera le feu dans ses riches possessions et ce sera bien fait.

— On ne lui ôtera jamais un cœur bienfaisant, dit Saint-Lambert.

— Eh oui! répliqua Mlle Quinault, c'est la vertu des gens qui n'en ont point.

— C'est la vertu sans laquelle il n'en est guère d'autres. Oh! heureux celui qui, en regardant de près sa vie morale, pourrait trouver une balance égale de bien et de mal! Oh! très certainement Voltaire a fait plus de bien réel qu'on ne lui a jamais supposé de mal. Si vous joignez à cela une supériorité de génie telle qu'on ne peut la lui disputer, vous aurez pour lui bien plus que de l'indulgence, à moins que vous ne vous décidiez à jeter tous les Poussin, les Raphaël, les Guide au feu, parce que vous aurez découvert une légère imperfection dans un des coins du tableau.

— Oh! oh! passons là-dessus, dit l'actrice, et disons qu'il ne faut avoir de liaisons ni de près ni de loin avec ces gens-là. »

D'où venait pareille acrimonie chez Mlle Quinault à l'égard de Voltaire? Evidemment elle avait gardé le souvenir de la vivacité avec laquelle il lui avait reproché d'avoir mis à la mode « les fades pièces » de La Chaussée, et cette rancune avait encore été attisée par l'irréconciliable ennemi, Piron. Celui-ci était devenu le tenant de l'actrice, après Jolly, l'auteur de l'*Ecole des Amants* et de la *Vengeance de l'Amour*, Gille de Caux, un des collaborateurs de l'*Année littéraire*, les ducs de Villars et de Coigny et le marquis de Livry, l'ancien amant de Mme Dancourt. C'était Duclos qui avait succédé à l'auteur de l'*Ode à Priape*. Mlle Quinault était très convoitée, quoiqu'elle fût loin de posséder la beauté de sa sœur Marie-Anne qui, par le charme de ses traits et l'opulence de ses formes, avait tourné la tête au duc de Chartres, et qui passa ensuite, selon Grimm, pour s'être mariée en secret avec le descendant du protecteur de Pradon, le vieux duc de Nevers, un goutteux aimable et lettré, duquel on a dit méchamment que le duc de Nivernais, son fils, était le seul trait de sa vie. Jeanne-Françoise Quinault avait reçu de la nature une physionomie prédestinée, la frimousse lutine des soubrettes qu'elle était appelée à représenter, et, si elle éveillait les appétits, elle n'en ressentait pas les atteintes : ce n'était qu'un jeu, un simple libertinage de l'esprit.

Mme d'Epinay, en prenant congé de Mlle Quinault, avait eu l'imprudence d'accorder à Duclos, qui la sollicitait, la permission de lui rendre visite. C'était introduire le loup dans la bergerie. Il tomba à la Chevrette en plein tableau vivant de Watteau. Francueil et Mme d'Epinay savouraient silencieusement leur bonheur, tandis que Gauffecourt roucoulait auprès de Mme de Jully qui tantôt feignait de prêter l'oreille à ses soupirs et tantôt les interrompait tout net par un éclat de rire. Et « le basset sexagénaire », comme l'appelait Mlle d'Ette, d'aller se réfugier auprès de Mme d'Epinay qui le consolait en le plaignant. Elle avait un fond de sensibilité inépuisable. Le perfide témoin de tous les instants de sa vie la railla fort, dans une lettre (1) à son chevalier, de ne pouvoir parler à ses amis que les larmes aux yeux, ajoutant, il est vrai, ce correctif : « Cela lui va pourtant ; il est certain que c'est une séduisante créature. Elle n'est point jolie, elle est au milieu de quatre femmes (2) qui font bruit par leur beauté : elle les efface toutes. Duclos en sera amoureux s'il ne l'est déjà. » Il l'était déjà en effet et il le prouva à sa manière par une crudité de langage et un esprit de domination intolérables. Il s'implanta dans sa vie et se mit à lui dicter sa conduite. D'abord, il prétendit la raccommoder avec son mari. Et après avoir été trouver celui-ci en exil à Poitiers, il s'établit au chevet de Francueil indisposé, et la pressa de donner de ses nouvelles au malade. Sur ces entrefaites, M. de Bellegarde tomba malade à son tour et il importait de l'amener à prendre des dispositions qui empêchassent la mère ainsi que les enfants d'être à la discrétion de M. d'Epinay. M. de Lucé proposa de s'en charger et s'exécuta, puis il entendit être payé de son intervention. Il exigea que Mme d'Epinay ne reçût plus Francueil chez elle et montra qu'il comptait le remplacer. Elle s'arracha, non sans peine, à ses étreintes et écrivit que *tout était fini* à Duclos, qui s'était imposé à titre de confident. Duclos accourut et se jeta brusquement à son cou en l'enlaçant. « Que signifie, monsieur, ce procédé ? s'écria-t-elle. — Mais quoi ? répondit-il. Vous m'avez mandé que tout était fini, vous avez promis de ne plus voir Francueil, j'en ai conclu que vous aviez cédé à Lucé, et alors il ne vous en coûterait pas davantage..... » Elle s'indigna et comme à ses protestations d'amitié elle répliquait que ces façons d'agir n'avaient rien de commun avec ce sentiment : « Voilà encore une de vos idées saugrenues ! riposta-t-il. Savez-vous, madame, que les droits de l'amitié sont quatre fois plus respectables que ceux de l'amour ? Ce sont les seuls dont on puisse user librement ; quant

---

1. *Jeunesse de Madame d'Épinay*, p. 315 (Lettre de Mlle d'Ette au chevalier de Valory).
2. Mmes de Jully, d'Houdetot, de Lucé et de Maupeou.

à ceux de l'amour, il n'en faut jamais parler, ce sont les coquins qui en usent, mais vous ne vous doutez pas de ce qui est honnête. » Mme d'Epinay s'écriait philosophiquement à la fin du compte-rendu de ce dialogue qu'elle adressait à *Francueil* : « Voilà pourtant, mon ami, la morale de cet homme si honnête et si sévère ! »

La réponse de Francueil n'était pas pour la rassurer : « Je vous conseille de ménager cet homme. Il peut en imposer à votre mari, c'est une trompette qu'il faut avoir pour soi. » Mme d'Arty, qu'elle n'avait pas vue depuis longtemps, vint augmenter encore ses appréhensions : « Croyez-vous, lui dit-elle à brûle-pourpoint, que vous ayez beaucoup gagné à la solitude où vos parents vous ont tenue et au vœu authentique que vous avez fait de ne plus me voir ! On vous donne une botte d'amants, ma chère : d'abord Francueil, et puis Duclos, le baron de Lucé, Gauffecourt et je ne fais que d'arriver ! » Mme d'Epinay prit le parti d'en rire, mais bien à contre-cœur. Elle ne doutait pas que ces propos ne vinssent de son mari qui revenait de Poitiers où, pour ses fredaines conjugales, il avait été interné, — le mode d'exil d'alors.

Duclos lui ménagea une diversion en l'invitant de la part de Mlle Quinault à son dîner d'adieu. L'ancienne actrice avait l'intention d'abandonner Paris pour se retirer à Saint-Germain. Mme d'Epinay se laissa facilement entraîner et reçut un accueil des plus bruyants. Mlle Quinault paraissait plus que jamais d'humeur à montrer combien elle différait de l'époque (vers 1735), où elle était « un des arcs-boutants de l'hôtel de Brancas », appelé un bureau d'*esprits notés* par l'ancienne amie de Ninon, milady Sandwich, parce que, « pour peu que vous les eussiez entendus siffler, vous les saviez par cœur (1) ». On enrôla Mme d'Epinay sous un nom de guerre. « Il faut l'appeler Griselidis, » s'écria Mlle Quinault, *en faisant de grands bras et de grands rires* (2). Pourquoi Griselidis ? Duclos, qui, sans raison

1. *Correspondance littéraire de Grimm*, t. IX, p. 313.
2. *Mémoires de Madame d'Épinay*, t. Ier, p. 372.

aucune, avait été surnommé Arbassan, secoua gravement la tête comme pour donner à entendre que Griselidis avait un sens plus profond qu'il ne semblait. Après ces préliminaires, Mlle Quinault, prenant à part Mme d'Epinay, lui annonça, sous le sceau du secret, qu'un auteur de ses amis, le dîner terminé, ferait la lecture d'une pièce. On attendait le départ du gros des convives, pour se trouver en petit comité. Cela dit, elle entonna gaillardement le refrain :

> Nous quitterons-nous sans boire ?
> Nous quitterons-nous
> Sans boire un coup ?

Mme d'Epinay avait été précédée par Duclos, Rousseau et deux inconnus, dont l'un était un des partisans de Voltaire, chargé de colporter les primeurs du maître, et l'autre un abbé, non moins braillard que Duclos, doué d'un vigoureux appétit et de *certains talents* très prisés par *quelques duchesses* (1). Mme d'Epinay cherchait à les deviner en étudiant sa physionomie fleurie, lorsque arriva l'auteur, aussi humble d'attitude que sa protectrice était hautaine. Il était suivi, à peu de distance, d'un médecin échappé du théâtre de Molière, que Mlle Quinault consulta de l'air le plus sérieux et dont, avec non moins de gravité, elle railla les paroles sentencieuses. On n'attendait plus que Saint-Lambert pour se mettre à table. Enfin il parut et le docteur Akakia, c'est ainsi qu'on qualifiait le grotesque, guetta le moment où Mlle Quinault allait avaler la première cuillerée de soupe, puis la prenant en faute, il lui cria d'une voix indignée : « Et les quinze grains de rhubarbe, mademoiselle ? — Ils sont emballés, docteur, répondit-elle, ils m'attendent à Saint-Germain. » Akakia s'effraya et essaya vainement de l'effrayer des dangers auxquels l'exposait sa désobéissance aux prescriptions de la Faculté et comme il ne recueillait que des quolibets : « Messieurs, dit-il avec dignité, je pardonne de tout mon cœur les

---

1. *Mémoires de Madame d'Épinay*, t. Ier, p. 274.

satires qui me sont personnelles, mais est-il possible que des gens d'esprit comme vous se laissent entraîner à la vivacité d'une saillie mordante contre le premier des arts ? Tous les grands hommes, messieurs, ont toujours respecté la médecine. — Cela est vrai, répondit Rousseau, témoin Molière. — Monsieur, répondit le docteur, voyez aussi comme il est mort (1). » On rit de plus belle et, après un assaut de plaisanteries de toutes sortes, on se renfrogna et on chercha querelle au *nommé Dieu*. Saint-Lambert et Duclos, à qui mieux mieux, abattirent toutes les religions. Mme d'Epinay demanda grâce pour la religion naturelle.

— Pas plus pour celle-là que pour les autres, s'écria Saint-Lambert. »

Rousseau vanta la morale de l'Evangile, *la seule chose qu'il conservait du christianisme*.

« — Qu'est-ce, objecta l'intraitable marquis, qu'est-ce qu'un Dieu qui se fâche et qui s'apaise ?

Mlle Quinault protesta contre son athéisme.

Et Mme d'Epinay s'enhardissant :

— Vous, monsieur, qui êtes poète, dit-elle, vous conviendrez avec moi que l'existence d'un être éternel, tout-puissant, souverainement intelligent, est le germe du plus bel enthousiasme.

— J'avoue, répondit-il, qu'il est beau de voir ce Dieu incliner son front vers la terre et regarder avec admiration la conduite de Caton. Mais, madame, cette notion est, comme beaucoup d'autres, très utile dans quelques grandes têtes, telles que Trajan, Marc-Aurèle, Socrate : elle n'y peut produire que l'héroïsme, mais c'est le germe de toutes les folies.

— Messieurs, cria Rousseau, je sors si vous dites un mot de plus.

Il s'était déjà levé et se disposait à lâcher pied, lorsqu'on annonça le prince.

---

1. Pareille réponse fut faite à Marmontel, par le docteur Malouin, qui ne devait faire qu'un avec le docteur Akakia.

— Ah! le voilà, le voilà, s'écria Mlle Quinault, c'est le beau prince, c'est lui, faisons-lui place. Il a l'air d'un beau philistin; il est beau comme l'antique.

Puis, se soulevant à demi, s'appuyant des mains sur la table et penchant sa tête vers son assiette, dans l'attitude du plus profond respect, elle ajouta :

— Mon prince, je suis votre très humble servante: voilà Mme d'Epinay qui a bien voulu nous faire l'honneur de manger le fricot avec nous... Prenez donc place. La Fleur! Jeanneton!.. Ils sont odieux! »

Le prince salua Mme d'Epinay et tous deux sourirent de ce singulier mode de réception.

On venait de servir le dessert. Le prince se tint à l'écart. Il était accompagné d'un officier de son régiment, manière de bouffon qui connaissait et pratiquait le genre Vadé à ravir toute la halle aux poissons. On le pria de donner un échantillon de son savoir-faire et sans crier gare, il se mit à entonner des cantiques de son cru qui eussent empourpré de pudeur les joues de la Duthé. Les gestes valaient les paroles. C'étaient des mouvements de corps d'une frénésie ahurissante, d'un cynisme révoltant. L'histrion improvisé eut le succès qu'il méritait. Duclos s'attribua le rôle de parrain et le fit nommer, par acclamation, le Corneille du ruisseau.

Cet intermède achevé, on agita la question du bonheur. La banalité de cette thèse provoqua, dès les premiers mots, la sortie suivante de Duclos:

« — Il est absurde, dit-il, de discuter sur une chose qui est entre les mains de tout le monde. On est heureux quand on veut ou quand on peut...

— Parlez pour vous, repartit Mlle Quinault. »

On passa ensuite de la salle à manger dans le salon et l'on se partagea en petits groupes.

Rousseau s'assit à côté de Mme d'Epinay, et comme elle paraissait rêveuse:

« — Qu'avez-vous? lui dit-il.

— C'est que je suis fâchée, répliqua-t-elle, que Saint-Lambert, qui est un des hommes les plus instruits et les plus honnêtes, ne croye pas en Dieu. J'avoue que j'en suis étonnée; j'avais pensé que cette opinion convenait davantage à Duclos qu'à lui.

— Je ne puis souffrir cette rage de détruire sans édifier.

— Il faut cependant convenir, monsieur, qu'il plaide son opinion d'une manière bien spécieuse.

— Quoi, seriez-vous de son avis? Gardez-vous de me le dire, madame, car je ne pourrais m'empêcher de vous haïr. D'ailleurs l'idée d'un Dieu est nécessaire au bonheur, et je veux que vous soyez heureuse. »

Duclos mit fin à ce dialogue en donnant le signal du départ. Il sortit en compagnie du prince, de Saint-Lambert et de Rousseau.

« — Ah ça! dit alors Mlle Quinault, nous sommes entre nous : lisons. »

Et, de la main, elle convia l'auteur à déplier son manuscrit.

Le pauvre diable paraissait tout penaud. Il avait ambitionné un auditoire illustre. Cette haute faveur lui avait été accordée et, au moment d'en jouir, elle venait de lui échapper. Il s'en plaignit amèrement tout bas à Mlle Quinault qui lui dit d'une voix grondeuse :

« — Voilà comme vous êtes! Vous ne cessez de me répéter: le secret, le secret! Sais-je ou non qui il vous plaît d'excepter? Allons, lisez, lisez toujours; nous retrouverons bien les autres, et je vous réponds de ceux ci. »

Il fallut bien se résigner. — L'auteur entama donc sa comédie et la mena sans encombre jusqu'au dénouement. Mlle Quinault commandait l'admiration du regard et de la voix. Mme d'Epinay jugeait avec une impartialité rigide, n'applaudissant qu'aux bons endroits et condamnant par son silence les passages mal réussis. Le Mercure de Ferney secouait la tête en signe de commisération. L'officier du prince trouvait que la pièce manquait de sel gaulois. Le docteur Akakia, ravi de n'y trouver aucune attaque contre la Faculté, l'applaudissait si bruyamment qu'il semblait vouloir, en faisant retentir les échos des Champs-Elysées, taquiner l'ombre de ce gueux de Poquelin. Quant à l'abbé, il s'était endormi, après la clôture des débats théologico-mythologiques, au milieu desquels il avait invoqué « Vénus à la gorge rebondie et au sourire voluptueux ».

Mme d'Epinay marqua d'une pierre blanche le souvenir de ce dernier Dîner-du-Bout-du-Banc. « Voilà, dit-elle, une journée qui me fera rêver longtemps, » A quoi ? s'est demandé le dernier éditeur de ses Mémoires, notre excellent ami Paul Boiteau, enlevé si prématurément aux lettres qu'il cultivait avec passion, et à la science des finances qu'il possédait à un degré supérieur. Il ne se piquait pas d'indulgence pour son auteur, qui n'a pas ménagé Rousseau, dont il était l'ardent admirateur.

Un grave événement devait bientôt (le 3 juillet 1751) jeter encore le trouble dans la vie de Mme d'Epinay, la mort de M. de Bellegarde, plus regretté de sa bru que de son fils. Il laissait une fortune d'environ huit millions, dont dix-sept cent mille livres formaient la part de M. d'Epinay en sa qualité d'aîné. Seulement il n'en avait que la jouissance. L'avenir de ses enfants, nés et à naître, était garanti. M. de Bellegarde avait en outre fait à Mme d'Epinay un legs qui lui permettait de disposer, annuellement, pour chacun d'eux, d'une somme de cinq cents livres. Cette clause fit bondir de colère son mari. Elle eut pitié de son humiliation et abandonna le legs. M. de Bellegarde n'avait pas oublié non plus sa belle-sœur : un codicille de son testament attribuait à Mme d'Esclavelles une somme de trente mille livres reversible sur sa fille après sa mort.

La leçon qu'il recevait de son père mourant ne porta aucun profit à M. d'Epinay, qui reprit le cours de ses prodigalités avec plus d'extravagance encore. Il monta sa maison sur un tel pied que bientôt il fut la proie des usuriers qui le saignèrent à blanc. Sa femme avait fait d'inutiles efforts pour conjurer une catastrophe qu'elle prévoyait à courte échéance, et, de guerre lasse, ne s'occupait plus que de l'éducation de son fils retiré du collège et à qui M. d'Epinay avait donné pour précepteur un nommé Linant, petit collet, mais non prêtre. Duclos qui s'était fait pardonner ses incartades, interrogé sur la valeur de cet homme : « C'est une bête, répondit-il, qui prétend qu'il a de l'esprit. » Il s'y entendait lui, dont d'Alembert a dit : « De tous les hommes que je connais, c'est celui qui a le plus d'esprit dans un temps donné. » Il avait trouvé le moyen de supprimer la diffamation : « Si j'étais distributeur des grâces, disait-il, je n'en accorderais aucune : chacun ayant son pendu, qu'aurait-on à se reprocher ? » Il criblait de brocards la gent monacale. Palissot lui reprochait celui-ci : « La robe de Nessus agissait en dedans et au contraire le feu de la robe de nos moines agit en dehors. » Les saillies les plus virulentes abondent dans les *Considérations sur les mœurs de ce siècle*, où, par une singulière gageure de l'auteur, le mot femme ne se rencontre qu'une fois : un tour de force prodigieux en pareille matière. Son idée fixe se dissimulait ou plutôt s'affichait sous cette prétérition. Il n'en va pas de même dans ses *Mémoires* où elle éclate bruyamment : « J'avais, déclare-t-il, une ardeur immodérée pour les femmes, je les aimais toutes et n'en méprisais aucune. » Le mot de la comtesse de Rochefort prouve qu'elle le connaissait à fond : « Pour vous, Duclos, il ne vous faut que du vin, du fromage et la première venue. » Donc, Mme d'Epinay l'avait amnistié de son audacieuse agression,—sans doute en considération des qualités qui faisaient dire à la sœur de cette même comtesse : « Duclos est un homme impayable. On dit qu'il n'y a rien de nouveau sous le ciel. Duclos fait bien mentir le proverbe, car il est bien sûr qu'il n'a eu, ni qu'il n'aura jamais son pareil..... » Et pourquoi ne pas admettre aussi que Mme d'Epinay pouvait en secret partager quelque peu les sentiments de certaines femmes pour qui un tel manque de respect n'est que la manifestation d'un hommage excessif ? A ce compte, après les assauts du chevalier de Canaples, du baron de Lucé et de Duclos, elle avait de quoi s'enorgueillir.

En revanche, elle voyait diminuer la passion de Francueil. Avide de changement, il la négligeait pour papillonner autour de Mme de Courval, sœur de M^{mo} de Jully et d'une Mme de Lansac, avec qui il avait joué la comédie. Il courtisait encore au même moment Mlle d'Ette. De plus, perdant toute retenue, il se grisait à table. Un profond désespoir s'empara de Mme d'Epinay. Le monde lui devint à charge et elle eut la pensée de se réfugier dans un couvent. Sa mère l'engagea à consulter l'abbé Martin, son directeur, qui devint curé de Deuil. C'était un gros homme dont le visage trahissait toutes ses impressions. Grimm disait que « celui qui entend le nez du curé a lu un grand traité de morale ». Galiani écrivait de Naples à Mme d'Epinay, le 21 juillet 1770 : « Qu'a-t-il fait, mon gros curé ? Sa gouvernante est-elle grosse ? Cette petite intrigue qu'il avait à Paris, rue Saint-André-des-Arts, a-t-elle éclaté ? » La médisance du méchant abbé, n'était à autre fin que de justifier ses propres écarts dont il faisait l'aveu du reste, sans le moindre embarras : ainsi, dans une lettre du mois de juillet 1769, il parle d'une « fille majeure » qu'il a laissée rue Fromenteau, une des rues les plus mal famées. La fille majeure était une Mme de la Daubinière, qui mourut fin de janvier 1771 et que, pendant sa maladie, il avait recommandée à Mme d'Epinay pour la faire entrer aux Dames hospitalières. Diderot s'est montré plus révérencieux à l'égard de l'abbé Martin : il le dépeint adoré de ses paroissiens et va jusqu'à lui reconnaître un *tact supérieur*. Mme d'Epinay en eut la preuve. « Une femme mariée, une mère de famille, lui dit-il, n'est point faite pour être carmélite... Dieu ne demande de nous que l'exacte observance de nos devoirs... Avant de faire plus qu'il n'exige, commencez par faire exactement ce qu'il exige, sans quoi vous afficherez plus que vous ne pouvez tenir. Vous reviendrez au monde, vous le quitterez de nouveau pour Dieu et vous ne serez bien ni avec l'un ni avec l'autre (1). » Ce regain de dévotion n'avait, en effet, rien de sérieux : un regard

---

1. *Mémoires*, t. Ier, p. 380.

attendri de Francueil suffit pour l'anéantir. Il était revenu s'établir à la Chevrette où se trouvaient Rousseau, Gauffecourt et les poètes dramatiques Saurin et Corsembleu Desmahis. M. d'Epinay y demeurait à poste fixe, et, pour se distraire sur place, avait installé les demoiselles Verrière dans une maison de campagne qu'il leur avait achetée à Epinay où, il est vrai, elles ne séjournèrent pas longtemps. L'abbé Martin se chargea de les faire déguerpir du village. Mais elles n'y perdirent rien : M. d'Epinay leur donna en échange un joli domaine à Auteuil.

Les entrevues de Mme d'Épinay avec Francueil avaient lieu chez Mme de Jully. Un jour, sa belle-sœur lui demanda la réciprocité, afin qu'elle pût aussi, tout à son aise, voir *son amant*. « Votre amant ! » s'écria Mme d'Epinay.— « Eh bien ! vous voilà pétrifiée, repartit placidement Mme de Jully. Parce que vous avez épousé l'aîné, vous croyez avoir toute seule le privilège de faire un cocu dans la famille..... (1) » Elle poussa la bravoure jusqu'au bout, en confessant que cet amant n'était autre que Géliotte, un chanteur de l'Opéra, mais un chanteur incomparable. « Il n'était ni beau ni bien fait, dit Marmontel, mais pour s'embellir il n'avait qu'à chanter ; on eût dit qu'il charmait les yeux en même temps que les oreilles. Les jeunes femmes en étaient folles ; on les voyait à demi-corps élancées de leurs loges, donner en spectacle elles-mêmes l'excès de leur émotion ; et plus d'une des plus jolies voulait bien la lui témoigner. » Ajoutons que la noblesse et le parlement de Toulouse se le disputaient lorsqu'il allait passer quelques jours de congé dans sa ville natale. Mme de Jully fit bientôt une autre confidence à Mme d'Epinay : elle n'aimait plus Géliotte et la chargeait de l'en débarrasser, en alléguant au galant qu'elle craignait pour sa réputation et qu'elle voulait réformer sa conduite. La mission était difficile à remplir et, quelle que fût l'habileté de la messagère, elle ne put le convaincre. Il flaira un rival et, suivant une piste qui s'offrait à lui, il alla droit au chevalier de Vergennes, son successeur, et le défia bravement.

1. *La Jeunesse de Madame d'Épinay*, p. 369.

Celui-ci se contenta de le traiter de croquant et de le jeter dehors. Mme de Jully vécut de la vie la plus heureuse avec le chevalier, jusqu'au jour où il fut nommé à une ambassade. Ce jour-là elle se retira tout à fait du monde.

Mme d'Epinay, au milieu des agitations de sa vie n'oubliait pas la pauvre Mme de Maupeou. Elle se la représentait, elle qui était si alerte d'esprit, si expansive et si affectueuse, enfoncée dans l'affreux isolement auquel l'avait condamnée son mari, lorsqu'elle apprit tout à coup que sa cousine venait d'expirer, « faute de secours, à la suite d'une couche ». La ladrerie de M. de Maupeou l'avait tuée. Ce *plat-pied* devait, vingt ans plus tard, devenir chancelier de France, prendre rang parmi les hommes d'Etat [par sa détestable victoire sur le Parlement, dont le résultat fut de « retirer la couronne royale de la poussière du greffe », c'est-à-dire de rétablir le despotisme royal. Cet avare devait, à sa mort, en 1792 (1), faire acte de haute libéralité par un legs patriotique de huit cent mille livres.

Un second deuil vint, six mois après, contrister encore Mme d'Epinay et, par surcroît, la plonger dans la plus grave des perplexités. Mme de Jully, qui n'avait que vingt-trois ans, était morte d'une petite vérole maligne et n'avait pas eu la force, en remettant une clef à sa belle-sœur, de lui indiquer ce qu'elle devait en faire. Mais Mme d'Epinay devina ses intentions : elle avait vu souvent Mme de Jully serrer les lettres du chevalier dans son secrétaire. Elle prit tous les papiers qui s'y trouvaient et, après les avoir brûlés, alla remettre la clef à M. de Jully. Celui-ci, qui paraissait abîmé dans sa douleur, releva la tête en voyant survenir M. d'Epinay et le pria de réunir toutes les pièces nécessaires pour terminer une affaire d'intérêts qui avait failli les brouiller mortellement. M. d'Epinay répondit qu'il eût d'abord à produire un acte resté entre ses mains et qui était la pièce principale. M. de Jully se mit sur l'heure en quête et ne trouvait rien,

---

1. Il mourut le 29 juillet au Thuit, près des Andelys, où il vivait dans la plus complète solitude, depuis le commencement du règne de Louis XVI.

lorsqu'une femme de chambre, mécontente du lot qui lui avait été départi dans la distribution des hardes de sa maîtresse, raconta qu'elle avait vu dans la cheminée un monceau de papiers brûlés après le départ de Madame d'Epinay. Il s'agissait pour M. de Jully d'un titre représentant plus de cinquante mille écus. M. d'Epinay trouvait *le tour excellent.* La belle-mère de M. de Jully, Mme Chambon, et d'autres commères clabaudaient. Le bon Gauffecourt s'indignait. Le lendemain, il n'était bruit que de cet événement dans la ville. Grimm, que Rousseau avait présenté à Mme d'Epinay, dînant chez le comte de Friese et la conversation roulant sur ce chapitre, releva vivement un propos injurieux d'un des convives, en déclarant qu'il n'avait que du mépris pour ceux qui se hâtaient d'accuser ainsi une honnête femme. Les deux adversaires quittèrent la table pour aller se battre dans le jardin de l'hôtel et se blessèrent l'un et l'autre. Et Duclos d'apostropher ainsi Mme d'Epinay : « Tout le monde va dire que Grimm est votre amant, vous êtes folle, si vous le revoyez. » Elle répondit qu'elle aurait cette folie. M. d'Epinay fit l'éloge de Grimm et sa femme venait d'écrire à son oncle, M. d'Affry, au sujet de ses mortifications et de ce duel, lorsqu'elle vit entrer, « en riant comme des fous », Duclos, Rousseau, Gauffecourt et le chevalier de Valori. Rousseau avait été témoin d'une réaction qui s'était produite chez M. de Jully. Le mari oubliait sa douleur dans la contemplation d'un mausolée qu'il avait élevé de ses propres mains à sa femme dans un cabinet converti en chapelle (1). Rousseau en avait conclu qu'il était « mille fois plus artiste que veuf ». Et Duclos s'écriait : « Madame,

---

1. M. de Jully était, en effet, un artiste et un artiste distingué. Après avoir occupé la place de substitut du procureur général Joly de Fleury, il s'était adonné aux beaux-arts et était devenu un habile graveur. On cite, parmi ses œuvres, la gravure des *Fermiers brûlés*, de Greuze, qui lui valut sa nomination de membre honoraire de l'Académie de peinture. Il avait la passion des tableaux, des statues et des antiques. Au demeurant bon enfant et d'une conduite irréprochable, mais léger de propos, « sage et polisson », comme le définissait Mme d'Épinay.

voilà le sujet de nos rires. » Mme d'Epinay les tança sévèrement de leurs railleries malséantes.

Un post-scriptum d'une lettre de condoléance du chevalier de Vergennes à M. de Jully confondit les accusateurs de sa belle-sœur. Mme de Jully, quelque temps avant son départ, l'avait chargé de porter des papiers à un homme d'affaires afin qu'il les étudiât et formulât son avis. Le chevalier donnait l'adresse de cet homme qu'il déclarait très expert en ces matières. M. de Jully se hâta d'aller le trouver et fut ravi de recevoir de lui un dossier qui contenait le titre en question. Il revint plus vite encore chez Mme d'Epinay et lui dit d'une voix émue : « Je viens, ma chère sœur, vous faire réparation au nom de qui il appartient, mais ce n'est pas au mien, car je ne vous ai jamais soupçonnée : les papiers sont retrouvés. » Mais alors qu'étaient-ce que ceux qu'elle avait brûlés ? A cette question tout naturellement posée, Mme d'Epinay, quelque peu interloquée, répondit qu'elle n'en avait pas pris connaissance et qu'elle en était réduite à une supposition : Mme de Jully l'avait priée de les brûler, sans doute pour faire disparaître les traces des bienfaits dont elle était coutumière. « C'est le seul soupçon que nous puissions nous permettre. Il faut nous y tenir (1) », repartit dignement le mari. Et il cria par-dessus les toits qu'il avait retrouvé ses papiers. Alors Mme d'Epinay eut à subir des compliments qui la blessaient comme de nouveaux outrages. Elle n'en reçut pas de M. d'Epinay, très contrarié d'une découverte qui le constituait débiteur de son frère d'une somme de cent quatre-vingt-seize mille livres.

Quelques jours après, Rousseau vint annoncer à Mme d'Epinay que Grimm désirait lui faire une visite ainsi qu'à sa mère « dans un moment où il n'y aurait pas d'étrangers ». Il était obligé de tenir son bras en écharpe et ne voulait pas se montrer en public. Rousseau fut chargé de lui répondre qu'il serait le bienvenu. Grimm se présenta le lendemain et, ces dames étant allées au-

---

1. *Mémoires de Madame d'Épinay*, t. 1er, p. 453.

devant de lui : « Ma fille, dit Mme d'Esclavelles, embrassez votre chevalier. — Je serais très fier de ce titre, si je le méritais, répondit-il; c'est la cause générale de la bienfaisance que j'ai défendue. Il est vrai qu'elle n'avait jamais été outragée plus injustement (1). » Francueil, en réalité, s'était suscité à lui-même un rival : il avait présenté Rousseau qui, à son tour, avait présenté Grimm. Notons la première impression de Mme d'Epinay à l'égard de ce dernier : « Il n'a pas l'élocution facile ; malgré cela, sa manière de dire ne manque ni d'agrément ni d'intérêt. » Elle fit ensuite de lui un portrait, sinon complet, du moins très étudié : « Sa figure, dit-elle, est agréable par un mélange de naïveté et de finesse, sa physionomie est intéressante, sa contenance négligée et nonchalante, ses gestes, son maintien et sa démarche annoncent la bonté, la modestie, la paresse et l'embarras.

« Son âme est tendre, ferme, généreuse et élevée ; elle a précisément la dose de fierté qui fait qu'on se respecte sans humilier personne. En morale et en philosophie, il a des principes sévères qu'il ne se permet pas de modifier et d'adoucir suivant les circonstances, mais dont il se relâche presque toujours lorsqu'il s'agit de juger les autres.

« Il a l'esprit juste, pénétrant et profond ; il pense et s'exprime fortement, mais sans correction. En parlant mal, personne ne se fait mieux écouter ; il me semble qu'en matière de goût, nul n'a le tact plus délicat, plus fin, ni plus sûr. Il a un tour de plaisanterie qui lui est propre, qui ne sied qu'à lui.

« Son caractère est un mélange de vérité, de douceur, de sauvagerie, de sensibilité, de réserve, de mélancolie et de gaieté. Il aime la solitude, et il est aisé de voir que le goût pour la société ne lui est point naturel : c'est un goût acquis par l'éducation et par l'habitude.

« Ce je ne sais quoi de solitaire et de renfermé, joint à beaucoup de paresse, rend quelquefois en public son opinion équi-

---

1. *Mémoires de Madame d'Épinay*, t. Ier, p. 453.

voque ; il ne prononce jamais contre son sentiment, mais il le laisse douteux. Il hait la dispute et la discussion ; il prétend qu'elles ne sont inventées que pour le salut des sots.

« Il faut connaître particulièrement M. Grimm pour sentir ce qu'il vaut. Il n'y a que ses amis qui soient en droit de l'apprécier, parce qu'il n'est lui qu'avec eux. Son air alors n'est plus le même ; la plaisanterie, la gaieté, la franchise annoncent son contentement et succèdent à la contrainte et à la sauvagerie.

« On prétend même que ces démonstrations sont les seules qu'il faille attendre de son amitié dans le courant de la vie ; son âme, naturellement renfermée et brisée, dit-on, par les chagrins qu'il a éprouvés, l'empêche d'être aussi communicatif avec ses amis qu'un caractère tel que le sien semblerait le promettre.

« On dit encore qu'incapable de feindre avec eux, il a l'art de leur présenter les plus dures vérités avec autant de douceur et de ménagement que de force. Personne n'est plus éclairé sur les intérêts des autres, ni ne les conseille mieux ; il sait indiquer les meilleurs moyens, mais il ne sait point exécuter lui-même ; personne aussi n'a plus de finesse pour pénétrer les projets des autres ni moins d'adresse pour réussir dans les siens.

« D'après cette esquisse, on peut conclure que M. Grimm n'est pas également aimable pour tout le monde. Qu'est-ce donc qu'un homme aimable? En attendant qu'on me le définisse, je désire d'en rencontrer souvent d'aussi maussades que M. Grimm. »

On a dit de Mme d'Epinay qu'elle était « vraie sans être franche ». Pour obtenir une ressemblance parfaite du personnage, il faut, croyons-nous, rapprocher de ce portrait celui qu'a tracé Rousseau, en tenant compte des exagérations de sa plume passionnée. Il avait pris en aversion son modèle : était-on jamais de ses amis impunément? Il commence par le traiter d'homme « faux par caractère », mais consent à reconnaître en lui un « mérite réel ». Puis il ajoute : « Aussi fat qu'il était vain, avec ses gros yeux troubles et sa figure dégingandée, il avait des prétentions près des femmes ; et, depuis sa comédie avec M*lle* Fel, il passait auprès de plusieurs d'entre elles pour un homme à grands sentiments. Cela l'avait mis à la mode, et lui avait donné du goût pour la propreté de femme. Il se mit à faire le beau : sa toilette devint une grande affaire. Tout le monde sut qu'il mettait du blanc ; et moi qui n'en croyais rien, je commençai à le croire, non-seulement pour l'embellissement de son teint, et pour avoir trouvé des tasses de blanc sur sa toilette, mais sur ce qu'entrant un matin dans sa chambre, je le trouvai brossant ses ongles avec une petite vergette faite exprès ; ouvrage qu'il continua fièrement devant moi. Je jugeai qu'un homme, qui passe deux heures tous les matins à brosser ses ongles, peut bien passer quelques instants à remplir de blanc les creux de sa peau. Le bon homme Gauffecourt, qui n'était pas sac-à-diable, l'avait assez plaisamment surnommé Tyran-le-blanc (1). »

Ce que Rousseau appelle la comédie de Grimm avec M*lle* Fel a été de sa part précédemment l'objet d'un récit détaillé. M*lle* Fel, actrice de l'Opéra, dont la voix, selon Collé, uniquement « bonne pour des ariettes », était « parfaite en ce genre », avait conquis le cœur de Grimm à tel point que, désespérant de supplanter le librettiste Cahusac, l'heureux possesseur de la belle, « il s'avisa d'en vouloir mourir ». Une étrange maladie se déclara. « Il passait les jours et les nuits dans une continuelle léthargie, les yeux bien ouverts, le pouls bien battant, mais sans parler, sans manger, sans bouger, paraissant quelquefois entendre, mais ne répondant jamais, pas même par signe, et du reste sans agitation, sans douleur, sans fièvre, et restant là comme s'il eût été mort. L'abbé Raynal et moi, nous partageâmes sa garde : l'abbé, plus robuste et mieux portant, y passait les nuits, moi les jours, sans le quitter jamais ensemble, et l'un ne partait jamais que l'autre ne fût arrivé. Le comte de Friese, alarmé, lui amena Senac, qui, après l'avoir bien examiné, dit que ce ne

1. *Confessions*, partie II, livre IX.

serait rien, et n'ordonna rien. Mon effroi pour mon ami me fit observer avec soin la contenance du médecin, et je le vis sourire en sortant. Cependant le malade resta plusieurs jours immobile, sans prendre ni bouillon ni quoi que ce fût que des cerises confites que je lui mettais de temps en temps sur la langue, et qu'il avalait fort bien. Un beau matin il se leva, s'habilla, et reprit son train de vie ordinaire sans que jamais il m'ait reparlé, ni, que je sache, à l'abbé Raynal, ni à personne, de cette singulière léthargie, ni des soins que nous lui avions rendus tandis qu'elle avait duré (1). »

L'aventure fit grand bruit et valut à Grimm des succès de boudoirs. C'est Rousseau qui le dit encore pour lancer un dernier trait à l'homme qu'il n'a cessé de poursuivre de sa haine et dont le seul crime fut de l'avoir, selon le mot de Sainte-Beuve, « pénétré d'un coup d'œil juste, dans son incurable vanité ». Grimm, en résumé, méritait le sobriquet du bonhomme Gauffecourt, *Tyran-le-Blanc*. Il avait le travers de se farder et de prendre un ton tranchant. Diderot lui-même, parfois, l'appelait *le marquis* ou le qualifiait *de houx toujours vert*, en souvenir d'une enseigne représentant un houx avec cette inscription : *Semper frondescit*. Pures boutades, du reste, car tout autre était le fonds de sa pensée. « Je l'ai nommé *mon hermaphrodite*, écrit-il au sculpteur Falconnet, parce qu'à la force d'un des sexes il joint la grâce et la délicatesse de l'autre. C'est mon ami, c'est le vôtre. Il est dans l'art plastique moral ce que vous êtes dans l'art plastique mécanique. Ce que je vous en dis, les grands, les petits, les savants, les ignorants, les hommes faits, les enfants, les littérateurs, les gens du monde, vous le diront comme moi. Il plaît également à tous (2). » L'amitié l'aveuglait. Grimm était le moins aimable des hommes. L'illusion de Diderot justifie celle de Mme d'Epinay. Ils

1. *Confessions*, partie II, livre VIII.
2. *Œuvres complètes*. Édition Assérat et Maurice Tourneux, t. XVIII, p. 238.

ubissaient tous deux un charme irrésistible, resté inexplicable.

La rupture avec Francueil n'eut pas lieu sans déchirements. L'infidèle Francueil qui, en compagnie du mari, était allé souvent s'ébatfre à Auteuil, chez les demoiselles Verrière, s'attachait aux pas de la femme, depuis qu'il connaissait les visées de Grimm. Celui-ci exigeait une séparation immédiate et Mme d'Epinay s'efforçait d'éviter un éclat. M. d'Epinay assistait à ce drame intime en spectateur indifférent. Enfin Francueil prit en pitié les angoisses de la pauvre femme. Il lui envoya une cassette qui contenait ses lettres et son portrait, et qu'accompagnait une longue lettre d'adieu. Puis, annonçant à M. d'Epinay qu'il allait passer six mois à Chenonceaux, il s'éloigna définitivement de la Chevrette. Sa femme mourut le 1er septembre 1754 et il épousa en secondes noces la veuve du comte de Horn, fille naturelle du maréchal de Saxe de laquelle il eut un fils qui fut le père de George Sand.

Grimm avait trente-trois ans, lorsqu'il devint l'amant en titre de Mme d'Epinay et leur intimité dura vingt-sept années. L'amitié s'était mise de la partie. La maîtresse s'était élevée à l'état de compagne, voire même de collaboratrice. Grimm avait trouvé en elle le germe d'un écrivain, et au lieu de chercher, comme Rousseau, à l'étouffer, il l'avait aidé à se développer. Pendant les absences qu'il fit en 1773 et en 1774, elle fut chargée avec son secrétaire, le Suisse Meister, de le suppléer dans la rédaction de la *Correspondance littéraire* (1).

Partout où il se trouvait, Grimm appelait Diderot, — son *alter ego*. L'un ne se concevait pas sans l'autre. Et pourtant Diderot ne se montrait pas à la Chevrette, quoiqu'il y fût vivement désiré par Mme d'Epinay. Duclos, qu'elle finit par exécuter irrévocablement, l'avait desservie auprès du philosophe, à tel point que

---

1. Son bagage particulier comprend : *Mes moments heureux* (1752), *Lettres à mon fils* (1758) et *Conversations d'Émilie* (1781). Ce dernier ouvrage consacré à l'enfance obtint en 1783 le prix d'utilité.

celui-ci ne la qualifiait que d'*intrigante*. Rousseau, hélas! n'avait pas manqué de coopérer à cette œuvre de dénigrement. N'était-ce pas sa façon habituelle de témoigner sa reconnaissance ? A ce moment il était l'hôte de Mme d'Epinay. On sait comment il l'était devenu. Avant de partir pour Genève où il avait accompagné le bonhomme Gauffecourt passé à l'état de podagre et qu'il accusa d'avoir voulu séduire Thérèse en chemin, il avait, en se promenant dans le parc avec Mme d'Epinay, poussé un cri d'admiration à la vue d'une vieille masure, voisine de la forêt de Montmorency. « Quelle habitation délicieuse! » avait-il dit. Et à son retour refaisant la même promenade avec Mme d'Epinay, il avait trouvé à la place de la cabane qu'on appelait l'Hermitage une maisonnette fraîchement construite et parfaitement aménagée. « Mon ours, lui avait-elle dit, voilà votre asile. C'est vous qui l'avez choisi, c'est l'amitié qui vous l'offre. » Il avait pleuré, mais avait demandé à réfléchir et ne s'était décidé à accepter que sur les instances de Mme Le Vasseur et de Thérèse, *gagnées pour le circonvenir*. Le trait est de lui naturellement. Mme d'Epinay poussa la perfidie jusqu'à procéder elle-même à son installation (le 9 avril 1756), sans doute pour lui infliger la pire des humiliations. Il devait l'en faire repentir amèrement, car, à force de méchants procédés, il la contraignit de le chasser de l'Hermitage qu'il quitta le 15 décembre 1757, pour aller se réfugier à Montmorency dans une maison que lui avait offerte le procureur fiscal du prince de Condé.

Un des nombreux griefs de Mme d'Epinay contre Rousseau, le dernier, avait été son refus de l'accompagner à Genève où, pour une affection de l'estomac qui la faisait souffrir depuis longtemps et s'était aggravée au point d'inspirer des craintes sérieuses à ses amis, elle s'était décidée à aller se faire traiter par le célèbre docteur Tronchin qu'elle avait consulté lorsqu'il était venu à Paris inoculer les enfants du duc d'Orléans. « Je n'avais pas besoin de pénétration, dit Rousseau, dans ses *confessions*, pour voir qu'il y avait à ce voyage un motif secret qu'on me taisait. Ce secret, qui n'en était un dans toute la maison que pour moi, fut découvert dès le lendemain par Thérèse, à qui Teissier, le maître d'hôtel, qui le savait de la femme de chambre, le révéla (1). » Il s'agissait, selon lui, de la dissimulation d'une grossesse et sa dignité qui s'accommodait de confidences d'antichambre se révoltait à la pensée de jouer le rôle de chaperon. Ce qui démontre avec éclat l'impudente fausseté de l'accusation de Rousseau, c'est l'assortiment des compagnons de voyage de Mme d'Epinay, son mari et son fils. Le départ eut lieu le 30 octobre 1757 et la malade faillit rester en chemin. Elle fut prise à peu de distance de Nantua, à Châtillon de Michailles, d'une crise si violente que M. d'Epinay crut devoir envoyer un exprès à Tronchin pour le prier instamment de venir à son secours. En attendant qu'il vînt, on appela un prêtre : « C'était un paysan, écrit à Grimm Mme d'Epinay. Il me parut ivre, je lui parlai en conséquence. Il m'exhorta à recevoir les sacrements, je lui représentai que, vomissant sans cesse, je ne le pouvais pas en ce moment. On me pressa sur l'Extrême-Onction, je remis à l'arrivée de Tronchin et on n'osa plus m'en parler (2). »

La crise passée, Mme d'Epinay reprit avec son mari et son fils le chemin de Genève où les attendait M. de Jully qui y exerçait les fonctions de résident, qu'il tenait de la protection de Mme de Pompadour. Il les installa dans une maison très agréablement située, ayant vue sur la belle promenade de la Treille. Voltaire, qu'il avait averti, était venu au-devant d'eux et avait voulu les garder à dîner aux Délices qu'il habitait alors. Mais Mme d'Epinay, alléguant la fatigue, avait décliné l'invitation. Voltaire lui en adressa une autre deux jours après et la reçut, ainsi que son mari, avec une bonne grâce qui les charma. Elle a portraituré au vif Mme Denis : « Sa nièce, dit-elle, est à mourir de rire, c'est une petite grosse femme toute ronde, d'environ cinquante ans, femme comme on ne l'est point, laide et bonne, menteuse sans le vouloir et sans méchanceté ; n'ayant pas d'esprit, et en parais-

---

1. Partie II, livre IX.
1. *Dernières années de Madame d'Épinay*, par L. Perey et G. Maugras, page 15.

sant avoir, criant, décidant, politiquant, versifiant, raisonnant, déraisonnant, et tout cela sans trop de prétention et surtout sans choquer personne, ayant par dessus tout un petit vernis d'amour masculin qui perce à travers la retenue qu'elle s'est imposée. Elle adore son oncle, en tant qu'oncle et en tant qu'homme; Voltaire la chérit, s'en moque et la révère. » C'est à Grimm qu'elle envoyait ce ravissant croquis, — à Grimm qui ne l'avait pas suivie à Genève, prétextant d'une part les méchants propos auxquels son absence de Paris aurait donné lieu, et d'autre part des travaux commencés à terminer, sans parler de ses attaches à la personne du duc d'Orléans dont il était devenu le secrétaire à la mort du comte de Friese. Et comme il insistait sur le premier point, en réponse à une lettre dans laquelle M^{mo} d'Epinay le pressait de venir la rejoindre: « Hélas! mon Dieu, répliqua-t-elle, on ne dira que ce que l'on a dit, et ce que l'on dira quand même vous ne viendriez pas. Enfin, il s'agit du bonheur de notre vie et n'est-ce pas là ce qu'on appelle le sacrifier à une chimère? » Grimm abandonna l'argument des convenances, mais persista sur le second point qui consistait à aider Diderot dans la revision des premiers volumes de l'Encyclopédie. Mme d'Epinay fut obligée de se rendre, mais exigea d'être tenue au courant de tout ce qui se passait à Paris. Notons ce passage d'une des lettres de Grimm: « M. de Francueil est venu tous les jours savoir de vos nouvelles (*c'était au moment de la crise*). Il regrette bien, dit-il, de ne vous avoir pas accompagnée. Je crois que vous ferez bien de mettre dans une de vos lettres un mot de remerciement pour lui qu'on puisse lui lire. » N'oublions pas ce post-scriptum qui a aussi sa valeur: « Mille compliments à M. d'Epinay; tous vos amis sont touchés de sa conduite et l'en remercient. » Son héroïsme conjugal ne devait pas être de longue durée. Il n'avait du reste accompli cet acte de bon mari que pour faire croire à une rupture avec les demoiselles Verrière et sauver sa place, que cette liaison pouvait lui faire perdre au prochain renouvellement du bail des fermiers généraux. Jugeant que l'effet produit était suffisant après quarante-huit heures de séjour à Genève, il retourna à ses plaisirs. En route, de Dijon, pour témoigner de la continuité de sa sollicitude, il adressa à sa femme les plus touchantes recommandations pour sa santé. Tout d'abord il affirmait qu'il s'accoutumerait difficilement à une séparation de six mois, temps assigné à la maladie. Puis il rappelait la principale prescription de Tronchin, ordonnant un régime de distractions, ajoutant : « Il ne faut pas que la dépense vous arrête ; je suppléerai à celle que vous ne pourrez pas faire... toute ma crainte est que vous ne vous ennuyiez. »

Voltaire veillait lui-même et se dévouait à l'exécution de cette ordonnance. Il avait une foi admirative en Tronchin qu'il agaçait quelque peu des nombreuses maladies mortelles dont il se croyait atteint. On sait quel soin il prenait de sa personne. Piron avec sa crudité ordinaire, disait qu'il *prenait plus de lavements que Crébillon* (le père) *n'avait culotté de pipes*. Voltaire passait ses quartiers d'hiver à Lausanne où il attira sa *belle philosophe*, et où Mme d'Epinay trouva une très agréable société. On s'y livrait à des causeries tantôt instructives tantôt enjouées qui alternaient avec des représentations au petit théâtre de Mont-Repos, dont l'auteur de *Zaïre* était le directeur. Il se mêlait aussi à la troupe ainsi que Mme Denis.

A Genève, Tronchin avait ouvert à Mme d'Epinay les portes des principaux salons. A ces assemblées dont était bannie la jeunesse qui y eût jeté sa note gaie et où, entre personnes graves, on se bornait à jouer et à manger de la pâtisserie arrosée de thé, avec accompagnement de musique, elle préférait les relations que le complaisant docteur lui avait également ménagées avec d'aimables savants, les deux frères Guillaume-Antoine et Jacques-André Deluc, Charles Bonnet et Horace-Bénédict de Saussure, un clan de géologues qui la passionnèrent pour la botanique et la minéralogie, ajoutant un appât de curiosité à ses promenades sanitaires dans les campagnes environnantes.

Tronchin avait inspiré à sa malade non seulement, comme à Voltaire, l'adoration du médecin, mais encore le culte de l'homme privé. Elle l'avait vu à l'œuvre auprès des pauvres et de sa femme, et sa charité à l'égard de celle-ci n'était pas la moins méritoire. La laideur de Mme Tronchin était si horrible que quelqu'un ayant demandé un jour ce qu'elle faisait, Mme Cramer, femme du libraire, répondit tout naturellement : « Elle *fait* peur. » C'était en outre *la plus insupportable et la plus maussade créature*, selon les expressions de Mme d'Epinay qui ajoute, stupéfaite des prévenances délicates dont son mari entourait ce monstre : « Si jamais je découvre un défaut à cet homme, il faudra peut-être le mépriser, car il doit être épouvantable. » Malgré les attentions qu'il lui prodiguait à elle-même, ses vomissements la reprirent et cette rechute inquiéta vivement M. de Jully qui en fit part à Grimm et le décida enfin à venir. C'était en mars 1759. La joie profonde qu'elle éprouva de son arrivée ramena le calme dans cette nature nerveuse que ne put troubler un cri de détresse poussé par son mari dont les revenus avaient subi une réduction de moitié dans le renouvellement du bail des fermes. « Si quelque chose peut me consoler, ajoutait-il, c'est de voir M. de Lucé privé de la pension qu'il avait eu la bassesse d'exiger sur ma place. Mais quel dédommagement vis-à-vis d'une suppression de plus de soixante mille livres de rente ! » Sa conclusion était qu'il fallait que sa femme restreignît ses dé--penses comme lui. Elle lui répondit que c'était dans ses *désordres* qu'il s'agissait *de faire des retranchements*, à quoi il répliqua, avec un cynisme dont il semblait ne pas avoir conscience : « ... C'est moins à ma femme qu'à mon amie que j'écris. Vous avez assez d'esprit et de philosophie, pour que je risque de vous faire une confidence qu'un mari craindrait sans doute de faire à toute autre femme que vous...

« Vous pensez bien que, dans ma position présente, je me suis vu forcé de cesser des dépenses qui, en contribuant au plaisir et au bien-être de Mlle Verrière, à laquelle je dois de l'amitié, me procuraient aussi des amusements que je trouvais plus doux qu'ailleurs, parce que j'y trouvais plus de liberté... J'ai cru tout simple de lui exposer ma situation, elle y a été très sensible, et je lui dois la justice de dire que son premier mouvement a été de m'offrir ses diamants et ses bijoux. Le mien a été de les refuser. Mais je vous avouerai qu'après quelques réflexions, malgré tout ce qu'il m'en a coûté, les difficultés, pour ne pas dire l'impossibilité, de trouver l'argent dont j'ai un si pressant besoin, m'ont déterminé à accepter l'offre de Mlle Verrière jusqu'à concurrence de quarante mille livres... » Il terminait en affirmant *sur l'honneur* qu'il ne changerait rien au plan qu'il s'était tracé. « Si je vais m'amuser encore, dit-il, chez Mlle Verrière, soyez assurée que ni vous, ni mes enfants n'aurez jamais aucun sujet de vous en plaindre. » Une riposte indignée de Mme d'Epinay étonna son mari qui exprima l'espoir qu'elle lui rendrait justice plus tard et déclara qu'il ne pourrait plus lui envoyer mensuellement que mille cinq cents livres. Le mois précédent, il avait été contraint d'emprunter cinquante-quatre livres à ses gens pour parfaire la somme tirée par elle sur lui. « Je n'accepte pas de réduction, lui répondit Mme d'Epinay, et j'entends toucher la somme qui m'est due, suivant nos conventions. Vous donnez des fêtes à Epinay et vous ne rougissez pas d'emprunter cinquante livres à vos gens ! L'honneur vous permet de vous humilier devant vos valets et ne vous permet pas de rompre une partie de plaisir que mille considérations auraient dû vous empêcher de lier... » Et lui de répliquer : « Vous répondez très mal, ma chère amie, à la confiance que je vous ai marquée, et le ton, tantôt dur et tantôt ironique, que vous prenez dans vos dernières réponses est on ne peut plus *déplacé*... » Quant aux fêtes qui lui étaient reprochées, elles consistaient simplement en un souper et un concert donnés à Mme d'Houdetot et à quelques personnes de la connaissance de la comtesse et de la sienne.

La question d'intérêts résolue comme elle l'entendait, Mme d'Epinay oublia son mari et les demoiselles Verrière, entre Grimm et Voltaire, le premier souvent sérieux et le second toujours folâtre, — ou au milieu de ses amis de Genève, qui lui révélaient sans pédantisme les secrets de la nature. A la faveur de cette tranquille et agréable existence, elle recouvra tout doucement la santé. Mais dans la quiétude de son rétablissement, elle éprouvait un grand vide : il lui manquait sa fille et sa mère. Quelqu'un manquait aussi à Grimm : on sait qui. Le retour à Paris, mis sur le tapis, fut vite décidé. Seulement il fallait savoir du *Sauveur*, comme sa malade, à l'imitation de Voltaire, appelait Tronchin, si Mme d'Epinay pouvait sans danger affronter les fatigues du voyage. L'agrément du docteur obtenu, elle quitta Genève le 5 octobre 1759, accompagnée de son fils, de Grimm et de M. de Jully. Un dîner d'adieu leur avait été donné aux Délices dont le châtelain avait versé « des pleurs de poète » (1).

Le voyage dura six jours. Au commencement du sixième, apparut sur la route M. d'Epinay. Sa femme en l'apercevant pâlit et faillit se trouver mal. Un regard de Grimm lui rendit courage et elle demanda des nouvelles de sa fille et de sa mère. M. d'Epinay ne les avait pas vues depuis huit jours. Il allait, pour rompre les chiens, entamer le chapitre des travaux d'agrandissement qu'il faisait exécuter dans sa maison de Paris. Elle l'interrompit brusquement en protestant contre de telles dépenses qui juraient avec la gêne dans laquelle ils se trouvaient, car elle avait été contrainte d'emprunter la somme nécessaire à son voyage. Il se rebiffa et voulut démontrer l'excellent état de ses affaires. Elle répliqua qu'elle ne se contentait pas de paroles et qu'elle ne voulait s'en rapporter qu'à un compte écrit, détaillé et appuyé de pièces probantes.

Ce fut chez sa mère que Mme d'Epinay se fit descendre. Elle y arriva vers les cinq heures du soir. Sa fille « grandie et embellie » l'attendait dans la cour et vint se jeter à son cou. Il fallut qu'elle s'arrachât aux embrassements de Pauline pour monter auprès de Mme d'Esclavelles, devenue presque aveugle et impotente, qui, la serrant dans ses bras, s'écria d'une voix entrecoupée de sanglots : « Maintenant je puis mourir en paix. »

Mme d'Epinay avait déclaré à son mari qu'elle commencerait

1. *Dernières années de Madame d'Épinay*, p. 117.

par habiter avec sa mère. Après le souper il prit congé d'elle emmenant son fils et suivi de M. de Jully et de Grimm. Le lendemain, elle reçut la visite de ses parents et de ses amis et, au bout de quelques jours réclama de M. d'Epinay l'état de situation qu'elle l'avait invité à dresser. Il lui présenta un bilan établi sur des chiffres qui n'avaient d'exact que leurs totaux et des projets de réforme, dont un entre autres affectait l'éducation des enfants. Elle ne retint de tout ce fatras que le total général du passif et imposa de haute lutte la décision suivante : son mari prélèverait sur son revenu deux mille livres par mois pour sa dépense personnelle et le reste serait employé à l'extinction des dettes et aux dépenses de la maison (1).

Cet arrangement conclu, Mme d'Epinay, reposée et dégagée de tout souci, reprit goût au monde et, pour première sortie, accepta une invitation à dîner chez d'Holbach où se trouvait Diderot, qui lui montra le plus vif empressement. Il avait à racheter ses préventions contre elle, suscitées par Rousseau, dont l'éclatante ingratitude lui avait ouvert les yeux. La plus grande cordialité s'établit tout de suite entre eux. Mme d'Epinay lui fit promettre de venir avec Grimm à La Chevrette où, bientôt, elle devait se réinstaller.

Les beaux jours l'y ramenèrent en effet, et il tint parole. Il passait deux jours au Granval chez les d'Holbach et deux autres à la Chevrette dont la société s'était en grande partie renouvelée. L'expulsion de Duclos et de Rousseau, la mort de Mmes de de Maupeu et de Jully, celle de Gauffecourt emporté récemment par une attaque de goutte, la disparition du chevalier de Valori et de Mlle d'Ette, brouillés et désespérés, avaient laissé des vides qui furent bientôt comblés. Outre les anciens habitués de la maison, Saurin et Desmahis, Diderot eut l'occasion d'y rencontrer souvent le chevalier de Chastellux, le comte de Schomberg, le marquis de Croixmare, l'abbé Galiani, Saint-Lambert, M. de Margency et Mme de Verdelin, enfin un neveu de Mme d'Arty,

---

1. *Dernières années de Madame d'Épinay*, p. 122.

Vallet de Villeneuve, qui devait épouser en 1768 une fille de Francueil. C'était Desmahis qui avait introduit M. de Margency que, du reste, Grimm connaissait aussi. Le *gentil Margency*, disait Mme d'Epinay, « n'est que l'ébauche ou l'extrait de ce qui est agréable: c'est un groupe de très bonnes choses. Je considérais, ajoutait-elle, la majesté du bois d'Epinay, il aurait volontiers compté les feuilles (1). » Il avait le défaut de madrigaliser à tout propos et le remords d'avoir pris sa femme au marquis de Verdelin, un maréchal de camp sourd et borgne, non parce qu'il avait trahi la confiance du mari mais parce qu'il n'aimait plus et était embarrassé de sa conquête. Conquête singulièrement obtenue: Mme de Verdelin avait longtemps résisté, puis tout à coup avec le plus grand sang-froid, après avoir vainement opposé à l'assaillant la jalousie et la brutalité de l'affreux maréchal de camp, elle le prit par la main et le conduisant dans son cabinet: « Eh bien! monsieur, lui dit-elle, soyez heureux (2). » Elle professait une grande admiration pour Rousseau, et liée avec Mme d'Houdetot, sa voisine de campagne, car elle habitait près Montmorency, elle avait facilité leurs entrevues en leur prêtant la clef de son parc pour diminuer la distance d'Eaubonne à l'Ermitage. La comtesse venait au rendez-vous, costumée en homme et montée sur un mulet, qu'elle donnait à garder à Mme de Blainville, qui l'accompagnait. Etrange commission pour la sœur de M. d'Houdetot. Mais le vrai mari, n'était-ce pas Saint-Lambert? A ce titre il courut quelque risque dans une de ces rencontres, où Rousseau était près de vaincre, lorsque les coups de fouet d'un charretier qui passait arrachèrent à Mme d'Houdetot un éclat de rire qui fit rentrer l'ours en lui-même. La saillie était le fond du caractère de cette femme unique, si charmante malgré ses marques de petite vérole et ses yeux ronds et louches, si gracieuse dans sa gaucherie,—à l'occasion poète à prêter des rimes à Saint-Lambert, des rimes sans doute d'une autre sorte que celles des *Saisons*.

1. *Mémoires*, t. II, p. 240.
2. *Mémoires*, t. II, p. 222.

Sa jovialité, — elle avait cela de commun avec les plus honnêtes femmes de ce temps, — tournait quelquefois à la gaillardise. On cite d'elle une pièce de vers dont le titre seul indique la portée: *Hymne aux tétons*. Diderot promet à Mlle Voland, s'il peut le dérober, de le lui envoyer, déclarant qu'il « pétille de feu, de chaleur, d'images et de volupté ». Il ajoute : « Quoiqu'elle ait eu le courage de me le montrer, je n'ai pas eu celui de le demander. » Il raconte encore qu'il se trouvait au souper de la veille, à côté de Mme d'Houdetot qui disait : « Je me mariai *pour aller dans le monde et voir le bal, la promenade, l'opéra et la comédie, et je n'allai point dans le monde, et je ne vis rien, et j'en fus pour mes frais.* » Ces frais firent beaucoup rire. Elle dit ensuite, faisant allusion à Diderot qui dégustait avec plaisir certain petit vin blanc : « C'est mon voisin qui boit le vin et c'est moi qui m'enivre. » C'était du Galiani *di primo cartello*. L'abbé, nouvellement débarqué à Paris, s'était montré à la Chevrette presque en même temps que Diderot. Ce dernier, ainsi que Grimm, prisait fort l'humour de Galiani, mais il cessa d'estimer l'homme du jour où il l'entendit confesser « qu'il n'avait jamais pleuré de sa vie et que la perte de son père, de son frère, de ses sœurs, de ses maîtresses ne lui avait pas coûté une larme (1) ». Mme d'Epinay avait paru non moins choquée.

Diderot préférait de beaucoup à la compagnie du sarcastique Napolitain celle du bon marquis de Croixmare, doué d'une imagination riante et d'un esprit piquant qui ne blessait pas. « Votre plaisanterie, lui disait-il, est comme la flamme de l'esprit de vin, douce et légère, qui se promène sur ma toison, sans jamais la brûler. » Grimm l'appelait *le charmant marquis*, non par antiphrase, car il était laid d'une laideur d'ailleurs originale, mais à cause de sa constante amabilité. Officier du régiment du roi dans sa jeunesse, M. de Croixmare, qui était de l'âge de Voltaire, avait quitté le service afin de pouvoir donner

---

1. *Œuvres* de Diderot, t. XVIII, p. 459.

un libre cours aux caprices de sa nature mobile et à sa passion pour les estampes, dont il possédait une importante collection, amassée sur les quais, et se composant de portraits d'hommes célèbres, principalement de médecins français et étrangers Diderot lui conseillait de faire l'histoire de ces personnages simplement d'après leurs traits. Tour à tour sceptique et dévot, le marquis de Croixmare disait un jour : « On appelle surnaturelle la religion parce qu'elle est hors de la nature. » Et le lendemain, il était piqué de la tarentule du prosélytisme. Il avait épousé une jeune fille protestante, Mlle de La Pailleterie qu'il avait convertie. Diderot commit l'insigne fourberie, avec la complicité de ses amis de la Chevrette, de le faire collaborer sans qu'il s'en doutât à son roman de la *Religieuse*. Le marquis, devenu veuf, avait pris congé d'eux au commencement de l'année 1759, pour aller régler des affaires d'intérêts dans ses terres aux environs de Caen. Il n'y devait rester que le temps nécessaire à cette mise en ordre, mais il s'y oubliait entre son fils et sa fille et dans l'intimité du curé de l'endroit qui, afin de le garder et de lui faire contracter une dévotion irrémédiable, lui avait inculqué la passion du jardinage. Or, avant son départ, il s'était vivement intéressé au malheureux sort d'une jeune religieuse de Lonchamp, enfermée contre son gré dans un couvent par sa famille. La sœur Suzanne Simonnin avait réclamé juridiquement contre ses vœux et le marquis avait été solliciter en sa faveur tous les conseillers de la grande chambre du Parlement de Paris. Mais il avait échoué et le procès avait été perdu. Diderot s'offrit à faire ressusciter l'aventure pour ramener le marquis au milieu de ses amis. Il imagina une évasion de couvent et, au nom de la religieuse en liberté, menacée et traquée, il écrivit à M. de Croixmare qui prit la fable au sérieux, mais ne s'en revint pas tout de suite; il s'empressa seulement de répondre à la sœur qu'elle pouvait compter sur son appui. Une longue correspondance s'ensuivit qui fit les délices des hôtes de la Chevrette. Le soir, pendant le souper, on se délectait à la lecture de lettres que devait arroser de larmes le sensible marquis. A la fin, Diderot eut pitié de lui et fit mourir brusquement la pauvre sœur, aimant mieux causer à son bienfaiteur un chagrin passager que perpétuer des tourments qu'à la longue l'auteur partageait lui-même. Un ami du baron d'Holbach, d'Alainville, racontait qu'un jour rendant visite à Diderot qui l'appelait « le philosophe » et le trouvant le visage baigné de larmes, pris à son propre piège, « qu'avez-vous ? » lui demanda-t-il. « Ce que j'ai ? lui répondit Diderot, je me désole d'un conte que je me fais. » Le marquis, revenu à Paris, fut mis au courant du tour qu'on lui avait joué et ne se fit pas faute d'en rire, mais n'en souffla jamais mot à Diderot. Peut-être avait-il reçu aussi la confidence de d'Alainville et craignait-il de réveiller la douleur de celui qui l'avait fait tant souffrir.

Les causeries épistolaires de Diderot avec Mlle Volland abondent en détails précieux sur l'intérieur de la Chevrette, dont le salon, à son sens, était magnifique, mais triste, parce qu'il était trop grand. On n'usait pas, paraît-il, de l'expédient imaginé par M. de Bellegarde et « combiné de telle manière qu'avec des ressorts il se baissait quatre tableaux et qu'à l'instant on jouissait de deux salons (1) ». Une lettre de Diderot à son amie, datée du 15 septembre 1760, contient cette humoristique description d'une réunion qui a eu lieu la veille : « Vers la fenêtre qui donne sur les jardins, M. Grimm se faisait peindre et Mme d'Epinay était appuyée sur le dos de la chaise de la personne qui le peignait.

« Un dessinateur assis plus bas, sur un placet, faisait son profil au crayon. Il est charmant ce profil ; il n'y a point de femme qui ne fût tentée de voir s'il ressemble.

« M. de Saint-Lambert lisait dans un coin la dernière brochure que je vous ai envoyée.

« Je jouai aux échecs avec Mme d'Houdetot.

« La vieille et bonne Mme d'Esclavelles, mère de Mme d'Epi-

---

1. *Mémoires* du comte Dufort de Cheverny, t. Ier, p. 86. — La décoration de ce salon, œuvre de Natoire, représentait l'histoire de Psyché.

nay, avait autour d'elle tous ses enfants, et causait avec eux et avec leur gouverneur.

« Deux sœurs de la personne qui peignait mon ami brodaient, l'une à la main, l'autre au tambour.

« Et une troisième essayait au clavecin une pièce de Scarlatti.

« M de Villeneuve fit son compliment à la maîtresse de la maison et vint se placer à côté de moi. Nous nous dîmes un mot. Mme d'Houdetot et lui se reconnaissaient. Sur quelques propos jetés lestement, j'ai même conçu qu'il avait quelque tort avec elle.

« L'heure du dîner vint. Au milieu de la table étaient d'un côté Mme d'Epinay et de l'autre M. de Villeneuve; ils prirent toute la peine et de la meilleure grâce du monde. Nous dînâmes splendidement, gaîment et longtemps. Des glaces, ah! mes amies, quelles glaces! c'est là qu'il fallait être pour en prendre de bonnes, vous qui les aimez.

« Après dîner, on fit un peu de musique. La personne dont je vous ai déjà parlé qui touche si légèrement et si savamment du clavecin nous étonna tous, eux par la rareté de son talent, moi par le charme de sa jeunesse, de sa douceur, de sa modestie, de ses grâces et de son innocence. Sans exagérer, c'était Emilie à quinze ans. Les applaudissements qui s'élevèrent autour d'elle lui faisaient monter au visage une rougeur, et lui causaient un embarras charmant. On la fit chanter ; et elle chanta une chanson qui disait à peu près :

> Je cède au penchant qui m'entraîne ;
> Je ne puis conserver mon cœur.

« Mais je veux mourir, si elle entendait rien à cela. Je la regardais et je pensais au fond de mon cœur que c'était un ange, et qu'il faudrait être plus méchant que Satan pour en approcher avec une pensée déshonnête. Je disais à M. de Villeneuve : « Qui « est-ce qui oserait changer quelque chose à cet ouvrage-là ? Il « est si bien. » Mais nous n'avons pas, M. de Villeneuve et moi, les mêmes principes. S'il rencontrait des innocentes, lui, il aimerait assez à les instruire; il dit que c'est un autre genre de beauté (1). »

Comme on s'étonnait de ne pas avoir entendu parler, depuis quelque temps, du comte de Schomberg et du chevalier de Chastellux, Diderot en donna lui-même des nouvelles. Le comte, qui devait charmer Voltaire (2) en le félicitant, à Ferney, de *ses progrès dans la culture des terres,* se livrait en ce moment à des études agricoles. Quant au chevalier, il l'embrasserait de grand cœur s'il se présentait. Mais le brave colonel n'avait garde d'arriver, car il était sur le flanc, à Calais. Un officier de son régiment, qui en avait été exclu, l'avait appelé sur le terrain et l'avait blessé de trois coups d'épée dont un était entré de trois doigts dans la poitrine. Le drôle, ne le voyant pas mordre la poussière, lui avait dit : « Monsieur le colonel, vous marchez, ce me semble très fermement, et je crois que nous pourrions recommencer. — Très volontiers, » avait répondu Chastellux, et les épées avaient été remises au clair. Celle de l'officier s'était embarrassée dans la manche du chevalier qui l'avait saisie et, lui appuyant la pointe de la sienne sur la gorge, lui avait dit : « Je pourrais vous tuer, mais je vous donne la vie que vous ne méritez pas. Allez, vous n'êtes qu'un lâche! » Chacun s'exclama : les uns regrettaient qu'il n'eût pas fait justice ; les autres admiraient sa magnanimité.

Deux convives habituels avaient manqué aussi à ce dîner : Desmahis et Saurin. Desmahis avait un de ces accès de dévotion dont il était devenu coutumier, et expiait, dans quelque recoin de Paris, ses péchés dramatiques, d'ailleurs châtiés par l'insuccès, car de trois pièces qu'il avait commises, une seule, *l'Impertinent ou le billet perdu,* avait été jouée et n'avait pas réussi. Il aurait dû se confiner dans les poésies fugitives où il acquit un certain

1. *Œuvres complètes de Diderot,* t. XVIII, p. 453 et suiv.
2. Il écrivait le 4 juin 1769 à d'Alembert qui lui annonçait la visite de Schomberg en faisant son éloge : « Je sais que c'est un homme de tous les pays, qui aime la vérité et la dit hardiment. »

renom. Au demeurant le plus débonnaire des hommes : « Lorsque mon ami rit, disait-il, c'est à lui à m'apprendre le sujet de sa joie ; lorsqu'il pleure, c'est à moi à découvrir la cause de son chagrin. » L'absence de Saurin était encore un acte de contrition. Il ne s'était pas couvert d'un cilice pour avoir perpétré des pièces de théâtre qui avaient subi presque la même infortune, entre autres une tragédie de *Spartacus*, « dans laquelle, dit Voltaire, en manière de condoléance, il y a des traits comparables à ceux de la plus grande force de Corneille ». Ce qui le tenait à l'écart ce jour-là c'était l'embarras qu'il éprouvait à reparaître devant Mme d'Epinay. Après avoir brûlé pour elle d'un feu latent, tout à coup, un soir qu'il survenait au moment où, prise de migraine, elle devisait langoureusement avec Grimm, il avait éclaté sans raison apparente, se montrant, selon les expressions d'un témoin, Diderot, « violent, emporté, bourru, impoli ». Puis il avait disparu se croisant avec Galiani qui se frottait d'avance les mains d'une amusante histoire qu'il avait à raconter. C'était à propos des *faux jugements que nous portons sur le préjugé que la chose étant communément comme nous l'attendons, elle ne sera point autrement.* « Un voiturier, dit l'abbé, qui menait, avec ses chevaux et sa chaise, le public, fut appelé au couvent des Bernardins pour un religieux qui avait un voyage à faire. Il propose son prix, on y tope ; il demande à voir la malle, elle était à l'ordinaire. Le lendemain de grand matin, il arrive avec ses chevaux et sa chaise ; on lui livre la malle, il l'attache. Il ouvre la portière ; il attend que son moine vienne se placer. Il ne l'avait point vu ce moine ; il vient enfin. Imaginez un colosse en longueur, largeur et profondeur. A peine toute la place de la chaise y suffisait-elle. A l'aspect de cette masse de chair monstrueuse, le voiturier s'écrie : « Une autre fois je me ferai montrer le moine (1). » Le sel était surtout dans le ton et la mimique du conteur. Et Diderot, faisant une application gauloise du mot de la fin, d'ajouter que la comédienne Lepri n'aurait pas été dans

1. *Œuvres complètes de Diderot*, t. XIX, p. 37.

le cas de s'écrier : *Ah! scellerato*, si elle s'était fait montrer le moine.

Pendant que Mme d'Epinay recevait somptueusement ses amis, son mari continuait de courir de son côté à une ruine complète. Le scandale de ses folles prodigalités lui valut, en même temps qu'à un autre fermier général, la Popelinière, la perte de sa charge. Il se mit alors à opérer sur les graines et y réalisa de gros bénéfices, mais sans songer à combler le gouffre de ses dettes. Bien plus, il en vint à cesser de remplir ses engagements envers sa femme qui fut obligée de recourir aux voies judiciaires. Le château de la Chevrette entraînait à de grandes dépenses auxquelles il fallait sans retard couper court. Avant son départ pour Genève, Mme d'Epinay l'avait loué au baron d'Holbach : le bail avait été signé, puis déchiré, on ne sait pourquoi. Le comte Dufort de Cheverny nous apprend qu'il fut loué, en 1762, au fermier général Boulogne de Préninville, et en 1764, à Savalette de Magnanville, garde du Trésor royal (1).

Mme d'Epinay s'était installée au château de la Briche, qu'adorait Diderot. La maison « est petite, écrit-il à Mlle Voland, le 5 septembre 1762, mais tout ce qui l'environne, les eaux, les jardin, le parc, a l'air sauvage : c'est là qu'il faut habiter et non dans ce triste et magnifique château de la Chevrette. Les pièces d'eau immenses, escarpées par les bords couverts de joncs, d'herbes marécageuses; un vieux pont ruiné, couvert de mousse qui les traverse, des bosquets où la serpe des jardiniers n'a rien coupé, des arbres plantés sans symétrie, des fontaines qui sortent par les ouvertures qu'elles se sont pratiquées elles-mêmes; un espace qui n'est pas grand, mais où on ne se reconnaît point, voilà ce qui me plaît. J'ai vu le petit appartement que Grimm s'est choisi : la vue rase les basses-cours, passe sur le potager et va s'arrêter au loin sur un magnifique édifice. Nous arrivâmes là, Damilaville et moi, à l'heure où l'on se met à table. Nous dînâmes gaiement et délicatement. Après dîner nous nous pro-

---

1. *Mémoires*, tome Ier, p. 233.

menâmes. Damilaville, Grimm et l'abbé Raynal nous précédaient, faisant de la politique..... Le soir, le docteur Gatti, que l'indisposition de M. de Saint-Lambert avait appelé à Sannois, petit village situé à une demi-lieue de la Briche, vint souper avec nous..... » Gatti revint à la Briche, ainsi que Raynal. Ils y trouvèrent Suard, qui y avait fait sa première apparition dès le mois de juillet et qui était tombé amoureux de Mme d'Epinay, presque au même moment que de la baronne d'Holbach et avec le même succès. Diderot s'abstint d'y reparaître pendant quelque temps, ainsi qu'au Granval, où la *vipérine* Mlle d'Ette avait pris pied et indisposé les esprits contre son ancienne amie : il ne voulait pas être mêlé à cette brouille passagère.

Les enfants de Mme d'Epinay avaient alors atteint, Louis, dix-huit ans, et Pauline, douze. Il importait de s'occuper au plus tôt de l'avenir de Louis : M. d'Epinay inclinait vers la magistrature, mais son fils était mal préparé à une telle carrière. Il avait peu profité des leçons de M. Linant, et sa mère était d'avis de le placer chez un riche négociant de Bordeaux, M. Bethmann, que connaissait Grimm. Elle tint bon et Louis partit pour Bordeaux, où il séjourna environ deux années. L'épreuve n'avait pas réussi. Il prétendait n'avoir de vocation que pour la robe. Était-ce caprice ou suggestion paternelle ? A son retour il ne retrouva pas sa grand-mère. Mme d'Esclavelles était morte le lendemain de la première communion de sa petite-fille. « J'ai perdu toute ma consolation et la douceur de ma vie, avait écrit Mme d'Epinay à Louis ; je n'ai plus que vous pour me tenir lieu de tout ; voyez quelles obligations vous contractez envers moi, mon ami, et quel devoir vous avez à remplir.... » Il était aussi incorrigible que son père qui, réduit à une pension de dix mille livres, menait, auprès des demoiselles Verrière, une existence inqualifiable. Celles-ci avaient élevé, à Paris, une salle de comédie où la meilleure société venait en catimini se joindre à l'autre. Comme chez Mlle Gaussin, à Pantin, « c'était le rendez-vous des plus jolies filles de Paris et des aimables libertins ; on avait eu soin d'y établir des loges grillées pour les femmes honnêtes. pour les gens d'église et les personnages graves qui craignaient de se compromettre parmi cette foule de folles et d'étourdis. Collé avait consacré son théâtre de société à être joué chez Mlle Gauss n ; Carmontel fit un recueil de proverbes dramatiques destinés au même effet, et M. de La Borde les mit en musique (1). » Le fournisseur ordinaire du théâtre des demoiselles Verrière était le langoureux Colardeau, dont Diderot a fait le croquis suivant : « Il n'a pas une once de chair sur le corps ; un petit nez aquilin, une tête allongée, un visage affilé, de petits yeux perçants, de longues jambes, un corps mince et fluet ; couvrez cela de plumes, ajoutez à ses maigres épaules de longues ailes, recourbez les ongles de ses pieds et de ses mains, et vous aurez un tiercelet d'épervier » Les demoiselles Verrière se montraient actrices consommées. M. d'Epinay luttait de naturel avec le président de Salaberry, et le bonhomme Linant ne trouvait pas indigne de lui de tenir le modeste emploi de souffleur.

A mesure que sa fille grandissait, les soucis que Mme d'Epinay avait de son avenir augmentaient d'intensité. Elle craignait de disparaitre, laissant Pauline à la discrétion d'un tel père. Aussi sa quinzième année accomplie, l'occasion qui se présentait d'un établissement très avantageux fut-elle saisie avec empressement. La main de Pauline était demandée par le vicomte de Belzunce, colonel d'infanterie et grand bailli du pays de Mixe en Navarre. Une dot de trente mille livres lui fut constituée par une avance qu'en fit M. de Jully sur les revenus de M. d'Epinay dont il avait la gestion. Le vicomte emmena sa femme dans son vieux castel de Méharin, à quelques lieues de Pau, où Louis d'Epinay, trois ans plus tard, fut envoyé en qualité d'avocat au Parlement et où il devait renouveler ses escapades. Il obtint néanmoins d'être nommé conseiller, mais, malgré ses protestations de repentir il continua de se livrer à sa passion pour le jeu, et les dettes qu'il avait contractées le poussèrent à des actes répréhen-

---

1. *Arnoldiana.*

sibles qui non seulement lui valurent la perte de sa place, mais encore le firent enfermer au château Trompette, puis au fort du Hâ. Il resta sous les verrous deux longues années.

Sa mère, à la suite des réformes de l'abbé Terray, avait été réduite à louer la Briche, comme elle avait loué la Chevrette, dont le théâtre continua de donner des représentations avec le concours d'anciens amis. On y joua, entre autres pièces, celle des *Prétentions*, composée par le chevalier de Chastellux, en collaboration avec la marquise de Gléon, nièce de Savalette de Magnanville et dans laquelle le marquis de Croixmare paraissait en amazone.

Mme d'Epinay avait fait faire des réparations à sa maison de la rue Sainte-Anne, dont elle occupa les deux premiers étages et Grimm le troisième, et qu'elle devait quitter pour se rendre successivement au Palais-Royal, rue Gaillon, rue Saint-Nicaise, rue des Batailles, à Chaillot, enfin rue de la Chaussée-d'Antin.

Rousseau, de retour à Paris, faisait des lectures de ses *Confessions* où, comme on le sait, celle qui avait été sa bienfaitrice n'est pas ménagée. Elle s'en plaignit à M. de Sartines qui mit un terme à ce scandale. Au même moment, elle eut le double chagrin de perdre un ami dévoué, le marquis de Croixmare, et d'apprendre que son fils, nommé lieutenant d'abord aux mousquetaires du roi, puis aux dragons de Schomberg à Nancy, avait enfreint l'ordonnance qui prohibait le duel et était enfermé aux tours Notre-Dame. On décida de l'interdire et après avoir obtenu de le faire nommer à la suite, cette nouvelle épreuve n'ayant pas réussi, on le dépêcha en Suisse, comme en exil.

Mme d'Epinay n'était délivrée d'une affliction que pour tomber dans une autre. Grimm était forcé de la quitter pour accompagner à Saint-Pétersbourg la landgrave de Hesse-Darmstadt. Son absence devait durer deux années (1773-1775). L'arrivée de Mme de Belzunce, qu'elle retint le plus longtemps possible, apporta une grande consolation. Sa mère, Mme d'Epinay adorait sa petite-fille et employa ses loisirs à composer pour elle les

Conversations d'Emilie. L'ouvrage eut un réel succès. Voltaire en vanta le naturel et écrivit à l'auteur que l'arrière petite fille de Corneille s'était écriée en le lisant : « Ah ! la bonne maman ! la digne maman ! » La dixième conversation faisait la joie de Galiani : « Savez-vous bien, belle dame, lui écrivit-il, que vous avez pensé me faire étouffer de rire ? » Et il exprimait ainsi son sentiment sur le tout : « Ceux qui disent que ce livre est bon, utile, mais qu'on aurait pu le faire mieux et le rendre plus instructif, ce sont des têtes bornées, petits esprits rétrécis.

« Ceux qui ne le goûteront point du tout, ce sont des plats b..., sans âme ni cœur.

« Ceux qui le trouveront parfait, ce sont des flatteurs.

« Ceux qui le trouveront d'une gaieté et d'une naïveté originales, qui en étoufferont de rire, et qui ne le trouveront utile en rien, parce que rien n'est utile à l'éducation, attendu que l'éducation est en entier l'effet du hasard, autant que la conception, ce sont des hommes sublimes, Diderot, Grimm, Gleichen et votre serviteur. »

A la satisfaction que causait à Mme d'Epinay la réussite de son livre vint s'ajouter le contentement d'une mère rassurée sur le sort d'un fils dont la jeunesse a été si accidentée. Louis entrait dans une famille qui faisait partie de la haute société de Fribourg. Il épousait la fille de M. de Boccard, à qui l'avait recommandé M. d'Affry, allié aussi à cette famille. La dot était modeste, mais dans ce pays privilégié, on pouvait rouler carrosse avec cinq mille livres de rente. Louis avait obtenu préalablement la levée de son interdiction.

Grimm ménageait encore une déception à Mme d'Epinay qui attendait son retour de Russie avec l'espoir de le garder quelque temps. A peine revenu, il repartit pour l'Italie. C'était la fatalité de son état de suivant. Il accompagnait cette fois les princes Romanzoff.

Quant à M. d'Epinay, il avait revu un moment sa femme à l'occasion du mariage de Louis, puis était allé reprendre sa chaîne chez les demoiselles Verrière (*aliàs* Mmes de Furcy et d'Orgemont). L'aînée morte, il se rejeta sur la cadette, qui l'entraîna dans de telles dépenses qu'on fut obligé de l'interdire.

L'impitoyable maladie nerveuse, qui s'était emparée à tout jamais de Mme d'Epinay, ne la laissait respirer que dans de courtes accalmies obtenues à force d'opium et pendant lesquelles elle recevait des visites d'amies dévouées. Les plus assidues étaient la comtesse Dufort de Cheverny, la bonne Mme Sedaine, « être rare et précieux », comme l'appelle le mari de la première, dans ses intéressants mémoires, enfin, l'aimable Mme Saurin. Saurin, qui s'était marié sur le tard, à cinquante-six ans, avait eu la main heureuse, car il n'était bruit que des mérites de sa femme. Les Quarante en étaient férus. Bachaumont (à la date du 25 novembre 1762) consigne un fait qui donne la mesure de leur emballement :

« Mme Saurin, qui réunit les grâces à l'esprit, étant accouchée d'un garçon, il y a quelques jours, l'Académie a fixé une députation pour féliciter la femme de leur confrère. M. l'abbé d'Olivet a été chargé de cette galante harangue et il a porté la parole avec toute l'éloquence possible. »

Voltaire, qui n'avait pas voulu mourir avant de revoir Paris, ne manqua pas de visiter celle qu'il appelait « la vraie philosophe ». Il fit plus : il acheta près d'elle une maison qu'il ne put occuper. Il mourut à l'endroit où il était descendu, à l'hôtel du marquis de Villette, au coin de la rue de Beaune, épuisé d'apothéoses. Le lendemain, c'était une autre guitare : on ne voulait plus l'enterrer. Catherine n'y comprenait rien. « Est-il possible, écrivit-elle à Grimm, qu'on honore et qu'on déshonore, qu'on raisonne et qu'on déraisonne plus supérieurement quelque part que là où vous êtes ? »

Un peu plus d'un mois après mourait Rousseau. Mme d'Epinay lui consacra une épitaphe qui se termine ainsi :

. . . .
Tu fus ingrat, mon cœur en a saigné,
Mais pourquoi retracer à mon âme sensible....?
Je te vois, je te lis et tout est pardonné.

Sa mansuétude était inépuisable. Les siens ne se lassaient pas d'y avoir recours. Son fils avait trouvé le moyen de faire quatre-vingt mille livres de dettes à Fribourg. Elle le fit d'abord interdire de nouveau et ensuite elle mit ses diamants en vente. (Ce fut Catherine qui, à la demande de Grimm, les lui acheta.) Par surcroît, survint une réforme imaginée par Necker, qui supprima tous ses bénéfices sur les fermes. Catherine vint encore à son aide : elle chargea Grimm de lui faire accepter seize mille livres.

M. d'Epinay mourut au mois de décembre 1781. Les regrets de sa femme n'eurent rien d'affecté. Elle ne se rappelait plus que les prémices de leur mariage, mais la dernière des Verrière, Mme d'Orgemont, ne manqua pas de réveiller ses souvenirs les plus cuisants : elle revendiqua une somme de soixante-quatre mille livres prêtée à l'amant des deux sœurs.

Le 17 juillet de l'année suivante, Mme d'Epinay, retirée rue des Batailles, écrivait de son lit à Tronchin : « Je suis établie à Chaillot où j'ai débuté par une rechute de toux à laquelle s'est jointe l'épidémie courante que l'on nomme l'*Influenza*. » (On voit qu'il n'y a rien de nouveau sous le soleil.) L'Académie réservait un éclair de bonheur à la pauvre malade. Elle décerna, le 13 janvier 1783, le prix Montyon aux *Conversations d'Emilie*. La plus mordante des duchesses, Mme de Grammont, applaudit ainsi à cette récompense : « J'en suis ravie, d'abord parce que cela fera crever de dépit Mme de Genlis, ce qui sera une excellente affaire ; ensuite parce que cela prouve que l'Académie tombe en enfance, ce dont je me doutais depuis longtemps. »

Trois mois plus tard, dans une maison de la rue de la Chaussée d'Antin qu'elle avait achetée et où elle venait de se faire transporter, expirait Mme d'Epinay, entourée de ce qu'elle avait de plus cher : Grimm, M. et Mme de Belzunce, la petite Emilie et Mme d'Houdetot. Galiani parut sincèrement navré de cette perte. Il répondit à Mme du Bocage (1), que Mme de Belzunce

---

1. Marmontel qualifie cette dame de « femme de lettres sans relief ». Elle avait mérité pourtant qu'on écrivît au bas de son portrait : *Formâ Venus, arte Minerva*.

avait chargée de lui annoncer la triste nouvelle et qui avait proposé à l'abbé de continuer avec elle la correspondance si longtemps entretenue avec son amie : « Mme d'Epinay n'est plus ! j'ai donc aussi cessé d'être... Mon cœur n'est plus parmi les vivants, il est tout entier dans un tombeau. »

XV

Le Paganisme de l'Ile-Adam. — Le Salon de la duchesse de Villars. — Les Assemblées de d'Alembert. — Les Soupers de Mme Suard. — Les déjeuners des abbés Raynal et Morellet. — La Ménagerie de M. de La Popelinière. — Les Salons du financier de Vaines et du fermier général Pelletier. — Le Temple de Gentil-Bernard. — Le Bureau d'esprit de la comtesse de Beauharnais. — La Maison des Favart. — Le Temple des mémoires. — Le Caveau. — La Cour de Stanislas. — Le Château de Cirey. — Le Bercail des beaux esprits.

Avant d'aborder les salons jumeaux d'Helvétius et du baron d'Holbach, notre dernière étape, nous allons jeter un coup d'œil rapide sur des réunions qui, auparavant ou à la même époque, ont été des centres plus ou moins importants, mais n'ont eu la plupart qu'une durée éphémère.

Rendons d'abord visite au prince de Conti, en son château de l'Ile-Adam, situé à l'extrémité de l'île que forme la rivière d'Oise et qui, construit mi-partie de pierres et briques, était d'un aspect riant. Le châtelain est ainsi croqué par le prince de Ligne : « C'est un composé de vingt ou trente hommes. Il est fier, il est affable, ambitieux et philosophe tour à tour; frondeur, gourmand, paresseux, noble, crapuleux; l'idole et l'exemple de la bonne compagnie, n'aimant la mauvaise que par un libertinage de tête, mais y mettant beaucoup d'amour-propre; généreux, éloquent, le plus beau, le plus majestueux des hommes, une manière et un style à lui, bon ami, franc, aimable, instruit, aimant Montaigne et Rabelais, ayant quelquefois de leur langage;

tenant un peu de M. de Vendôme et du grand Condé, voulant jouer un rôle, mais n'ayant pas assez de tenue dans l'esprit ; voulant être craint, et n'étant qu'aimé ; croyant mener le parlement et être un duc de Beaufort pour le peuple, propre à tout et capable de rien (1). » Il était de bonne souche, comme on sait : son père, un bossu de mœurs infâmes, que l'on définissait « le mari de bien des femmes et la femme de bien des maris », et qui avait parfois des accès de jalousie conjugale, dit un jour à sa femme, au moment de s'absenter : « Ah ! ça, Madame ne me faites point cocu, pendant que je n'y serai pas. » — « Allez, lui répondit-elle, partez tranquille ; je n'ai jamais envie de vous faire cocu que quand je vous vois. » Elle lui dit une autre fois qu'il se permettait d'élever le ton : « N'oubliez pas que sans vous je puis faire des princes du sang et que vous n'en pouvez faire sans moi. » La princesse Palatine, avec la liberté de langage qu'on lui connaît, nous les montre, après des querelles de corps de garde, pacifiés par une maladie commune, qu'elle ne craint pas de spécifier (2). Au total, le rejeton de cet aimable couple valait mieux que son origine. Il se plaisait beaucoup dans son château des bords de l'Oise, au milieu d'une société qu'on appelait le *Paganisme de l'Ile-Adam*. C'était une véritable Cythère, dont faisait les honneurs la comtesse de Boufflers, *l'idole de l'Ile-Adam*. Les autres femmes étaient la princesse de Beauveau, les maréchales de Luxembourg et de Mirepoix, la comtesse d'Egmont, la vicomtesse de Cambis, Mme de Vierville et Mlle Bagarotti. Quand le vieux Pont-de-Veyle allait à l'Ile-Adam, il ne pouvait plus en sortir, ayant gardé tous les goûts de la jeunesse. Le président Hénault et Hume y venaient quelquefois. Ils s'y rencontraient avec le prince de Beauveau, les comtes de Jarnac et de Chabot, le duc de Lauzun et le prince d'Hénin. Le temps se passait en fêtes continuelles, surtout en représentations théâtrales où les pièces les plus licencieuses se donnaient carrière.

1. *Lettres et pensées* (édit. de 1809, p. 9 et suiv.).
2. *Mémoires*, etc., publiés par Busoni (1832, p. 266).

Nous retrouvons encore le président Hénault, en compagnie de Moncrif, chez la duchesse de Villars, fille du maréchal de Noailles, qui tenait une *académie de beaux esprits*. Ces profanes en avaient fait une sorte de chapelle où l'on n'entendait que psalmodier de saintes cantates qu'ils composaient entre deux gaillardises, celui-ci, pour conserver la faveur de la reine Leckzinska dont il était le secrétaire et celui-là pour la gagner et succéder à l'autre. Moncrif devait prendre pied à la Cour et s'y maintenir jusqu'à la plus extrême vieillesse. « On vous donne plus de quatre-vingt-dix ans, » lui dit un jour Louis XV. « Oui, Sire, répondit-il, mais je ne les prends pas. » Quant à M. de Villars, avec l'aplomb d'un connaisseur convaincu de son mérite, il devisait des pièces de théâtre qui tenaient l'affiche, en signalait le mérite ou les défauts, et appréciait sévèrement le jeu des acteurs. Il citait avec bonheur une boutade de Voltaire qu'il avait prise pour un éloge. Se trouvant à Ferney et ayant été invité à remplir un rôle dans l'*Orphelin de la Chine*, il avait reçu ce compliment de l'auteur : « Monseigneur, vous avez joué comme un duc et pair. » D'Alembert eut pour ce duc des trésors d'indulgence, en déclarant qu'il possédait, « dans un degré éminent, un talent très rare, celui de la déclamation théâtrale ». Est-ce à ce titre que l'Académie l'admit parmi ses membres ? Voltaire le mit dans son poème de la *Pucelle* pour un tout autre motif : le péché philosophique.

Lorsque le temps eut guéri d'Alembert du souvenir douloureux de Mlle Lespinasse, il tint chez lui, au Louvre, trois fois la semaine, des assemblées appelées *Conversations*. Il jouissait alors d'une aisance qui lui permettait d'avoir un carrosse. La marquise de Créquy, avant sa conversion, venait se mêler à son monde de philosophes, et l'éternelle railleuse ne se faisait pas faute de rire des violences de sa dialectique : « Vous êtes furibond, mais pas furieux, » lui dit-elle une fois. Garrick avait dit d'une tragédienne, Mlle Dubois, qui, après avoir mis le plus grand feu dans une tirade d'imprécations, se calmait tout à coup, au point que sa physionomie ne conservait plus la moindre émotion :

« C'est une bonne enfant, elle se met bien en colère, mais elle n'a pas l'ombre de rancune. » D'Alembert avait été obligé autrefois de recourir à la bourse de Mme de Créquy qui lui avait remis juste « vingt-deux livres dix sous », qu'il lui demandait à emprunter. Il fut lui-même plus généreux envers Arlequin qui venait se lamenter auprès de lui de la perte de cinquante mille livres dévorés par la banqueroute du sieur Roland : il le consola en lui promettant de prendre soin de sa fille aveugle.

On prétendait que d'Alembert présidait le souper hebdomadaire que donnait Mme Suard, parce qu'il y occupait un fauteuil très élevé, mais cette surélévation n'avait pas d'autre cause qu'une infirmité de nature : il avait besoin, pour digérer, de manger presque debout. A ce souper assistait le même monde que l'on voyait à celui de Mme Saurin, également hebdomadaire. Ils avaient lieu l'un et l'autre après les spectacles et il y était d'abord question des représentations du jour. Puis, peu à peu, la conversation changeait et haussait de ton. « Lorsque, dit Garat, le président Tascher exposait l'état des colonies françaises agitées par l'heureuse révolution des colonies anglaises de l'Amérique ; le président Dupaty, les preuves si philosophiques et si éloquentes de l'innocence de trois infortunés condamnés à la roue ; la correspondance de Voltaire avec d'Alembert, Condorcet et M. d'Argental, cette foule d'erreurs et de victimes que les vices des lois accumulaient dans les temples de la justice ; alors on ne parlait plus que de ces grands intérêts des nations et de l'humanité (1). »

L'abbé Raynal donnait une fois la semaine un déjeuner philosophique auquel étaient invités les ambassadeurs et les seigneurs étrangers qui passaient à Paris. Il y avait plus de carrosses à sa porte qu'à celle du comte de Creutz, ministre plénipotentiaire de Suède, qui, en son hôtel de la rue de Grenelle-Saint-Germain, ne réunissait chez lui que des littérateurs et des artistes.

L'abbé Morellet donnait aussi un déjeuner, mais seulement le premier dimanche de chaque mois. Les convives étaient

---

1. *Mémoires historiques*, t. Ier, p. 346 et suiv.

Mmes Saurin, Suard, Pourrat et Broutin ; le chevalier de Chastellux, Saurin, Suard, Marmontel, l'abbé Arnaud, d'Alembert, Laharpe, Delille, Roucher ; des musiciens, Grétry, Philidor et Hulmandel, et des artistes, Capperon, Traversa, Melico, Caillot et Duport. Après ce déjeuner qui était toujours exquis, on lisait des morceaux de prose ou des pièces de vers et on faisait de la musique. C'est là que fut entendu pour la première fois cet *Orphée* de Gluck que Rousseau aurait voulu ou ne jamais entendre, ou entendre toujours. C'est là aussi que Hulmandel, invisible, fit entendre des sons qui semblaient descendre du ciel... Hélas! c'était l'harmonica qui arrivait à Paris, à la suite d'un pianiste. C'est là encore que prit naissance la querelle des Gluckistes et des Piccinistes. Morellet, Marmontel et d'Alembert se rangèrent parmi les partisans du petit homme, maigre et pâle, Piccini, attiré en France par l'ambassadeur de Naples, Carraccioli. Marmontel s'y montra le plus fougueux. L'abbé Arnaud et Suard prirent feu, au contraire, pour Gluck. Comme Marmontel, avec l'aide de Morellet, pour procurer un libretto à leur protégé, arrangeait le *Roland* de Quinault, l'abbé Arnaud dit que Piccini faisait un *Orlandino* et que Gluck ferait un *Orlando*. Le trait piqua au vif Marmontel. Il s'abstint de reparaître aux réunions de Morellet, « qui ne cessèrent pas pour cela, dit l'abbé d'un ton onctueux, parce que je n'ai jamais cru que l'amitié imposât l'obligation de haïr ceux que vos amis n'aiment point et que je me croirais plutôt obligé d'aimer tous ceux qu'ils aiment. Ce commerce demeura possible, tant que je n'étais pas réuni avec Marmontel, mais lorsqu'en 1776, il épousa ma nièce, je cessai de rassembler des gens dont il fuyait la société... » Morellet rouvrit sa maison onze ans plus tard à une société politique, dont faisaient partie Laborde de Méréville, un financier qui prit part à la guerre de l'Indépendance et siégea à gauche à l'Assemblée constituante ; Lenoir, avocat du Dauphiné, qui, à la même assemblée, siégea au centre, à titre de modérateur et collabora au journal de Perlet ; Dufresne, Saint-Léon, depuis commissaire à la liquidation ; de Vaines et

L'Etang, depuis commissaires à la Trésorerie ; Garat l'aîné, futur député ; Trudaine de Montigny intendant des finances ; Pastoret, conseiller à la Cour des aides, qui demanda à l'Assemblée constituante de transformer l'église Sainte-Geneviève en un Panthéon patriotique ; enfin Lacretelle aîné, avocat-littérateur, qui devint membre de l'Assemblée législative. C'était un club modéré où l'on *discutait sans disputer* les questions les plus graves. Dans l'intervalle, l'abbé avait vécu sur le pied d'une étroite intimité avec Franklin, qu'il avait connu en Angleterre, lorsque en 1772 il était allé y remplir une mission commerciale. Nous les retrouverons l'un et l'autre chez Mme Helvétius.

La maison du plus fastueux des fermiers généraux était appelée *la Ménagerie de M. de La Popelinière*, comme on avait dit la ménagerie Mme de Tencin, parce qu'il y rassemblait les personnages les plus divers, tels que les peintres Latour et Carle Vanloo, le musicien Rameau, le mécanicien Vaucanson, Marmontel, le comte de Kaunitz, lord d'Albermale. C'était à Passy. Vaucanson y fit l'essai de l'aspic automate qu'il avait inventé pour la *Cléopâtre* de Marmontel. Rameau y donnait la primeur de ses opéras, et les jours de fête, à la messe de la chapelle, tenait l'orgue avec une verve qui eût scandalisé de vrais fidèles. La Popelinière avait un théâtre, sur lequel faisaient admirer leur prestesse deux danseuses de l'Opéra, Mlles Lany et Puvigné, quand on ne jouait pas des pièces du maître de céans, les seules qu'on y représentât. « Ces comédies, dit Marmontel, quoique médiocres, étaient d'assez bon goût et assez bien écrites, pour qu'il n'y eût pas une complaisance excessive à les applaudir. Le succès en était d'autant plus assuré, que le spectacle était suivi d'un splendide souper auquel l'élite des spectateurs, les ambassadeurs de l'Europe, la plus haute noblesse et les plus jolies femmes de Paris étaient invitées. » Mme Carle Vanloo s'y distinguait par « sa voix de rossignol ». Les ambassadeurs qu'on y remarquait le plus souvent, étaient ceux d'Autriche et d'Angleterre, le comte de Kaunitz et lord d'Albermale. On n'eût jamais cru, à première vue, que le comte fût un homme d'Etat hors ligne. Il était soigneux de sa personne, à tel point qu'au retour de la chasse, pour enlever le hâle, il s'enduisait le visage d'un jaune d'œuf. Lord d'Albermale était un diplomate d'un mérite moindre, mais plus goûté comme galant homme. Il avait pour maîtresse une charmante jeune fille, Mlle Gaucher, dont le nom d'enfance était Lolotte et qu'il adorait. Un soir qu'elle fixait longuement une étoile : « Ne la regardez pas tant, ma chère, lui dit-il ; je ne puis pas vous la donner. » On vantait la fidélité de Lolotte avec une abondance d'éloges qui perçait le cœur du pauvre La Popelinière, dont la femme, une ancienne maîtresse, l'avait trompé d'une façon si éclatante avec le maréchal de Richelieu.

Le salon du financier de Vaines réunissait des littérateurs que nous avons eu plus ou moins souvent l'occasion de citer : Suard, Saurin, l'abbé Arnaud, Roucher et Delille. Ils s'y occupaient « à discuter les scrupules du goût sur un mot, pour décider s'il était ou non le mot propre ; sur un vers, pour savoir si la coupe, la césure et les sons en rendaient l'harmonie imitative ; sur une période pour prononcer si elle se prolongeait avec grandeur et avec majesté, sans jamais s'embarrasser dans les rapports de ses membres » (1). Ce genre de débats agréait fort à l'abbé Delille. Pourtant quelquefois il n'y prêtait qu'une oreille distraite. Il craignait de voir, à travers la porte brusquement entr'ouverte, apparaître une tête de mégère. La femme, qu'une dispense lui avait permis d'épouser, n'entendait pas qu'il perdît son temps à baguenauder dehors. Elle l'enfermait pour qu'il fît le plus de vers possible, car c'était une ménagère féroce, et chaque vers rapportait six livres. Quand il s'échappait, elle ne tardait pas à le rejoindre et à le ramener au logis, après l'avoir accablé d'invectives, fût-ce en présence des plus grands personnages. Le comte Daru et Parseval-Grandmaison assistèrent à une de ces scènes.

Mme de Rochefort que l'abbé Baudeau traite de « bégueule

1. *Mémoires historiques sur la vie de Monsieur Suard*, t. II, p. 262.

spirituelle », tenait, dit-il, « un cercle de rébus et de nouvelles, présidé par un prestolet d'abbé de Luzine, ci-devant précepteur du duc Bourbon, après avoir été secrétaire de l'évêque de Meaux, qui l'avait pris étant évêque à Poitiers, parce que le père Luzine était bailli d'une des terres de l'évêché. C'est un drôle bien tourné, robuste, effronté, qui a subjugué Mme de Rochefort et le complaisant duc de Nivernais, et qui décide sur tout dans le cercle amphigourique, moitié spirituel et moitié absurde qu'ils tiennent tous les soirs au Luxembourg (1). »

C'était plus gai chez le fermier général Pelletier (2) où, au milieu d'un groupe de « huit ou dix garçons, tous amis de la joie (3) », s'escrimaient gaillardement Collé et Crébillon fils. Marmontel, qui quelquefois essayait d'entrer dans le jeu, recevait, il l'avoue lui-même, « des leçons de modestie un peu sévères ». L'auteur des *Fausses Infidélités*, Barthe, n'avait pas plus de succès. Il avait l'habitude, lorsqu'il avait lancé un mot plaisant, de promener sa lorgnette sur l'assemblée pour juger de l'effet produit. Un jour qu'il fixait M. de Monticourt, celui-ci lui dit d'un ton cruellement poli : « Monsieur Barthe, je ne ris pas. » Ce M. de Monticourt, ami de Collé, était un maître persifleur qui, pour son adresse à donner des coups de pattes sans trop égratigner, avait été surnommé, dit Laujon, *le chat de la société*. Gentil-Bernard se tenait sur la réserve, à l'abri des coups de griffes.

L'auteur de l'*Art d'aimer*, qui cumulait les fonctions de trésorier des dragons et de bibliothécaire du roi, à Choisy, avait été gratifié, par Louis XV, d'un terrain sur lequel il avait fait bâtir une jolie petite maison, séjour riant et voluptueux, où il recevait quelques poètes, entre autres Dorat. Il « s'était fait peu

---

1. *Mémoires*, *Revue retrospective*, 1re série, t. III, p. 75.
2. Collé, qui tenait en grand estime ce financier, raconte que, vantant sa probité devant Mme Piron : « Quoi ! lui dit-elle, un homme qui a de l'esprit comme vous donne-t-il dans les préjugés du tien et du mien ? », t. Ier, p. 319.
3. *Mémoires de Marmontel*, t. Ier, p. 364.

d'amis, dit Grimm, par la raison même qu'il n'avait jamais eu le courage ou l'imprudence de se faire un seul ennemi ». Selon le prince de Ligne, Gentil-Bernard avait l'air dur et ne l'était pas ; de haute taille, assez gras, très aimable et grand mangeur, il lisait les vers à merveille. Il célébrait la fête des roses dans une espèce de petit temple orné de toiles d'opéra et qui, ce jour-là, était tellement enguirlandé de roses qu'on manquait d'air et qu'on ne faisait guère honneur à cette fête, qui était un souper, et où les femmes représentaient les divinités du printemps. A la fin de sa vie, quand son appétit diminua, il disait en soupirant : « Je suis tombé d'un dindon. » L'apoplexie le guettait et ne le manqua pas.

Dorat présidait naturellement le bureau d'esprit de la comtesse de Beauharnais, qui était sa maîtresse attitrée. Les membres de cette réunion étaient l'abbé de Mably, le traducteur Bitaubé, le critique Dussault, l'inépuisable Mercier, le poète érotique Cubières-Palmezeaux et le poète pindarico-satirique Le Brun. La tante de l'impératrice Joséphine, celle qui fut la marraine de la reine Hortense, avait la prétention de ne pas vieillir et s'attribuait les rimes d'autrui, si l'on en croit le fameux distique de Le Brun :

> Chloé, belle et poète, a deux petits travers :
> Elle fait son visage et ne fait pas ses vers.

Une vieille parente janséniste qui, ayant craint que Dorat ne fît pas son salut sous la casaque brillante de mousquetaire, l'avait déterminé à quitter le métier des armes, avait bien réussi. L'ancien mousquetaire ne se contenta pas de Mme de Beauharnais. Il l'abandonna un beau jour pour Mlle Fannier, de la Comédie française. Il devait en outre faire une fin qui aurait contristé encore davantage la pauvre tante, si elle n'avait pas pris les devants. Il envoya promener le curé qui, non-seulement lui apportait le viatique, mais qui, de plus, le sachant endetté, lui offrait sa bourse. Puis, il se fit monter dans son fauteuil chez Mlle Fannier, et rendit le dernier soupir, coiffé et poudré de 1ais.

Le confesseur qu'il n'eût pas repoussé, c'était l'abbé de Voisenon. Mais ce dernier était occupé ailleurs, — près de Mme Favart, que le père Saint-Jeant cherchait sans succès à catéchiser d'autre sorte. L'abbé avait son domicile rue Culture-Sainte-Catherine, mais il ne quittait guère les Favart qui habitaient à Belleville, en attendant qu'ils vinssent se loger rue Mauconseil, proche de la Comédie italienne. Ils recevaient aussi Crébillon père, Lourdet de Santerre, qui collabora avec Mme Favart au libretto d'*Annette et Lubin*, l'auteur-acteur Dancourt, le chansonnier Laujon, l'abbé Cosson, professeur de seconde au collège Mazarin, un Vénitien enjoué, Goldoni, et le compilateur La Place, le premier par l'âge des gens de lettres, de qui l'on disait qu'il se regardait comme le doyen d'un corps auquel il n'appartenait pas. Favart était le fils d'un pâtissier, l'inventeur des échaudés. Il mit lui-même quelque temps la main à la pâte, à la mort de son père, pour aider sa mère. Son mariage avec la fille d'un musicien du roi Stanislas, qu'il adorait, ne lui procura pas, comme on sait, un bonheur sans mélange. Il eut à compter avec le maréchal de Saxe qui voulait le partager. Mme Favart était une charmante actrice qui fit une révolution au théâtre. Avant elle, les soubrettes et les paysannes s'affublaient de grands paniers, se chargeaient la tête de diamants et se gantaient jusqu'aux coudes. Dans *Bastienne,* elle parut avec un habit de laine, une chevelure plate, une simple croix d'or, les bras nus et des sabots. « Messieurs, dit Voisenon, ces sabots-là donneront des souliers aux comédiens. » Il appelait le couple *mon neveu* et *ma nièce.* Quelquefois il donnait au mari, grand fumeur, le surnom de *brûle-gueule* ou de *fumichon.* Voici de quel ton il leur écrivait de Cauterets, où il était allé chercher un soulagement à son asthme :

« 11 juillet 1761.

« Mon cher neveu,

« C'est aujourd'hui que j'étouffe, mais par ma faute. Je dînai si fortement hier que je ne pouvais pas me remuer en jouant au cavagnole. J'étais si plein que je disais à tout le monde : ne me touchez pas, car je répandrais. Je soupai par extraordinaire, ma poitrine a sifflé toute la nuit, et j'ai actuellement mes six gobelets d'eau qui disent comme ça qu'ils ne veulent pas passer ; je vais les pousser avec mon chocolat. Cela ne m'empêche pas de dire cette chanson sur l'air *La sagesse est de bien aimer* :

>La sagesse est de bien dîner,
>En commençant par le potage ;
>La sagesse est de bien souper,
>En finissant par le fromage ;
>On est heureux si l'on peut se gaver,
>Et si l'on digère, on est sage,
>Et si l'on digère, on est sage.

« Cette belle pièce n'est pas de moi ; elle est de Mme de Clermont d'Amboise ; Mme de Choiseul la chante sur son clavecin, et moi au médecin... »

Et le 25 juillet s'adressant à sa *nièce* :

« ..... Je me baigne tous les matins ; je ressemble à une allumette que l'on soufre... Je sens que je vieillis au lieu de rajeunir ; je ne vis qu'en faisant le beau masque... » Il craignait que le petit Favart qui allait faire sa première communion ne se méprît sur son compte. « Ne me regardez pas comme un capucin, » lui écrivait-il. L'appréhension était singulière. L'enfant était témoin des faits et gestes quotidiens de l'abbé et savait « la vénération » qu'il inspirait à ses parents qui, pour la fête de Voisenon, la Saint-Claude, composèrent une chanson en six couplets, dont voici un échantillon :

>Le soir, d'un conte libertin
>   Il écrit quelques pages ;
>Il dit ses heures le matin
>   Et baise les images.
>En attendant que le malin
>   Le rôtisse ou l'échaude,
>Il a le bréviaire à la main :
>   Claude est bien Claude !

Collé disait que Favart était le Racine du vaudeville, et que Panard en était le Corneille. Panard, ce bonhomme naïf, sans souci, que ses amis logeaient, nourrissaient et habillaient, était, selon Marmontel, « une masse lourde », de laquelle il sortait des couplets fins, gracieux et délicats. Il chantait et buvait de concert avec Galet, cet épicier de la rue des Lombards, plus assidu au théâtre de la foire qu'à sa boutique. Galet s'était mis à un ordinaire de cinq bouteilles par jour, et Panard dépensait à mesure, au cabaret, les six mille livres que lui rapportait annuellement l'Opéra-Comique. Le premier finit par fermer boutique, faute de clients et, après banqueroute, s'enfuit au Temple, lieu de franchise pour les débiteurs insolvables. « Me voilà logé au Temple des mémoires, » disait-il, en montrant les nombreux mémoires que ses créanciers lui envoyaient. Panard ne passait pas une journée sans aller trinquer avec lui.

« C'est pourtant mon maître en chanson, » disait Collé de Galet, après l'avoir accusé de tous les vices. Il avait été souper souvent dans son arrière-boutique avec Piron et Crébillon fils. Un jour, voulant à leur tour donner à dîner à l'épicier-chansonnier, ils choisirent, à cet effet, le cabaret de Landel (1), au carrefour Bucy, proche de la rue des Mauvais-Garçons-Saint-Germain, aujourd'hui rue Grégoire-de-Tours, dans laquelle était un passage qui communiquait à la Comédie française. Au dessert on convint qu'un dîner périodique, à frais communs, aurait lieu, le premier et le seize de chaque mois. Le Caveau était fondé. C'était en 1730. Le trio fondateur s'adjoignit d'acclamation Laujon et Panard, puis, après réflexion, quelques convives d'humeur joyeuse : « Piron indiqua Fuzelier, dont il chanta le couplet sur Le Sage et Dorneval, sur l'air : *La beauté, la rareté, la curiosité*.

> Le Sage et Dorneval
> Ont quitté du haut style
> La beauté ;
> Et pour Polichinel ont abandonné Gille,
> La rareté !
> Il ne leur reste plus qu'à montrer par la ville
> La curiosité.

1. Ce Landel était aussi tailleur.

« Fuzelier fut donc invité ; Collé indiqua Saurin, le fils, auteur dès lors du *Vaudeville d'Épicure*. Crébillon fils indiqua Sallé, son collaborateur au *Voyage de Saint-Cloud, par mer et par terre*, et autres opuscules, réunis sous le titre de : *Recueil de ces Messieurs*. Tous enfin, et Piron surtout, furent d'avis d'y inviter Crébillon le père, dans l'espérance de l'amener à se montrer plus libéral envers son fils qui, chaque fois qu'il lui demandait de l'argent, recevait pour toute réponse : « *Quand tu auras fini tes égarements du cœur et de l'esprit* (1). »

Voisenon a caractérisé ainsi les Crébillon : « Le père avait du génie et point d'esprit, le fils, au contraire, avait de l'esprit et point de génie, et était insolent avec les femmes sans avoir de quoi justifier son insolence. » D'autres amis obtinrent ensuite leur admission dans cette société de bons vivants : ce furent Duclos, Gentil-Bernard, Moncrif, Helvétius, l'auteur dramatique La Bruère, le peintre Boucher et le musicien Rameau. Ce dernier, que Piron avait fait venir de province, trouva là des auteurs qui l'aidèrent à produire son talent sur la scène. Boucher y apporta des dessins qui devinrent des sujets de chansons, dont une inspira à Duclos l'idée de son conte d'*Acajou et Zirphile*. Chacun devait, à tour de rôle, fournir une chanson ou une épigramme et, quand le trait faisait défaut, on était condamné au verre d'eau. Et tous de rire du patient. Il advint un jour qu'on ne rit pas. Duclos avait demandé à Crébillon père quel était le meilleur de ses ouvrages. « La question est embarrassante, répondit-il, mais voici le plus mauvais. » Il montrait son fils qui repartit : « Pas tant d'orgueil, s'il vous plaît, monsieur. Attendez qu'il soit prouvé que tous ces ouvrages sont de vous ! » La société décréta le verre d'eau pour tous deux. Crébillon fils s'exécuta, mais son père, lui jetant un regard menaçant, s'éloigna pour ne plus reparaître. Son fils lui avait jeté à la face une idiote calomnie qui attribuait à un chartreux la paternité de ses tragédies. Lorsqu'il mourut, Piron envoya à la marquise de La Ferté-Imbault une pièce de

---

1. *Œuvres choisies* de Laujon (1811), t. IV, p. 225 et suiv.

vers, où le défunt était glorifié aux dépens de Voltaire et qu'accompagnait ce singulier billet : « Voilà l'apothéose de Crébillon qui a plus fumé de pipes en sa vie que Voltaire n'a pris de lavements et que Piron n'a bu de bouteilles... » Quand ce fut le tour de Galet, qui en avait réchappé quatre fois, car on lui avait fait quatre fois la ponction et tiré quarante pintes, Collé dit : « J'ai vu un homme qui mourait ferme. » Le pauvre hydropique buvait encore bravement deux pintes de vin blanc par jour. Marmontel rencontrant le fidèle ami de Galet qui larmoyait : « Je prends bien part à votre affliction, » lui dit-il. « Ah! monsieur, répondit Panard, elle est bien vive et bien profonde! Un ami de trente ans avec qui je passais ma vie! A la promenade, au spectacle, au cabaret, toujours ensemble! Je l'ai perdu. Je ne chanterai plus, je ne boirai plus avec lui. Il est mort. Je suis seul au monde. Je ne sais plus que devenir. » Puis il ajouta en sanglotant : « Vous savez qu'il est mort au Temple? J'y suis allé pleurer et gémir sur sa tombe. Quelle tombe! Ah! monsieur, ils me l'ont mis sous une gouttière, lui qui, depuis l'âge de raison, n'avait pas bu un verre d'eau! » — La mort de quelques-uns de ses membres et la dispersion de plusieurs autres (La Bruère nommé secrétaire d'ambassade, Gentil-Bernard, nommé secrétaire général des dragons, Crébillon fils, parti en Angleterre) firent subir au *Caveau* une éclipse de soixante-sept ans.

Il fut donné à un seul survivant, Laujon, d'assister à sa résurrection qui fut des plus brillantes et qui eut lieu au restaurant du *Rocher de Cancale*. Le doyen des chansonniers, l'ancien confrère de Collé et de Piron put ainsi trinquer avec Armand Gouffé et Désaugiers. Il devait même, dans son extrême vieillesse, choquer son verre contre celui de Béranger. En dehors de l'ancien *Caveau* s'étaient tenus deux gais rimeurs dignes d'y figurer, à des titres bien différents : l'abbé de Lattaignant et Vadé. Celui-ci, que Collé définit « un galant homme qui a des mœurs et de l'honnêteté », ne quittait pas, selon le même annaliste, les méchants lieux et les tripots, gâté qu'il avait été par les « coquines de l'Opéra-Comique ». L'abbé, confiné en province, dans son canonicat de Reims, n'apparaissait que rarement à Paris. Dugast de Bois Saint-Just raconte à son sujet une amusante anecdote. Deux Anglais, allant de Paris à Reims, demandaient ce qu'il y avait de curieux dans cette dernière ville : « La cathédrale et l'abbé de Lattaignant », leur répondit-on. Ils allèrent voir scrupuleusement l'une et l'autre. Après avoir admiré la cathédrale, ils s'apprêtèrent à contempler l'abbé qui, avisé de leur désir de le voir, vint à leur rencontre. Les deux insulaires l'examinèrent des pieds à la tête et l'ayant fait pirouetter : « Lui être laid, mais pas curieux », dirent-ils avec une conviction qui fit bien rire les témoins de cette scène et Lattaignant lui-même.

Si l'abbé de Lattaignant remplissait en conscience ses fonctions ecclésiastiques, tout en baguenaudant sur le double mont, il n'en était pas de même de l'abbé Porquet qui faisait les délices de la petite cour de Lunéville. Ancien précepteur du chevalier de Boufflers, il était devenu l'aumônier de Stanislas, par la grâce de la marquise de Boufflers qui régnait sur le cœur de l'ex-roi de Pologne. Il ne songeait qu'à aligner des rimes badines et avait été très embarrassé la première fois qu'il avait paru à la table de Stanislas : il ne savait pas son *benedicite*. La marquise s'amusait fort de ce grotesque qui rêvait trois mois à un quatrain et dont la frêle charpente lui faisait dire à lui-même : « Je suis comme empaillé dans ma peau. » Mme de Boufflers avait été la maîtresse de M. de la Galaisière qui était devenu chancelier de Stanislas. Le roi ne l'ignorait pas et avait le bon esprit de ne pas se montrer jaloux. Un jour qu'assistant à la toilette de la dame, il l'accablait d'éloges sur la beauté de ses bras, la couleur de ses cheveux et la blancheur de sa gorge : « Eh bien! mon prince, ne m'épargnerez-vous pas? dit la marquise, agacée de toutes ces fadeurs. Ne me ferez-vous pas grâce du moindre compliment? Est-ce là tout? — Non, Madame, répondit le roi, ce n'est pas là tout, mais mon chancelier vous dira le reste. » M. de la Galaisière, qui était présent, repartit sans s'émouvoir : « Je m'en charge, mon prince. » La cour de Stanislas se transportait quelquefois de

Lunéville à Commercy. Le comte de Tressan en était de fondation, comme Mme de Boufflers et son fils le chevalier. On y rencontrait souvent Saint-Lambert et Mme de Lenoncourt, rarement Voltaire et Mme Du Châtelet dont le mari était chambellan du roi.

Emilie Le Tonnelier de Breteuil, marquise du Châtelet, trônait à Cirey, entre Voltaire et le géomètre Clairaut, de qui elle tenait une grande partie de son bagage scientifique, et qui revenait d'un voyage aux pôles. Le rival de d'Alembert, d'une physionomie agréable, où la finesse n'excluait pas la candeur, était éperdument amoureux de la femme d'un contrôleur général, Mme de Fourqueux, qui faisait la sourde oreille. Ne se contentant pas de l'amitié qu'elle lui offrait, il se consolait ailleurs. C'était à ce propos un homme de précaution : il y avait une demoiselle G... « qui demeurait chez lui, dit l'abbé Morellet parce que, en homme laborieux et appliqué, il voulait avoir sous la main les choses dont il avait besoin ». Au demeurant, d'un naturel gai, aimant la musique et la table. Son ami Maupertuis, avec qui la marquise avait d'abord étudié les mathématiques, se rendit à une invitation de son ancienne élève et se montra très affable. Le frère puîné de Mme du Châtelet, l'abbé de Breteuil, grand vicaire à Sens, et que Voltaire déclarait « aussi solide en affaires qu'aimable à souper », apparaissait quelquefois et disparaissait sans bruit. Un jour arriva un petit collet de mince encolure, l'abbé de Lamarre, qui se piquait de littérature et avait le cerveau à l'envers. Il avait été à Rome pour baiser la mule du pape et en avait rapporté le mal de Naples. Il avait eu ensuite l'ambition d'être le bouffon du roi et, congédié, venait demander à Mme du Châtelet de remplir le même office auprès d'elle : « Mon ami, lui répondit-elle, la charge n'est pas vacante. » Les dames de l'entourage ordinaire de la marquise se réduisaient à deux : la comtesse de la Neuville, une châtelaine des environs de Vassy et Mme de Chambonin, une grosse et bonne femme, cousine de Voltaire qui l'appelait « mon gros chat ». Près de la comtesse soupirait l'abbé Michel Linant, médiocre poète et précepteur de l'enfant de la maison. Ce Linant n'avait de commun avec celui de Mme d'Epinay que la conformité du nom et de la fonction.

On s'occupait peu du mari, le marquis Trichâteau du Châtelet : ou il se trouvait à la Cour de Lorraine ; ou il vivait chez lui, repoussé de tout le monde, goutteux et tombant du mal caduc. Il partageait, sans doute, pour l'habitation, le sort des hôtes du Château qui n'avaient guère à s'en louer : « Tout ce qui n'est point l'appartement de la dame et de Voltaire, dit crûment Mme de Grafigny, est d'une saloperie à dégoûter (1). »

Voltaire demeura sept ans (1733-1740) à Cirey. Il y composa *Alzire*, *Mérope*, l'*Enfant prodigue* et *Mahomet*. Il fit, en outre, pour Mme du Châtelet, un *Essai sur l'Histoire générale depuis Charlemagne*, pour faire suite à l'*Histoire universelle* de Bossuet, qu'elle critiquait avec la plus grande amertume, s'indignant de la place considérable qu'y occupe « une nation aussi méprisable que les Juifs ». D'autre part, elle élaborait ses *Institutions de physique*, ou bataillait avec Mairan sur *les forces vives*, ou encore demeurait concentrée en elle-même pour faire, disait-elle, la revision de ses principes, ce qui lui attira ce coup de griffe de Mme de Staal : « Elle a raison, car elle en trouve toujours quelques-uns de perdus. » Les entr'actes étaient remplis par des querelles et des raccommodements. L'aimable Saint-Lambert, sans penser à mal, apporta un nouveau trouble... Il profita d'une absence de Voltaire et l'ancien proverbe reçut une application toute naturelle :

> C'est aujourd'hui la Saint-Lambert :
> Qui quitte sa place la perd.

Notez que la marquise avait quarante-trois ans. Or, un jour, à Lunéville, elle ressentit un certain frémissement qui lui prouva qu'elle avait trop compté sur son arrière-saison. « Quand elle a vu qu'elle s'était trompée, dit Collé, il a fallu nécessairement qu'elle cherchât, comme une honnête femme, la compagnie de son mari, qui, depuis douze ou quinze ans, ne lui avait dit un

1. *Lettres*, p. 23.

mot plus haut que l'autre, et ç'a été le diable. Il n'était point à Lunéville, où ce beau coup-là s'était fait. Elle a été obligée de prier le roi Stanislas de l'y faire venir. Le roi n'avait nullement la fureur de M. du Châtelet qui l'ennuie tant qu'il veut ; mais les instances réitérées de sa femme l'ont emporté ; il est arrivé. Ce n'était pas le tout que d'arriver, il était bien difficile de l'amener au but ; avec un peu de peine, il y est venu, et le tout s'est passé à la satisfaction de la physicienne. Sur cela quelqu'un disait : « *Mais quelle diable d'envie a donc pris à Mme du Châtelet de coucher avec son mari ? — Vous verrez*, répondit-on, *que c'est une envie de femme grosse* (1). » Mais la comédie devait tourner au tragique. Mme du Châtelet paya de la mort son imprudence et Voltaire en parut désespéré. Marmontel nous le montre, en cette circonstance, livré à toute la mobilité de ses impressions. « Lorsque j'allai, raconte-t-il, lui témoigner la part que je prenais à son affliction : « Venez, me dit-il, en me voyant, venez « partager ma douleur. J'ai perdu mon illustre amie ; je suis au « désespoir, je suis inconsolable. » Moi à qui il avait dit souvent qu'elle était comme une furie attachée à ses pas, et qui savais qu'ils avaient été plus d'une fois dans leurs querelles aux couteaux tirés l'un contre l'autre, je le laissai pleurer et je parus m'affliger avec lui. Seulement, pour lui faire apercevoir, dans la cause même de cette mort, quelque motif de consolation, je lui demandai de quoi elle était morte : « De quoi ? ne le savez-vous « pas ? Ah ! mon ami, il me l'a tuée, le brutal. Il lui a fait un « enfant ! » C'était de Saint-Lambert, de son rival, qu'il me parlait. Et le voilà me faisant l'éloge de cette femme incomparable, et redoublant de pleurs et de sanglots. Dans ce moment arrive l'intendant Chauvelin qui lui fait je ne sais quel compte assez plaisant, et Voltaire de rire aux éclats avec lui. Je ris aussi, en m'en allant, de voir dans ce grand homme la facilité d'un enfant à passer d'un extrême à l'autre, dans les passions qui l'agitaient (2). »

1. *Journal historique*, t. Ier, p. 68 et suiv.
2. *Mémoires*, p. 253 et suiv.

Dans ses lettres à son ami Devaux, lecteur du roi Stanislas, dont la publication a été faite sous le titre de *Vie privée de Voltaire et de Mme du Châtelet*, Mme de Grafigny a donné sur les soubresauts de leur existence commune, les détails les plus circonstanciés. Elle s'était réfugiée à Cirey (le 4 décembre 1738), leur demandant aide et protection. Françoise d'Issembourg d'Happoncourt venait d'être séparée juridiquement d'un mari brutal, Hugues de Grafigny, chambellan du duc de Lorraine, lequel, comme un malfaiteur, termina ses jours en prison. On lui fit raconter ses malheurs qui excitèrent la plus vive émotion. Mme du Châtelet, qui ne voulait pas paraître attendrie, rit pour comprimer ses larmes, tandis que Voltaire pleurait comme un enfant. Il n'en dormit pas de la nuit et « la belle Hypatie » rêva d'autre chose que d'algèbre. Mme de Grafigny séjourna soixante-huit jours à Cirey. On y menait, paraît-il, une vie d'enfer. « Nous avons compté, hier au soir, écrit-elle à la date du 9 février 1739, que, dans les vingt-quatre heures, nous avons répété et joué trente-trois actes, tant tragédies, opéras que comédies. » Entre autres rôles, elle tint celui de dame Barbe dans la comédie de *Boursouffle*. Le théâtre, qui d'abord se composait simplement de planches posées sur des tonneaux vides, avait fait sa toilette et était devenu coquet, mais la salle était petite. Il y avait aussi une salle destinée aux marionnettes où Voltaire trouvait le plus vif plaisir. Ce n'est pas tout : il montrait lui-même la lanterne magique et avec quel brio ! Prenant le plus pur accent savoyard, il entremêlait, à crever de rire, des anecdotes bouffonnes sur les sujets les plus divers, comme sur le duc de Richelieu et l'abbé Desfontaines. Quelquefois il faisait des lectures, tantôt de prose, tantôt de vers. Tous les chants de la *Pucelle* y passèrent. C'était sous le sceau du secret. Mais Mme de Grafigny s'oublia, hélas ! Elle avait beaucoup ri et voulait faire rire son ami Devaux. Celui-ci ne sut pas se taire davantage et la marquise, avisée de l'indiscrétion par des bruits venus de Lunéville et suspectant l'imprudente, ordonna, pour s'en convaincre, qu'on lui remît les lettres qui arriveraient à son adresse. Or, la première qu'on lui apporta et qu'elle ne se fit pas scrupule d'ouvrir contenait ces mots : « Le chant de Jeanne est charmant. » On ne peut s'imaginer quelle tempête s'ensuivit (1). Voltaire, mis dans la confidence, crut qu'un chant de la *Pucelle* avait été envoyé tout entier à Devaux, tandis que ce dernier avait simplement voulu dire : « Le chant de Jeanne, d'après votre analyse, devait être charmant à entendre. » Il fut pris de terreur, se vit traqué, forcé de s'enfuir et se précipita chez Mme de Grafigny, en s'écriant qu'il était perdu, que sa vie était entre ses mains. Comme elle restait interdite, ne comprenant rien à cette scène : « Eh ! fi ! madame, dit-il, il faut de la bonne foi, quand il y va de la vie d'un pauvre malheureux comme moi ! » Elle demanda une explication qui lui fut donnée avec force nouveaux cris. Elle protesta qu'elle n'avait pas envoyé un seul vers. Voltaire ne voulut rien entendre et continua de tempêter..... Cela dura une heure, au bout de laquelle Mme du Châtelet vint fondre à son tour sur l'infortunée, et avec une telle acrimonie de paroles et des gestes si menaçants que Voltaire, indigné, la repoussa violemment.

Mme de Grafigny finit par réclamer communication de la lettre incriminée et, avec l'accent de la plus grande sincérité, démontra qu'elle n'avait transmis que l'impression produite sur elle par la lecture du chant de *Jeanne*. Voltaire, non content de se rendre, fit des excuses et s'efforça d'obtenir de la marquise qu'elle vînt à résipiscence. Il « lui parla longtemps en anglais sans rien gagner ; puis, il la tirailla pour l'obliger à dire qu'elle le croyait et qu'elle était fâchée de ce qu'elle avait dit (2) ». Le séjour de Cirey n'était plus possible pour Mme de Grafigny, complètement isolée : Mme de Chambonin était trop de la maison pour oser lui témoigner encore de la sympathie et Léopold Desmarets, lieutenant de cavalerie, au régiment d'Heudicourt, avec qui elle avait été étroitement liée à la Cour de Lunéville et qu'elle n'avait cessé d'appeler de ses vœux dans ses lettres à Devaux, lui avait

1. *Lettres* de Mme de Grafigny, p. 254 et suiv.
2. *Lettres* de Mme de Grafigny, p. 258.

déclaré, au débotter, qu'il ne l'aimait plus. Le désespoir la saisit et lui suggéra la pensée de s'enfermer dans un couvent. Elle avait songé à Saint-Dizier, parce que, disait-elle, « quand on prend une retraite, on ne saurait trop la prendre ». Mais elle abandonna ce projet, sans doute sur les instances de Voltaire, qui, sachant qu'elle avait connu à la Cour de Lorraine Mlle de Guise, devenue la duchesse de Richelieu, écrivit au duc, le 12 janvier 1739 : « Il y a dans le paradis terrestre de Cirey une personne qui est un grand exemple des malheurs de ce monde et de la générosité de votre âme; c'est Mme de Grafigny. Son sort me ferait verser des larmes, si elle n'était pas aimée de vous. Mais avec cela, qu'a-t-elle désormais à craindre? Elle ira dit-on à Paris; elle sera à portée de vous faire sa cour ; et, après Cirey, il n'y a que ce bonheur-là. » Le bonheur de Cirey, quel euphémisme! Mais comment Mme de Grafigny pouvait-elle aller s'établir à Paris, qui l'attirait en effet? Il ne lui restait à ce moment-là que trois cents livres. « Avec quoi, écrit-elle à Devaux, se meubler et vivre jusqu'au temps où mes rentes reviendront? » Enfin, elle se décida néanmoins à s'y rendre et y trouva plus d'aide qu'elle n'avait osé l'espérer. Elle entreprit d'écrire à plus de quarante ans et remporta deux succès, en 1747, avec les *Lettres d'une Péruvienne* et, en 1750, avec le drame de *Cénie*, — succès qui devaient être suivis d'un échec, la chute de la *Fille d'Aristide*, dont elle mourut, malgré les consolations que lui prodigua Voltaire, qui avait toujours à cœur de faire oublier la scène de Cirey. La notoriété, qu'elle avait acquise tout d'abord, avait attiré un grand nombre de jeunes auteurs, dans son salon qu'on appelait « le bercail des beaux-esprits ». On y venait commencer sa réputation. Turgot, qui était encore en Sorbonne et abbé, et qui s'était fait présenter, quittait souvent la réunion pour aller, en soutane, jouer au volant avec Mlle Minette, une grande belle fille de vingt-deux ans, qui n'était autre que Mlle de Ligneville, petite-nièce de Mme de Grafigny et que devait épouser Helvétius.

XVI

Le château de Voré et l'hôtel de la rue Sainte-Anne. — L'hôtel de la rue Royale et le château du Grand-Val. — Notre-Dame d'Auteuil.

Médecin du roi par quartier, le père d'Helvétius, ayant sauvé Louis XV enfant d'une maladie dont ses confrères ne pouvaient le tirer, avait été admis dans le service de santé du jeune roi, puis était devenu conseiller d'Etat, inspecteur général des hôpitaux militaires de Flandre et premier médecin de la reine Marie Leczinska. C'est à cette reine que son fils dut sa fortune. Il avait été envoyé, au sortir du collège, chez un oncle maternel, directeur des fermes à Caen, où, tout en s'occupant de finances, il prit goût aux lettres et composa de petites pièces de vers, voire même une tragédie, *le Comte de Fiesque*. Il avait été l'élève du Père André qui avait été le disciple et l'ami de Malebranche. Ce jésuite lui fit ouvrir les portes de l'Académie de Caen, où Helvétius avait l'ambition d'entrer. Il avait rencontré une vive opposition. On objectait que son candidat « cherchait à s'avancer dans les finances et qu'il ne tarderait pas à s'en retourner à Paris ». A quoi répondit le Père André: « Messieurs, nous avons assez de Phœbus, mais il nous manque du Plutus. » Et le trait avait pénétré. Le jeune académicien fit un discours où il parla en maître du Parnasse, et son protecteur, quelque temps après, lut un morceau sur le *beau dans les pièces d'esprit*, où il raillait les petits maîtres, qui, au sortir du collège, tranchaient du Boileau. C'était un coup droit que le protégé reçut comme une leçon méritée. Mais ce n'était là qu'un péché de jeunesse.

Helvétius ne séjourna, en effet, que peu de temps à Caen. Lorsqu'il fut de retour à Paris, la reine Marie Leczinska, que le président Hénault comparait à la grande reine Blanche, le fit gratifier d'une place de fermier général, ce qui lui procura un revenu annuel de cent mille écus.

Il n'avait que vingt-trois ans. Il rayonnait de santé et, par le charme de sa physionomie douce et élégante, exerçait une telle séduction qu'un soir, au foyer de la Comédie française, Mlle Gaussin dit, en le montrant à un soupirant, dont la fortune constituait tous les attraits et qui lui offrait avec fracas six cents louis : « Monsieur je vous en donnerai douze cents, si vous pouvez prendre ce visage-là. » On ne dit pas si Helvétius profita de l'aubaine, mais ce qui est certain, c'est qu'il était alors dans le courant des amours fortuites et qu'il s'y abandonnait avec la plus grande quiétude d'âme. Aucune passion n'eut de prise sur lui. Il brigua le succès sous toutes ses faces, mais sans avoir jamais l'enivrement de ses triomphes. Lorsqu'il eut le caprice de danser sur la scène de l'Opéra, il recueillit des applaudissements qui lui firent plaisir, mais ne l'engagèrent pas à recommencer. Il était de première force à l'escrime et désira tenir le même rang dans les lettres. Il visa celui qu'occupaient Montesquieu et Voltaire: de là son livre de l'*Esprit* et son poème sur le *Bonheur*, suivi d'épîtres philosophiques. Ce dernier ouvrage ne parut qu'après sa mort : il l'avait lui-même condamné à l'oubli, dont on eut tort de le tirer. Quant à l'autre, il eut lieu de se repentir de ne pas lui avoir infligé le même sort, pour un tout autre motif.

Lorsqu'il jugea que sa fortune était suffisante pour la vie qu'il comptait mener, Helvétius se démit de sa charge de fermier-général, dont il avait été en possession pendant treize ans. « Vous n'êtes donc pas insatiable comme les autres ? » lui dit le contrôleur général des finances, Machault. Ce qui étonna encore plus, c'est qu'il était sur le point de se marier avec une fille de bonne noblesse lorraine, mais sans dot. Il épousa la belle Mlle de Ligneville d'Autricourt, un mois après sa retraite, en juillet 1751, et l'emmena aussitôt dans sa terre de Voré située dans le Perche, où ils vécurent avec une grande somptuosité unie à une simplicité de manières qui fit dire plus tard à une châtelaine du voisinage : « Ces gens-là ne prononcent pas comme nous les mots de *mon mari, ma femme, mes enfants.* » On raconte que, son carrosse étant arrêté par une charrette chargée de bois qui pouvait être facilement détournée, Helvétius, à bout de patience, traita de coquin le conducteur qui lui dit, d'un ton matois : « Vous avez raison, je suis un coquin et vous êtes un honnête homme, car je suis à pied et vous êtes en carrosse. » — « Mon ami, répondit Helvétius, je vous demande pardon ; mais vous venez de me donner une excellente leçon que je dois payer. » Et il lui remit un écu de six livres. Il était toujours en quête, ainsi que sa femme, des misères à soulager. Comme il aimait la chasse, ses gardes exerçaient les plus grandes rigueurs contre les braconniers. Un de ces derniers ayant été désarmé, jeté en prison et condamné à l'amende, Helvétius l'apprit et, allant trouver le délinquant, lui remboursa, sous le sceau du secret, le prix de son fusil saisi, l'amende et les frais. Mme Helvétius fit de même de son côté. Le braconnier était ainsi doublement payé pour recommencer. Lorsqu'il était fermier général, Helvétius n'avait pas agi d'autre sorte : souvent il refusa l'argent des confiscations et dédommagea les malheureuses victimes des exigences des commis. Pendant une tournée qu'il avait faite en province avec d'autres membres de la compagnie des fermes, il avait visité Buffon à Montbard et Montesquieu à La Brède. Il avait pu voir ce dernier, tel que le dépeint Garat, courant à travers ses domaines, un bonnet de coton blanc sur la tête, un long échalas de vigne sur l'épaule, et hélé par des gens qui venaient lui présenter les hommages de l'Europe et lui demandaient, en le tutoyant comme un simple vigneron, si c'était là le château de Montesquieu.

Helvétius passait une partie de l'année dans sa terre de Voré et l'autre partie à Paris dans sa maison de la rue Sainte-Anne. D'Holbach, qui séjournait l'hiver rue Royale (1), s'établissait, pendant la belle saison, au Grand-Val, magnifique château appartenant à sa belle-mère, Mme d'Aine, et situé à l'extrémité de la presqu'île que forme la Marne au moment de se jeter dans la Seine. Ses amis le gratifiaient du titre de baron, selon Morellet, parce qu'il était né en Allemagne, (à Heidelsheim dans le Palatinat) et qu'il avait possédé en Westphalie une petite terre (2). Sa fortune était loin d'être aussi considérable que celle d'Helvétius, mais il faisait, sur le chapitre de la bienfaisance, un emploi mieux ordonné de ses soixante mille livres de rente. Il lui disait : « Vous êtes brouillé avec tous ceux que vous avez obligés et moi j'ai conservé tous mes amis. » Helvétius servait une pension de mille écus à Saurin et une autre de deux mille livres à Marivaux qui touchait encore de Mme de Pompadour une rente de mille écus. Marivaux était d'un naturel très emporté et la reconnaissance ne lui liait pas la langue. Un jour l'ancien fermier général, qui avait eu à subir de sa part une attaque des plus violentes, en était resté interdit. « Ah ! s'écria-t-il, lorsque l'enragé disputeur fut parti, comme je lui aurais répondu, si je ne lui avais pas l'obligation d'avoir bien voulu accepter de moi une pension qu'il eût refusée de tout autre. » Collé avait moins bonne opinion de Marivaux, car il dit, à l'occasion de sa mort : « Une vieille demoiselle Saint-Jean, avec laquelle il demeurait depuis plus de trente ans, l'avait soutenu pendant plusieurs années et il avait vécu à ses dépens (3). »

Meister a dit du baron d'Holbach : « J'ai toujours été frappé du rapport qu'il y avait entre le caractère de sa figure et celui de son esprit. Il avait tous les traits assez réguliers, assez beaux, et ce n'était pourtant pas un bel homme. Son front, large et découvert comme celui de Diderot, portait l'empreinte d'un esprit

1. Rue Royale-Saint-Honoré, aujourd'hui rue des Moulins. L'hôtel du baron est devenu l'*Hôtel de la Côte-d'Or*.
2. *Mémoires* de Morellet, t. Ier, p. 127.
3. *Journal*, t. II, p. 286.

vaste, étendu ; mais, moins sinueux, moins arrondi, il n'annonçait ni la même chaleur, ni la même énergie, ni la même fécondité ; son regard ne peignait que la douceur, la sérénité habituelle de son âme. » Le collaborateur de Grimm affirmait en outre qu'il n'avait « guère rencontré d'homme plus savant et plus universellement savant que M. d'Holbach ». Diderot en convenait aussi et confessait que le baron l'avait aidé souvent à combler les lacunes de sa mémoire. Jamais il n'avait trouvé sans vert son érudition.

Helvétius et Holbach donnaient des dîners toutes les semaines : le premier, chaque mardi et le second, le dimanche et le jeudi. On se mettait à table à deux heures. Les invités étaient à peu près les mêmes, mais les menus et l'attitude des amphitryons différaient. « Celui qui donne un bon dîner, dit Garat, en dirige aisément la conversation ; mais Helvétius ne voulait ni la diriger, ni la présider ; il voulait seulement la faire naître. Il jetait ses paradoxes et quand il avait mis la conversation en feu, il ne s'y mêlait plus, il gardait le silence, il voulait être sûr de ce sang-froid si nécessaire pour distinguer les traits souvent déliés de l'erreur et de la vérité, pour que les éclairs de l'esprit, quelque vastes qu'ils soient, ne soient jamais pris pour les lumières de l'analyse. C'était là sa *chasse aux idées* dans Paris. Tous les convives en profitaient, mais lui plus que tous ensemble ; les idées qui s'élevaient de toutes parts allaient vers lui plus directement. Il les ramenait toutes à son but, à son nouvel ouvrage (1). »

Et quelquefois, avant le départ des invités qui avait lieu vers sept heures, il s'échappait pour se rendre à l'Opéra, laissant à sa femme la conduite de la maison. Mme Helvétius, qui était d'un esprit vif et original, n'avait pas alors les qualités de ce rôle : elle se jetait étourdiment à travers les discussions philosophiques et profitait du désordre qu'elle y avait jeté, pour entraîner à part dans une causerie intime les gens qui lui agréaient le plus. Elle « brisait un peu la société », comme dit Morellet.

1. *Mémoires historiques*, t. Ier, p. 229 et suiv.

La scène changeait complètement chez le baron d'Holbach, que Galiani appelait le *premier maître d'hôtel de la philosophie* et dont le jeudi, jour de *synagogue*, était consacré aux encyclopédistes et le dimanche aux savants, aux artistes et aux notabilités indigènes et exotiques.

Le menu se ressentait de l'origine du baron. On y faisait grosse chère, mais le vin y était excellent et le café exquis. Diderot écrivait à Mlle Volland qu'il faudrait douze estomacs pour y suffire. D'Holbach ne songeait pas seulement à stimuler l'appétit de ses convives, il animait la conversation, en en faisant largement les frais. C'était un liseur effréné et servi par une mémoire et une faculté d'assimilation prodigieuses. Il lui arriva souvent d'épargner à Buffon et à Diderot, par des citations préméditées, le temps qu'ils auraient passé à lire des ouvrages dont la consultation était nécessaire à leurs travaux. La baronne n'avait pas plus de goût que Mme Helvétius pour les passes d'armes théologiques et autres, mais elle ne les interrompait jamais. Lorsqu'elle se levait de table, elle se retirait discrètement dans une embrasure de fenêtre et prenait langue avec un familier, heureuse si la malechance ne lui dépêchait pas un importun comme l'auteur de l'*Histoire de Sobieski*, l'abbé Coyer, qui, étant allé à Ferney et y ayant pris sans façon ses dispositions pour trois ou quatre mois de séjour, reçut de Voltaire cette apostrophe en plein visage : « Savez-vous bien la différence qu'il y a entre Don Quichotte et vous ? C'est que Don Quichotte prenait toutes les auberges pour des châteaux et que vous prenez tous les châteaux pour des auberges. »

La baronne disait elle-même de cet abbé doucereux que c'était « du miel de Narbonne gâté ». C'est de la seconde femme de d'Holbach qu'il s'agit ici. La première était morte en 1754 et avait été remplacée par sa sœur en 1755 (1). Duclos l'avait accusée, pour exciter la jalousie de Mme d'Epinay, de n'avoir pas été insen-

---

1. Mme d'Aine avait une troisième fille, la deuxième en date, Anne-Perrette, mariée en 1758 à André-Julien Rodier, commissaire ordinaire et premier commis de la marine.

sible aux avances de Grimm, qui la vengea par cette belle oraison funèbre : « La baronne était la femme la plus attachée à ses devoirs que j'aie connue et ils n'étaient pas pour elle difficiles à remplir. Cette femme, par son caractère, n'avait jamais besoin des autres pour être satisfaite et heureuse, mais elle ne négligeait rien de ce qu'elle croyait utile ou agréable à son mari. C'était pour lui qu'elle caressait ses amis... »

Buffon cessa de se rendre rue Sainte-Anne, aussitôt qu'il vit l'école encyclopédique tomber en défaveur dans l'esprit du roi. Il allait dans des salons où il ne craignait pas de se compromettre, accompagné de sa femme que Diderot a dépeinte ainsi : « J'ai vu Madame. Elle n'a plus de cou ; son menton a fait la moitié du chemin ; devinez ce qui a fait l'autre moitié? Moyennant quoi, ses trois mentons reposent sur deux gros oreillers. » Quant au philosophe, il rendait quelquefois visite à Helvétius, mais il passait presque tout son temps chez le baron. Les autres habitués des deux maisons étaient Morellet, Suard, Marmontel, Duclos, Raynal, Saurin, Saint-Lambert, Georges Le Roy, Grimm, Naigeon, le chevalier de Chastellux, Schomberg, Collé, La Condamine, Desmahis, Margency. Rousseau ne fit qu'une courte station chez d'Holbach à cause de son intraitable déisme. — On cite parmi les étrangers illustres à des titres divers qui se mêlèrent à cette société : le marquis de Caraccioli, Galiani, Gatti, Hume, le comte de Creutz, Franklin, Wilkes, célèbre par ses luttes dans le journalisme et dans le parlement anglais, quelquefois accompagné de sa fille bien aimée qui, dans un duel de son père pour la cause de sa patrie, avait voulu charger elle-même ses pistolets ; le comte Veri et le marquis de Beccaria, le premier, professeur d'économie politique, le second, professeur de droit, tous deux rédacteurs du *Café*, journal de Milan ; Garrick, toujours en observation comme notre contemplateur, assis, les bras croisés, en face de Morellet et de Diderot, ou d'autres gladiateurs de la parole, étudiant leurs gestes et leurs accents, afin d'en faire son profit sur la scène.

C'est en l'honneur de Mme Helvétius que Fontenelle poussa l'exclamation si connue : « Ah! Madame, si je n'avais que quatre-vingts ans! » Lorsqu'il vint lui rendre visite quelques jours après son mariage, Helvétius l'ayant prié de s'asseoir, en lui montrant sa femme qui s'était mise debout pour le recevoir. « Ah! dit-il, c'est un astre qui se lève pour moi et qui se couche pour vous. » Un autre jour s'étant rendu à une invitation à dîner, il passa devant Mme Helvétius inconsidérément pour se mettre à table, après lui avoir adressé les plus aimables compliments. « Voyez, lui dit-elle, le cas que je dois faire de vos galanteries : vous passez devant moi sans me regarder. — Madame, répondit le vieillard, si je vous eusse regardée, je n'aurais pas passé. » D'humeur galante jusqu'à la fin, Fontenelle gronda fort un M. Daye qui avait été gouverneur de M. de Brou, intendant à Rouen, et qui l'assurait qu'il préférait un tête-à-tête avec lui à un rendez-vous avec la plus jolie femme du monde. « Vous êtes trop jeune pour ce propos-là, lui répondit-il; il faut que vous soyez d'ailleurs dans un état déplorable. Je vous plains bien, Monsieur. » Collé dîna avec Fontenelle chez Helvétius le 27 décembre 1754. Il le croyait presque centenaire (1) et constate que, s'il n'entend ni ne voit guère et parle difficilement, il a gardé toute sa tête et a mangé plus que lui. Collé nous le montre en outre, au commencement de mars 1755, ouvrant un bal avec Mlle Helvétius cadette, qui n'avait qu'un an et demi. « Fontenelle, dit-il, fit encore la révérence, embrassa la petite fille; prit ensuite la fille de Mme d'Epinay, âgée de sept ans, fit une deuxième révérence avec elle et l'embrassa encore. » C'était bien de la besogne pour ce vieillard qui ne s'était conservé sain de corps et d'esprit qu'à force d'indifférence. Il n'avait eu que deux passions : les asperges à l'huile et les fraises poudrées à blanc de sucre. Il aurait retrouvé à l'occasion cette amabilité qui lui avait fait répondre à la duchesse du Maine, demandant quelle différence il y avait entre elle et une pendule : « Madame, la pendule marque les heures et vous les faites

1. Fontenelle avait en réalité 97 ans, étant né en mars 1657.

oublier. » Mme Helvétius devait lui savoir gré de jeter, à travers des discussions où l'enfer était en jeu, des saillies de ce genre : « Messieurs, ne disons pas de mal du diable : c'est peut-être l'homme d'affaires du bon Dieu. » En revanche, il eût éte applaudi chez d'Holbach, s'il y eût reproduit son axiome : « On détruirait toutes les religions si l'on obligeait tous ceux qui les professent à s'aimer. »

Le baron d'Holbach « ne pouvait haïr personne, dit Grimm : cependant ce n'était pas sans effort qu'il dissimulait son horreur naturelle pour les prêtres, pour tous les suppôts du despotisme et de la superstition ; en parlant d'eux, sa douceur s'irritait malgré lui, sa bonhomie devenait souvent amère et provoquante (1). » Il eût pris au sérieux la boutade de Voltaire : « Est-ce que la proposition honnête et modeste d'étrangler le dernier jésuite avec les boyaux du dernier janséniste ne pourrait amener les choses à quelque conciliation ? » Pourtant le baron s'amusait franchement aux parades religieuses de Galiani qu commence une lettre à Mme d'Epinay par cette exclamation : « Dieu protège les athées ! » Morellet nous a conservé un de ces apologues que l'abbé contait si bien (2). Les médecins Roux et Bordeu, le chimiste Rouelle et son disciple Darcet, qui avait été le précepteur des fils de Montesquieu et était resté son ami, exposaient leurs systèmes, lorsque tout à coup Diderot, intervenant, appela Roux en champ clos, non pour lutter contre lui, mais pour abattre de concert leur ennemi commun, Dieu. L'assaut terminé, Galiani prit la parole : « Messieurs les philosophes, dit-il, vous allez bien vite... Je commence par vous dire que, si j'étais pape, je vous ferais mettre à l'inquisition, et si j'étais roi de France, à la Bastille ; mais comme j'ai le bonheur de n'être ni l'un ni l'autre, je reviendrai dîner jeudi prochain, et vous m'entendrez comme j'ai eu la patience de vous entendre. » — « Très bien ! mon cher abbé, répliqua toute l'assemblée, à jeudi. » Le jour convenu arrive. Après le dîner et le café pris,

1. *Correspondance*, t. XV, p. 418.
2. *Mémoires*, t. Ier, p. 131 et suiv.

l'abbé se place dans un fauteuil, les jambes croisées en tailleur. C'était sa manière, et, comme il faisait chaud, il prend sa perruque d'une main, et, gesticulant de l'autre, il commence à peu près ainsi :

« Je suppose, messieurs, celui d'entre vous qui est le plus convaincu que le monde est l'ouvrage du hasard, jouant aux trois dés, je ne dis pas dans un tripot, mais dans la meilleure maison de Paris, et son antagoniste amenant une fois, deux fois, trois fois, quatre fois, enfin constamment rafle de six.

« Pour peu que le jeu dure, mon ami Diderot, qui perdrait ainsi son argent, dira sans hésiter, sans en douter un seul moment : « Les dés sont pipés, je suis dans un coupe-gorge. »

« Ah ! philosophe, comment ? parce que dix ou douze coups de dés sont sortis de manière à vous faire perdre six francs, vous croyez fermement que c'est en conséquence d'une manœuvre adroite, d'une combinaison artificieuse, d'une friponnerie bien tissue : et en voyant dans cet univers un nombre si prodigieux de combinaisons mille et mille fois plus difficiles et plus compliquées, et plus soutenues et plus utiles, vous ne soupçonnez pas que les dés de la nature sont aussi pipés, et qu'il y a là haut un grand fripon qui se fait un jeu de vous attraper... »

Morellet ajoute que *c'était la plus piquante chose du monde* et il proteste qu'il défendait aussi la même cause, à sa façon.

Horace Walpole venait quelquefois chez d'Holbach, mais il avait de la répugnance pour les principes qui y étaient émis : « Folie pour folie, écrivait-il à un de ses amis, j'aime mieux les jésuites que les philosophes. »

C'était également le cas du caissier général des postes, Billard, que le baron eut le tort de recevoir et qui s'enfuit scandalisé. Ce digne caissier, qui fit une banqueroute frauduleuse de plusieurs millions, communiait deux fois la semaine. Grimm raconte que, le drôle s'étant présenté à la Sainte-Table un jour que le prêtre, qui célébrait la messe, n'avait à sa disposition que de petites hosties, celui-ci lui dit : « Vous me prenez au dépourvu, il faudra vous contenter de la fortune du pot. »

Ce n'était pas seulement la religion qui était mise sur la sellette dans les salons de d'Holbach et d'Helvétius. Mme Vigée-Lebrun raconte que son père, sortant de celui de la rue Royale où il avait entendu discuter Helvétius, d'Holbach et d'Alembert, répondit à sa femme qui lui demandait pourquoi il était soucieux : « Tout ce que je viens d'entendre, ma chère amie, me fait croire que bientôt le monde sera sens dessus dessous. » Duclos lui-même s'effraya un jour de la tournure quelque peu séditieuse de la conversation. C'était après la cassation du Parlement et dans les premiers jours du mois de janvier 1771, au moment où venait d'arriver à Paris un jeune éléphant qui était la coqueluche de la Cour et de la Ville :

« Messieurs, dit-il, parlons de l'éléphant, c'est la seule bête un peu considérable dont on puisse parler en ce temps-ci sans danger. » Mais ce fut sur le peintre Vigée qu'on se rabattit. On savait que, s'il vénérait sa femme, il adorait les fillettes. Or, il avait quitté le domicile conjugal, sous prétexte de visites à faire, et on venait de le voir courant par les rues sans en faire une seule, simplement pour embrasser tous les jolis visages qu'il rencontrait, en leur souhaitant la bonne année.

Pendant l'été, avant l'acquisition du Grand-Val, d'Holbach, accompagné de quelques-uns de ses amis, Diderot, Marmontel, Suard et Morellet, allait deux fois la semaine se promener dans les environs de Paris. Ils descendaient la Seine en bateau et, pour y manger en pique-nique une ample matelote, s'arrêtaient à Sèvres ou à Saint-Cloud. Le soir, ils revenaient à Paris par le bois de Boulogne, agrémentant la route de propos qui, pour être bruyants, n'avaient souvent rien de philosophique. D'aventure, ils rentraient un peu plus nombreux qu'ils n'étaient partis, rejoints dans le cabaret du bord de l'eau, au milieu de leur déjeuner, par l'excellent Gatti, l'apôtre du jessenerisme, qui avait passé la matinée à parcourir les alentours, « une lancette et des germes de petite vérole à la main, semant, pour ainsi dire, l'inoculation dans les champs (1) ».

1. *Mémoires sur la vie de Monsieur Suard*, t. Ier, p. 27.

Le Grand-Val était aussi hospitalier que la Chevrette : ces deux habitations étaient d'ailleurs d'un accès commode, aux portes de Paris. Il n'en était pas de même du château de Voré, distant d'une quarantaine de lieues. Helvétius en était réduit à y vivre presque toujours seul avec sa femme, n'ayant d'autre plaisir que la chasse. Encore ne pouvait-il à la fin s'y livrer sans danger. Les braconniers s'étaient multipliés, et, harcelés par les gardes, étaient devenus menaçants, d'autant plus qu'ils avaient découvert que « le bon philosophe » était « pusillanime », confidence, qu'une de ses voisines, Mme de Nocé, avait faite à Diderot qui l'avait rencontrée aux eaux de Bourbonne où elle se faisait « doucher elle et son chien ». Mme Helvétius avait plus de fermeté. Un haut personnage lui ayant écrit, lors des persécutions exercées au sujet du livre de l'*Esprit*, pour l'engager à obtenir de l'auteur une rétractation, elle refusa de peser sur la conscience de son mari, qui de lui-même s'exécuta. Helvétius jura, pour son repos, de ne plus écrire une ligne, mais il oublia ce serment et composa son livre de l'*Homme* qui, du reste, ne parut qu'après sa mort.

Il éclata d'indignation, autant que le permettait sa bonhomie naturelle, un jour que, pendant une maladie de sa femme, des ésuites, qui s'étaient acharnés contre lui, étaient venus la visiter : « Comment, Pères, c'est vous ! leur dit-il, vous êtes des hommes incompréhensibles. Vous vous croyez faits pour tout subjuguer, amis, ennemis. — Nous en sommes bien fâchés, nous n'avons pas pu faire autrement. — Je sais bien que vous seriez d'honnêtes gens, si cela dépendait de vous. Il y a beaucoup d'autres gens dans la société qui sont exactement dans le même cas ; cela ne dépend pas d'eux : ce sont des coquins à qui je pardonne de l'être, mais que je ne vois pas (1). »

Si l'on ne connaît du château de Voré que le trouble qu'y apportaient les braconniers, en revanche les détails abondent sur l'intérieur du Grand-Val. Diderot s'y complaît dans les lettres à son amie. Il ne tarit pas d'anecdotes de toute sorte, épicées surtout,

---

1. Lettre de Diderot à Mlle Voland (21 nov. 1760).

concernant la belle-mère du baron, Mme d'Aine, le bouillant Georges Le Roy, qu'il traite de satyre et le père Hoop, un chirurgien écossais que d'Holbach qualifiait amicalement de *vieille momie*. Quoi de plus comique que le cri : *à moi, mes gendres! tant pis pour vous si l'on me fait un enfant!* poussé en pleine nuit par Mme d'Aine, qui, rêvant incendie, s'était levée pour aller voir si le feu de la cheminée du salon était bien éteint, et que Georges Le Roy, toujours en éveil et toujours à l'affût, s'était mis à poursuivre et s'acharnait à couvrir de baisers? Où trouver une belle-mère plus joviale et plus spirituelle? Un soir qu'en petit comité on causait psychologie, elle déclara qu'elle croyait que son âme pourrirait dans la terre avec son corps. « Mais pourquoi priez vous donc Dieu? lui demanda-t-on. — Ma foi, je n'en sais rien. — Vous ne croyez donc pas à la messe? — Un jour j'y crois, un jour je n'y crois pas. — Mais le jour que vous y croyez? — Ce jour là, j'ai de l'humeur. — Et allez vous à confesse? — Quoi faire? — Dire vos péchés. — Je n'en fais point; et quand j'en ferais et que je les aurais dits à un prêtre, est-ce qu'ils en seraient moins faits? — Vous ne craignez donc point l'enfer? — Pas plus que je n'espère le paradis. — Mais où avez-vous pris tout cela? — Dans les belles conversations de mon gendre : il faudrait, par ma foi, avoir une bonne provision de religion pour en avoir gardé une miette avec lui. Tenez, mon gendre, c'est vous qui avez barbouillé tout mon catéchisme; vous en répondrez devant Dieu. — Vous croyez donc en Dieu? — En Dieu! il y a si longtemps que je n'y ai pensé, que je ne saurais vous dire ni oui, ni non. Tout ce que je sais, c'est que si je suis damnée, je ne le serai pas toute seule; et quand j'irais à confesse, que j'entendrais la messe, il n'en serait ni plus ni moins. Ce n'est pas la peine de se tant tourmenter pour rien. Si cela m'était venu quand j'étais jeune, j'aurais peut-être fait beaucoup de petites choses douces que je n'ai pas faites. Mais aujourd'hui je ne sais pas pourquoi je ne crois rien. Cela ne me vaut pas un fétu. Si je ne lis pas la Bible, il faudra que je lise des romans, sans cela je m'ennuierais comme un chien. — Mais la Bible est un fort bon roman. — Ma foi, vous avez raison ; je ne l'ai jamais lue dans cet esprit-là ; demain, je commence ; cela me fera peut-être rire. — Lisez d'abord Ezéchiel. — Ah! oui ; à cause de cette Olla et de cette Oliba, et de ces Assyriens qui... — Et dont il n'y a plus aujourd'hui. — Et qu'est ce que cela me fait qu'il y en ait ou non? Il ne m'en viendra pas un ; et quand il m'en viendrait une douzaine?... — Vous croyez que vous les enverriez à votre voisine? — C'est selon le moment. — Vous avez donc encore des moments? — Pourquoi pas ? Ma foi, je crois que les femmes en ont jusqu'au tombeau ; que c'est là leur dernier signe de vie ; quand cela est mort en elles, le reste est bien mort. Vous riez tous, mais croyez que celles qui disent autrement sont des menteuses ; je vous révèle là notre secret. — Oh! nous n'en abuserons pas. — Je le crois bien. Encore, ne sais-je : si vous n'aviez pour tout partage qu'une femme de mon âge, je veux mourir si je la croyais en sûreté, ni vous non plus. Mais revenons à notre incrédulité. — Non, laissons-là... Il me semble que ce que nous disons est plus drôle. — Ma foi, vous avez raison. » Et après d'autres folies de ce genre Mme d'Aine de lever le siège en disant : « Vous dormirez tous, dans un quart d'heure, et moi il faut que je dise mes prières. — Mais ne nous avez-vous pas dit que vous ne priez point Dieu? — Et ne faut-il pas que je me mette à genoux pour ma femme de chambre? — Et quand vous êtes à genoux, à quoi rêvez-vous? — Je rêve à ce que nous mangerons demain ; cela ne laisse pas de durer, et ma femme de chambre s'en va après cela fort édifiée, car elle est dévote, et elle ne vaut pas mieux pour cela. »

Souvent le père Hoop servait de cible aux plaisanteries. On l'appelait ainsi parce qu'il était sec, ridé et d'un aspect vieillot. C'était un blessé de la vie, un maladif, qui ne demandait qu'à sortir de ce monde et qui avait un arrière-fonds d'incroyable humour. A propos de son spleen, Mme d'Aine, qui le qualifiait de *bibi de son cœur*, lui dit un jour : « C'est pour cela que je vous ai donné une chambre qui conduit de plain-pied au fossé, mais vous ne vous pressez guère de profiter de mon attention. » — « Vous n'aimez peut-être pas vous noyer, ajouta le baron ; si vous trouvez l'eau froide, père Hoop, allons nous battre. » — « Très volontiers, mon ami, répondit l'Ecossais, à condition que vous me tuerez. »

Par une maussade journée d'automne, où des torrents de pluie empêchaient de se promener dans le parc, Mme d'Holbach s'exténuait à broder, Mme d'Aine digérait, étendue sur des coussins, Diderot rêvait à Mlle Volland, tout en cheminant à travers le salon, comme si chacun de ses pas le rapprochait d'elle, le père Hoop, la tête affaissée sur ses épaules, et les mains appuyées sur ses genoux, semblait invoquer le grand remède final, lorsque le baron, enveloppé dans sa robe de chambre et coiffé de son bonnet de nuit, fermant un livre qu'il lisait d'un œil distrait, s'écria brusquement : « Croyez-moi, philosophe, amusez-vous ici et soyez sûr qu'on s'amuse bien ailleurs sans vous. » Et comme Diderot ne faisait pas mine de l'entendre, il interpella le père Hoop : « Eh bien ! vieille momie, que ruminez-vous là ? » — « Je rumine une idée bien creuse, » répondit l'impassible Ecossais. « Et cette idée, c'est ? » — « C'est qu'il y a eu un moment où il n'a tenu à rien que l'Europe ne vît un jour le souverain pontificat et la royauté réunis dans la même personne et ne soit tombée à la longue sous le gouvernement sacerdotal. — Quand et comment cela ? — Ce fut lorsqu'on délibéra si l'on permettrait ou non aux prêtres de se marier. Les Pères du concile de Trente, attachés à de misérables vues de discipline ecclésiastique, étaient bien loin de sentir toute l'importance de cette affaire. — Ma foi, je ne la sens pas plus qu'eux. — Ecoutez-moi. Si l'on eût permis aux prêtres de se marier, n'est-il pas certain que le souverain marié eût pu se faire ordonner prêtre ? Et croyez-vous que, fatigué des embarras continuels que le clergé donne partout aux souverains, aucun d'entre eux ne se fût avisé de les terminer en réunissant en sa personne la puissance ecclésiastique à la puissance civile ? et si cet exemple eût été donné une fois, croyez-vous qu'il n'eût pas été suivi ? — C'est-à-dire, père Hoop, que le roi aurait dit la messe et fait le prône ? — Oui, Madame, et tout comme un autre. Le souverain ordonné eût fait ordonner son fils ; les princes du sang se seraient fait ordonner eux et leurs enfants. Vous verriez aujourd'hui tous les grands engagés dans les ordres ; la nation divisée en deux classes : l'une noble et sacerdotale, qui aurait rempli les fonctions importantes de la société..... l'autre imbécile, stupide, esclave, avilie, qui aurait été condamnée aux travaux mécaniques et que la double autorité des lois aurait tenue sans cesse courbée sous le joug... » — Et Mme d'Aine de conclure par une boutade à l'adresse de la baronne : « Si tout cela avait eu lieu, ma fille, tu coucherais avec un prêtre et tu ferais des petits clercs (1). »

Le père Hoop était venu à Paris faire un cours dans la maison d'accouchement d'un de ses compatriotes, le célèbre médecin Grégory. Mais il ne pouvait s'accorder longtemps avec un chef de file qui, s'il méritait sa réputation d'habile praticien, était d'une dévotion outrée, d'un mysticisme qui quelquefois tombait dans le burlesque. Ainsi, lorsqu'un accouchement paraissait devoir être laborieux, Grégory, songeant d'abord à sauver l'âme de l'enfant, s'empressait de le baptiser dans le sein de la mère, par un procédé dont Diderot a conservé le secret (2).

On n'avait plus de nouvelles de Galiani que par l'intermédiaire de Mme d'Epinay dans ses rares apparitions rue Royale ou au Grand-Val. Peu de temps avant le départ du pauvre abbé, exilé dans son pays, Mme d'Holbach avait fait une chute de cheval. Ce fut le prétexte d'une de ces pasquinades dont Galiani était coutumier. « Ne dites rien à la baronne, car je la déteste, écrivait-il le 14 août 1769. Elle aime plus son cheval que moi, quoique je ne l'aie jamais renversée. » Mais lorsqu'on lui demandait ce qu'il devenait, Mme d'Epinay n'avait pas toujours des saillies à citer. Les lettres de l'abbé n'étaient quelquefois remplies que de doléances. Il se plaignait de tout, de la vie monotone qu'il menait et des privations de toute sorte dont il

1. Lettre de Diderot à Mlle Voland (15 oct. 1760).
2. Lettre à Mlle Voland (13 octobre 1760).

souffrait. Le plus cuisant de ses regrets, après les bals de l'Opéra, c'était le bon lit qu'il avait laissé à Paris. A Naples, les matelas étaient d'une horrible dureté, qui provenait, disait-il, de ce qu'on y battait la laine sans la carder. Et il terminait ses lamentations sur ce point, en chargeant Mme d'Epinay de lui envoyer des peignes de fer. Elle mettait, on le comprend, plus d'empressement à communiquer à la société du baron des lettres du genre de celle que lui adressa Galiani le 23 janvier 1773 et qui devait amuser tous les amis et intéresser particulièrement Diderot. Il s'agissait de comédiens français venus donner des représentations à Naples. On les avait appelés à la Cour pour jouer le *Père de famille*. Le roi, qui « aimait à rire et pas à pleurer », avait déclaré qu'il comptait s'ennuyer fort, et les courtisans s'étaient concertés pour se mettre à l'unisson du Maître. Mais ils avaient compté sans Diderot, interprété par Aufresne, « acteur incomparable ». Or tandis qu'ils bâillaient, prenaient du tabac et menaient grand bruit, le roi « fondait en larmes ». L'abbé terminait cette jolie anecdote par ces simples mots : « Vous voyez, ma belle dame, que de ma profession je suis gazetier. »

Gazetier ! c'était la profession que prisait le plus d'Holbach. « Une des plus violentes passions, peut-être, dit Grimm (1), qui l'aient occupé toute sa vie, mais surtout dans ses dernières années, c'était la curiosité ; il aimait les nouvelles, comme l'enfance aime les joujoux, et par cette espèce d'aveuglement si naturel à toute habitude passionnée, il y mettait même fort peu de choix : bonnes ou mauvaises, fausses ou vraies, il n'y en avait point qui n'eût quelque attrait pour lui, il n'y en avait même point qu'il ne fût disposé à croire. Il semblait véritablement que toute la crédulité qu'il avait refusée aux nouvelles de l'autre monde, il l'eût réservée toute entière pour celles de la Gazette et des cafés. » Sa promenade favorite était le jardin du Palais-Royal, où il allait recueillir les bruits du jour.

1. *Correspondance*, t. XV, p. 418.

D'Holbach avait supporté avec sérénité les persécutions que lui avaient attirées plusieurs de ses ouvrages aggravés de la méchante réputation du *Club holbachique*. C'est ainsi que Rousseau qualifiait les réunions où, selon Morellet, « on disait des choses à faire tomber cent fois le tonnerre sur la maison, s'il tombait pour cela ». Seulement le baron esquiva de nouvelles rigueurs en couvrant ses autres productions du masque de l'anonyme ou du pseudonyme. Il lutta jusqu'à sa mort, c'est-à-dire, jusqu'au 21 janvier 1789, ayant survécu de cinq ans à Diderot, près duquel il fut inhumé à Saint-Roch, et de dix-huit ans à Helvétius. Quant à Grimm, il devait, déconcerté par les premiers et inévitables excès de la Révolution, quitter son pays d'élection pour son pays d'origine, avec le regret de n'avoir pas partagé le sort des amis qu'il avait perdus. « J'ai manqué, dit-il à Meister, le moment de me faire enterrer (1). »

Si la baronne d'Holbach disparut obscurément, à tel point que la date de sa mort (1813) n'est mentionnée par aucun biographe, Mme Helvétius continua pendant son veuvage de vivre avec un certain éclat. Dès 1771, elle s'était retirée à Auteuil, toujours la même qu'à l'époque (1760) où Diderot disait d'elle : « C'est une femme très aimable qui s'est fait un caractère qui l'a affranchie au milieu de ses semblables, toutes esclaves. »

Le maréchal de Beauvau, son parent, lui reprochant de ne pas avoir pris le deuil d'un autre membre de sa famille, non moins illustre que lui : « Je ne sais si j'étais de sa famille, répondit-elle, mais savait-il si j'étais de la sienne ? » Elle dit aux prétendants de ses deux filles « qu'elle ne les gênerait en rien et que ce seraient elles-mêmes qui nommeraient leurs époux (2) ». L'aînée choisit le comte de Mun et la plus jeune le comte d'Andlau. Les deux filles de d'Holbach *dérogèrent* également : l'une épousa le marquis de Châtenay et l'autre le comte de Nolivos. La fille de Diderot fit encore de même : elle épousa le marquis de Vandeul. Singulière destinée de la descendance des trois philosophes.

1, Il mourut à Gotha le 19 décembre 1807.
2 *Mémoires secrets*, t. VI, p. 238.

D'après les *Mémoires secrets* (4 octobre 1772), Helvétius aurait laissé quatre millions de fortune. Ce qui est certain c'est que Mme Helvétius ne jouissait que d'environ vingt mille livres de rente, dont elle tirait un excellent parti, car elle avait un train de maison fort convenable. « Elle n'était plus assez riche pour aller chercher le plaisir chez les autres ; et elle trouva qu'elle l'était plus qu'il ne fallait pour en offrir chez elle. Elle renonça à ses nombreuses connaissances et s'attacha des amis (1). » De ce nombre et au premier rang, furent les abbés Morellet et de La Roche, Cabanis et Franklin. Morellet venait passer deux ou trois jours de la semaine chez Mme Helvétius qui lui avait réservé un joli logement, et le matin, dans la belle saison, il se promenait à cheval avec elle dans le bois de Boulogne. Elle l'accompagnait souvent, ainsi que Cabanis et l'abbé de La Roche, qui étaient également ses hôtes, lorsqu'ils allaient dîner à Passy chez Franklin. Celui que Mirabeau, dans son éloquente oraison funèbre, définit « le sage que deux mondes réclament » et qui était venu à Paris, en 1776, pour conclure un traité de commerce et d'amitié avec la France, ne se piquait pas d'une austérité trop farouche. Il s'humanisa même au point de se laisser entraîner (sans doute par Georges Le Roy) dans des réunions galantes. C'était le plus jovial des amphitryons. Il n'entendait pas que l'on mît de l'eau dans son vin, et surtout « par une fausse complaisance » dans le verre de son voisin. « L'apôtre Paul, disait-il, conseillait bien sérieusement à Timothée de mettre du vin dans son eau pour la santé, mais pas un des apôtres, ni aucun des Saints Pères, n'a jamais conseillé de mettre de l'eau dans le vin (2). » Ceci était à l'adresse de l'abbé Morellet, un buveur d'eau, qui entonnait au dessert des chansons à boire de sa façon, que Franklin accompagnait sur l'harmonica. Voici un des couplets de l'abbé, à la louange de son ami :

> En politique il est grand ;
> A table joyeux et franc ;

1. *Œuvres de Rœderer*, t. IV, p. 152.
2. *Mémoires* de l'abbé Morellet, t. I, p. 296.

> Tout en fondant un Empire,
> Vous le voyez boire et rire,
> Grave et badin,
> Tel est notre Benjamin.

Franklin excel ait à faire des contes humoristiques. Il en est un qui caractérise admirablement sa manière et qu'il avait envoyé de Passy, sous forme de lettre, à Notre-Dame d'Auteuil. (C'est ainsi qu'il avait baptisé Mme Helvétius, comme il avait appelé ses filles les étoiles.) Ce charmant badinage mérite d'être cité tout entier :

« Chagriné de votre résolution, prononcée si fortement hier au soir, de rester seule pendant la vie en l'honneur de votre cher mari, je me retirai chez moi, je tombai sur mon lit, je me crus mort, et je me trouvai dans les Champs-Élysées.

« On m'a demandé si j'avais envie de voir quelques personnages particuliers. « — Menez-moi chez les philosophes. — Il y en a deux qui demeurent ici près dans ce jardin. Ils sont de très bons voisins et très amis l'un de l'autre. — Qui sont-ils ? — Socrate et Helvétius. — Je les estime prodigieusement tous les deux ; mais faites-moi voir premièrement Helvétius, parce que j'entends un peu de français, et pas un mot de grec... » Il m'a reçu avec beaucoup de courtoisie, m'ayant connu, disait-il, de caractère, il y a quelque temps. Il m'a demandé mille choses sur la guerre et sur l'état présent de la religion, de la liberté et du Gouvernement en France. « — Vous ne me demandez donc rien de votre amie Mme Helvétius ? et cependant elle vous aime encore excessivement ; il n'y a qu'une heure que j'étais chez elle. — Ah ! dit-il, vous me faites souvenir de mon ancienne félicité ; mais il faut l'oublier pour être heureux ici. Pendant plusieurs années, je n'ai pensé qu'à elle. Enfin, je suis consolé. J'ai pris une autre femme, la plus semblable à elle que je pouvais trouver. Elle n'est pas, c'est vrai, tout à fait si belle, mais elle a autant de bon sens et d'esprit, et elle m'aime infiniment. Son étude continuelle est de me plaire ; elle est sortie actuellement chercher le meilleur nectar et ambroisie pour me régaler ce soir ; restez chez moi et vous la verrez. — J'aperçois, disais-je, que votre ancienne amie est plus fidèle que vous, car plusieurs bons partis lui ont été offerts, qu'elle a refusés tous. Je vous confesse que je l'ai bien aimée, moi, à la folie; mais elle était dure à mon égard, et m'a rejeté absolument pour l'amour de vous. — Je vous plains, dit-il, de votre malheur; car vraiment c'est une bonne femme et bien aimable. Mais l'abbé de La Roche et l'abbé Morellet ne sont-ils pas encore quelquefois chez elle? — Oui, assurément, car elle n'a pas perdu un seul de vos amis. — Si vous aviez gagné l'abbé Morellet avec du café à la crème pour parler pour vous, peut-être vous auriez réussi; car il est raisonneur subtil, comme Scotus ou saint Thomas, et il met ses arguments en si bon ordre qu'ils deviennent presque irrésistibles. Ou si vous aviez engagé l'abbé de La Roche, en lui donnant quelque belle édition d'un vieux classique, à parler contre vous, cela aurait été mieux; car j'ai toujours observé que, quand il conseille quelque chose, elle a un penchant très fort à faire le revers...» A ces mots entrait la nouvelle Mme Helvétius avec le nectar; à l'instant je l'ai reconnue pour Mme Franklin, mon ancienne amie américaine. Je l'ai réclamée, mais elle me disait froidement: «— J'ai été votre bonne femme quarante-neuf années et quatre mois, presque un demi-siècle; soyez content de cela. J'ai formé ici une nouvelle connexion qui durera à l'éternité. » Mécontent de ce refus de mon Eurydice, j'ai pris tout de suite la résolution de quitter ces ombres ingrates, et de revenir en ce bon monde revoir le soleil et vous. Me voici. Vengeons-nous. »

Comme Turgot, Franklin avait, en effet, vainement tenté de mettre fin au veuvage de Mme Helvétius. Elle tenait trop à sa liberté pour associer une autre volonté à la sienne. Elle ne voulait risquer la perte d'aucun de ses amis. De plus elle avait une passion qu'un mari aurait pu contrarier. Elle adorait les chiens et surtout les chats, dont elle élevait une légion et qui étaient les maîtres du lieu. C'étaient d'énormes angoras de toutes couleurs, enveloppés dans de longues robes fourrées, et qui, lorsqu'ils ne dormaient pas sur les bergères et sur les fauteuils, se promenaient à travers le salon, traînant des queues de trocart, de dauphine, de satin, doublées des plus riches fourrures, avec la gravité de Conseillers au Parlement, se rendant à la Grand'Chambre. On n'avait garde de les déranger pour leurs repas, qui étaient servis, non dans de simples écuelles, mais dans de la vaisselle plate, et qui se composaient de blancs de poulets et de perdrix, avec de petits os à ronger. A la vue des victuailles, tous ces personnages emmitouflés, oubliant leur dignité, s'agitaient bruyamment et se disputaient les morceaux avec grognements et coups de griffes. Puis ils s'établissaient sur des sièges de lampas qu'ils constellaient de taches, au grand désespoir des visiteurs qui ne savaient où s'asseoir. Franklin et Morellet se permettaient à ce sujet des plaisanteries dont on trouve un écho dans les Mémoires de l'abbé. Mais si Mme Helvétius survenait, ils feignaient de continuer une conversation sur le paratonnerre ou sur les poêles pensylvaniens dus au même inventeur. Elle les quittait bientôt pour aller taquiner le pauvre abbé de La Roche qui avait fait une nouvelle trouvaille, que l'enthousiaste bibliophile cherchait à faire admirer à Cabanis, sans grand succès, car celui ci ne l'écoutait que d'une oreille distraite, en quête qu'il était sans doute d'une rime. Le plus jeune des fidèles de Notre-Dame d'Auteuil s'était lié avec le poète Roucher et, dans ce commerce, avait contracté la contagion de la métromanie. Il préludait, par une traduction en vers de l'*Iliade* heureusement restée inachevée, aux solides travaux qui ont illustré son nom. Il madrigalisait même aussi à l'occasion. Grimm raconte que, Mme Helvétius croyant ne point vieillir et se plaignant de voir grisonner toutes les têtes autour d'elle, ce fut l'Eliacin de la société qui se chargea de lui répondre et il le fit en ces termes galants :

>. . . . .
>.... vieillir est notre partage,
>Et bientôt, je vous le prédis,
>Nous ne serons plus de votre âge.

Cabanis était né en 1757, à Cosnac, près de Brive-la-Gaillarde ; son père exerçait les fonctions de subdélégué de l'intendant de

Limoges, alors que Turgot remplissait cette charge. Cabanis, qui n'était encore qu'un enfant, avait été pris en vive affection par Turgot, pour sa gentillesse, un joli petit museau pétillant d'espièglerie. A peine adolescent, il avait accompagné en Pologne un évêque de Wilna, du monde des économistes, que le hasard avait jeté sur son chemin. Or, ce prélat ayant flairé chez ce jeune homme les germes d'une intelligence supérieure, lui réservait une part de collaboration à la mise en œuvre d'un système d'instruction publique qu'il projetait pour son pays et qu'il se sentait inhabile à établir seul, lorsque Cabanis lui échappa. Il n'avait pu s'acclimater en Pologne et, à sa rentrée en France, avait été envoyé à Paris par son père pour y étudier la médecine. Sa première visite avait été pour Turgot, qui l'avait présenté à Mme Helvétius, laquelle l'avait gardé sous prétexte de lui refaire une santé affaiblie par les fatigues de son long voyage. Il était resté ainsi le commensal ordinaire de l'abbé de La Roche, le pensionnaire à vie de Notre-Dame d'Auteuil. L'abbé avait été recueilli par elle, à son retour de La Haye, où il était allé porter le manuscrit de l'*Homme* et d'où il était revenu précipitamment en apprenant la mort de l'auteur. C'était un ex-bénédictin, qui, grâce à une mystérieuse intervention d'Helvétius, avait été sécularisé par un bref du pape.

Lorsque Franklin quittait ce milieu paisible, où régnait une sincère cordialité, il était l'objet d'ovations de toute sorte, qui lui faisaient plaisir mais l'étourdissaient. Il jouissait d'une popularité telle que la Cour fut obligée de s'ouvrir devant ce délégué d'un peuple en révolte. Il y parut dans la tenue d'un campagnard américain : un habit de drap brun, un chapeau rond sous le bras, des bas blancs, les cheveux plats sans poudre et des lunettes sur le nez. On ne peut se figurer l'effet produit par cette simplicité de costume qui contrastait si crûment avec les habits pailletés et brodés, les coiffures poudrées et parfumées des courtisans. Ce fut un triomphe pour ce Spartiate du Nouveau-Monde, plus qu'un triomphe, un affolement. Dans une des fêtes qui lui furent données, « la plus belle, parmi trois cents femmes, fut désignée, dit Mme Campan (1), pour aller poser, sur la blanche chevelure du philosophe américain, une couronne de lauriers, et deux baisers aux joues de ce vieillard ». Dans toutes les rues de Paris et jusque dans le palais de Versailles, à l'exposition des porcelaines de Sèvres, on vendait, sous les yeux du roi, le médaillon de Franklin ayant pour légende le vers de Turgot :

Eripuit cælo fulmen sceptrumque tyrannis.

Louis XVI, que cette *furia* importunait, crut donner une spirituelle leçon à la comtesse de Polignac, qui partageait l'engouement général, en lui envoyant comme étrennes un vase qu'il avait commandé à la manufacture de Sèvres, dont le fond était orné du médaillon avec la légende et qui n'était autre qu'un vase de nuit. La lectrice de Marie-Antoinette révèle en rougissant ce trait de caractère (2). L'opposition de la reine se manifestait avec plus de dignité, mais sans parvenir à refroidir l'enthousiasme de son entourage. Franklin, de son côté, en homme pratique, ne se grisait pas des marques d'intérêt qu'on lui prodiguait. Un enthousiaste lui dit un jour : « Il faut avouer, Monsieur, que c'est un grand et beau spectacle que l'Amérique nous offre. » — « Oui, répondit-il, mais les spectateurs ne paient point. » La France paya largement et l'on sait en quelle monnaie elle fut remboursée pendant l'année néfaste.

Le départ de Franklin, qui eut lieu en 1785, laissa un grand vide chez Mme Helvétius. D'autres vinrent, qui ne purent faire oublier cette physionomie originale, où l'esprit s'alliait sans effort à la bonhomie. L'esprit ne manqua pas cependant, surtout avec Chamfort. Mais c'était de l'esprit aigu qui fatiguait à force de siffler toujours. Chamfort était venu, sur une invitation pressante de Notre-Dame-d'Auteuil, pour se guérir à la campagne d'une effroyable maladie de peau, une sorte de lèpre, sous laquelle il ne restait plus rien de l'Adonis qu'avait été cet « enfant de

1. *Mémoires* (édit. de 1823), t. Ier, p. 233.
2. *Idem*, t. Ier, p. 234.

l'amour », gâté par l'amour banal. Comme on s'étonnait de ne le voir s'attacher nulle part : « Je n'ai jamais, répondit-il, perdu terre avec les femmes, si ce n'est dans le Ciel. » Il avait fini cependant par épouser une dame de la Cour de la duchesse du Maine, très mûre, car elle avait quarante-huit ans, et qui mourut au bout de quelques mois. C'est à lui que Sieyès dut une grande partie du succès de sa brochure sur le tiers état : « Je viens de faire un ouvrage, » dit un jour Chamfort au comte de Lauraguais. — « Comment ! un ouvrage, un livre ! » demanda le comte. — « Non, pas un livre, je ne suis pas si bête, mais un titre de livre, et ce titre est tout. » Sieyès vint voir Chamfort chez Mme Helvétius qui sut le retenir et fit encore de nouvelles recrues, telles que Malesherbes, le protecteur des encyclopédistes, dont le cœur, épris de justice, était naturellement ouvert aux aspirations nouvelles, et qui devait risquer sa vie en défendant le représentant du passé; le comte de Mirabeau qui, renié par la noblesse, se bombarda sur une enseigne « marchand de drap », pour être nommé député du tiers état; l'avocat Bergasse, célèbre par ses mémoires dans le procès Kornmann, autre député du tiers état; Volney qui avait exercé en Corse les fonctions de directeur de l'Agriculture et du Commerce, également député du tiers-état; Destutt de Tracy, un colonel d'infanterie philosophe, député de la noblesse, dont la sœur épousa Georges de La Fayette, fils du général; Rœderer, ancien conseiller au Parlement de Metz, député du tiers état, qui, après avoir provoqué l'abolition des ordres monastiques et des titres nobiliaires, « a serpenté avec succès, selon l'expression de Mallet du Pan, au travers des orages et des partis, se réservant toujours des expédients, quel que fût l'événement, » et qui, écrivain amateur, s'attira ce trait de Chénier dans le *Discours sur la calomnie* :

> Je lisais Rœderer et baillais en silence.

Destutt de Tracy qui habitait aussi Auteuil, dans une maison située près de l'église paroissiale et occupée de nos jours par le savant M. Haureau, y rassemblait les membres de la secte des idéologues, qu'on essaya vainement d'atteindre en supprimant la classe des sciences morales. C'étaient d'abord Cabanis et Volney, puis Ginguené, un littérateur de talent qui passa à la direction générale de l'instruction publique, à l'ambassade de Turin et au Tribunat; l'helléniste-philosophe Thurot, destiné à suppléer Laromiguière et à inaugurer la chaire de philosophie grecque; Marie-Joseph Chénier, très apte et toujours prêt à traiter les questions pédagogiques; enfin l'ex-oratorien Daunou qui, à la Convention ne craignit pas d'affirmer hautement sa modération et fut le principal promoteur de la loi sur l'organisation de l'instruction publique.

Ces deux sociétés, qui étaient en communion d'idées, se côtoyèrent longtemps, mais sans se confondre.

De tous points fidèle à la mémoire de son mari qui n'eût pas manqué de prendre parti pour la Révolution, Mme Helvétius l'avait saluée avec enthousiasme, à l'unisson de Cabanis et de l'abbé de La Roche. Morellet seul élevait une voix discordante. Quoiqu'il prétendît qu'il n'avait pas plus de goût qu'autrefois pour « les capucinades » et qu'il mourrait « le don Quichotte de la philosophie et les armes à la main », il attaquait avec aigreur toutes les mesures prises contre l'ancien régime. Il s'oublia même jusqu'à se railler du pauvre Chamfort ouvrant « sa bourse de cuir pour en tirer mille écus, c'est-à-dire les économies de vingt ans de privations et de travaux », au profit de la Caisse des dons patriotiques. La répulsion qu'il inspirait autour de lui le força de s'éloigner et sa vieille amie ne fit rien pour le retenir.

Sieyès triompha où avait échoué Morellet. Il amena habilement, insensiblement, Mme Helvétius et Cabanis à craindre de voir sombrer la France dans la tempête révolutionnaire. Il ne cessait de frapper leur esprit par des mots saisissants, toujours en situation. Témoin celui-ci : On lui demandait ce qu'avait fait la Convention dans sa dernière séance : « Elle a, dit-il, passé à l'ordre du jour sur cinq ou six motions..... » Puis il ajouta : « Quand donc passera-t-elle au jour de l'ordre? » Plus tard il tira un semblable parti des dissensions qui s'élevaient dans le Conseil des Cinq cents, et quand Bonaparte revint d'Égypte, il n'eut pas de peine à le faire accueillir comme un sauveur en le présentant à Mme Helvétius. Singulière aventure que l'introduction du futur ennemi des idéologues, dans un des foyers de l'idéologie, par le plus notable de ses membres, lequel argumentait ainsi contre les détracteurs des *grandes théories* : « Les théories, dit-il, sont la pratique des siècles, et leurs pratiques sont la théorie du moment qui s'écoule. » — Apparition d'un jour qui fut cause qu'un neveu vint habiter dans cette maison empreinte encore d'aimables souvenirs et remplacer la légende de Notre-Dame-d'Auteuil par celle du meurtre de Victor Noir.

Mme Helvétius dit à Bonaparte en se promenant avec lui dans le jardin où elle a été inhumée : « Vous ne savez pas, général, combien on peut trouver de bonheur dans trois arpents de terre ! » Certes oui, il l'ignorait et moins que jamais aurait pu s'en douter à la veille du coup qu'il méditait. « Ces temps sont bien éloignés, écrivait M. Ambroise-Firmin Didot, à la fin de sa vie (1), et cependant je me rappelle encore l'anxiété avec laquelle Mme Helvétius, ses amis et la famille de Cabanis attendaient de Saint-Cloud les nouvelles du coup d'État du 18 brumaire, auquel Cabanis, l'ami intime de mon père, était initié. » Le fils aîné du chef de la dynastie des Didot (François-Ambroise), alors un des hôtes de la maison, occupait un petit pavillon au-dessus d'une grande volière dans laquelle Mme Helvétius élevait les oiseaux les plus rares avec une passion qui s'était greffée sur son ancienne passion pour les chats et les chiens. Dans sa sollicitude pour les bêtes, elle n'oubliait pas les pierrots qui, l'été, faisaient le désespoir de L'Amour, son jardinier, en dévorant tous les fruits. L'hiver elle se levait de bonne heure pour leur donner à manger et finit par contracter un catarrhe dont elle mourut. Elle expira le 12 août 1800, entre ses deux fidèles amis, Cabanis et l'abbé de La Roche. Le premier pressant ses mains

1. *Nouvelle biographie générale*, t.XXIII, p. 887, *note*.

déjà presque glacées et l'appelant comme d'habitude sa bonne mère : « Je la suis toujours, » murmura-t-elle : ce fut son dernier mot. L'abbé de La Roche continua d'enrichir sa collection de vieux classiques et Cabanis devint sénateur.

Là se termine la série des assemblées du xviii⁰ siècle que nous voulions remettre en lumière. D'abord purement littéraires comme celles du xvii⁰, elles furent peu à peu envahies par la philosophie, puis brusquement absorbées par la politique, qui finit par avoir seule la parole, non sans produire certains froissements dont Mme Necker nous a donné un échantillon dans cette piquante anecdote: « M. Target a pris l'autre jour sans façon du tabac dans la boîte de Mme de Beauvau. « Cela vous apprendra, « lui a-t-on dit, à désirer le doublement du tiers (1). »

1. *Mélanges*, t. III, p. 91.

INDEX ALPHABÉTIQUE

Ablancourt (Nicolas Perrot, sieur d'). I, 144.
Académie (l'). I, 2, 3, 11, 13, 16, 129, 135, 146, 267-269, 305.
Affry (le comte d'), second tuteur de Louise-Pétronille-Florence d'Esclavelles. II, 245, 246, 259, 277, 303.
Aguesseau (le chevalier d'). II, 179.
Aiguillon (Marie-Madeleine de Vignerot, dame de Combalet, duchesse d'). I, 183.
Aiguillon (Anne-Charlotte de Crussol Florensac, duchesse d'). II, 41, 127, 132.
Ailly (l'abbé d'). I, 212, 214, 215.
Aine (Suzanne Wetterburg, dame d'), belle mère du baron d'Holbach. II, 332, 341-344.
Aissé (Mlle). II, 118-122.
Akakia (le docteur). II, 268, 269, 272. — Voir *Malouin*.
Alainville (d'). II, 295.
Alary (l'abbé). II, 55.
Albermale (lord d'). II, 312, 313.
Albret (maréchal d'). — Voir *Moissens*.
Alembert (d'). II, 78, 79, 83, 87, 92, 101, 109-112, 122, 126, 127, 154, 158, 165, 167-170, 172, 183, 184, 188-190, 198, 199, 206, 231, 273, 309-311.
Algarotti. II, 87.
Andelot (d'). — Voir *Châtillon*.
Andlau (le comte d'). II, 346.
André (le père). II, 329, 330.
Angiviller (le comte de Labillarderie d'). II, 229, 231, 232.
Angiviller (la comtesse d'), femme du précédent. — Voir *Marchais* (Mme de).
Angoulême (Louis-Emmanuel de Valois, duc d'). I, 224.
Anlezy (le comte d'). II, 166, 187.
Anne d'Autriche. I, 135, 201.
Argenson (le marquis d'). II, 27, 28, 35-37.
Argental (d'). II, 78, 79, 85, 184, 238, 310.
Argental (Mme d'), femme du précédent. II, 238.
Arlequin. — Voir *Biancolelli*.
Armentières (Henry de Conflans, marquis d'). I, 117, 118.
Arnaud (l'abbé). II, 166, 176, 177, 198, 213, 311, 313.
Arnauld (l'abbé Antoine), fils du suivant. I, 23.
Arnauld d'Andilly (Robert). I, 23.

Arnauld de Corbeville. I, 23.
Arnaut (Pierre). I, 169.
Arpajon (Mme d') I, 160.
Arragonnais (Mme d'). II, 160.
Artois (le comte d'). II, 224.
Arty (Mme d'). II, 249, 250, 267.
Astruc (Jean). II, 79, 84, 85.
Aubeterre (Mme d'), nièce du président Hénault. II, 151.
Aubignac (François Hédelin, abbé d'. I, 113, 115, 116, 138, 140, 156)
Aubigné (Françoise d'). I, 177, 187, 188. — Voir *Scarron* (Mme).
Auchy (Charlotte des Ursins, vicomtesse d'). I, 109, 110, 113, 118, 120.
Aude (le chevalier). II, 207.
Aufresne (l'acteur). II, 345.
Aumale (Mlle d'), qui devint la maréchale de Schomberg. I, 218.
Aumont (l'abbé d'). I, 217.
AUTEURS PENSIONNÉS. I, 242-244.
Autreau. II, 60.
AVARE (l'), comparé à la *Belle Plaideuse*. I, 270-276.
Aydie (le chevalier d'). II, 121-123.

Babois (Mme). II, 232, 233.
Bachaumont (François Le Coigneux, sieur de). I, 197, 248. II, 18.
Bachaumont (Petit de). II, 239, 240.
Bagarotti (Mlle). II, 308.
Bailleul (le président). I, 153.
Balzac (Jean-Louis Guez de). I, 10, 11, 13, 19, 31, 34, 35, 38, 46, 50, 76, 79, 103, 113, 147-150, 162, 186.
Barbançon (Le prince de). I, 241.

Barillon (M. de). I, 218. II, 18.
Baron (Michel). I, 258.
Barrymore (lady). II, 159.
Barthe (Nicolas-Thomas). II, 314.
Barthélemy (l'abbé). II, 127, 138-140, 148, 149.
Bassompierre (le maréchal de). I, 27, 212.
Baudeau (l'abbé). II, 177.
Baudius (Dominique). I, 114.
Bautru (Guillaume de), comte de Serrant. I, 11, 34, 35, 90, 122-125, 267.
Bautru (Mme de), femme du précédent. I, 123.
Baye. I, 171.
Bayle (Pierre). I, 31, 153.
Beauffremont (le prince de). II, 127, 136.
Beauffremont (la princesse de). II, 127.
Beaufort (le duc de). I, 219, 221.
Beauharnais (la comtesse de). II, 315.
Beaumarchais (Caron de). II, 153.
Beaumesnil (Mlle). II, 133.
Beaupré (Mlle Marrotte). I, 130.
Beauveau (Charles-Juste, prince de). II, 127, 145, 146, 308, 346.
Beauveau (la princesse de), femme du précédent. II, 127, 137, 146, 308, 356.
Beauveau (le chevalier de). II, 136.
Beauvin. II, 67, 76, 174, 175.
Beccaria (le marquis de). II, 335.
Bellegarde (Roger de Saint-Lary, duc de). I, 110-112.
Bellegarde (La Live de). II, 244, 248, 251, 252, 254, 257-259, 266, 272, 295.
Bellegarde (Mme La Live de), femme du précédent. II, 244.

INDEX ALPHABÉTIQUE

Bellegarde (Marie-Françoise-Thérèse La Live de). — Voir *Lucé* (baronne Pineau de).

Bellegarde (Elisabeth-Françoise-Sophie de). — Voir *Houdetot* (Mme d').

Bellesbat (l'abbé). I, 155, 291.

Belzunce (le vicomte de). II, 301, 305.

Belzunce (la vicomtesse de). II, 301, 302, 305, 306.

Benoit XIV (le pape). II, 79.

Benserade (Isaac de). I, 20, 47, 249.

Béranger. II, 320.

BERCAIL DES BEAUX ESPRITS (le). II, 327.

Bergasse (l'avocat). II, 353.

Bergerac (Savinien Cyrano de). I, 162-164, 198.

Bergeron. I, 58, 65.

Bermudez de Castro. Préf. II, III.

Bernard. — Voir *Gentil-Bernard*.

Bernardin de Saint-Pierre. II, 166, 173, 174, 211, 212.

Bernier (François). I, 175, 176, 263.

Bernis. II, 79, 81.

Berthelot. I, 58, 65, 74, 83, 119.

Bertin (le contrôleur général des finances). II, 186.

Bethmann (M.). II, 300.

Biancolelli (Dominique). I, 262, 263.

Biancolelli (Pierre-François), fils de Dominique. II, 310.

Bièvre (le marquis de). II, 228.

Bignon (l'abbé). II, 69.

Billard. II, 338.

Billaut (Adam), dit le *Virgile au rabot*. I, 101.

Billy. II, 89.

Bilot. I, 90.

Bissy (le comte de). II, 133.

Bitaubé. II, 315.

Blainville (Mme de). II, 292.

Blin de Sainmore. II, 67, 71, 72.

Blondel (Mme). II, 228.

Blot (le baron de). I, 27, 199.

Boccard (M. de). II, 303.

Bochard (Samuel). I, 178.

Boileau (Nicolas). I, 31, 107, 172, 227, 228, 236, 237, 239-242, 244, 249-251. II, 24, 153.

Boileau (Gilles). I. 140.

Boindin. II, 55, 57, 65, 67-69.

Bois-Dauphin (le marquis de). I, 175.

Boisgelin de Cucé (Jean-de-Dieu Raymond de), archevêque d'Aix. II, 127, 166.

Boismont (l'abbé de). II, 166, 182, 183, 222.

Bois-Robert (François Le Metel, abbé de). I, 1 2, 3, 5-14, 96, 114, 125, 126, 132, 134, 135, 140, 149, 164, 267. II, 43, 44.

Boissat (Pierre de). I, 80.

Bois-Yvon. I, 61.

Boiteau (Paul). II, 272.

Boivin (Jean). I, 153. II, 48, 53.

Bolingbroke (lord). II, 122.

Bon (l'abbé). II, 92, 166, 182.

Bonaparte. II, 355.

Bonnelle-Bullion (le surintendant). I, 221, 222.

Bonnet (Charles). II, 287.

Bordeu (le médecin Théophile de). II, 337.

Bossuet (Jacques-Bénigne). I, 42, 43, 53, 223.

Boucher. II, 88, 319.

Boufflers (le marquis de). II, 127, 137.

BOUFFLERS (la marquise de), femme du précédent. II, 127, 128, 135, 138, 321, 322.

BOUFFLERS (le chevalier de). II, 84-127, 135, 136, 321, 322.

BOUFFLERS (comtesse de). II, 128, 134, 135, 161, 166, 178, 179, 183, 219, 220, 308.

BOUHOURS (le Père). I, 259.

BOUILLON (Marie-Anne Mancini, duchesse de). I, 231. II, 2, 9, 10, 105.

BOULOGNE DE PRÉMINVILLE. II, 299.

BOURBON (Louis-Henri, duc de), ordinairement désigné par le titre de M. le duc. II, 7, 9, 40.

BOURDELOT (le médecin). I, 178.

BOURET, fermier général. II, 93.

BOURGOGNE (Louis, duc de). II, 8.

BOURSAULT. I, 259.

BOUTARD. I, 117.

BOUVART (le médecin) II, 167.

BRAGELONNE (l'abbé de). II, 21, 26, 31, 32, 36.

BRANCAS (Charles de Villars, comte de). II, 18.

BRETEUIL (l'abbé de). II, 322.

BRETONVILLIERS (Mme de). I, 248.

BRIENNE (Loménie de), archevêque de Toulouse. II, 127, 129, 166.

BRIONNE (la comtesse de). II, 87, 91, 92.

BRIOTE. I, 23.

BRISSAC (François de Cossé, duc de). I, 169.

BROGLIE (Charles-François, comte de). II, 127, 145.

BROGLIE (la comtesse de), femme du précédent. II, 128, 145, 219.

BROUTIN. II, 311.

BRUEYS (David-Augustin de). II, 5.

BRUSLON (le comte de). I, 116.

BUCKINGHAM (le duc de). I, 8, 135.

BUFFIER (le père). II, 22, 25, 26, 36.

BUFFON. II, 83, 109, 154, 195, 200, 205-207, 211, 213, 225, 228, 331, 334.

BUFFON (Mme). II, 335.

BUNBURY (lady Sarah). II, 144.

BUREAU D'ESPRIT DE LA COMTESSE DE BEAUHARNAIS (le). II, 315.

BURIGNY. II, 87, 94, 95.

BURKE. II, 153.

BUSSY-RABUTIN. I, 20, 24, 44, 46, 141-144, 162.

BUTTE. I, 90.

CABANIS. II, 176, 347, 350, 351, 354-356.

CABARET DE LA FOSSE-AUX-LIONS (le). I, 90 98.

CABARET DE LANDEL (le). II, 318.

CABARET DE LA POMME DE PIN (le) I, 68-89.

CABARET DE L'EPÉE ROYALE (le). I, 98-108, II, 11.

CABARET DE MAITRE LE FAUCHEUR (le). I, 253-263.

CAFÉ DE LA VEUVE LAURENT (le). II, 55-65.

CAFÉ GRADOT (le). II, 39-54.

CAFÉ PROCOPE (le). II, 67-76.

CAHUZAC. II, 104, 105, 281.

CAILLAUD, acteur de la comédie italienne. II, 133.

CAILLOT. II, 311.

CAMBIS (la vicomtesse de) II, 128, 144, 145, 159, 219, 308.

CAMPAN (Mme). II, 352.

CAMPRA. II, 59.

CAMUSAT. I, 268.

CANAPLES (le chevalier de). II, 246-248, 273.
CANDALE (Louis-Charles-Gaston, marquis de La Valette, duc de). I, 10, 222.
CANNAYE (l'abbé de). II, 95.
CAPPERON. II, 311.
CARACCIOLI (le marquis de). II, 87, 98, 99, 127, 149, 166, 183, 200, 213, 311, 335.
CARACCIOLI (le colonel). II, 99.
CARLISLE (comte de). I, 8.
CARMONTEL. II, 301.
CASTELLANE (le vicomte de). II, 180.
CASTELLANE (la vicomtesse de), femme du précédent. II, 180.
CATHERINE II (l'impératrice). II, 112, 184, 199, 223, 232, 304, 305.
CATHERINOT. I, 153.
CATINAT (le maréchal de). II, 5.
CAUX (Gille de). II, 265.
CAVEAU (le). II, 318-320.
CAVOYE (Mme de). I, 155.
CAYLUS (le comte de). II, 87, 89, 90, 260, 261.
CÉRIZY (Germain Habert, abbé de). I, 1, 3, 15, 23, 113, 216.
CHABANON. II, 180, 181.
CHABOT (le comte de). II, 308.
CHAMBON (Mme). II, 277.
CHAMBONIN (Mme de). II, 322, 326.
CHAMFORT. II, 153, 197, 205, 352, 353, 355.
CHAMPCENETZ. II, 233.
CHANDEVILLE (Eléazar de Sarcilly, sieur de). I, 112.
CHANVALON (Harlay de), archevêque de Paris. I, 248.
CHAPELAIN (Jean). I, 1, 2, 19, 23, 27, 37-42, 50, 129, 130, 134, 160, 242, 244.

CHAPELLE (Claude-Emmanuel), I, 67, 172, 176, 197, 227, 234, 237, 248, 249.
CHARLES DE LORRAINE (le prince). II, 261, 263, 270.
CHARLEVAL (Charles Faucon de Ris, sieur de). I, 20, 50, 174, 183. II, 18.
CHARPENTIER (le conseiller). I, 223.
CHARPENTIER (François). I, 103, 104. II, 45.
CHARTRES (le duc de). II, 265.
CHASTELLUX (le chevalier de), qui prit le titre de marquis en 1786. II, 104, 127, 181, 198, 228, 291, 302, 311, 335.
CHATEAUPERS. I, 90.
CHATENAY (le marquis de). II, 346.
CHATILLON (Gaspard de Coligny, duc de). I, 48, 169, 174.
CHATILLON (la duchesse de), femme du précédent). I, 48.
CHATILLON (la duchesse de), fille de la duchesse de La Valière. II, 166, 178.
CHAULIEU (l'abbé de). I, 245, 246. II, 1-4, 6, 11, 14, 15.
CHAULNES (la duchesse de), qui épousa en secondes noces le comte d'Hauterive. II, 182, 185, 189.
CHAUVELIN (Germain-Louis de). II, 261.
CHAUVELIN (l'intendant). II, 324.
CHAUVELIN (l'abbé). II, 236, 237.
CHÉNIER (Marie-Joseph). II, 353, 354.
CHESTERFIELD (Lord). II, 133.
CHEVERNY (Dufort, comte de). II, 299.
CHEVERNY (la comtesse de). II, 304.
CHEVREAU (Urbain). I, 66.
CHEVREUSE (Charles-Honoré d'Al-

bert, duc de). I, 8, 28, 221, 223.
Chevreuse (la duchesse de), femme du précédent I, 8, 46, 219.
Chévry (le président de). I, 171.
Choiseul (Etienne-François, duc de). II, 127, 139, 166.
Choiseul (la duchesse de), femme du précédent. II, 127, 129, 130, 149-151, 156, 317.
Choiseul-Beaupré (la comtesse de). II, 128, 138, 180.
Choiseul-Stainville (la comtesse de). II, 133, 144.
Choisy (l'abbé de). I, 258, 259. II, 21, 26, 35.
Cholmondeley (lady), II, 128, 142.
Chouars (Mlle). I, 249.
Christine, reine de Suède. I. 16-18, 45, 103, 160, 177-179.
Cinq-Auteurs (Société des). I, 130, 134.
Cinq-Mars (Henry Coiffier, marquis de). I, 121, 169.
Citois, premier médecin du cardinal de Richelieu. I, 12.
Civrac (Mme de), dame d'honneur de Mesdames. II, 123.
Clairault. II, 322.
Clairon (Mlle). II, 83, 221, 222.
Clairval, acteur de la comédie italienne. II, 133, 144.
Claudine, la servante-femme de G. Colletet. I, 67, 133.
Clausonnette (de). II, 166, 186.
Clermont (Louis de Bourbon-Condé, comte de). II, 9, 123.
Clermont–d'Amboise (Mme de). II, 317.
Clermont de Lodève (le comte de). I, 217.
Cochin (Pierre). II, 89.
Coigny (le duc de). II, 265.

Colardeau. II, 301.
Colbert. I, 253-255.
Collé (Charles). II, 40, 41, 260, 281, 301, 314, 317, 318-320, 323, 324, 332, 335, 336.
Colletet (Guillaume). I, 20, 23, 65, 66, 70, 74, 83, 87-91, 112, 125-127, 131, 133, 144.
Colman, valet de chambre de Mme du Deffant. II, 159.
Colomby (Jacques de Cauvigny, sieur de). I, 112.
Condé (Henry II, prince de). I, 19, 26, 36, 46, 97, 172, 218.
Condillac. II, 83, 166, 176, 206.
Condorcet (le marquis de). II, 166, 176, 177, 183, 186, 310.
Conrart (Valentin). I, 1-3, 23, 50, 158, 160, 268.
Constant (Benjamin). II, 217.
Conti (Armand de Bourbon-Condé, prince de). I, 218, 245. II, 308.
Conti (la princesse de), femme du précédent. II, 308.
Conti (Louis-François de Bourbon, prince de). II, 135, 249, 307, 308.
Conty (Mlle), femme de chambre de Madame Du Deffant. II, 159.
Conzié (de), évêque d'Arras. II, 127.
Cormier (le). I, 57, 71.
Corneille (Pierre). I, 11, 13, 20, 36, 37, 46, 125, 127-130, 134.
Corneille (Thomas). I, 46, 259.
Cornuel (Mme). I, 10, 45, 160, 161, 180, 218, 219, 231, 292-294.
Correvon (l'avocat). II, 193.
Cosson (l'abbé). II, 316.
Costar (Pierre). I, 20, 34, 51, 144.
Cottin (l'abbé. I, 20.
Cottin (Charles). I, 207.

Couet (l'abbé). II, 35.
Coulanges (Philippe de). I, 218.
Coulanges (Mme de), femme du précédent. I, 218.
Coupeauville (de), abbé de La Victoire. I, 9, 10.
Courbé (Mme). I, 5.
Courcelles-Marguenat (Mme de). II, 18.
COUR DE STANISLAS (la). II, 321-323.
Courier (P.-L.). I, 19.
Courtin (l'abbé). II, 5, 6.
Courval (Mlle de). II, 273.
Cousen, dit de *Courchamp*. Préf. III.
Cousin (le président). I, 152.
Cousin (Victor). I, 44.
Coyer (l'abbé). II, 334.
Cramer (Mme). II, 288.
Crassot. I, 149, 150.
Crawfurt. II, 127, 141, 142.
Crébillon père. II, 287, 316, 319, 320.
Crébillon fils. II, 261, 314, 318-320.
Créquy (la marquise de). II, 219, 220, 309, 310.
Créquy (de), fils de la précédente. II, 228.
Créquy-Canaple, oncle du précédent. II, 228.
Creutz (le comte de). II, 100, 101, 127, 149, 150, 166, 183, 184, 196, 213, 310, 335.
Crillon (le comte de). II, 166, 179.
Croisilles (Jean-Baptiste), abbé de La Couture. I, 51-53, 113.
Croixmare (le marquis de). II, 291, 293, 294, 302.
Cubières-Palmezeaux. II, 315.

Czartoriski (le prince Adam). II, 100.

Dacier. I, 259, 261. II, 54.
Dacier (Mme), femme du précédent. I, 259, 261. II, 26, 47-49, 53, 54.
Daire (le père). I, 25.
Dalibray (Charles Vion). I, 148, 150.
Damilaville. II, 299, 300.
Danchet. II, 55, 58, 67, 75, 76.
Dancourt. II, 11, 12, 14, 15 (mis par erreur dans le cercle des Favart).
Darcet (le chimiste Jean). II, 337.
Daru (le comte). II, 313.
Dassoucy (Charles Coippeau, sieur). I, 194-199.
Daube. II, 94, 106.
Daunon. II, 354.
Daye (M.). II, 336.
Delatre. I, 90.
Delbène. I, 83, 183, 206.
Delille (Jacques). I, 106, 140, 209, 210, 311, 313.
Delille (Mme). II, 313.
Delorme (Marion). I, 169-172.
Deluc (Guillaume-Antoine). II, 287.
Deluc (Jacques-André), frère du précédent. II, 287.
Denis (Mme). II, 141, 158, 285-287.
Désaugiers. II, 320.
Desbarreaux (Jacques Vallée, sieur). I, 65-67, 82, 83, 87, 169.
Descartes (Catherine). I, 161.
Desgranges. I, 90.
Deshoulières (Mme). I, 259.
Deslandes-Payen. I, 90, 183.
Des Loges (Mme). I, 26, 27.
Desmahis (J.-Fr.-Ed. de Corsem-

bleu). II, 275, 291, 292, 297, 298, 335.
Desmarets. I, 1, 2, 23, 44, 122, 125, 131, 132, 134, 267, 268.
Desmarets (Léopold). II, 326, 327.
Desmarets de Saint-Sorlin. II, 44, 45, 48.
Desportes (Philippe). I, 6.
Desroches (le chevalier). I, 12.
Destouches-Canon (le chevalier). II, 78.
Destutt de Tracy. — Voir *Tracy (Destutt de)*.
Des Urlis (Catherine). I, 130.
Des Yveteaux (Nicolas Vauquelin, sieur). I, 90, 98-100.
Devaux. II, 325-327.
Devreux (Mlle), femme de chambre de Mme Du Deffant. II, 159.
DICTIONNAIRES (la requête des). I, 280-290.
Diderot. II, 83, 87, 102, 103, 105, 107, 127, 148, 176, 184, 185, 198, 201, 204, 206, 215, 216, 247, 274, 282-284, 291-300, 303, 333-335, 337 340, 344-346.
Didot (François-Ambroise). II, 355.
Didot (Ambroise-Firmin). II, 335.
DINER DU BOUT-DU-BANC (le). II, 260 265.
DINERS DE Mme GEOFFRIN (les). II, 87-116.
Dorat. II, 208-210, 216, 314, 315.
Dorneval. II, 318.
Doublet de Persan (Mme). II, 235-239.
Dreuillet (Mme). II, 28, 29.
Droz (François-Xavier-Joseph). II, 35.
Du Bocage (Mme). II, 305, 306.
Dubois (le cardinal). II, 96.
Dubois (Mlle). II, 309.
Du Boulay. I, 223.

Du Bucq. II, 127, 147, 148, 197, 212, 213.
Du Buisson (l'abbé). I, 155.
Duc (M. le). II, 7, 9, 40.
Du Chastelet, conseiller d'État. I, 267.
Du Chatelet (le marquis Trichâteau). II, 322-324.
Du Chatelet (la marquise), femme du précédent. II, 128, 322-326.
Du Chatelet (la duchesse). II, 144.
Ducis. I, 208, 231, 232, 234.
Duclos. II, 39, 40, 53, 68, 69, 77, 78, 176, 184, 209, 261-271, 273, 277, 278, 283, 291, 319, 334, 335, 339.
Ducroc, secrétaire de d'Alembert. II, 187.
Du Deffant (la marquise). II, 81 111, 117-135, 137, 138, 141-160, 162, 163, 165, 169, 177, 180, 183, 187, 191, 212, 215, 219, 220, 222, 223, 228, 230, 231.
Du Deffant (le marquis), mari de la précédente. II, 118-120.
Du Fargis. I, 90.
Dufort comte de Cheverny (J.-N.) II, 255, 299.
Dufort de Cheverny (la comtesse). II, 304.
Dufour, surnommé le *Bon Falot*. I, 90.
Dufrény. II, 12-15.
Dufresne Saint-Léon. II, 311.
Dulamon (le philosophe). Préface, II.
Dulot. I, 153, 203-205.
Du Lude (le comte). I, 44, 45.
Du Maine (le duc). II, 7, 8.
Du Maine (la duchesse). II, 7-9, 30-32, 34.
Dumarsais. II, 67, 70, 71.
Du Maurier. I, 90.

INDEX ALPHABÉTIQUE

Dumay. I, 118.
Dupaty (le président) II, 310.
Du Perron (le cardinal). I, 6, 7, 124.
Dupin, docteur en Sorbonne. I, 234.
Dupin (Mme), fille de Samuel Bernard. II, 132, 133.
Dupleix de Bacquencourt. II, 255.
Dupont (de Nemours). II 177.
Duport. II, 311.
Dupuis (Mlle). I, 99, 100.
Duras (la marquise de). II, 87, 91.
Du Rosset. I, 58, 65.
Dussault. II, 315.
Du Traisy. II, 256.
Du Vigean (Mlle). I, 46.
Duvivier. I, 5.

Effiat (l'abbé d'). I, 174, 175.
Egmont (la comtesse d'). II, 87, 91, 215, 308.
Elbène (d'). — Voir *Delbène*.
Emery (le surintendant d'). I, 171.
Enville (la duchesse d'). II, 166, 177, 178, 228.
ÉPÉE ROYALE (le cabaret de l'). I, 98. II, 11.
Epernon (le duc d'). I, 219
Epicure. I, 172.
Epinay (La Live d'), fils aîné de La Live de Bellegarde. II, 244-250, 252, 257, 258, 272, 273, 275, 278, 283, 285, 286, 288-291, 299, 300, 301, 305.
Epinay (Mme d'), femme du précédent. II, 113, 243-259, 261-280, 282-292, 295, 298-306, 334, 336, 344, 345
Epinay (Louis d'), fils des précédents. II, 259, 285, 300-303, 305

Epinay (Pauline d'), sœur du précédent, qui devnt Mme de Belzunce. II, 258. — Voir *Belzunce* (Mme de).
Esclavelles (Tardieu d'), gouverneur de la citadelle de Valenciennes, père de Mme d'Épinay. II, 243.
Esclavelles (Mme Tardieu d'), femme du précédent. II, 243, 244, 257, 279, 290, 295, 296, 300.
Esclavelles (Louise-Florence-Pétronille d'). — Voir *Épinay* (Mme d').
Espesse (Charles Faye, sieur d'). I, 149.
Esprit (Jacques). I, 212, 214-216.
Estissac (Mme d'). I, 184.
Estrées (le comte d'). I, 174, 175.
Es   s (le cardinal d'). I, 218.
Estrées (la maréchale d'). II, 123.
Ette (Mlle d'). II, 243, 250-255, 258, 265, 266, 273, 291, 300.
Evreux (le comte d'). I, 221.

Fabre (Jean). II, 233.
Fagan (Chr.-Barth.). II, 261.
Falconet (André). I, 225.
Falconet (Camille). II, 70, 237, 282.
Fannier (Mlle). II, 315.
Faret (Nicolas), I, 1, 90, 93-97, 102, 106.
Favart. II, 316, 317.
Favart (Mme), femme du précédent. II, 316, 317.
Fel (Mlle). II, 281.
Felino (le marquis de). II, 166, 184.
Fenel (l'abbé). II, 95, 96.
Fénélon. II, 49.

FENOUILLOT DE FALBAIRE. II, 233.
FÉRAMUS (Charles). I, 146, 147.
FERRAND (Mlle). II, 124.
FERRIOL (de). II, 121, 122.
FERRIOL (Mme de), belle-sœur du précédent. II, 121.
FEUQUIÈRES (le marquis de). I, 43, 53.
FIESQUE (le comte de). I, 161, 245.
FIESQUE (la comtesse de). I, 161, 184, 209.
FIESQUE (le comte de), fils des précédents. II, 7.
FIEUBET (Gaspard de). I, 85.
FLAMARENS (la comtesse de). II, 128, 132, 145.
FLEURY (le cardinal de). II, 48, 68.
FONCEMAGNE (Et. Laureault de). II, 236.
FONTENELLE. I, 180. II, 21, 22, 24, 31-35, 37, 68, 70, 71, 78, 79, 81, 86, 87, 92-94, 105-107, 335, 336.
FORCALQUIER (la comtesse de). II, 128, 132.
FORMONT (de). II, 127, 155, 189.
FOSSE-AUX-LIONS (le cabaret de la). I, 90.
FOURQUEUX (Mme de). II, 322.
FRANCŒUR. II, 250.
FRANCUEIL (Dupin de), II, 249, 250, 252, 253, 255-258, 265-267, 274, 275, 279, 283, 286.
FRANKLIN. II, 312, 335, 347-352.
FRÉDÉRIC II. II, 199.
FRÉNICLE. I, 70, 74, 83, 85.
FRÉRET. II, 67.
FRÉRON. II, 67.
FRIESEN (Henri-Auguste, comte de). II, 277, 281, 286.
FRONTENAC (la comtesse de). I, 209.

FURETIÈRE. I, 144-146, 149, 160, 253, 291.
FUZELIER. II, 318, 319.

GACON. II, 50, 51.
GALET (l'épicier-chansonnier). II, 318, 320.
GALIANI (l'abbé). II, 87, 92, 97-99, 114, 115, 166, 183, 195, 196, 205, 274, 291, 298, 299, 303, 305, 306, 334, 335, 337, 338, 344, 345.
GALLAND. I, 153.
GALLET, financier. I, 16.
GARASSE (François). I, 58, 59, 61, 62, 70, 75, 76, 162.
GARAT l'aîné. II, 176, 215, 312, 333.
GARRICK. II, 309, 310, 335.
GASSENDI. I, 39.
GATTI. II, 87, 105, 127, 149, 300, 335, 339.
GAUCHER (Mlle). II, 313.
GAUFFECOURT (de). II, 249, 250, 258, 265, 267, 275, 277, 281, 282, 284, 291.
GAUSSIN (Mlle). 300, 301, 330.
GAUTHIER (l'abbé). II, 156, 157.
GELYOTTE (le chanteur). II, 133, 175.
GENEST (l'abbé). II, 7-9.
GÉNIN (François). Préface, III.
GENLIS (Mme de). II, 305.
GENTIL-BERNARD. II, 87, 91, 198, 201, 203, 315, 319, 320.
GEOFFRIN (Mme). II, 86-88, 90-100, 102, 105, 107-116, 166, 186, 191, 194, 200, 219, 220.
GEOFFRIN (M.), mari de la précédente. II, 92, 229.
GERBIER (l'avocat). II, 176.
GERMANY (le banquier). II, 211.
GERMANY (Mme), femme du précédent. II, 211, 212.

INDEX ALPHABÉTIQUE

Gèvres (de), surnommé *le Brave*, I, 90.
Gibbon II, 127, 143, 215, 222, 225.
Gilot. I, 90.
Ginguené. II, 354.
Girac (Paul Thomas, sieur de). I, 34.
Giraud (le factotum). I, 140, 186.
Giry, (Louis), avocat, puis avocat général, I, 1, 15.
Gizaucourt (le conseiller). II, 18.
Gleichen (le baron de). II, 127, 148, 149, 166, 183, 184, 303.
Gléon (la marquise de). II, 302.
Gluck. II, 200, 311.
Godeau (Antoine), évêque de Grasse, puis de Vence. I, 1, 3, 4, 20, 23, 43, 160.
GOINFRES (les). I, 90-108.
Goldoni. II, 316.
Gombauld (Jean Ogier de). I, 1, 4-6, 19, 23, 50, 121.
Gondi (Pierre de). I, 116.
Gondran (Mme de). I, 46.
Gouffé (Armand). II, 320.
Goulu (le Père). I, 77.
Gournay (Marie de Jars, demoiselle de). I, 113 115.
Gourville (Hérault de). I, 172-174.
Grafigny (Mme de). II, 323, 325, 326, 327.
Grammont (la duchesse de). II, 127, 137, 144, 305.
Grammont (l'abbé-chevalier de). II, 18.
Gramont (le comte de). I, 203, 204.
Grégory (le chirurgien). II, 344.
Grétry. II, 200, 313.
Greuze. II, 93.
Grimm (le baron de). II, 82, 102, 103, 166, 167, 184, 185, 191, 192, 196, 198-201, 212, 218, 249, 273, 277-283, 285, 286, 288-293, 295, 298-300, 302, 303, 305, 315, 334, 335, 337.
Guasco (l'abbé Octaviano de). II, 113.
Guéret. I, 152.
Guérin (Jean). I, 72.
Guibert (le comte de). II, 170-172, 178, 179, 181, 183, 185, 187, 188, 213.
Guilleragues (M. de). I, 218.
GUIRLANDE DE JULIE (la). I, 23.
Guise (Henri II, de Lorraine, duc de). I, 28, 219.
Guise (Mlle de), qui devint la duchesse de Richelieu.
Guizot (F). Préface, III. I, 42.
Guyon (Mme). II, 237.

Habert l'aîné, avocat au Conseil. I, 115.
Habert (Germain), abbé de Cérizy. — Voir *Cérizy*.
Habert (Philippe), commissaire de l'artillerie. I, 1, 15, 16, 23.
Harcourt (le comte d'), surnommé *Cadet-la-Perle*. I, 90, 95-97, 102, 217.
Hautefort (Mlle d'). I, 59, 60, 184.
Heinsius (Nicolas). I, 149.
Helvétius (Adrien). II, 329.
Helvétius (Jean-Claude-Adrien). II, 79, 81-83, 85, 87, 92, 166, 185, 194, 198, 319, 329-333, 335-337, 340, 346, 347.
Helvétius (Mme), femme du précédent. II, 331, 333, 335-337, 340, 346-350, 352-356.
Hénault (le président). II, 22, 31, 37, 94, 112, 123, 124, 127, 145, 151, 152, 159, 166, 308, 309.

Hénin (le prince d'). II, 308.
Hénin (la princesse d'). II, 219.
Henri IV. I, 28, 59, 60, 111.
Hocquincourt (le maréchal d'). I. 221.
Holbach (le baron d'), II, 87, 105, 112, 194, 291, 332-335, 337, 339, 340, 345, 346.
Holbach (Basile-Geneviève-Suzanne d'Aine, première femme du baron d'). II, 334.
Holbach (Charlotte-Suzanne d'Aine, deuxième femme du baron d'). II, 334, 344, 346.
Holland (lord). I, 8.
Hoop (le chirurgien écossais). II, 341-344.
Horn (le comte de). II, 283.
HOTEL DE BRANCAS (l'). II, 257.
HOTEL DE LA RUE DES TOURNELLES (l'). I, 169.
HOTEL DE L'IMPÉCUNIOSITÉ (l'). I, 182.
HOTEL DE RAMBOUILLET (l'). I, 19-56.
Houdetot (le comte d'). II, 250.
Houdetot (la comtesse d'). II, 146, 178, 244, 250, 292, 293, 295, 296.
Housset, trésorier des parties casuelles. I, 171.
Huber, genevois. II, 140, 141.
Huber (Mme). II, 141.
Huet (Daniel), évêque d'Avranches. I, 207, 209-211.
Hulmandel. II, 311.
Hume. II, 87, 100, 101, 127, 143, 214, 215, 308, 335.

IMPIES (les). I, 57-89.
INFLUENZA (l') en 1782. II, 305.
Infrainville (d'). — Voir *Touvant*.

Isle (chevalier de l'). II, 127, 137, 138.

Jarnac (le comte de), frère du comte de Chabot. II, 308.
Jolly. II, 265.
Jonsac (la comtesse de), sœur du président Hénault. II, 128, 151.
Joseph (le Père). I, 122.
Joseph II (l'empereur). II, 115, 222, 223.
Jully (La Live de), fils cadet de La Live de Bellegarde. II, 250, 257, 276-278, 285, 288, 301.
Jully (Mme de), femme du précédent. II, 250, 258, 259, 275, 276, 288, 291.

Kaunitz (le comte de) II, 311, 312.

La Bletterie (l'abbé de). II, 82.
Laborde de Méréville, financier. II, 311.
La Boulardière. I, 119.
La Briche (La Live de), le plus jeune des fils de La Live de Bellegarde. II, 244.
La Bruère. II, 319-320.
La Bruyère. II, 24.
La Calprenède (Gaucher de Coste, sieur de). I, 162.
La Chambre (Bureau de). I, 216.
La Chaussée. II, 259, 265.
LA CHEVRETTE ET DE LA BRICHE (les châteaux de). II, 243-306.
Laclos (Choderlos de). II, 228.
La Closelle (de). II, 250.
La Condamine. II, 140, 335.
La Couture (l'abbé de). — Voir *Croisilles*.

INDEX ALPHABÉTIQUE

Lacretelle l'aîné. II, 312.
Lacurne de Sainte-Palaye (J.-B.). II, 236, 237.
La Daubinière (Mme de). II, 274.
La Fage (l'abbé de). II, 232, 233.
La Fare (le marquis de). II, 3.
La Fare (l'abbé de). II, 3, 4,
La Faye aîné. II, 39, 40, 48, 52, 55.
La Faye jeune. II, 39, 55, 58, 60, 67.
La Fayette (Marie-Madeleine de la Vergne, comtesse de). I, 211.
La Ferté (le maréchal de). I, 46.
La Ferté (le duc de). II, 6, 7, 46, 169, 171.
La Ferté-Imbault (la marquise de). II, 115, 116, 220, 221.
La Feuillade (le duc de). I, 221.
La Fontaine (Jean de). I, 133, 172, 227, 231-234, 237, 245-247. II, 7.
La Fontaine (Mme de). I, 232.
Lafresnaye (le conseiller de). II, 78, 79.
La Galaisière (M. de). II, 321.
Lagny (Thomas Fantet de). II, 70.
Lagrenée. II, 89.
Laharpe. II, 72, 73, 113, 153, 170, 173, 228, 311.
Lainez. I, 259-261. II, 14.
Lamarre (l'abbé de). II, 322.
Lambert la marquise de). II, 17-28, 30-32, 34, 35, 37, 54.
Lambert (Henri de), marquis de Saint-Bris. II, 18, 19.
La Mesnardière (Jules Pilet de). I, 47.
Lameth (Charles de). II, 232.
Lamoignon (le président de). I, 223, 224.
La Monnoie (Bernard de). I, 258.

La Morlière (le chevalier de). II, 67, 74, 237, 240.
La Mothe Le Vayer. I, 149.
Lamotte (Houdard de). II, 21, 24, 25, 31, 32, 34-37, 39, 40, 47-49, 50-55, 58-60, 65.
La Moussaye (Mlle de). I, 5.
La Neuville (la comtesse de). II, 322.
Lansac (le duc de). I, 28.
Lany (Mlle). II, 185.
La Place (Pierre-Antoine de). II, 139, 316.
La Popelinière. II, 79, 85, 312, 313.
La Rivière (de), II, 35.
La Roche (l'abbé de). II, 347, 349 351, 354-356.
La Rochefoucauld (le duc de), prince de Marsillac. I, 2, 20, 46, 56, 180, 211-215.
La Rochefoucauld (Louis-Alexandre, duc de). II, 166, 187.
La Roche-Guyon (Mme de). I, 47.
La Sablière (Mme de). I, 245.
Laserre. I, 129.
Lassay (le marquis de). I, 189, 190.
Lassay (le marquis de), fils du précédent. II, 70.
La Suze (le comte de). I, 44, 45, 143, 144.
La Suze (Henriette de Coligny, comtesse de). I, 20, 44, 45.
Latour. II, 88, 89, 312.
Lattaignant (l'abbé de). II, 157, 320, 321,
Laujon. II, 314, 316, 318, 320.
Launay (de). I, 153.
Launay (Mlle de), devenue Mme de Staal. II, 28-30, 54, 323.
Lauzun (Antonin Nompar de Caumon, duc de). I, 209.
Lauzun (Armand Louis de Gontaut,

duc de). II, 127, 143, 144, 308.
LAUZUN (la duchesse de), femme du précédent. II, 127, 219.
LA VALIÈRE (la duchesse de). II, 127, 133, 166, 178.
LAVARDIN (de), évêque du Mans. I, 175.
LAVAUD (l'abbé). I, 87. II, 45.
LA VICTOIRE (l'abbé de). — Voir *Coupeauville* (de).
LA VIGNE (Anne de). I, 161.
LE BLANC (Claude). II, 194.
LE BRUN. II, 315.
LE FAUCHEUR (le cabaretier). I, 253, 256-260.
LEGENDRE (l'abbé). II, 235, 236.
LEKAIN. II, 155, 170, 171.
LEMOINE. II, 88.
LENCLOS (Anne de). I, 10, 157, 169, 172-181, 183, 249. II, 2, 161, 162.
LENFANT (le Père). II, 118.
LENOIR, avocat du Dauphiné. II, 311.
LENONCOURT (Mme de). II, 322.
LENORMAND, fermier général. II, 95.
LÉON (la princesse de). II, 123.
LÉONTIUM. I, 172.
LE ROY (Georges). II, 335, 341, 347.
LESAGE. II, 105, 153.
L'ESCLACHE. I, 113, 116.
LESDIGUIÈRES (Mme de). I, 183.
LESPINASSE (Mlle de). II, 87, 109, 110, 125-127, 165, 210, 231, 232.
L'ESTOILE (Claude de). I, 113, 125, 131-133.
L'ETANG. II, 312.
LEVASSEUR (Mme). II, 284.
LEVASSEUR (Thérèse). II, 284.
LÉVIS (le duc de). II, 233.

LIGNE (le prince de). II, 138, 197, 315.
LIGNEVILLE (Mlle de). II, 327. Voir *Helvétius* (Mme).
LINANT, précepteur du fils de M. d'Epinay. II, 73, 296, 300, 301.
LINANT (l'abbé Michel), précepteur du fils de Mme Du Châtelet. II, 322, 323.
LINGENDES (l'abbé de). I, 112.
LINIÈRE, I, 40, 144, 147.
LIVRY (le marquis de). II, 261, 265.
LONGUERUE (l'abbé de). I, 106.
LONGUEVILLE (le duc de). I, 218.
LONGUEVILLE (Anne-Geneviève de Bourbon-Condé, qui devint duchesse de). I, 20, 31, 40, 41, 43, 44, 192, 211-213, 220.
LORENZI (le chevalier de). II, 94, 95.
LORET. I, 171.
Louis XIII. I, 12, 59-61.
Louis XIV. I, 188, 207, 244, 245, 263.
Louis XV. II, 82, 309.
Louis XVI. II, 352.
LOURDET DE SANTERRE. II, 316.
LUCÉ (le baron PINEAU DE). II, 250, 257, 266, 267, 273, 288.
LUCÉ (la baronne PINEAU DE), femme du précédent. II, 244, 250, 257.
LUILLIER. I, 65, 67, 234-236.
LULLI (Jean-Baptiste). I, 172, 250.
LUXEMBOURG (la maréchale de). II, 127, 128, 133, 134, 144, 159, 166, 219, 220, 308.
LUZINE (l'abbé de). II, 314.
LYONNE (Mme de). I, 161.

MABLY (l'abbé de). II, 78, 315.
MACHAULT (le contrôleur général). II, 330.

INDEX ALPHABÉTIQUE

Maintenon (Mme de). — Voir *Aubigné* (Françoise d') et *Scarron* (Mme).

Mairan. II, 21, 27, 31-33, 37, 79, 81, 85, 87, 236, 313.

Mairet. I, 20, 46, 81, 83.

Malesherbes (Lamoignon de). II, 353.

Malezieux (de). II, 7-9.

Malherbe (François de). I, 19, 79, 109-113, 115, 118-120, 133, 251.

Mallet du Pan, II, 353.

Malleville (Claude de). I, 1, 13-15, 20, 23, 149.

Malouet. II, 180.

Malouin (le docteur). II, 269.

Manoury. II, 54.

Marchais (Mme de), qui devint comtesse d'Angiviller. II, 128, 146, 197, 219, 220, 227-234.

Marchais (M. de), mari de la précédente. II, 228, 229.

MARDI DE LA MARQUISE DE LAMBERT (le). II, 17-37.

Margency (le bailli de). II, 291, 292, 335.

Maricourt I, 90.

Marie-Antoinette. II, 352.

Marie de Gonzague (la reine). I, 101, 102.

Marie Leczinska. II, 329, 330.

Mariette. II, 89.

Marigny (l'abbé de). I, 183, 199.

Marigny, surintendant des bâtiments. II, 89.

Marigny-Malenoé. I, 90, 100, 101.

Marin (le chevalier). I, 113.

Marivaux. II, 49, 50, 79, 81, 85, 93, 260, 261, 332.

Marmontel. II, 67, 79, 83, 84, 87, 90-92, 139, 153, 166, 174, 175, 194-198, 201, 203, 209, 218, 222, 228, 229, 275, 311, 312, 314, 324, 335, 339.

Marmontel (Mme). II, 219, 311.

Marolles, abbé de Villeloin, I, 90, 101, 102.

Marquise (Mlle) II, 135.

Martin, un des auteurs de la *Guirlande de Julie*. I, 23.

Martin (l'abbé). II, 273.

Mascaron (Jules). I, 13.

Massillon. II, 117, 118.

Matignon (M. de). I, 164.

Matras (le prieur de). I, 123.

Maucors. I, 113.

Maucroix (le chanoine). I. 247, 248.

Maupeou (René-Nicolas de), chancelier de France. II, 244, 256, 258-260, 276.

Maupeou (Mme de), femme du précédent. II, 243, 244, 247, 248, 254-259, 276, 291.

Maupertuis. II, 40, 41, 52, 53, 70, 322.

Maure (la comtesse de). I, 211-215.

Maurepas (le comte de). II, 216, 217, 260, 261.

Maynard (le président). I, 14, 107, 112.

Mazarin (le cardinal). I, 12, 135, 200-202, 253.

Médicis (la reine Marie de). I, 4, 5.

Mégrin. I, 90.

Meister (Léonard). II, 221, 283, 332.

Melico. II, 311.

Melon (l'économiste). II, 42, 43, 52, 53.

Ménage (Gilles). I, 6, 9, 35, 45, 51, 139-144, 146, 147, 151-153, 203, 280-290.

MÉNAGERIE DE M. DE LA POPELINIÈRE (la). II, 312, 313.
MÉNAGERIE DE Mme DE TENCIN (la). II, 77-86.
Mercier (Louis-Sébastien). II, 315.
Mercœur (M. de). I, 219.
MERCURIALES DE MÉNAGE (les). I, 139-154.
Méré (le chevalier de). I, 45, 83, 142, 174.
Mesme (le président de). I, 171.
MESSE DES GENS DE LETTRES (la). II, 70.
Meulan (Mlle de). II, 177.
Mezerai. I, 253-263.
Mignard. I, 203.
Millot (l'abbé). II, 181.
Miossens (César-Phœbus d'Albret, comte de). I, 169, 183, 217, 218.
Mirabaud (Jean-Baptiste de). II, 236.
Mirabeau. II, 353.
Mirepoix (la maréchale de). II, 127, 135, 145, 308.
Miron (le président). I, 223.
Miton. I, 83.
Molière. I, 13, 133, 135, 172, 227-231, 237-242, 248.
Molière, surnommé *le Tragique*. I, 90.
Moncrif. II, 67, 261, 309, 319.
Mondori, acteur de l'Hôtel de Bourgogne. I, 9.
Mongault (l'abbé) II, 21, 26, 31-33, 36.
Montausier (Charles de Sainte-Maure, marquis, puis duc de). I, 19, 23, 54-56.
Montausier (Julie d'Angennes, Mlle de Rambouillet, puis duchesse de) I, 3, 20, 22, 23, 50, 53, 56.

Montausier (Marie-Julie de Sainte-Maure, Mlle de), qui devint duchesse d'Uzès. I, 5.
Montbazon (Hercule de Rohan, duc de). I, 222.
Montbazon (la duchesse de), femme du précédent. I, 219-223.
Montespan (Mme de). I, 219.
Montesquieu. II, 35, 79, 81, 85, 87, 113, 127, 331.
Montfleury. I, 229.
Montfuron. I, 113, 118.
Monticourt (de). II, 314.
Montmaur (Pierre). I, 146, 147, 149-153.
Montmor (Henri-Louis Habert, sieur de). I, 267.
Montmorency (le duc de). I, 74, 75, 80.
Montmort (Jean-Robert, sieur de), maître des requêtes. I, 1, 2, 16, 23.
Montpensier (Anne-Marie-Louise d'Orléans, duchesse de). I, 207-213, 250.
Montplaisir. I, 143.
Mora (le marquis de). II, 170, 171, 186.
Moreau. I, 83.
Moreau (Jacques). I, 194.
Morellet (l'abbé). II, 87, 90-93, 108-110, 116, 134, 166, 183, 191, 194, 196-198, 201, 202, 220, 310-312, 322, 333, 335, 337-339, 346, 347-350, 354.
Morin (Simon). I, 132.
Mortemart (le duc de). I, 183.
Motin. I, 58, 65.
Moufle d'Angerville. II, 239, 241.
Mouhy (le chevalier de). II, 237, 238, 240, 241.
Moultou. II, 205, 225.

INDEX ALPHABÉTIQUE 373

Mun (le comte de). II, 346.
MUSE DE L'ENCYCLOPÉDIE (la). II, 165-190.

Naigeon. II, 201, 203, 204, 335.
Navailles (le maréchal de). I, 174.
Navarre (Mlle). II, 83.
Necker. II, 127, 147, 193-198, 200-202, 211, 217, 218, 222-226.
Necker (Mme). II, 110, 128, 146, 147, 191-215, 217-228, 356.
Necker (Anne-Louise-Germaine).— Voir *Staël* (baronne de).
Necker de Saussure (Mme). II, 218.
Nervèze (Antoine de). I, 90, 92.
Neufgermain (Louis de). I, 50, 51.
Neuillant (Mme de). I, 187.
Neuville (la comtesse de). II, 322.
Nevers (Philippe Mancini, duc de). II, 2, 10, 265.
Nicole (François). II, 41, 52.
Ninon. — Voir *Lenclos* (Anne de).
Nivernais (le duc de). II, 135, 145, 265, 314.
Noailles (le maréchal de). II, 70.
Nocé (Mme de). II, 340.
Nogent (Armand Bautru, comte de). I, 123.
Nolivos (le comte de). II, 346.
Nublé (Louis). I, 153, 203.

Oberkirch (la baronne d'). II, 193.
Ogier (le prieur). I, 70-72.
Olivet (l'abbé d'). II, 304.
Olonne (Louis de la Trémouille, comte d'). I, 13, 175.
Ouville (le sieur d'). I, 125, 126, 132, 133.

Pagan (l'ingénieur). I, 113, 115.
PAGANISME DE L'ILE-ADAM (le). II, 307, 308.
Palaprat. II, 5.
Palatine (la princesse). II, 308.
Palissot. II, 112, 273.
Panard. II, 317, 318, 320.
Panat (le baron de). I, 73.
Parceval-Grandmaison. II, 313.
PARNASSE SATYRIQUE (le). I, 70.
PAROISSE (la). II, 235-241.
Pascal (Blaise). I, 83.
Pastoret (le marquis de). II, 312.
Patin (Guy). I, 81, 170, 223-225.
Patrix. I, 65, 83, 85-87.
Patru (Olivier). I, 16, 17, 20.
Paulet (Mlle). I, 25, 27-29, 43, 53.
Pécourt. II, 59.
Pélisson. I, 2, 157, 158, 160, 267-269.
Pellegrin (l'abbé). II, 14, 15, 67, 74, 75.
Pelletier (Pierre). I, 45.
Pelletier (Bertrand). II, 314.
Pembroke (la comtesse de). II, 128, 142, 143.
Pernetty (l'abbé). II, 127.
Perrault (Charles). II, 44-47.
Perrault (Claude). II, 45.
Perrault (Nicolas). II, 45.
Pesai (Masson de). II, 216, 217.
Philidor. II, 311.
Piccini. II, 311.
Picot. I, 83.
Pidansat de Mairobert (M.-Fr.) II, 239, 240.
Pigalle (Jean-Baptiste). II, 198, 199.

Pilou (Mme). I, 160, 161.
Pinsson. I, 153.
Piron. II, 74, 75, 94, 110, 260, 265, 287, 318, 320.
Piron (Mme). II, 314.
Pisani (le marquis de). I, 55.
POÈTES DE CABARET (les). I, 57-89.
Poignan. I, 232, 233.
Poisson. I, 258.
Poix (la princesse de). II, 127, 146.
Polignac (l'abbé de). II, 7, 8, 155.
Polignac (la princesse de). II, 352.
POMME DE PIN (la). I, 68.
Pomone. — Voir *Marchais* (Mme de).
Poniatowski (le comte). — Voir Stanislas II.
Pons (l'abbé de), considéré comme l'original de Tartufe. I, 172.
Pons (l'abbé de), ancien chanoine de Chaumont. II, 42, 43, 50-53.
Pons (Mlle de). I, 218.
Pont-de-Veyle, II, 124, 127, 133, 152, 153, 260, 261, 308.
Pontménard. I, 90.
Porquet (l'abbé). II, 321.
Portail. II, 88.
Potel. I, 83.
Poullain de Saint-Foix. —. Voir *Saint-Foix* (Poullain de).
Pourrat. II, 311.
Pradon. I, 259.
Preux (de), frère de Mme d'Esclavelles, tuteur de sa nièce. II, 244, 245.
Procope (François). II, 67.
Procope-Couteaux. II, 67.
Puget (l'abbé). I, 247.
Puvigné (Mlle). II, 312.
Puylaurens. I, 90.

Quesnay (le docteur). II, 228.
Quillet (Claude). I, 170.
Quinault (Jeanne-Françoise). II, 259-265.
Quinault (Marie-Anne), sœur de la précédente. II, 265.

Racan (Honorat de Bueil, marquis de). I, 19, 23, 49, 50, 111-113.
Racine (Jean). I, 130, 172, 227, 228, 237-241, 249.
Raconis (Charles-François Abra de), évêque de Lavaur. I, 123.
Raincys (Jacques Bordier, sieur du), I, 83.
Rambouillet (Charles d'Angennes, marquis de). I, 19, 22.
Rambouillet (Catherine de Vivonne, marquise de), femme du précédent. I, 20-22, 43, 49, 53, 54, 110, 119.
Rambouillet (Julie d'Angennes, Mlle de), fille des précédents. — Voir *Montausier* (Mme de).
Rameau. II, 318, 319.
Rancé (l'abbé de). I, 220, 222, 223.
Rapin (le Père). I, 80.
Raynal (l'abbé). II, 87, 92, 96, 194, 197, 198, 200, 281, 282, 300, 310, 335.
Réaumur. II, 107.
Rémond de Saint-Marc. II, 95, 107.
Remy (le professeur). I, 149.
Renaudot (Eusèbe). I, 224.
Retz (le cardinal de). I, 199, 200, 219, 221, 222.
Retz (Pierre de Gondi, duc de), surnommé le *Bonhomme*. I, 90, 93.
Richelieu (le cardinal de). I, 2, 7, 9-13, 15, 19, 34, 35, 96, 97, 114,

121, 122, 124-128, 130, 134-137, 279.
Richelieu (le maréchal duc de). II, 313, 325.
Richelieu (la duchesse de). II, 327.
Rigault. II, 53.
Rivarol. II, 233.
Rochebrune. II, 55.
Rochefort (la comtesse de). II, 128, 145, 273, 313-315.
Rocher (le poète). II, 227.
ROCHER DE CANCALE (le). II, 320.
Rodier (André-Julien), 2ᵉ gendre de Mᵐᵉ d'Aine. II, 341.
Rœderer. II, 353.
Rohan (le prince Louis de). II, 87, 91, 209.
Rollet (Patrice). Préf. iv.
Romey (Charles), Préf. ii, iii.
Roncherolles (Mᵐᵉ de), tante de Mᵐᵉ d'Epinay. II, 243, 245.
Roncherolles (Anne-Marguerite-Thérèse de), petite-fille de la précédente. — Voir *Maupeou* (Mᵐᵉ de).
Roquelaure (Gaston-Jean-Baptiste, duc de). I, 11. II 123.
Rotrou. I, 20, 46, 125, 131, 133, 134.
Roubaud (l'économiste). II, 177.
Roucher. II, 166, 181, 182, 311, 313, 350.
Rouelle (le chimiste). II, 337.
Rousseau (Jean-Baptiste). II, 55-65.
Rousseau (Jean-Jacques). II, 83, 153, 154, 176, 189, 214, 215, 219, 220, 249-251, 254, 255, 258, 269-271, 275, 277-285, 291, 292, 302, 304, 311, 335, 346.
Rouville (le marquis de). I, 169, 221.

Roux (le médecin). II, 337.
Roy. II, 55, 67, 73, 74, 237.
Rulhière. II, 100, 217.

Sablé (Madeleine de Souvré), marquise de). I, 3, 20, 27, 43, 117, 211-215.
Sacy (Louis de). II, 22, 23, 35, 36.
Saint-Amant (Marc-Antoine Gérard de). I, 90-95, 97-99, 101-108, 149.
Saint-Ange (le philosophe). I, 113, 116, 117.
Saint-Ange (Ange-François Fariau, dit de). II, 67, 72, 73.
Saint-Chamans (le vicomte de). II, 166, 179.
Saint-Evremont (Charles Marguetel de Saint-Denys, seigneur de), I, 4, 20, 50, 100, 156, 157, 171, 172, 175, 180.
Saint-Foix (Poullain de). II, 67, 71, 260.
Saint-Germain (Mathieu de Morgues, abbé de). I, 205, 206.
Saint-Germain (le comte de). II, 228, 229.
Saint-Hyacinthe (Thémiseuil de). II, 49, 95.
Saint-Jean (Mˡˡᵉ). II, 332.
Saint-Jeant (le Père). II, 316.
Saint-Lambert (le marquis de). II, 87, 104, 166, 181, 198, 212, 261, 263, 264, 268, 269, 271, 291, 292, 295, 300, 321, 323, 324, 335.
Saint-Martin (l'abbé Michel de). I, 176, 177.
Saint-Non (l'abbé de). II, 89.
Saintot (Mᵐᵉ). I, 25,
Saint-Pavin. I, 48, 49, 65, 67, 83, 85.

SAINT-PIERRE (l'abbé de). II, 87, 96, 110, 111.
SAINT-SIMON (Claude, duc de). I, 221.
SAINT-YON (Mlle de). I, 3.
SAINTE-AULAIRE (le marquis de). II, 18, 21, 23, 24, 31, 36.
SAINTE-AULAIRE (la comtesse de), belle-fille du précédent. II, 20, 33.
SAINTE-BEUVE. Préface, IV, v.-II, 35, 191, 192, 282.
SALABERRY (le président de). II, 301.
SALLARD, surnommé *le Paillard*. I, 90.
SALLÉ. II, 319.
SALLENGRE. I, 149, 153.
SALON DE Mme DU DEFFANT (le). II, 117-163.
SAMEDI DE Mlle DE SCUDÉRY (le). I, 155-158.
SANADON (Mlle), dame de compagnie de Mme Du Deffant. II, 159.
SAND (George). II, 283.
SANDWICH (la comtesse de). II, 161, 162, 267.
SANTEUIL. I, 261-263. II, 44, 45.
SARRASIN (Jean-François). I, 20, 29-31, 46-48, 148, 149, 158, 183.
SARTINES (M. de). II, 302.
SAUMAISE (Claude). I, 144.
SAUMAISE (l'orientaliste). I, 178, 179.
SAURIN (Joseph). II, 41, 42, 52, 55, 61-65.
SAURIN (Bernard-Joseph), fils du précédent. II, 64, 81, 198, 209, 275, 291, 297, 298, 304, 311, 313, 319, 332, 335.
SAURIN (Mme), femme du précédent. II, 304, 310, 311.
SAUSSURE (Horace-Bénédict de). II, 287.

SAUVAGE (le gazetier). I, 117.
SAVALETTE DE MAGNANVILLE. II, 299, 302.
SAXE (le maréchal de). II, 283, 316.
SCARRON (Paul). I, 20, 48, 148, 180, 183-194, 202-207, 212, 218.
SCARRON (Anne et Françoise), sœurs du précédent. I, 190.
SCARRON (Mme). I, 189, 199, 203-207, 218, 219.
SCHOMBERG (le comte de). II, 100, 166, 180, 198, 291, 297, 335.
SCHOWALOFF (Jean, comte de). II, 222.
SCUDÉRY (Georges de). I, 20, 81, 82, 128, 162.
SCUDÉRY (Mme de), femme du précédent. I, 20, 162.
SCUDÉRY (Madeleine de), sœur de Georges de Scudéry. I, 3, 20, 46, 155, 157-160, 164, 165.
SEDAINE (Mme). II, 304.
SEGRAIS. I, 164, 207, 211.
SÉGUIER (le chancelier Pierre). I, 217, 267.
SÉGUIER (Mme), femme du précédent. I, 217.
SÉGUR (Marguerite de Bonnières, dame de). I, 48.
SEINE (Mlle de). II, 259, 260.
SENAC (le docteur). II, 281.
SÉNECÉ. I, 258.
SERIZAY (Jacques), intendant du duc de La Rochefoucauld. I, 1, 2, 268.
SERVIEN (Abel), surintendant des finances. I, 46, 144.
SERVIEN (l'abbé). I, 246. II, 5-7.
SÉVIGNÉ (le marquis de). I, 45, 46, 174.
SÉVIGNÉ (la marquise de). I, 24,

45, 140-142, 160, 179, 180, 224. II, 154, 155, 195.
Sieyès. II, 353-355.
Sigogne (le poète). I, 58, 65.
Sigorgne (le professeur de philosophie). II, 182.
Simier (Mlle d). I, 7.
Simonnin (Marie-Suzanne). II, 294, 295.
Sorel (Charles). I, 223.
Soufflot. II, 88.
Staal (Mme de). — Voir *Launay* (Mlle de).
Stael (la baronne de). II, 217-219, 223-226.
Stainville (comte de), frère du duc de Choiseul. II, 127, 133.
Stanislas II (le roi). II, 100, 111, 112, 321, 322, 324.
Stormont (lord), ambassadeur d'Angleterre. II, 213.
Suard. II, 87, 103, 104, 115, 166, 175-177, 198, 200-203, 228, 231, 300, 311, 313, 335, 339.
Suard (Mme), femme du précédent. II, 166, 175-177, 196, 219, 310, 311.
Subligny. I, 143.

Taaffe (l'Irlandais). II, 184.
Tallemant (l'abbé). I, 50.
Tallemant des Réaux (Gédéon). I, 3, 5, 23, 50.
Talmont (la princesse de). II, 124 127.
Target II, 356.
Tascher (le président). II. 310,
Temple (le). II, 1-10.
Tencin (l'abbé de), qui devint cardinal. II, 77.
Tencin (Mme de). II, 77-79, 85, 86.
Terrasson (l'abbé). II, 67, 69, 70.

Testu (l'abbé). I, 155, 218, 219.
Théophile de Viau. I, 57, 58, 62-65, 68-70, 72-82, 105.
Thévenin (le chanoine). I, 217.
Thomas. II, 87, 92, 103, 109, 110, 115, 124, 154, 191, 195, 196-198, 201, 203, 207-209, 211, 214, 225, 228, 231.
Thurot (l'helléniste). II, 354
Tilly (le comte de). I, 90.
Touvant (Charles de Piard, sieur d'Infrainville et de). I, 112, 117, 118.
Tracy (Destutt de). II, 176, 353.
Traversa. II, 311.
Trême (le duc de). I, 190.
Tressan (le comte de). II, 79, 84, 134, 322.
TROIS COTEAUX (les). I, 175,
Tronchin (le docteur). II, 284, 285, 287, 288, 290.
Tronchin (Mme), femme du précédent. II, 288.
Trublet (l'abbé). II, 86, 93, 94.
Trudaine de Montigny. II, 312.
Turgot. II, 92, 126, 127, 147, 165, 169, 176-178, 182, 186, 231, 327, 349, 351.
Ussé (le marquis d'). II, 166, 179, 180.
Ussé (la marquise d'), femme du précédent. II, 166.
Uxelles (le marquis d'). I, 4.

Vadé. II, 320.
Vaines (de). II, 166, 177, 186, 187, 213, 311, 313.
Valençay (Eléonor d'Estampes de), évêque de Chartres, puis archevêque de Reims. I, 12, 125.
Valentinois (la comtesse de). II, 128, 145.

Valincour, secrétaire général de la marine. II, 53, 54.
Vallet de Villeneuve. II, 292, 296.
Valois (Adrien de). I, 149, 153.
Valori (le chevalier de). I, 251, 258, 266, 277.
Val-Saine (l'abbé). I, 118.
Vandeul (le marquis de). II, 346.
Vanloo (Carle). II, 88, 312.
Vanneau (Mme Carle). II, 312.
Vassenar. I, 221.
Vatry (Mme). II, 28,
Vaucanson. II, 312.
Vaugelas (Claude Favre, sieur de). I, 19, 49.
Vauvenargues (le marquis de). II, 174.
Vavasseur (le père). I, 152.
Vendôme (César, duc de). I, 219.
Vendôme (Louis-Joseph, duc de), I, 245, 246. II, 2-5.
Vendôme (Philippe, dit le prieur de). I, 245, 246 II, 2-5.
VENDREDIS DE Mme NECKER (les). II, 191-226.
Verdelin (le marquis de). II, 292.
Verdelin (la marquise de). II, 291, 292.
Vergennes (le chevalier de). II, 278.
Vergier. II, 14.
Veri (le comte). II, 335.
Verjus (Jean de). I, 161.
Vermenoux (Mme de.) II, 193.
Verrière (les demoiselles). II, 83, 247, 258, 275, 283, 286, 288, 289, 300, 301, 309.
Vertot (l'abbé). II, 4
Vien. II, 89.
Vierville (Mme de). II, 308.
Vigée (le peintre). II, 339.
Vigée-Lebrun (Mme). II, 339.

Viguier (le président). I, 12.
Villarceaux (le marquis de). I, 174, 183, 189.
Villarnoul (le baron de). I, 90, 95.
Villars (le duc de). II, 265, 309.
Villars (la duchesse de). II, 309.
Villeloin (l'abbé de). I, 114.
Villeroy (la duchesse de). II, 232, 233.
Vivonne (Louis-Victor de Rochechouart, duc de). I, 183.
Voisenon (l'abbé de). II, 81, 87, 97, 101, 139, 209, 237, 239, 260, 261, 316, 318, 319.
Voisin (le père). I, 80.
Voisin (Mme). II, 61.
Voiture (Vincent). I, 19, 23-30, 34, 43, 46, 53, 157, 278, 279.
Volney. II, 353, 354.
Voltaire. I, 181. II, 6, 64, 73, 74, 81-83, 98, 111, 127, 138, 140, 141, 148, 151, 154-158, 170, 171, 174, 198, 199, 206-208, 222, 239, 259-261, 263, 265, 285-287, 289, 297, 298, 303, 304, 309, 320, 322-327, 337.

Wallon (Jean), *alias* Gustave Colline. Préface, i, ii, iii.
Walpole (Horace). II, 118, 127, 130, 154, 155, 160-163, 230, 338.
Wattelet. II, 89, 166, 168, 171 186.
Weyne (le docteur). Préface, iv.
Wiart, secrétaire de Mme Du Deffant. II, 156, 159, 160, 163.
Wilkes (John). II, 335.
Williams (le chevalier). II, 100.

Xaupi (l'abbé). II, 236.

Yvrande. I, 112.

TABLE DES MATIÈRES

	Pages
I. Le Temple	1
II. Le Cabaret de l'Épée-Royale	11
III. Le Mardi de la marquise de Lambert	17
IV. Le Cafe Gradot	39
V. Le Café de la veuve Laurent	55
VI. Le Café Procope	67
VII. La Ménagerie de Mme de Tencin	77
VIII. Les Dîners de Mme Geoffrin	87
IX. Le Salon de Mme Du Deffant	117
X. La Muse de l'Encyclopédie	165
XI. Les Vendredis de Mme Necker	191
XII. Le Salon de Pomone	227
XIII. La Paroissse	235
XIV. Les Réunions de la Chevrette et de la Briche. — Le Dîner du Bout-du-Banc	243
XV. Le Paganisme de l'Ile-Adam. — Le Salon de la duchesse de Villars. — Les Assemblées de d'Alembert. — Les Soupers de Mme Suard. — Les Déjeuners des abbés Raynal et Morellet. — La Ménagerie de M de la Popelinière. — Les Salons du financier de Vaine et du fermier général Pelletier. — Le Temple de Gentil-Bernard. — Le Bureau d'esprit de la comtesse de Beauharnais. — La Maison des Favard. — Le Temple des mémoires. — Le Caveau. — La Cour de Stanislas. — Le Château de Cirey. — Le Bercail des beaux esprits	307
XVI. Le Château de Voré et l'hôtel de la rue Sainte-Anne. — L'Hôtel de la rue Royale et le château du Grand-Val. — Notre-Dame d'Auteuil	329
Index alphabétique	357

FIN DE LA TABLE DES MATIÈRES DE LA SECONDE PARTIE

Paris. — Imp. Noizette, 8, rue Campagne-Première.

www.ingramcontent.com/pod-product-compliance
Lightning Source LLC
Chambersburg PA
CBHW070448170426
43201CB00010B/1260